**Por um Estado Fiscal Suportável
Estudos de Direito Fiscal**
Volume V

Por um Estado Fiscal Suportável
Estudos de Direito Fiscal
Volume V

2018

José Casalta Nabais
Professor da Faculdade de Direito de Coimbra

POR UM ESTADO FISCAL SUPORTÁVEL
ESTUDOS DE DIREITO FISCAL
VOLUME V
AUTOR
José Casalta Nabais
EDITOR
EDIÇÕES ALMEDINA, S. A.
Rua Fernandes Tomás, nºs 76, 78 e 80
3000-167 Coimbra
Tel.: 239 851 904 · Fax: 239 851 901
www.almedina.net · editora@almedina.net
DESIGN DE CAPA
FBA.
PRÉ-IMPRESSÃO
EDIÇÕES ALMEDINA, S. A.
IMPRESSÃO E ACABAMENTO
Artipol, Artes Gráficas, Lda.

Outubro, 2018
DEPÓSITO LEGAL
225328/05

Os dados e as opiniões inseridos na presente publicação são da exclusiva responsabilidade do(s) seu(s) autor(es).
Toda a reprodução desta obra, por fotocópia ou outro qualquer processo, sem prévia autorização escrita do Editor, é ilícita e passível de procedimento judicial contra o infractor.

 GRUPOALMEDINA

BIBLIOTECA NACIONAL DE PORTUGAL – CATALOGAÇÃO NA PUBLICAÇÃO
NABAIS, José Casalta, 1952-
Por um Estado fiscal suportável : estudos de direito fiscal
5º v.:   p. - ISBN 978-972-40-7654-6
CDU 336

NOTA PRÉVIA

Reunimos neste volume treze estudos que, à excepção de um, concluímos ou foram publicados depois da edição do IV Volume da série *Por um Estado Fiscal Suportável – Estudos de Direito Fiscal*, em 2015. As razões desta publicação, que apresentamos como quinto volume desta recolha de textos, são as mesmas que estiveram na base dos quatro volumes anteriores. Pois trata-se de estudos dispersos por diferentes publicações cujo objecto, por via de regra, se localiza ou se reporta ao domínio amplo do direito dos impostos.

Embora, seja de assinalar que, na presente recolha, temos alguns estudos que não se reconduzem estritamente ao direito dos impostos. É o que verifica com os que têm um objecto mais amplo, versando o direito financeiro (caso dos estudos «As finanças públicas e a redistribuição dos rendimentos» e «Estabilidade financeira e o Tratado Orçamental») e com os que inserem no domínio direito constitucional (caso dos estudos «Uma futura revisão constitucional?» e «Autonomias e forma do Estado»).

Agradecemos à Doutora Maria Matilde Lavouras e às Mestres Catarina Gouveia Alves e Marta Costa Santos, o consentimento para incluir nesta publicação os estudos em que são co-autoras.

Outubro dc 2018

As Finanças Públicas e a Redistribuição dos Rendimentos[*]

Sumário: Introdução: delimitação do objecto de estudo; 1. Do abstencionismo ao intervencionismo do Estado na vida económica; 2. O ideário igualitarista e a redistribuição dos rendimentos; 3. A concepção clássica da redistribuição; 4. O sistema fiscal e a redistribuição dos rendimentos nominais; 5. Os empréstimos e a redistribuição dos rendimentos; 6. A criação de moeda e a redistribuição dos rendimentos reais; 7. A política de despesas como instrumento de redistribuição; 8. A eficácia das medidas redistributivas; 9. A redistribuição dos rendimentos face à igualdade fiscal e ao crescimento económico

Introdução: delimitação do objecto de estudo
Propomo-nos abordar neste trabalho, muito sumariamente, a acção das Finanças Públicas na redistribuição dos rendimentos. Ao referimos tão singelamente a questão que nos vai preocupar, estamos, desde já, a delimitá-la de todas as outras questões que, apesar de directa ou indirectamente relacionadas com algum dos termos desta relação, deixamos de fora por motivos óbvios. Nem o percurso definido nem o tempo disponível se compadecem com temas demasiado amplos ou cuja abordagem não passaria de uma vaga referência.

Ficam, assim, de fora as actividades económicas não financeiras do Estado, as actividades económicas do Estado que se não traduzam na

---

[*] Texto elaborado e manuscrito em Julho de 1979, no quadro da leccionação de aulas práticas da disciplina semestral Finanças Públicas e Direito Fiscal, que tivemos a cargo nos anos lectivos de 1977/78 e 1978/79, o qual nunca passou a letra de forma nem foi objecto de publicação. Veio a ser publicado no *Boletim de Ciências Económicas*, Vol. LX, 2017.

obtenção de receitas ou na realização de despesas. Actividades essas que o Estado tem vindo a assumir a ritmo sempre crescente, sobretudo a partir de meados do século passado. Alargando e diversificando a sua acção aos mais diversos domínios ao ponto de se haver transformado, desde há muito, no maior e mais influente agente económico mesmo nos sistemas económicos cuja lógica poderia sugerir o contrário. Estão, portanto, fora do nosso alcance toda a actividade económica coactiva do Estado (como a contingentação, tabelamentos, racionamentos, proibições, fixações de preços, etc.) e a sua actividade monetária (emissão de moeda, fixação da taxa de juro, etc.). Também estes instrumentos económicos podem, naturalmente, ser utilizados pelo Estado no sentido redistributivo, embora conheçamos as dificuldades e a fraca eficácia de uma tal utilização, pois estes instrumentos foram essencialmente concebidos para outros fins. O mesmo acontece com a própria actividade produtora e distribuidora de bens e serviços levada a acabo pelo Estado através do sector público empresarial (que, por isso, escapa ao Orçamento Geral do Estado). Também aqui o Estado não procede com intuitos de correcção das desigualdades deixadas pela distribuição levada a cabo pelos mecanismos de mercado, antes actua com intenções de controlo e direcção da economia no seu conjunto.

De fora ficam, ainda, as influências da conjuntura económica na redistribuição dos rendimentos. Ao afirmarmos isto não ignoramos a acção que uma conjuntura, por exemplo, de alta generalizada dos preços, como é o caso actual entre nós, pode ter sobre a repartição dos rendimentos. Em Portugal, onde se verificou uma repartição mais igualitária dos rendimentos a seguir ao 25 de Abril de 1974, devida essencialmente a uma política de preços e salários aliada a uma política fiscal com visíveis incidências redistributivas, veio posteriormente a desenvolver-se uma inflação com níveis tais (entre 25% e 30%) que não deixa quaisquer dúvidas relativamente a uma repartição automática a favor dos titulares dos rendimentos variáveis que, na prática traduz, grosso modo, uma repartição a favor dos mais ricos (empresários, por exemplo), uma repartição, por assim dizer, ao contrário.

Esta situação tem, na verdade, sido potenciada pela política de preços e salários e pela actividade e política financeiras do Estado, na medida em que este tem assistido quase de braços cruzados ao desenrolar dos acontecimentos sem mexer uma palha para minimizar os efeitos da inflação. Se a isto acrescentarmos que o sistema fiscal português actual é no seu conjunto amplamente regressivo, não só pela tributação que faz dos rendimentos dos assalariados (a forte progressividade das taxas do Imposto Professional e do Imposto Complementar Secção A) e do consumo (o desmesurado peso do Imposto de Transacções nas receitas fiscais no Orçamento Estado), mas também pela fraude fiscal e parafiscal que tolera[1] (ao ponto de os cidadãos se interrogarem sobre a legitimidade do sistema[2]), não podemos deixar de concluir que a redistribuição a favor das pessoas com rendimentos mais elevados é um facto[3].

Porém, desde que se verificou uma dissociação entre os meios e os fins do Estado no sentido de todos e quaisquer meios poderem ser instrumentos adequados, embora em grau diferente e em níveis parcialmente incompatíveis, para a consecução de todos e quaisquer fins do Estado, o meio financeiro do Estado pode ser manejado, e tem-no sido, como instrumento dos mais diversos fins. O desenvolvimento económico a longo prazo, a estabilidade da conjuntura a curto prazo, a defesa da concorrência, etc., podem, pois, estar na sua objectiva. Mas a generalidade desses objectivos não nos interessam aqui. Interessa-nos, sim, tão só o instrumento financeiro enquanto ao serviço da redistribuição do rendimento, de uma repartição mais igualitárias do rendimento.

1. Do abstencionismo ao intervencionismo do Estado na vida económica

Vejamos, antes de mais, como as coisas evoluíram. Evidentemente que no século passado, no século XIX, não se pensava em temas destes. Ou, se se pensou, nunca correspondeu a qualquer prática. É sabido quão difícil seria para a Escola Clássica aceitar uma actuação do Estado que subvertesse a assim considerada ordem natural das coisas comandada pela "mão invisível" que,

---

[1] Ainda recentemente na Conferência Internacional sobre a Economia Portuguesa, promovida pela Fundação Calouste Gulbenkian, houve quem afirmasse que a fraude fiscal e parafiscal atingiria actualmente, entre nós, os 50 milhões de contos.

[2] Com todas as graves consequências que daí podem advir não só para a autoridade do Estado, mas também enquanto subversão do próprio sistema económico que pode provocar.

[3] Nesta política do "safe-se quem puder", como parece ser a nossa actual política fiscal, em que o Estado não olha a meios para obter receitas donde quer que as consiga, e em que um capitalismo quase selvagem se alia e contrasta simultaneamente com franjas de um socialismo ineficaz, cabe perguntar se este processo quase automático de acumulação conseguirá o necessário, em tempo útil, para alcançar o relançamento da nossa economia através de uma iniciativa privada medrosa e renitente como é a nossa, junto da qual desapareceu a protecção omnipotente e omnipresente da "guarda pretoriana" do Estado corporativo que a sustentou e abrigou de uma concorrência que nos sistemas capitalistas evoluídos tem constituído a seiva do próprio sistema.

enquanto senhora do mundo da economia, guiava a iniciativa económica (individual).

O Estado, atirado para o mundo da política absolutamente separado e afastado do mundo da produção e distribuição dos bens e serviços, via-se, assim, manietado num "colete-de-forças" e reduzido a um verdadeiro "guarda-nocturno", fundamentalmente protector pela via da abstenção da liberdade e da propriedade dos cidadãos. Ele não podia, pois, aspirar a mais do que fazer o menos possível para gastar o mínimo, a fim de que o mal, que a sua própria existência como ente económico já constituía[4], não se tornasse maior e pusesse em perigo toda a harmonia do sistema que a livre concorrência entre iniciativas individuais totalmente livres garantia.

O dogma das finanças clássicas era, pois, o dogma das finanças mínimas. As receitas do Estado deviam dar tão só para cobrir as despesas. Estas deviam ser apenas as imprescindíveis, isto é, aquelas que ele não poderia deixar de realizar sob pena da sua extinção. As receitas eram, pois, os impostos e as despesas as realizadas com a Administração Pública.

Claro que o melhor dos mundos que a Escola Clássica nos prometeu com o dogma da livre concorrência estritamente respeitado depressa se revelou um sonho que, uma vez findo, imediatamente forçou a visão da realidade. Realidade essa que nunca correspondeu totalmente às teorias sobre ela constituídas e que, com o andar dos tempos, cada vez se afastaria mais dos dogmas clássicos que tanto deleitaram os teóricos do século passado e princípios do actual. O liberalismo económico havia chegado ao fim e as teorias liberais não tardariam a seguir as pegadas do percurso dos acontecimentos. A orientação de todos os recursos para a guerra que a corrida desenfreada aos armamentos do último quartel do século passado tornou inevitável não mais permitiria o Estado retido na cela do mundo político.

A crise que se seguiu à primeira guerra mundial, a Grande Guerra, e à grande depressão que Harvard não havia previsto, não mais podiam permitir a defesa intransigente de teorias que pareciam eternas se não tivessem sido, tão dramaticamente, desmentidas pela realidade. O keynesianismo, entretanto surgido, mais não veio fazer do que legitimar teoricamente o caminho irreversivelmente já percorrido pelo Estado no sentido de inter-

---

[4] Isto porque, ao contrário do que inicialmente se pensava, a simples existência do Estado e consequente cobrança de receitas e realização de despesas, por menores que fossem, influía no mundo económico alterando a ordem natural das coisas. E como se acreditava que a gestão do Estado estaria sempre muito aquém da dos particulares, o melhor era que o Estado reduzisse a sua actividade ao mínimo para que o prejuízo também fosse o menor possível.

vir na vida económica para corrigir os efeitos prejudiciais do livre funcionamento dos mecanismos de mercado, para orientar e planificar a economia na senda da prosperidade e bem-estar da população, impedindo que o motor do capitalismo (o lucro) se tornasse num instrumento de miséria, doença e mal-estar para a colectividade[5]. Para estes desideratos o Estado vai aproveitar todos os meios de que dispõe ao seu alcance. Dentro desses meios não podia deixar de figurar um já antigo, mas outrora impedido de ser utilizado com fins extrafinanceiros quer a título principal quer a título acessório. Trata-se do instrumento fiscal constituído pelos impostos[6].

O desenvolvimento económico, a estabilidade da conjuntura, a redução do desemprego, a atenuação dos efeitos da inflação foram tornando-se metas para o Estado moderno. Este também não pode ficar insensível aos problemas sociais que, hoje em dia, afectam a sociedade moderna. Esbater

---

[5] É de acrescentar, no entanto, que o intervencionismo estadual na vida económica não tem sido linearmente defendido. Desde Keynes ele tem sido, com mais ou menos intensidade, ciclicamente defendido e contestado, embora toda a teoria económica, de então para cá, reconheça que o abstencionismo novecentista jamais pode ser retomado. A polémica actualmente entre o liberalismo (neoliberalismo) e keynesianismo situa-se relativamente ao grau que o intervencionismo deve atingir, não obstante ambos os contendores reservarem um importante papel ao Estado na vida económica. De um modo geral, poderemos dizer que a defesa do intervencionismo encetada por Keynes veio a amortecer depois da segunda guerra mundial com a recuperação económica da Europa, reduzida a escombros pelos bombardeamentos, e o crescimento que se verificou no mundo capitalista durante as décadas de sessenta e setenta deste século favoreceu uma retoma da defesa do liberalismo económico. Disso são exemplo as escolas monetaristas actuais que, ao observarem a devolução aos mecanismos de mercado das tarefas desempenhadas pelo Estado durante o Plano Marshall, foram levadas a concluir que os mecanismos financeiros deviam ser abandonados por já não serem necessários, e que o Estado devia retrair a sua intervenção financeira e deixar actuar o mercado ou intervir através dos mecanismos monetários.

[6] Evidentemente que hoje todos os meios financeiros do Estado são acessoriamente meios extrafinanceiros. Na sua utilização tem o Estado sempre em conta os seus efeitos relativamente aos diversos escopos que prossegue, potenciando-os ou minimizando-os conforme o que deles pretende ou o enquadramento em que se inserem. Mas tal constatação é mais nítida nos instrumentos fiscais: os impostos. Hoje já muito pouca gente duvida de que os impostos são todos simultaneamente fiscais e extrafiscais. A própria definição de imposto que a doutrina e as leis nos dão revelam-nos isso mesmo, ao prescindirem, contrariamente ao que sucedia outrora, da característica "para a obtenção de receitas" como finalidade exclusiva do imposto – cf. José Manuel Cardoso da Costa, *Curso de Direito Fiscal*, 2ª ed., Atlântida, 1972, p. 4 e ss.; Alberto Xavier, *Manual de Direito Fiscal*, Lisboa, 1974, p. 35 e ss.; nº 1 do art. 106º da Constituição da República Portuguesa; §3 (1), da *Abgabenordnung* alemã de 1977.

as desigualdades reduzindo a miséria e melhorando as condições de vida das populações é, pois, um objectivo importante do Estado, nomeadamente nas sociedades em que significativos estratos da comunidade estão longe de disporem daquele mínimo económico que a dignidade humana reivindica. Como acontece entre nós, o Estado move-se na sua actuação financeira com intuitos redistributivos, embora, como já afirmámos, tais intuitos sejam prosseguidos também com outros meios de que não cabe cuidar aqui e agora.

2. O ideário igualitarista e a redistribuição dos rendimentos

A política redistributiva insere-se, todavia, num ideário igualitarista encetado com a revolução francesa e, mais recentemente, estendido ao campo económico. Convém, no entanto, destrinçar muito claramente a igualdade reivindicada pela revolução liberal da igualdade alargada ao domínio económico reclamada sobretudo pelas ideias socialistas. É já um facto indiscutível que os homens são sensíveis às desigualdades e, por isso, exigem dos poderes públicos uma actuação no sentido de as atenuar ou reduzir.

Mas nem sempre foi assim. Sociedades houve em que a desigualdade tanto política como económica era aceite e defendida por filósofos e teóricos. A grandeza da Grécia e de Roma assentou, em larga medida, na escravatura e na desigualdade entre os numerosos estratos sociais todos hierarquizados. A desigualdade fazia, pois, parte da ordem natural das coisas e uma defesa da igualdade poderia perturbar irremediavelmente essa ordem. Na própria Idade Média a desigualdade raramente foi combatida apesar do pensamento cristão contra a escravatura e outras discriminações igualmente gritantes.

A ideologia igualitária é, pois recente[7]. Na verdade, as ideias da revolução burguesa (liberal) e as concretizações que se lhe seguiram não lograram ir além de uma igualdade no sentido político e social: a igualdade perante a lei e a igualdade de direitos e deveres cívicos. A igualdade económica só

---

[7] As suas concretizações a nível político não viram a luz do dia, senão com o parlamentarismo inglês, a independência dos Estados Unidos da América e, sobretudo, com a tomada da Bastilha. E mesmo a igualdade política tem, desde então para cá, sido entendida diversamente quanto à sua extensão. Lembramos a este propósito que o sufrágio universal, por exemplo, surgiu muito mais recentemente do que o sufrágio censitário (próprio do século XIX). De resto, entre nós, o sufrágio universal só veio a ter expressão efectiva na actual Constituição. Além disso, não esqueçamos que a sensibilidade à desigualdade varia, e tem variado, de época para época e de país para país.

muito mais tarde começou a ser reivindicada e teoricamente defendida mas sempre com bastante atenuação. É que a igualdade económica não surge perante as pessoas com aquela evidência com que se manifesta a necessidade de igualdade política. Existem, assim, muitos entraves a uma teoria igualitarista. Parece mesmo óbvio que uma igualdade económica total (de fortunas e rendimentos) é indefensável porque tal vai contra a desigualdade natural de todos os homens. A defesa de uma igualdade total será inaceitável até porque, e se outras razões não houvesse, isso equivaleria a uma transposição grosseira de um ideal político para o domínio económico, não obstante as assinaláveis diferenças que separam estes dois campos[8].

No domínio político se um indivíduo ou um grupo tiverem direitos ou poderes exorbitantes em matéria política ou eleitoral, cívica ou jurídica, isso traduzirá uma redução da liberdade dos outros cidadãos. É que em todas as comunidades o conjunto de direitos e deveres constitui um montante fixo pelo que se estes forem distribuídos a uns em demasia faltarão aos outros. Isto torna a repartição igual de direitos e deveres numa solução simples. Não assim no campo económico. Aqui o resultado da actividade económica é variável. Um grupo ou uma pessoa pode em nada prejudicar os outros grupos ou cidadãos pelo facto de lhe caber na repartição do produto da actividade económica mais do que aos seus concidadãos, bastando para tal que eles próprios criem o excedente de que beneficiam[9].

Sendo assim, a igualização de rendimentos não pode ser teoricamente defendida. Na verdade, para além de não prejudicar ninguém, uma repartição desigual na medida acabada de referir pode muito bem beneficiar a todos, na medida em que uma tal repartição leve a aumentar o rendimento total e, consequentemente, a beneficiar a todos com a essa repartição[10].

Não é a repartição igualitária do rendimento (e/ou da riqueza) que aqui nos interessa. Não obstante se a ela nos referimos foi tão só com o intuito de demonstrar onde a política redistributiva ideologicamente entronca. Vamos, antes, tratar da actuação financeira do Estado apontada à diminuição das desigualdades, à correcção da repartição desigual dos rendimentos

---

[8] Cf. Jacques Lecaillon, *L'Inégalité des Revenues*, Cujas, 1970, p. 158.
[9] Cf. Jacques Lecaillon, *L'Inégalité des Revenues*, cit., p. 159 e s.
[10] Como escreve J. J. Teixeira Ribeiro: «Se com a repartição igual o rendimento for de 400 e a cada um couberem 20, e com uma repartição desigual o rendimento for de 600 e aos que ganharem menos receberem 25» toda a comunidade seria prejudicada com uma repartição igual do rendimento. Cf. J. J. Teixeira Ribeiro, «O sistema fiscal na Constituição de 1976», *Boletim de Ciências Económicas*, vol. XXII, 1979, p. 6.

levada a cabo pelos mecanismos do mercado que distribui a cada um conforme o título com que participa no processo de produção e distribuição dos bens e serviços.

Trata-se assim de minimizar os efeitos da repartição dos rendimentos feita pela remuneração dos factores de produção. Vamos, pois, analisar uma repartição dos rendimentos de 2º grau, correctora da do 1º grau. Importa ver, no fim de contas, como o Estado, através da sua actuação financeira, pode reduzir a pobreza e aumentar o bem-estar das camadas mais desfavorecidas da população sem pôr em perigo o bem-estar de toda a colectividade no seu conjunto.

3. A concepção clássica da redistribuição

Convém, antes de mais, afastar das nossas preocupações a concepção clássica da redistribuição, também designada por pseudoredistribuição[11]. Esta consiste em indagar a origem das receitas cobradas pelo Estado e, em seguida, verificar o seu destino. Isto é, ver de onde vieram e para onde vão e ver, no fim de contas, se tudo ficou na mesma ou algo foi alterado. Trata-se de repartir o que o Estado cobrou das diversas classes de rendimento: rendimentos do trabalho, rendimentos do capital e rendimentos mistos e concluir pelas alterações que a actividade financeira no seu conjunto provocou.

Claro que esta redistribuição não nos interessa. Ela não tem em conta a natureza das diversas despesas do Estado e dá das finanças públicas uma visão superficial e distorcida. Embora o conjunto das receitas do Estado seja tirado das várias classes de rendimentos e, em seguida, repostas em circulação, não podem ser consideradas no mesmo plano: por exemplo, a compra pelo Estado de serviços produtivos, que se traduz na distribuição de rendimentos aos titulares dos respectivos factores de produção[12], e as despesas feitas com a segurança social sem contrapartida produtiva[13].

Mas a concepção clássica impede-nos, ainda, de distinguir a verdadeira redistribuição da formação de rendimentos através do sector público. Nestes último caso, o Estado mais não faz do que remunerar os titulares dos factores de produção como qualquer outro agente económico, enquanto na

---

[11] Cf. Alain Barrère, *Politique Financière*, Dalloz, Paris, 1958, p. 501 e s.
[12] Juros, rendas, salários e lucros, conforme o título por que participam na produção.
[13] Quanto aos seus efeitos económicos, estas duas despesas são completamente diferentes: enquanto a primeira é uma despesa reprodutiva, pois cria, além de utilidades, capacidade produtiva, a segunda é apenas produtiva, pois cria somente utilidades – cf. J. J. Teixeira Ribeiro, *Lições de Finanças Públicas*, Coimbra Editora, 1977, p. 120 e ss.

verdadeira redistribuição ele procura corrigir a formação dos rendimentos (a repartição inicial). Isto demonstra que o Estado actua sob dupla veste: como agente económico produtor, como qualquer outro, de bens e serviços, e como agente corrector da actividade económica no seu conjunto, em que, naturalmente, se insere a repartição dos rendimentos. Em conclusão, não nos interessa aqui a repartição inicial dos rendimentos.

É evidente, porém, que para se poder medir a intervenção correctora das Finanças Públicas relativamente à repartição dos rendimentos, necessitamos da referência a uma situação inicial, relativamente à qual o Estado não tenha tido qualquer acção correctiva, a uma distribuição inicial, portanto. Mas uma distribuição inicial desligada de qualquer influência do Estado é inconcebível em virtude de o Estado, pela sua existência e pela actividade económica que desenvolve, influenciar *ab initio* a própria distribuição inicial. Daí que se defenda uma medida para a redistribuição em relação a um sistema fiscal neutro, ou seja, aquele sistema em que as preferências dos indivíduos sejam respeitadas. Um sistema, enfim, em que as despesas públicas compensassem os impostos pagos pelo cidadão e os benefícios daí retirados. Se cada cidadão retirar das despesas públicas um benefício equivalente ao perdido pelo pagamento do imposto não haverá qualquer redistribuição. Esta será, então, definida pela diferença entre o que um cidadão ou um grupo paga ao Estado e o que dele recebe[14].

Oportuno será referir que podemos falar, a este propósito, de dois tipos de redistribuição: a redistribuição vertical significando a transferência de rendimentos entre grupos de pessoas de níveis diferentes de rendimento (a clássica redistribuição dos ricos para os pobres); e a redistribuição horizontal para referir a transferência de rendimentos entre grupos sociais independentemente dos níveis de rendimento (agricultores, operários, industriais e comerciantes, etc.). Na prática o que se verifica é uma união entre estes dois modelos teóricos de redistribuição, cruzando-se os critérios sociais com considerações dos níveis de rendimentos, o que nos oferece uma redistribuição oblíqua ou inclinada, mas que, de um modo geral, se orienta para a correcção das desigualdades dos rendimentos e diminuição da pobreza[15].

Claro que não nos vai preocupar a medida concreta da redistribuição dos rendimentos pela actividade financeira do Estado. Até porque tal

---

[14] Cf. Hubert Brochier/Pierre Tabatoni, *Economie Fianancière*, PUF, Paris, 1963, p. 450 e s.
[15] Cf. Hubert Brochier/Pierre Tabatoni, *Economie Fianancière*, cit., p. 451 e s.

medida suscita muitos problemas cujas dificuldades de solução constituem obstáculos quase intransponíveis num país como o nosso em que a estrutura económica é fraca e o peso do sector primário modestamente industrializado é demasiadamente elevado para chegarmos a resultados minimamente dignos de crédito. Limitar-nos-emos, antes, a descrever fundamentalmente os instrumentos financeiros utilizados pelo Estado para atingir esse desiderato, avaliar a sua eficácia e constatar os problemas que levanta.

4. O sistema fiscal e a redistribuição dos rendimentos nominais

Vejamos, então, como as receitas públicas podem actuar no sentido da correcção das desigualdades excessivas de rendimentos.

Comecemos pela principal rubrica das receitas do Estado: o sistema fiscal, isto é, o sistema dos impostos. Estes são cobrados fundamentalmente para cobrir as despesas públicas, com intuitos financeiros, portanto. Isto não quer dizer que as intenções do Estado ao lançar e cobrar os impostos não estejam acessoriamente outros objectivos e, dentro destes, naturalmente, o fim redistributivo. Esta função dos impostos está, agora, bem patente na nossa Constituição quando coloca como finalidade do nosso sistema fiscal "a repartição igualitária da riqueza e dos rendimentos"[16].

Assim, também os impostos podem atenuar as desigualdades de rendimentos. Aliás, parece-nos ser este o sentido do nº 1 do artigo 106º da Constituição. Com os impostos conseguir-se-á amputar os rendimentos àqueles que os têm mais altos, mas evidentemente nunca dar àqueles que precisam. Por isso, mais do que a repartição igualitária da riqueza e dos rendimentos, o preceito constitucional em análise quererá significar que os impostos podem e devem ser utilizados com fins redistributivos.

---

[16] Estranhamente esta finalidade vem indicada antes da finalidade que constitui sempre a finalidade principal de qualquer sistema fiscal e que não cremos que o nosso legislador constituinte tenha querido remeter para segundo plano. Até porque o objectivo da repartição igualitária da riqueza e dos rendimentos jamais pode ser atingido somente com o sistema fiscal. É que, através deste, pode conseguir-se que baixem os rendimentos das pessoas que têm mais do que o nível médio, mas jamais elevar os rendimentos dos que têm menos rendimentos. Para este último desiderato torna-se imprescindível a política das despesas. É, por isso, que o artigo 106º, nº 1, da Constituição, deve ser interpretado com o auxílio de outras disposições constitucionais com as quais aquele preceito parece estar em conflito. Sobre esta problemática, cf. J. J. Teixeira Ribeiro, «O sistema fiscal na Constituição de 1976», *ob. cit.*, p. 6 e ss.

Com estas considerações tornou-se já evidente que os impostos não poderão ser repartidos em conformidade com uma teoria já clássica segundo qual o indivíduo devia ser tributado de acordo com as vantagens ou benefícios que possa receber da actividade do Estado. Assim, seríamos levados à elaboração de conceitos de política fiscal que obedeceriam, essencialmente, à ideia de que um maior conforto dado pelos serviços públicos teria de ser pago por um preço mais elevado. Teríamos, nomeadamente, de tributar mais gravosamente os indivíduos da cidade do que os do campo, dado que aqueles têm à sua disposição infra-estruturas criadas pelo aparelho estadual que só chegam ao alcance destes muitos anos depois (como, por exemplo, as redes de electricidade, o saneamento básico, a assistência médica, etc.). Esta teoria da repartição dos impostos está intimamente ligada ao conceito de imposto-preço ou imposto-troca, a concepção dominante nos séculos XVIII e XIX[17].

É evidente que hoje já ninguém nega ao imposto o seu carácter de prestação unilateral e definitiva, o que nos leva a pôr em causa uma teoria da repartição dos impostos como a que acabámos de mencionar. Actualmente defende-se, pois, que os impostos devem ser repartidos de modo a que todos os cidadãos paguem imposto e cada um segundo a sua capacidade contributiva, no sentido da igualdade tributária, portanto. Hoje, influenciados pelas ideias socialistas, os autores defendem uma repartição da carga fiscal em termos progressivos, enquanto os revolucionários liberais viam na repartição proporcional a aspiração máxima da igualdade fiscal[18]. É óbvio que a defesa actual do sistema tributário progressivo já tem na sua base uma ideia redistributiva.

Vejamos, então, o nosso sistema fiscal e descortinemos as suas incidências redistributivas. Antes de mais observemos o sistema fiscal vigente para, de seguida, passarmos uma vista de olhos sobre o sistema fiscal que a Constituição estrutura e programa para um futuro que não poderá estar muito longe, apesar da evolução retrógrada que o sistema tem experimentado desde há alguns anos para cá.

Pois bem, com a Reforma fiscal dos anos sessenta dois impostos apareceram com taxas progressivas: o imposto complementar e o imposto sobre sucessões e doações. Ambas as taxas progressivas eram compreensíveis: a do primeiro pela própria natureza de imposto de sobreposição sobre o rendi-

---

[17] Cf. Lucien Mehl, *Science et Tecnique Fiscales*, PUF, Paris, 1959, p. 43 e ss.
[18] V. para maiores desenvolvimentos, J. J. Teixeira Ribeiro, *Lições de Finanças Públicas*, cit., p. 282 e ss.

mento global que é; a do segundo para impedir que se concentrassem grandes patrimónios em pessoas que não tinham laços minimamente relevantes com o *de cujus* ou com o doador[19]. Além destes apenas o imposto profissional tinha uma taxa degressiva. Todos os demais impostos parcelares tinham taxas proporcionais, o que era inteiramente correcto em face do sistema. Todavia, o efeito redistributivo era fraco até pelo fraco peso destes impostos.

Quanto ao imposto de transacções (o nosso imposto geral sobre a despesa) e outros impostos específicos sobre o consumo também eles prevêem uma tributação pesada para os consumos de luxo e a isenção para alguns bens de primeira necessidade. Tais características, porém, são pouco significativas porque o peso do imposto de transacções e dos outros impostos sobre o consumo é demasiado elevado no conjunto das receitas fiscais do Orçamento Geral do Estado e os bens isentados acabam por ser muito poucos. Temos, antes, que concluir que todos os cidadãos portugueses pagam elevados impostos indirectos[20].

Somos, assim, em concluir que o nosso sistema fiscal tinha poucos efeitos redistributivos antes de 25 de Abril de 1974 e que tal situação não melhorou depois da Revolução, se é que não piorou mesmo. As reformas introduzidas visaram mais a obtenção de receitas do que proteger as camadas mais desfavorecidas da nossa população. Assim tornou-se progressiva a taxa de alguns impostos parcelares[21] e aumentou-se a progressividade do imposto complementar, do imposto profissional, cuja taxa se havia tornado progressiva há uns anos atrás, e do imposto sobre sucessões e doações.

Por seu lado, os adicionais, entretanto criados, e a conjuntura de inflação que se desenvolveu terão mais do que anulado, através dos preços, os efeitos redistributivos conseguidos pela progressividade de alguns (muito poucos) impostos directos sobre o rendimento. Se a isto acrescentarmos que os assalariados são tributados sem apelo nem agravo por um imposto

---

[19] Pois a progressividade da taxa do imposto sobre sucessões e doações varia não só com o montante do património transmitido, mas também com o grau de parentesco do herdeiro, legatário ou doador para com o *de cujus* ou doador.

[20] Por exemplo, em 1975 os impostos indirectos atingiram 65,2% do total das receitas do Orçamento Geral do Estado – cf. Pitta e Cunha, «A tributação do rendimento na perspectiva de uma reforma fiscal», *Ciência e Técnica Fiscal*, nºs 226-228, p. 7 e ss.

[21] Casos da contribuição industrial e da contribuição predial urbana. O que não deixa de ser uma ideia peregrina, a não ser nos sistemas colectivistas onde os sistemas fiscais têm escasso peso e, ainda assim, estão ao serviço de outros fins – cf. Pierre Beltrame, *Os Sistemas Fiscais*, tradução portuguesa, Almedina, Coimbra, 1978, p. 48 e ss.

profissional altamente progressivo e que amplas camadas da população praticam habitualmente a fraude e evasão fiscais, não podemos deixar de concluir que a redistribuição, a existir, será dos assalariados para os profissionais liberais e para o pequeno comércio e indústria.

Além disso, devemos impedir que as árvores nos obstruam a visão da floresta. Isto porque, apesar da existência de impostos progressivos no nosso sistema fiscal, este é, no entanto, bastante regressivo pelo fraco peso que têm no sistema visto no seu conjunto[22].

A Constituição estrutura, por sua vez, um sistema fiscal que condiz com o dos países desenvolvidos, à qual subjaz a intenção redistributiva referida, aliás, no próprio texto constitucional. Mas, por enquanto, apenas é um sonho. Para se transformar em realidade será preciso esperar por significativas alterações na nossa estrutura económica.

Vejamos, então, o que a Constituição nos propõe[23]. Em primeiro lugar, prevê uma tributação unitária e progressiva do rendimento pessoal que "visará a diminuição das desigualdades". Aqui está muito claro o seu intuito redistributivo. Depois, propõe a tributação do rendimento real das empresas: o imposto sobre as sociedades nos países desenvolvidos. Em seguida, sugere o imposto sobre sucessões e doações com as características que esse imposto actualmente já tem, mas com o objectivo de "contribuir para a igualdade entre os cidadãos", assinalando, assim e mais uma vez, o carácter redistributivo deste imposto. Finalmente, "a tributação do consumo visará adaptar a estrutura do consumo às necessidades de socialização da economia, isentando-se dela os bens necessários à subsistência dos mais desfavorecidos e suas famílias e onerando os consumos de luxo", o que revela novamente e de forma muito clara o intuito redistributivo. É, pois, fácil de ver como o nosso sistema fiscal terá no futuro um maior peso redistributivo.

---

[22] É de lembrar, entretanto, que a evolução do nosso sistema fiscal tem-se processado ao contrário do que os autores da Reforma Fiscal dos anos sessenta previram. Em vez de se caminhar para a tributação do rendimento em termos unitários, agravou-se o peso dos impostos parcelares. O imposto complementar que devia crescer no sentido de se tornar o futuro imposto único sobre o rendimento, diminuiu a pontos de hoje ser um imposto acessório no conjunto dos impostos directos sobre o rendimento, os quais, por sua vez, também diminuíram no conjunto das receitas fiscais do Orçamento Geral do Estado. Se, ao acabado de referir, acrescentarmos o que não saiu do papel da reforma (como o imposto sobre a indústria agrícola, por exemplo) ou o que logo foi subvertido pela Administração na execução da mesma ou pelo legislador, verificamos quão longe estamos do sistema proposto pela reforma e do previsto na Constituição de 1976.

[23] V. o artigo 107º da Constituição.

Acabamos, assim, de verificar como o sistema fiscal pode exercer influência sobre a repartição dos rendimentos nominais dos cidadãos, discriminando os rendimentos sobre que incide e incidindo mais fortemente sobre uns do que sobre outros.

5. Os empréstimos e a redistribuição dos rendimentos

Vejamos agora como os empréstimos podem exercer também um papel redistributivo. O financiamento do orçamento de capital repousa geralmente sobre os empréstimos, como outrora (até 1977) acontecia com o orçamento extraordinário. A noção de orçamento de capital implica a existência de despesas que se destinam ao aforro, tais como contas de investimento em capital, contas especiais do Tesouro, etc. Mas, se se manifestam desequilíbrios profundos na economia, os empréstimos podem revelar-se insuficientes. É preciso, então, recorrer a outros expedientes, nomeadamente a emissão de moeda. Mas sobre a questão do orçamento financiado pela emissão monetária e sua influência sobre a repartição dos rendimentos, pronunciamo-nos no ponto seguinte.

O orçamento de capital vai exercer influência sobre a repartição dos rendimentos reais de maneiras diferentes: pela política das receitas (empréstimos) e pela política das despesas. Mediante os empréstimos o Estado leva a que uma fracção da população suporte imediatamente uma parte da carga pública. É certo que essa quantia será reembolsada, mas, de momento, é o subscritor que assegura a cobertura das despesas. O resultado é a amputação a curto prazo (ou até a médio prazo) do seu rendimento real. É também certo que o particular só empresta ao Estado o excedente do seu rendimento nominal sobre o consumo, ou seja, o que lhe resta depois de ter obtido o número de satisfações desejadas. Mas é preciso não esquecer que a política dos empréstimos, tal como é praticada nos períodos instáveis, é mais complexa. Não se pretende somente organizar a vida económica para eliminar ou lutar contra a penúria, mas limitar a despesa e provocar uma poupança que será posta à disposição do Estado.

Muitas vezes até se utilizam processos mais draconianos, nomeadamente em épocas em que o Estado se vê a braços com défices sistemáticos do orçamento. Instituem-se assim, por vezes, empréstimos obrigatórios como, por exemplo, o pagamento do 13º mês em títulos do Tesouro, como já entre nós, por mais de uma vez se pretendeu; ou o pagamento em títulos de crédito dos vencimentos acima de certa quantia (como igualmente se pretendeu após o 25 de Abril de 1974 com os vencimentos acima de certos limites, conforme o Decreto-Lei nº 480/74, de 25 de Setembro, suspenso depois pelo Decreto-Lei nº 824/74, de 31 de Dezembro); ou investimentos obrigatórios de certos excedentes de rendimentos em fundos do Estado; etc.

Em todos estes casos a disponibilidade dos rendimentos é ferida e o rendimento real dos indivíduos não corresponde ao seu rendimento nominal. Mas, por outro lado, as somas assim obtidas pelos empréstimos mais ou menos livres, alimentando assim as receitas do Estado, permitem a este distribuir os rendimentos nominais que aumentam a massa de satisfações dos que as recebem. Mas isto insere-se já na política das despesas que veremos mais adiante, quando tratarmos das despesas públicas e seus efeitos redistributivos sobre os rendimentos.

6. A criação de moeda e a redistribuição dos rendimentos reais

Mas o Estado pode ainda lançar mão da emissão monetária para fazer face às suas despesas. Neste caso o aumento da circulação monetária pode provocar uma alta generalizada dos preços dos bens e serviços. Tal sucederá se ao aumento da massa monetária através de emissão não corresponder um aumento da oferta de bens e serviços, o que sucederá necessariamente se estivermos numa situação de pleno emprego e consequente impossibilidade de aumentar a capacidade produtiva de um país[24]. Um processo inflacionista provocado pela criação de moeda vai provocar uma modificação dos rendimentos dos cidadãos perturbando, assim, a repartição dos rendimentos tal como existia antes de se desencadear o processo e alterando também as possibilidades de satisfação das necessidades individuais pela ruptura entre o rendimento nominal dos agentes económicos e o nível geral dos preços.

Esta alta não é, geralmente, acompanhada por uma adaptação automática e simultânea das remunerações do capital, do trabalho e da actividade dos empresários. Neste caso são as classes que vivem de rendimentos fixos ou dificilmente alteráveis que vêem os seus rendimentos reais fortemente amputados. São, normalmente, as classes médias e a classe operária que são mais prejudicadas com a inflação enquanto os empresários e demais titulares de rendimentos variáveis vêem os seus rendimentos fortemente aumentados. Donde se conclui que o financiamento do orçamento através da emissão monetária pode traduzir uma redistribuição dos rendimentos reais a favor das classes mais favorecidas.

---

[24] A não ser que se consiga aumentar a capacidade produtiva através do desenvolvimento tecnológico, o que, a verificar-se, nunca sucederá a curto prazo, segundo cremos.

Uma situação de inflação galopante vivemos nós actualmente, apesar de acreditarmos que as suas causas estarão mais em razões estruturais da nossa economia do que na emissão monetária. Todavia, os efeitos não deixam de ser os mesmos: uma repartição retrógrada dos rendimentos.

7. A política de despesas como instrumento de redistribuição

Cabe agora analisar a influência das despesas públicas na redistribuição dos rendimentos. Aqui temos de distinguir a influência exercida sobre a repartição dos rendimentos nominais da exercida sobre a repartição dos rendimentos reais. Comecemos por aqueles. Evidentemente temos aqui em mente apenas a redistribuição correctiva das desigualdades e não a pseudoredistribuição efectuada pelo conjunto das despesas públicas[25].

Apenas algumas despesas exercem a função de redistribuir os rendimentos nominais. De facto, somente as despesas que não constituem remuneração directa de uma actividade ou de um serviço produtivo. Tais despesas são fundamentalmente constituídas por transferências correntes e de capital[26]. Entre as primeiras, encontramos com elevado peso as transferências sociais como pensões, abonos, somas directamente pagas a quem delas especialmente carece e, sobretudo, somas orçamentais destinadas a cobrir défices do Orçamento da Segurança Social (pratica, aliás, muito desenvolvida entre nós nos últimos anos). Dentro das segundas, temos as amortizações da dívida pública, as indemnizações por danos diversos e as subvenções para investimentos. Em todos estes casos assistimos a um acréscimo das somas monetárias dos beneficiários das transferências, a uma verdadeira redistribuição dos rendimentos nominais.

Mas através das despesas o Estado pode-se, ainda, actuar sobre os rendimentos reais das pessoas, aumentando-lhes a capacidade de satisfazer necessidades sem, no entanto, lhes entregar somas monetárias. É de distinguir, a este respeito, dois processos: o da distribuição directa de utilidades pelos serviços públicos e o da acção indirecta exercida sobre os preços. Vejamos cada um de per si, começando pela acção directa. Através do orçamento corrente o Estado esforça-se por fazer face às necessidades cuja satisfação é, no interesse da colectividade, julgada indispensável. Por vezes é o próprio Estado que organiza a satisfação das necessidades mediante o

---

[25] V. o que dissemos acerca da concepção clássica da redistribuição, *supra* no ponto 3 deste texto.
[26] Conforme se destinem ao consumo ou ao aforro, respectivamente.

estabelecimento de um serviço público exercendo, assim, uma acção directa e imediata sobre a repartição dos rendimentos reais dos indivíduos.

Pelos serviços públicos o Estado procura fazer face às suas necessidades primordiais, necessitando geralmente de uma organização técnica e económica importante. Assiste-se a uma extensão muito grande do número dos serviços correspondente a um alargamento da noção de serviço público. O Estado, tomando consciência das necessidades da colectividade, encarrega-se da sua satisfação sob o pretexto de que seriam mal assegurados pela economia privada que, obedecendo a regras de rentabilidade, se abstém de actuar quando prevê uma compensação insuficiente para a sua actividade.

Na medida em que exista uma massa de necessidades a satisfazer e um número importante de sujeitos económicos que não disponha de meios monetários para tal suficientes, o Estado deve preocupar-se em assegurar essas satisfações, mesmo em condições deficitárias. Certamente o Estado podia contentar-se em distribuir os rendimentos monetários aos interessados, mas acha mais conveniente organizar, ele mesmo, a satisfação dessas necessidades. Assim o Estado organiza um regime de serviços gratuitos ou a preço inferior ao custo.

Assim acontece com os serviços de higiene pública, por exemplo, que constituem uma das mais importantes formas de redistribuição dos rendimentos reais na sociedade moderna. Abrangem estes não só a assistência médica gratuita como um conjunto de serviços paramédicos, pondo à disposição do público instalações de higiene, de saúde, centros de consulta, centros de educação sanitária e de reabilitação. É este um dos campos onde o intervencionismo estadual mais se faz sentir actualmente tanto nos países capitalistas desenvolvidos como nos de orientação socialista.

Também os serviços de instrução pública constituem uma importante forma de redistribuição dos rendimentos reais. Oferecidos gratuitamente ou a preços inferiores ao custo real, o Estado consegue satisfazer as necessidades a largas camadas da população que, em caso contrário, jamais seriam satisfeitas. E o mesmo acontece com os serviços culturais e tantos outros crescentemente assumidos pelos poderes públicos.

Tendo em conta estes elementos fácil é de ver que os referidos serviços beneficiam, sobretudo, as classes de menores recursos, ou seja, aqueles que não teriam acesso a eles caso fosse necessário pagar ou pagar o seu custo efectivo. É um facto que os rendimentos reais redistribuídos através destes serviços é cada vez maior, desenvolvendo-se em função do intervencionismo estadual sempre em expansão. Expansão essa que encontra a sua contrapartida num aumento das cargas financeiras que os cidadãos têm de suportar.

Também o número de beneficiários tende a aumentar o que se deve, em parte, à tendência para a gratuitidade dos serviços públicos. É claro que esta actuação conduz necessariamente, se se quiser manter o equilíbrio orçamental, ao aumento da carga fiscal. Mas como os utentes não são necessariamente os que mais eficazmente contribuem para o seu financiamento, daí a sua contribuição para a redistribuição dos rendimentos reais.

Todavia, o Estado pode também actuar indirectamente sobre a repartição dos rendimentos reais, actuando sobre os preços. Aqui dois processos podem ser utilizados: o do abaixamento dos preços, de um lado, e o do aumento dos preços através do sistema fiscal, de outro.

a) Quanto ao abaixamento dos preços, é bem conhecido a prática dos preços políticos. Através dela o Estado procura fixar o valor de troca de certos bens e serviços a um preço inferior ao seu custo real, cobrindo a diferença com receitas fiscais ou empréstimos que, de um modo geral, afectam mais fortemente as classes de maiores rendimentos. É o que acontece em matéria de transportes públicos, onde a prática recente de passes sociais se veio juntar ao tradicional recurso ao Orçamento Geral do Estado para cobrir os défices das empresas de transportes (como já acontecia com a CP e outras empresas transportadoras entretanto nacionalizadas). Prática que se traduz inequivocamente em benefício das classes mais desfavorecidas.

E o mesmo acontece, aliás, com a prática do chamado "cabaz de compras": um conjunto (sucessivamente diminuído) de bens de primeira necessidade cujo preço ao consumidor é bastante inferior ao seu custo real, sendo a diferença coberta pelo Fundo de Abastecimentos cuja receita principal advém da tributação dos combustíveis líquidos, nomeadamente da gasolina[27].

---

[27] Baptizado assim pelo primeiro Governo Constitucional, esta prática já vem de trás. Todavia, ela levanta algumas questões e suscita certas dúvidas não só pelo facto de o preço inferior ao custo desses bens beneficiar toda a população que os consome e não apenas as famílias mais pobres como era sua intenção, mas também porque ela acaba por favorecer indivíduos que não são nacionais como é o caso dos turistas e fomentar até um certo contrabando. Sendo assim de perguntar se não seria melhor substituir tal prática pela da verdade dos preços desses bens e compensar a inexistência do cabaz de compras por subsídios às famílias mais necessitadas, acabando, de vez, com este subsídio indirecto às famílias ricas e aos estrangeiros.

Também no sector da habitação, o Estado, ao construir casas que depois coloca no mercado a uma renda ou preço inferiores aos preços de mercado e ao próprio custo real, está no caminho da repartição dos rendimentos reais e a favorecer os beneficiários de tais habitações[28].

Por outro lado, há certos bens de primeira necessidade cuja produção é pouco rentável de forma a interessar as empresas a produzi-los e a apresenta-los no mercado. Para obstar a esta carência, o Estado esforça-se por sustentar a acção das empresas que se dediquem à produção desses bens, facilitando-lhes o acesso às matérias-primas e concedendo-lhes auxílios e vantagens da mais diversa ordem, nomeadamente fiscais[29]. Assim ganham os consumidores porque a satisfação das suas necessidades é assegurada de uma forma eficaz, o que não sucederia sem esta intervenção do Estado.

Enfim, toda uma série de acções que seria fastidioso, senão mesmo impossível, enumerar, todas elas voltadas para a diminuição dos preços de certos bens e serviços que o Estado considera não deverem deixar de ser oferecidos à população.

b) Outro processo utilizado é o do aumento dos preços através do sistema fiscal, nomeadamente dos impostos sobre o consumo e a despesa. Trata-se, em geral, de aumentar o preço de certas mercadorias através da tributação autoritária delas. Estas são normalmente adquiridas pelas classes de maiores recursos cujo rendimento é, assim, amputado pelo Estado que irá utilizar os excedentes monetários, obtidos deste modo, na redistribuição dos rendimentos reais de que beneficiarão certamente as categorias de indivíduos com menores recursos. Isto na medida em que tais excedentes se destinem à criação ou manutenção de serviços públicos que, directa ou indirectamente, satisfaçam necessidades que, de outro modo, ficariam por satisfazer[30]. É o que acontece fundamentalmente com a tributação, entre nós, dos bens de luxo que, em geral, só serão procurados por pessoas de grandes recursos.

---

[28] Isto sucede, por exemplo, com as habitações construídas pelos poderes públicos como o Fundo de Fomento da Habitação e as câmaras municipais.
[29] Como isenções, deduções e abatimentos à matéria colectável, reintegrações e amortizações aceleradas, reduções da taxa ou da colecta, etc. V. a Lei nº 3/72, de 27 de Maio, e o decreto-Lei nº 74/74, de 28 de Fevereiro e os diversos códigos dos impostos.
[30] É claro que se tais somas forem entregues aos indivíduos, então estaremos perante uma redistribuição dos rendimentos nominais.

Mas os preços podem também ser elevados pela existência de direitos aduaneiros. Estes visam sobretudo proteger a indústria nacional nascente, não obstante se terem tornado, em alguns países e nomeadamente entre nós, numa importante fonte de receitas do Orçamento Geral do Estado[31]. Este, ao sobrecarregar com impostos alfandegários os bens importados, está a aumentar o preço não só destes mas também, em virtude da solidariedade dos preços, dos próprios bens nacionais. O resultado é que à cobrança pelo Estado dos impostos aduaneiros, cujos somas ele pode, evidentemente, utilizar com intuitos redistributivos directos ou indirectos a favor das classes menos favorecidas, corresponde uma diminuição do rendimento real dos compradores dos produtos. Se acrescentarmos que a esta diminuição do rendimento real dos compradores corresponde a manutenção dos lucros dos produtores nacionais das referidas mercadorias a uma taxa superior à da concorrência internacional, então temos de concluir que o rendimento real destes aumentou, verificando-se consequentemente um verdadeiro mecanismo de redistribuição.

Estão assim sumariamente analisados os processos através dos quais os instrumentos financeiros públicos podem actuar sobre a repartição dos rendimentos.

8. A eficácia das medidas redistributivas

Vejamos agora se os instrumentos de que falámos são eficazes, isto é, se conseguem atingir os efeitos a que se propõem e em que medida ou se, pelo contrário, não passam de mais um campo para especulações de teóricos e políticos sem real significado prático. Será a redistribuição levada a cabo pelas Finanças Públicas uma ilusão? É o que vamos ver de seguida.

Redistribuir significa tirar a uns para dar a outros, tirar aos que têm muito para dar aos que têm pouco, tirar através do sistema fiscal para dar através das despesas públicas. Daqui se deduz que para atingir um tal desiderato é necessário que num dado país haja, antes de mais, quem tenha muito e este muito em termos suficientes para dar para todos os que têm pouco[32] e, depois, que os mecanismos para tal utilizados sejam eficientes,

---

[31] Ao ponto de se duvidar da sua verdadeira função. Não vamos analisar aqui esta problemática. Sobre ela pode ver-se Carlos Manuel Lopes Porto, «O argumento das indústrias nascentes», *Estudos em Homenagem ao Prof. Doutor J. J. Teixeira Ribeiro*, vol. I – Oeconomica, 1978, p. 521 e ss.

[32] Ao afirmarmos isto não estamos a pensar, de modo algum, numa igualização dos rendimentos ou níveis de vida, apesar de sabermos que a redistribuição financeira dos rendi-

isto é, consigam o que pretendem. Nenhum destes pressupostos, ao que supomos, se verificam em Portugal, apesar da falta de dados estatísticos.

Não se verifica, desde logo, o primeiro pressuposto: que haja muitos que disponham de altos rendimentos, pois somos um país de muitos pobres, bastantes remediados e alguns ricos. Para demonstrar esta nossa afirmação bastará uma comparação do nosso Produto Nacional ou do nosso Rendimento *per Capita* com o dos outros países[33]. E lá nos encontramos nós no último lugar da Europa (depois de nós só a Turquia, que é mais asiática do que europeia). Portanto temos pouco para distribuir pelos mecanismos do mercado e, consequentemente, pouco para redistribuir pelos mecanismos financeiros uma vez que não se verifica, entre nós, uma grande concentração de rendimentos em poucas famílias como sucedia antes do 25 de Abril de 1974. Mas este pouco que, em termos relativos, não é tão pouco como isso, ainda podia dar origem a uma razoável redistribuição se os mecanismos utilizados fossem eficazes, o que também não acontece.

Por outro lado, o nosso sistema fiscal é fortemente regressivo, como já tivemos ocasião de referir, tanto pela estrutura que tem como pela fraude e evasão que permite, o que nos leva a afirmar, e cremos não estar muito longe da verdade, que a fraca redistribuição que desencadeia é mais à custa da classe média (sobretudo assalariada) do que à custa dos detentores dos mais altos rendimentos (sobretudo dos detentores de rendimentos difíceis de conhecer pelo Fisco). Por sua vez as despesas públicas, mesmo aquelas que têm maiores intuitos redistributivos, não logram atingir os seus objectivos ou só os atingem em fraca medida. Lembramos tão só o "cabaz de compras" que beneficia indistintamente toda a população ou outras medidas sociais que atingem sobretudo as camadas médias como os funcionários públicos e militares.

Em conclusão podemos dizer que a redistribuição dos rendimentos através das Finanças Públicas é fraca e, em grande medida, injusta, uma vez que não é feita à custa dos que dispõem de maiores rendimentos, mas dos que usufruem de rendimentos melhor conhecidos do Fisco.

---

mentos foi suscitada por tais ideias, mas tão só a pensar numa redistribuição atenuadora da pobreza.

[33] É evidente que o Produto Nacional ou o Rendimento *per Capita* nada nos dizem sobre a distribuição dos rendimentos e bem-estar das populações. Assim, rendimentos *per capita* semelhantes da Suíça e do Koweit (ambos bastante altos) revelam diferentes níveis de vida e bem-estar da população de cada um destes países.

9. A redistribuição dos rendimentos, a igualdade fiscal e o crescimento económico

Finalmente, desejamos fazer uma referência aos problemas que a redistribuição dos rendimentos levanta. Isto porque, como já assinalámos nas considerações precedentes, as medidas de redistribuição nem sempre têm uma influência de igualização tão importante quanto se poderia pensar. Particularmente o sistema fiscal, baseado na forte progressividade da tributação do rendimento, pode conduzir a resultados opostos aos que, com ele, se pretendem, em virtude do impacto que pode ter sobre a maximização das satisfações e sobre o crescimento económico.

a) Relativamente à maximização das satisfações diremos que a progressividade dos impostos pode originar desigualdades susceptíveis de compensar ao até mais do que compensar as desigualdades que pretende destruir ou atenuar. É que o imposto progressivo sobre o rendimento não é neutro, ao contrário das remunerações distribuídas pelo mercado que distribui a cada agente económico conforme o factor fornecido ao processo produtivo. Operando uma amputação progressiva sobre o rendimento nominal, o imposto destrói necessariamente o equilíbrio das satisfações pelo que é natural que os agentes económicos procurem recuperar o equilíbrio perdido, reagindo de diversos modos à tributação.

Uma primeira reacção consiste em obter um excedente de remuneração que compense o montante do imposto e, consequentemente, mantenha o nível de satisfações[34]. Na prática isto provoca, na medida em que a fiscalidade conduza ao afastamento dos indivíduos potencialmente interessados nas actividades mais fortemente tributadas e com maiores riscos e dependências não pecuniárias, uma alta de rendimentos nessas mesmas actividades, levando a um aumento da desigualdade de rendimentos perante os impostos. Claro que o imposto reduz a desigualdade, mas uma desigualdade já acrescida com a própria previsão da tributação que sobre o rendimento se vai abater[35].

Outra reacção a que geralmente se recorre perante uma tributação progressiva é a traduzida na fraude e evasão fiscais. Apesar de desconhecermos a medida exacta da influência de cada um dos muitos processos de subavaliação dos rendimentos, podemos afirmar que eles beneficiam sobretudo os

---

[34] É a bem conhecida remoção do imposto – v. J. J. Teixeira Ribeiro, *Lições de Finanças Públicas*, cit., p.372 e ss.

[35] Cf. Jacques Lecaillon, *L'Inégalité des Revenues*, cit., p. 182 e ss.

titulares de rendimentos e patrimónios menos transparentes ao Fisco como alguns grupos detentores de altos rendimentos, os profissionais liberais[36], os comerciantes, os trabalhadores independentes, etc.

Todas estas práticas têm como principal consequência, além de tornarem a taxa efectiva do imposto inferior à sua taxa nominal, uma tributação mais arbitrária e, consequentemente, iníqua: agentes económicos com iguais rendimentos suportam, assim, cargas fiscais diferentes. Daí que actualmente certas reformas proponham atenuar as taxas que incidem sobre as fatias superiores do rendimento.

b) Mas as medidas redistributivas também podem comprometer o crescimento económico. Particularmente o imposto progressivo pode afectar a propensão para o trabalho e a propensão para aforrar e investir. Se uma das razões porque os indivíduos se decidem a trabalhar e a assumir riscos é a obtenção de rendimentos elevados que permita viver melhor e até acumular capital para transmitir aos filhos, então é evidente que que a amputação fiscal do rendimento para além de um certo nível desencoraja o esforço e reduz o aforro[37].

Todavia, a redução do aforro privado provocado pela progressividade da tributação dos rendimentos elevados e grandes fortunas pode ser compensado quer pelo fomento do pequeno aforro e encorajamento da constituição de pequenas fortunas, quer sobretudo através do aforro público[38]. A redução do aforro não constitui, portanto, um óbice às medidas de redistribuição dos rendimentos.

O mesmo já se não pode dizer relativamente ao desencorajamento do esforço e à diminuição da propensão para trabalhar. Estes efeitos afectam quase sempre a eficácia do sistema económico, diminuindo a produtividade do trabalho e aumentando o absentismo. Daí que mais recentemente, sobretudo certos autores americanos[39], proponham que o imposto progressivo afecte os rendimentos da propriedade de preferência aos rendimentos do trabalho e da actividade, a riqueza constituída de preferência à riqueza

---

[36] Refira-se, a este propósito, o que sucede actualmente entre nós, por exemplo, com os médicos e outros profissionais liberais que se recusam a passar recibo para assim se evadirem ao Imposto Profissional e ao Imposto Complementar.
[37] Cf. Jacques Lecaillon, *L'Inégalité des Revenues*, cit., p. 184 e ss.
[38] Cf. Jacques Lecaillon, *L'Inégalité des Revenues*, loc. ult. cit.; e J. J. Teixeira Ribeiro, «O sistema fiscal na Constituição de 1976», *ob. cit.*, p. 7 e ss.
[39] Cf. Jacques Lecaillon, *L'Inégalité des Revenues*, cit., p. 189 e ss.

em constituição, pois, afirma-se que "o imposto progressivo sobre o rendimento, na medida em que não possa escapar a ele, conduz a proteger, no fim de contas, os actuais detentores de riqueza em contraposição aos que procuram enriquecer"[40].

De quanto acabamos de dizer é fácil concluir que a redistribuição dos rendimentos pode ser atingida através de meios financeiros. Todavia o grau de redistribuição atingível varia muito de país para país e de época para época. A estrutura económica, o grau de desenvolvimento atingido e a operacionalidade do sistema fiscal são os principais responsáveis pelos resultados que se pretendem atingir, não obstante ser muito difícil uma redistribuição justa e compatível com o crescimento económico para além de certos níveis.

---

[40] Milton Friedman, citado por Jacques Lecaillon, *L'Inégalité des Revenues*, cit., p. 158.

O Imposto sobre a Arqueação Líquida dos Navios no Quadro do Direito da União Europeia*

Sumário: **1. Introdução:** 1.1. O objeto de estudo, o nome do imposto e a vocação internacional do transporte marítimo; 1.2. A importância do transporte marítimo para o comércio internacional; **2. O imposto sobre a arqueação no âmbito da UE e do EEE:** 2.1. O imposto sobre a arqueação até 1997; 2.2. O quadro do imposto sobre a arqueação após as orientações sobre auxílios aos transportes marítimos de 2004: 2.2.1. Âmbito de aplicação das orientações; 2.2.2. Condições relativas às entidades beneficiárias; 2.2.3. Condições relativas às atividades apoiadas pelos poderes públicos; 2.2.4. Condições relativas às medidas de delimitação; 2.3. O método de avaliação dos regimes de imposto sobre a arqueação; **3. O imposto sobre a arqueação líquida: contributo para a sua caracterização**; **4. Uma alusão à tributação das empresas de transporte marítimo em Portugal**; **5. Em conclusão**

1. Introdução

Antes de entrarmos na análise mais específica do objecto deste pequeno estudo, relativo ao quadro normativo da União Europeia (UE) respeitante ao imposto sobre a arqueação líquida dos transportes marítimos, que vem sendo adotado em diversos países, impõem-se algumas considerações de caráter introdutório relativas à razão da escolha deste objeto, ao título que demos ao mencionado imposto e, bem assim à vocação internacional das empresas de transporte marítimo. De outro lado, há que dizer alguma coisa relativamente

---

* Texto elaborado em co-autoria com a Mestre Catarina Gouveia Alves, publicado nos *Estudos sobre Direito do Comércio Internacional – Livro em Homenagem ao Professor Adilson Rodrigues Pires*, Rio de Janeiro, 2012.

à importância crescente que o transporte marítimo tem para para o desenvolvimento do comércio internacional.

1.1. O objeto de estudo, o nome do imposto e a vocação internacional do transporte marítimo

E a primeira consideração a este propósito prende-se com a razão da escolha deste específico objeto para este nosso despretensioso estudo. O que tem a ver com o facto de o objeto constituído pela tributação dos transportes em geral se revelar muito amplo, diversificado e até complexo.

Na verdade, quando nos referimos aos transportes como realidades passíveis de tributação ou objeto de normas tributárias, deparamo-nos com um objeto bastante amplo e diversificado, em que temos várias realidades ou, numa outra perspetiva, diversas maneiras de ver a mesma realidade dos transportes, a saber: o importante setor da atividade de transporte de que se ocupam diversas empresas e grupos de empresas[1], a prestação de serviços de transporte em que essa atividade se concretiza, e os próprios meios de transporte enquanto veículos que se apresentem quer como bens de consumo duradouro, quer como meios afetos à atividade de produção da maior parte dos bens e serviços das empresas.

Uma diversidade de objetos que conduz naturalmente a uma diversidade de tratamento em sede da tributação, designadamente no respeitante aos impostos a que os mesmos se encontram sujeitos. Assim e limitando-nos apenas aos tributos unilaterais, a atividade de transporte encontra-se sujeita à tributação do rendimento das empresas, seja esta a tributação geral a que se encontra sujeita a generalidade das empresas, seja uma tributação especial substitutiva daquela. Depois, como prestações de serviços, os transportes estão sujeitos à tributação do consumo, em que se destaca o Imposto sobre o Valor Acrescentado (IVA). Por seu lado, os veículos automóveis encontram-se sujeitos a importantes impostos específicos sobre o consumo, sejam de natureza instantânea quando incidem sobre a sua aquisição onerosa, sejam permanentes quando incidem sobre a propriedade dos mesmos. A que é de acrescentar ainda um outro tipo de imposto sobre o consumo, o qual, embora não incida diretamente sobre os próprios veículos, está

---

[1] Em que temos dois tipos de vocação mais nacional – o transporte rodoviário e ferroviário – e dois tipos de vocação mais internacional – o transporte aéreo e marítimo.

intimamente ligado à sua utilização – o importante imposto sobre os combustíveis[2].

Um objeto excessivamente amplo e diversificado para poder ser tratado com um mínimo de cuidado num pequeno texto como este. Daí que nos tenhamos fixado num objeto bem mais estrito localizado no domínio da tributação do rendimento das empresas de transporte e, dentro desta, restringindo-nos apenas à tributação especial que vem sendo defendida e adotada em sede dos transportes marítimos por diversos países – o imposto sobre a arqueação líquida dos meios de transporte marítimo. Sendo de acrescentar que, como resulta do próprio título, vamos tratar deste imposto sobretudo no quadro do direito da União Europeia, que vem defendendo a sua introdução como forma de defesa da competividade das empresas europeias de transportes marítimos.

Passando agora à consideração do nome que demos a este imposto, devemos dizer que o mesmo se explica por se revelar o mais adequado para exprimir a correspondente realidade jurídica. Efetivamente, ao contrário da designação de imposto de tonelagem ou imposto sobre a tonelagem, que era a designação tradicional, preferimos atualmente a designação de imposto sobre a arqueação líquida dos navios para referir o imposto conhecido internacionalmente sob a designação inglesa de *tonnage tax*. Uma opção que, devemos sublinhar, não é fruto de qualquer preferência de natureza académica, mas antes o resultado de uma ponderação quanto à adequação das palavras às realidades que pretendem exprimir. Daí que a opção pela designação em causa se fique a dever, de um lado, ao facto de se tratar de um imposto sobre a arqueação dos navios e não de um imposto sobre a tonelagem (que é, como sabemos, a expressão correspondente à tradução literal da referida expressão inglesa, aliás com uso internacional generalizado), porque, desde a Convenção Internacional sobre a Arqueação de Navios[3], essa designação deixou de ser inteiramente adequada para designar o mencionado imposto.

---

[2] V., para uma indicação dos diversos tipos de tributação incidentes sobre os transportes, José Casalta Nabais, «Apontamentos sobre a tributação dos transportes», *Revista da Academia Tributária das Américas*, nº 5, Janeiro-Junho de 2012, p. 105 e ss.

[3] *International Convention on Tonnage Measurement of Ships*, adotada a 23 de Junho de 1969, em Londres, no seio da Organização Marítima Internacional, a qual entrou em vigor em 18 de Julho de 1982 para os navios construídos após esta data e em 18 de Julho de 1994 para todos os restantes navios. Refira-se que Portugal é Parte dessa Convenção, a qual foi aprovada, para adesão, pelo Decreto do Governo nº 4/87, de 15 de Janeiro de 1987.

De outro lado, falamos de arqueação líquida, porque, ao contrário do que acontece, por via de regra, em sede de outros tributos, designadamente as taxas (de porto, de pilotagem, de registo), que incidem sobre a arqueação bruta[4], o imposto em consideração tem por base a arqueação que se reporta à capacidade de transporte, seja de carga seja de passageiros, dos navios. Eis, pois, as razões da nossa preferência pela designação, por certo menos apelativa, mas sem dúvida bem mais rigorosa, de imposto sobre a arqueação líquida dos navios face à de imposto sobre a tonelagem. O que, todavia, não obsta a que utilizemos esta última expressão, muito embora tendo presente o sentido que acabamos de referir.

Enfim, é de sublinhar que a atividade de transporte marítimo se insere num setor da atividade económica, integrado pelas empresas de transporte marítimo e aéreo, da maior importância no mais amplo e estratégico domínio das comunicações, sendo considerado um meio idóneo, designadamente, para cobrir a diferença entre a oferta e a procura que se verifica em sede dos meios de transporte rodoviário e ferroviário. Além de que se trata de uma atividade que, pelas suas caraterísticas específicas, tem manifesta vocação internacional, caindo assim frequentemente sob a alçada de duas ou mais jurisdições a exigir uma regulação tributária no sentido de eliminar a dupla tributação internacional[5].

Na verdade, o transporte marítimo, com especial destaque para o transporte de mercadorias, já que o transporte de passageiros tem hoje uma expressão mais limitada, é realizado entre países diferentes. Por isso, não admira que a atividade das empresas de navegação desde cedo tenha sido objeto de consideração, como se verificou no Modelo de Convenção Fiscal sobre o Rendimento e o Património da OCDE, em cujo art. 8º se atribui, por via de regra, o poder de tributar ao Estado da sede da direção efetiva da

---

[4] Algo que aconteceu em Portugal com o imposto de tonelagem e o imposto de comércio marítimo, os quais, dado não serem substitutivos do imposto sobre o rendimento das empresas estavam, de algum modo, mais próximos da figura da taxa do que da figura do imposto – v., a este propósito, o que dizemos *infra* no ponto 4.

[5] Atividade que, por constituir um setor económico tão importante vem sendo objeto de cuidado planeamento fiscal nacional e internacional por parte das empresas que a desenvolvem e de regimes de incentivo ao seu desenvolvimento e competitividade por parte dos Estados. V. sobre estas caraterísticas as resoluções adotadas nas XXI Jornadas Latino – Americanas de Direito Tributário, que tiveram lugar em 2002, em Barcelona – Génova, as quais se encontram disponíveis em: http://www.iladt.org/FrontEnd/ResolutionDetailPage.aspx (consulta de 27 de Janeiro de 2012).

empresa de navegação aérea e marítima[6]. Uma solução com a qual está em consonância o direito português, mais especificamente o art. 13º do Código do Imposto sobre o Rendimento das Pessoas Coletivas, que isenta deste imposto «os lucros realizados pelas pessoas coletivas e outras entidades de navegação marítima e aérea não residentes provenientes da exploração de navios ou aeronaves, desde que isenção recíproca e equivalente seja concedida às empresas residentes da mesma natureza e essa reciprocidade seja reconhecida pelo Ministro das Finanças, em despacho publicado no Diário da República»[7]. O que tem como consequência constituir o estudo da tributação dos transportes marítimos objeto tendencialmente mais do direito fiscal internacional do que do direito fiscal nacional.

1.2. A importância do transporte marítimo para o comércio internacional

Mas uma outra consideração de natureza introdutória se impõe. Tem ela a ver com a importância do transporte marítimo para o suporte e desenvolvimento do comércio internacional. Com efeito, de acordo com a Comunicação da Comissão Europeia – *Objetivos estratégicos e recomendações para a política comu-*

---

[6] Em que se estabelece: 1. Os lucros provenientes da exploração de navios ou aeronaves no tráfego internacional só podem ser tributados no Estado contratante em que estiver situada a direção efetiva da empresa; 2. Os lucros provenientes da exploração de barcos utilizados na navegação interior só podem ser tributados no Estado contratante em que estiver situada a da direção efetiva da empresa; 3. Se a direção efetiva de uma empresa de navegação marítima, ou de uma empresa de navegação interior, se situar a bordo de um navio ou de um barco, a direção efetiva considera-se situada no Estado contratante em que se encontra o porto de registo do navio ou barco ou, na falta de porto de registo, no Estado contratante de que é residente a pessoa que explore o navio ou o barco; 4. O disposto no nº 1 é aplicável igualmente aos lucros provenientes da participação num *pool*, numa exploração em comum ou num organismo internacional de exploração». Sobre o regime constante do art. 8º do Modelo de Convenção Fiscal sobre o Rendimento e o Património da OCDE, v. G. M. Sarno, «Shipping inland waterways transports and air transport under art. 8 OECD MC», *Diritto e Pratica Tributara Internazionale*, 2000, p. 239 e ss.; e Pietro Adonnino, «Profili impositivi delle imprese di trasporto aereo e marittimo», *Rivista di Diritto Tributario Internazionale*, 3/2002, p. 32 e ss.

[7] O que configura a adoção por parte de Portugal, em sede da dupla tributação internacional do rendimento, de um método para a eliminar diferente daquele que é habitual, uma vez que, por via de regra, segue o método do crédito de imposto ordinário ou método da imputação ordinária.

nitária de transporte marítimo no horizonte de 2018[8] – «80% do comércio mundial faz-se por via marítima, representando o transporte marítimo de curta distância 40% do tráfego de mercadorias intra-europeu».

O transporte marítimo assume, pois, uma relevância central para o comércio internacional, constituindo o meio através do qual se efetua a larga maioria das trocas comerciais a nível mundial. Consequentemente, o comércio de serviços marítimos, nomeadamente dos serviços de transporte de mercadorias, adquire também especial relevância, suscitando o empenho de organizações como a União Europeia e a Organização Mundial do Comércio na liberalização deste setor de atividade. Ou seja, para além de serem fundamentais para a competitividade das empresas nacionais a nível mundial, os serviços de transporte marítimo geram riqueza e emprego, impulsionando as economias nacionais.

Atrair empresas que operem neste setor e incentivar o registo de embarcações sob bandeira nacional tornam-se, naturalmente, objetivos inadiáveis para qualquer Estado que procure assumir uma posição forte no comércio internacional. Assim, não é surpreendente que muitos países a nível mundial prossigam políticas de apoio aos transportes marítimos, lançando mão dos mais variados instrumentos. Neste contexto, são de destacar os mecanismos de índole tributária, através dos quais a grande maioria dos países procura adquirir vantagem sobre os seus concorrentes.

A experiência da União Europeia é, neste aspecto, emblemática. Perante a necessidade de se adaptar às novas exigências do comércio mundial, e procurando resistir à forte concorrência de países dotados de regimes fiscais mais convidativos e disposições mais flexíveis em matéria de direitos laborais, sociais e de segurança, a União Europeia vê-se confrontada, sobretudo a partir da década de 70, com uma significativa diminuição da frota comunitária. O tema começa, então, a ocupar as instituições europeias, bem como os Estados-Membros, que procuram lançar mão dos mais diversos instrumentos para fazer face àquela concorrência.

Entre estes destaca-se o instrumento de índole fiscal porventura mais vulgarizado a nível mundial, o imposto sobre a arqueação líquida (doravante designado abreviadamente «imposto sobre a arqueação»). O imposto sobre a arqueação é um imposto de taxa fixa, que tem por base a arqueação que se reporta à capacidade de transporte de carga ou de passageiros

---

[8] *Comunicação da Comissão ao Parlamento Europeu, ao Conselho, ao Comité Económico e Social Europeu e ao Comité das Regiões – Objetivos estratégicos e recomendações para a política comunitária de transporte marítimo no horizonte de 2018*, COM (2009) 8 final, de 21 de Janeiro de 2009.

dos navios. De acordo com a noção adoptada pela Comissão Europeia, «Por imposto sobre a tonelagem entende-se que o armador paga um montante de imposto diretamente associado à tonelagem explorada. O imposto sobre a tonelagem deverá ser pago independentemente dos ganhos ou perdas reais da empresa»[9].

Assim, o *tonnage tax* mais não é do que uma tributação presuntiva do lucro das empresas de transporte que, em vez de ter por base o lucro real determinado com base na contabilidade, acaba por assentar num lucro normal correspondente à capacidade de transporte dos navios[10].

Estamos, pois, perante um imposto que, substituindo o imposto sobre o rendimento das empresas de transporte marítimo de mercadorias, tem de especial o fato de se concretizar num efetivo regime simplificado e numa tributação mais moderada dessa atividade. É que, com a adoção desse imposto, não só se libertam as empresas de transporte marítimo de mercadorias do labiríntico sistema de obrigações a que se encontram sujeitas na tributação pelo lucro, como se resgatam dos complexos e onerosos encargos de cumprimento e de administração fiscal que esse sistema implica.

Estas vantagens motivaram vários países europeus a aderir, durante os últimos anos, a este imposto. Na União Europeia, sobretudo na última década do século XX, este modelo de tributação do rendimento das empresas de transporte registou particular difusão, naquela que foi considerada pela Comissão Europeia como «a principal evolução registada nos últimos anos relativamente às medidas de apoio dos Estados-Membros ao transporte marítimo»[11]. Daí que, entre 1996 e os primeiros anos do século XXI, vários países europeus tenham procedido à adoção de regimes deste tipo, contando-se entre os que tomaram essa opção a Grécia, Países Baixos, Noruega, Alemanha, Reino Unido, Dinamarca, Espanha, Finlândia, Irlanda, Bélgica, França, Polónia, entre muitos outros países que já o aplicam a nível mundial[12].

---

[9] V. a Comunicação C(2004) 43 da Comissão – Orientações comunitárias sobre auxílios estatais aos transportes marítimos, *Jornal Oficial* nº C 13 de 17 de Janeiro de 2004, p. 3-12.

[10] V. JOSÉ CASALTA NABAIS, «Apontamentos sobre a tributação dos transportes», *cit.*, ponto I.1.2; e PIETRO ADONNINO, «Profili impositivi delle imprese di trasporto aereo e marittimo», *cit.*, p. 30 e ss.

[11] V. a Comunicação C(2004) 43 da Comissão, *cit.*

[12] Para uma comparação da tributação das empresas de *shipping* em diversos países, pode ver-se o estudo da DELOITTE. *Shipping Tax Overviews*, 2006, disponível em: http://www.deloitte.com/assets/Dcom-Global/Local%20Assets/Documents/ShippingTaxOverviews-Brochure_Feb06.pdf (consulta de 10 de Janeiro de 2012).

Assim, o presente estudo procurará pôr em evidência a relevância do imposto sobre a arqueação líquida para a prossecução das políticas para os transportes marítimos adotadas no seio da União Europeia, esclarecendo em que termos este imposto se enquadra no direito europeu aplicável aos auxílios de Estado e procurando gizar uma breve caracterização do imposto, através de uma síntese da experiência dos Estados-Membros da União Europeia que o adotaram.

Não deixaremos de aludir à inexistência em Portugal de qualquer imposto desse tipo, não obstante ter vigorado entre nós justamente um imposto com a designação de imposto de tonelagem.

2. O imposto sobre a arqueação no âmbito da UE e do EEE

Pois bem, o imposto sobre a arqueação líquida dos transportes marítimos, ou seja, dos navios, tem sido preocupação da União Europeia e do Espaço Económico Europeu (EEE)[13], desde há bastante tempo. Uma preocupação que aparece ligada sobretudo à circunstância de o imposto sobre a arqueação ser considerado um verdadeiro *auxílio de Estado*, na aceção dos arts. 107º do Tratado sobre o Funcionamento da União Europeia (TFUE) e 61º do Acordo sobre o Espaço Económico Europeu, porquanto esse imposto se apresenta como um auxílio estadual concedido às empresas de navegação, sob a forma de uma redução da carga fiscal. Efetivamente, essa «redução», que permite considerar todo um regime fiscal como auxílio de Estado, releva da «perda de receita fiscal» que a aplicação de um tal regime implica, quando comparada com a receita que adviria da aplicação do regime geral de imposto sobre o rendimento das sociedades. Mas vejamos como esse imposto foi sendo considerado pela União Europeia até 1997, ano em que foram aprovadas pela Comissão Europeia, pela primeira vez, as Orientações sobre Auxílios de Estado aos Transportes Marítimos.

2.1. O imposto sobre a arqueação até 1997

Em regra, e de acordo com a *Comunicação da Comissão sobre a aplicação das regras relativas aos auxílios estatais às medidas que respeitam à fiscalidade directa das empresas*[14], para que possam ser qualificadas como auxílios estatais, as medidas adotadas pelo Estado «devem conferir aos beneficiários uma vantagem

---

[13] O Acordo sobre o Espaço Económico Europeu, que entrou em vigor em 1994, foi celebrado entre a União Europeia e três dos países que compõem a Associação Europeia de Comércio Livre (EFTA), a saber, a Islândia, a Noruega e o Liechtenstein.

[14] JO C, nº 384, de 10 de Dezembro de 1998, p. 3 e ss.

que diminua os encargos que normalmente oneram os seus orçamentos». Essa vantagem pode ser concedida através de uma diminuição da carga fiscal resultante, seja da redução da matéria coletável ou da taxa de imposto aplicável, seja da redução total ou parcial do montante de imposto (isenção, crédito de imposto, etc.), seja da concessão de vantagens especiais no pagamento de dívidas fiscais. Porém, e em termos mais amplos, serão de incluir neste âmbito todas as medidas, de natureza legislativa, regulamentar ou administrativa, que impliquem, para o Estado ou para as entidades regionais e locais, uma perda de receitas fiscais – além de terem que estar reunidas as outras caraterísticas dos auxílios de Estado, ou seja, a seletividade e a suscetibilidade de a medida falsear a concorrência ou afetar as trocas comerciais entre os Estados-Membros[15].

Podendo embora ser considerado um auxílio de Estado, o imposto sobre a arqueação recai no âmbito do apoio ao transporte marítimo – o qual constitui uma exceção ao regime dos auxílios de Estado, admitida ao abrigo do art. 107º, nº 3, al. c) do TFUE[16], que prossegue dois objetivos fundamentais: «a manutenção dos navios sob pavilhões comunitários e o emprego da maior percentagem possível de marítimos comunitários»[17].

Eram já estes os propósitos expressos nas primeiras diretrizes estabelecidas pela Comissão Europeia, em 1989, e retomadas nas *Orientações comunitárias sobre auxílios estatais aos transportes marítimos*, adotadas em 1997. Perante uma substancial redução da frota registada na União Europeia, foram eleitos *interesses comuns da Comunidade* os esforços no sentido de reforçar a competitividade dos pavilhões comunitários, por um lado e, por outro, de travar a *fuga* para os chamados *pavilhões de conveniência*, incentivando o regresso

---

[15] Sobre os auxílios de Estado em matéria fiscal, v. ANTÓNIO CARLOS DOS SANTOS, *Auxílios de Estado e Fiscalidade*, Almedina, Coimbra, 2003, p. 311 e ss., e *L'Union Européenne et la Régulation de la Concurrence Fiscale*, Buylant/LGDJ, Bruxelles/Paris, 2009, esp. p. 389 e ss.. Especificamente quanto aos auxílios em matéria de transporte marítimo, v. ainda PHEDON NICOLAIDES, «Fiscal aid for maritime transport», in ANTONIS ANTAPASSIS et. al. (Eds.), *Competition and Regulation in Shipping and Shipping Related Industries*, Martinus Nijhoff Publishers, Leiden-Boston, 2009, p. 225-241.

[16] Inserem-se, pois, na categoria de auxílios cuja admissibilidade depende de uma verificação prévia por parte da Comissão, que detém neste domínios amplos poderes discricionários, e que se distinguem dos auxílios previstos no nº 2 do art. 107º TFUE, os quais são *ipso jure* considerados compatíveis com o mercado interno – a propósito, v. ANTÓNIO CARLOS DOS SANTOS, *Auxílios de Estado e Fiscalidade*, cit., p. 232 e ss.

[17] V. as *Orientações comunitárias sobre auxílios estatais aos transportes marítimos*, Comunicação 97/C 205/05, JO C 205, de 5 de Julho de 1997, p. 5 e ss.

dos navios aos registos dos Estados-Membros, sobretudo tendo em conta que alguns países se especializaram no registo internacional de navios[18].

Ora, em 1997, a Comissão concluía que «a diferença em termos de competitividade entre os navios registados na Comunidade e os navios registados fora dela, em especial os explorados por pavilhões de conveniência, depende essencialmente dos custos fiscais». Sendo o custo de capital fundamentalmente o mesmo em todo o mundo e não havendo diferenças ao nível das tecnologias disponíveis, conclui a Comissão que «os custos fiscais (impostos sobre o rendimento das sociedades e carga fiscal e social relacionada com os salários dos marítimos), todavia, constituem o factor crítico e de distorção»[19], pelo que seria este o domínio privilegiado para prosseguir aqueles propósitos.

As orientações emitidas em 1997 iam, assim, no sentido de admitir os incentivos fiscais concedidos pelos Estados-Membros às empresas de transporte marítimo, entre os quais se mencionava já, exemplificativamente, o imposto sobre a arqueação. Tais medidas de redução fiscal ficariam, no entanto, sujeitas à aprovação da Comissão mediante a verificação de alguns pressupostos.

Desde logo, só poderiam ser admitidos os auxílios considerados compatíveis, nos termos gerais, com o mercado interno. Assim, só aqueles auxílios que não «funcionem em detrimento de outros Estados-Membros»; que se demonstre que não introduzem distorções da concorrência entre Estados-Membros (contrárias ao interesse comum); e que, de um modo transparente, se limitam ao estritamente necessário para alcançar os objetivos assimiláveis ao interesse comunitário em causa serão admitidos[20].

Mais especificamente, exigia-se que os regimes de redução fiscal abrangessem apenas aquelas empresas que tivessem um vínculo com um pavilhão comunitário, o que de resto ia ao encontro da exigência geral de que os auxílios estatais fossem concedidos apenas a navios registados em Estados-Membros. Excecionalmente, poderiam beneficiar de tais regimes

---

[18] Como é o caso paradigmático e bem conhecido do Panamá, em que o seu *tonnage tax* contribuiu para que ¼ da frota marítima mundial se encontre registada nesse país. Acrescente-se, a este respeito, que, entre nós, as empresas com navios registados no Registo Internacional de Navios da Madeira (MAR), no quadro da Zona Franca da Madeira, pagam o IRC a taxa reduzida – v. *infra*, ponto 4.

[19] V. as *Orientações comunitárias sobre auxílios estatais aos transportes marítimos*, cit., p. 7.

[20] V. as *Orientações comunitárias sobre auxílios estatais aos transportes marítimos*, cit., ponto 2, p. 8; bem como PHEDON NICOLAIDES, «Fiscal Aid for Maritime Transport», *ob. cit.*, p. 229.

as empresas marítimas que se encontrassem estabelecidas num Estado-
-Membro, e que aí pagassem imposto sobre o rendimento das sociedades, desde que se conseguisse demonstrar que a gestão estratégica e comercial de todos os navios era efetivamente assegurada a partir do território desse Estado-Membro e que tal atividade contribuía substancialmente para o emprego e a atividade económica da Comunidade.

Além deste vínculo, deveria demonstrar-se que o auxílio era indispensável para promover a «repatriação da gestão estratégica e comercial de todos os navios em causa para a Comunidade»; que os beneficiários dos regimes de auxílio se encontravam sujeitos ao pagamento de impostos sobre o rendimento das sociedades na Comunidade; e que todos os navios explorados pelos beneficiários de tais medidas observavam as regras internacionais e comunitárias de segurança, incluindo as regras relativas às condições de trabalho.

Por fim, exigia-se que os auxílios abrangessem apenas as atividades de transporte marítimo. As empresas de transporte que prosseguissem outras atividades comerciais deveriam, pois, manter uma contabilidade separada e transparente, por forma a assegurar que o apoio estatal não tivesse qualquer impato sobre estas atividades.

Quanto aos limites impostos aos Estados-Membros, relativamente ao montante máximo de auxílios que poderiam conceder, estabelecia-se que o «nível máximo de auxílio que pode ser autorizado é uma anulação dos encargos fiscais e sociais aplicáveis aos marítimos e do imposto sobre o rendimento das sociedades com atividades no domínio do transporte marítimo». Assim, quer o apoio fosse concedido através de uma redução fiscal, quer através da concessão de apoios diretos, subsídios ou subvenções, o montante máximo de apoios concedidos não poderia exceder o montante total dos impostos e das contribuições sociais cobráveis sobre as atividades de transporte marítimo, sob pena de violar o princípio segundo o qual os auxílios se devem limitar ao estritamente necessário para satisfazer os objetivos prosseguidos.

2.2. O quadro do imposto sobre a arqueação após as orientações sobre auxílios aos transportes marítimos de 2004

Entre a adoção da Comunicação de 1997 e a adoção de novas Orientações decorreram sete anos durante os quais numerosos Estados-Membros implementaram o imposto sobre a arqueação. Durante este período, a experiência permitiu desenvolver alguns critérios de concessão de auxílios, já contidos nas Orientações de 1997, mas também abordar alguns problemas novos. Presentemente, a apreciação da validade dos auxílios a conceder pelos Estados obedece ainda a estas Orientações emitidas em 2004, que nos merecerão por isso um especial desenvolvimento.

2.2.1. Âmbito de aplicação das Orientações
Antes de analisarmos pormenorizadamente os requisitos de concessão dos auxílios, convirá perceber qual o âmbito de aplicação destas *Orientações*. Estas abrangem «qualquer tipo de vantagem financeira conferida sob qualquer forma, financiada pelos poderes públicos (a nível nacional, regional, de província, de departamento ou local)», podendo a noção de *poderes públicos* incluir igualmente empresas públicas e bancos sob controlo estatal; e quaisquer acordos, através dos quais o Estado garanta financiamento às entidades que prestam serviços de transporte marítimo, por intermédio dos bancos comerciais, podem também ser qualificados como auxílios. O que bem se compreende pois o regime comunitário dos auxílios estatais prende-se com a criação e funcionamento do mercado interno, obstando a que, pela via da tributação estadual, se provoquem distorções à concorrência.

2.2.2. Condições relativas às entidades beneficiárias
Em primeiro lugar, e nos termos gerais, exige-se que a concessão de auxílios seja «indispensável à promoção da repatriação da gestão estratégica e comercial de todos os navios em causa para a Comunidade» e limitar-se ao estritamente necessário para alcançar os objetivos de interesse comum relativos ao setor dos transportes marítimos. Além disso, os auxílios devem ser concedidos de forma transparente e não devem «funcionar em detrimento das economias de outros Estados-Membros», nem ameaçar distorcer a concorrência entre Estados-Membros de tal modo que fiquem postos em causa os interesses comuns.

Em segundo lugar, e à semelhança do que resultava já das *Orientações* de 1997, as *Orientações* de 2004 estabelecem uma série de condições relativas às entidades que podem beneficiar dos auxílios estatais.

Desde logo, exige-se que tenham um vínculo com o pavilhão da União Europeia (o «vínculo da bandeira»)[21]. Os apoios podem abranger, excecio-

---

[21] Não são considerados registos da União Europeia, para este efeito, aqueles que se encontram situados em territórios onde o Tratado não é aplicável totalmente ou em aspectos essenciais, mas que funcionam praticamente como a «principal alternativa para os armadores estabelecidos num Estado-Membro». São eles os registos de Kerguelen, das Antilhas

nalmente, frotas que incluam também navios que arvoram outros pavilhões, mas neste caso deve demonstrar-se: que os auxílios são aplicáveis «a toda a frota explorada por um armador estabelecida no território de um Estado-Membro e sujeita ao imposto sobre o rendimento das sociedades; que a gestão estratégica e comercial de todos os navios em causa é efetivamente assegurada a partir desse território; e que essa atividade contribui substancialmente para a atividade económica e para o emprego na Comunidade»[22].

Para que o auxílio possa ser concedido será necessário, porém, demonstrar a existência deste *vínculo económico*, devendo os Estados-Membros apresentar elementos pormenorizados acerca dos navios registados e explorados na Comunidade, o número de cidadãos nacionais empregados a bordo do navio ou em atividades em terra, bem como os investimentos em ativos imobilizados. Além disso, é imperativo que os beneficiários deste regime de auxílio paguem impostos sobre o rendimento das sociedades na União Europeia, e que demonstrem cumprir todas as normas de segurança internacionais e comunitárias pertinentes.

Mas exige-se, ainda, que as empresas beneficiárias dos regimes de redução fiscal, que não tenham um vínculo formal ao pavilhão de um Estado-Membro, se comprometam «a aumentar ou, pelo menos, a manter sob pavilhão de um Estado-Membro a quota-parte de tonelagem que explorarão sob esse pavilhão» que detinham no momento em que a Comunicação se tornou aplicável. No caso de se tratar de um grupo de empresas, este requisito é aplicável tanto à empresa-mãe como às empresas filhas, conjuntamente consideradas numa base consolidada.

A violação deste requisito implica, para o Estado, a obrigação de deixar de conceder auxílios aos navios explorados pelas empresas incumpridoras que não arvorem pavilhão da Comunidade. Na prática, porém, esta exigência tem algumas compressões. Desde logo, não se aplica a empresas que exploram pelo menos 60% da sua tonelagem sob pavilhão da Comunidade. Nos demais casos admitem-se algumas oscilações desde que a

---

Neerlandesas, da Ilha de Man, das Bermudas e Caimão. Aos navios inscritos nestes registos podem ser excecionalmente atribuídos auxílios, desde que: «– estejam em conformidade com as normas internacionais e o direito comunitário, nomeadamente no que respeita à proteção, segurança, desempenho ambiental e condições de trabalho a bordo; – sejam operados a partir da Comunidade; – o seu armador esteja estabelecido na Comunidade e o Estado-Membro interessado demonstre que o registo contribui diretamente para os objectivos atrás referidos» (v. n.º 2.2. das *Orientações...*).

[22] V. *Orientações...*(2004), cit., ponto 3.1.

empresa mantenha, em média, durante um período de referência de três anos[23], a mesma quota-parte de tonelagem global exigível para a concessão de auxílio. Caberá, então, às empresas o ónus de apresentar junto dos Estados-Membros todos os elementos necessários para fazer prova de que as condições para derrogação do vínculo com o pavilhão foram preenchidas durante este período; e também de que todos os navios da frota satisfazem as normas internacionais e comunitárias pertinentes (em matéria de proteção do ambiente, segurança, condições de trabalho a bordo, etc.).

2.2.3. Condições relativas às atividades apoiadas pelos poderes públicos

Todavia, para além do vínculo económico e de bandeira a um Estado-Membro da União Europeia, exige-se que as entidades beneficiárias dos auxílios os canalizem para as atividades relacionadas com o transporte marítimo. Mas que atividades recaem no âmbito da noção de *transporte marítimo*?

Ora, as *Orientações* elegeram como *beneficiários naturais* dos regimes fiscais privilegiados as companhias de navegação, mas não excluíram a possibilidade de as companhias de gestão de navios a operar na Comunidade poderem beneficiar também das mesmas condições. Esta extensão do regime de auxílios ao transporte marítimo às companhias de gestão ficaria, no entanto, sujeita a uma avaliação a fazer pela Comissão passados três anos da data de publicação da Comunicação. Tal avaliação consta da *Comunicação da Comissão que estabelece orientações relativas aos auxílios estatais às empresas de gestão de navios*[24].

De acordo com esta Comunicação, «as empresas de gestão de navios são entidades que prestam diversos tipos de serviços aos armadores, nomeadamente vistorias técnicas, recrutamento e formação de tripulantes, gestão de tripulações e exploração de navios», podendo os serviços de gestão naval ser agrupados em três categorias, a saber: a gestão de tripulações, que consiste

---

[23] Três anos é o período de referência, uma vez que corresponde à periodicidade com que os Estados-Membros deverão apresentar um relatório especificamente relacionado com a concessão de auxílios a empresas que não detenham a totalidade da sua frota sob pavilhão da União Europeia. Nestes relatórios, os Estados-Membros deverão sempre fazer um balanço dos efeitos que tais auxílios produziram (v. *Orientações*, nº 12).

[24] Comunicação 2009/C 132/06, JO C 132, de 11 de Junho de 2009, p. 6-9. V. também, no âmbito do EEE, a Decisão do Órgão de Fiscalização da EFTA nº 397/09/COL, de 14 de Outubro de 2009, que altera pela septuagésima segunda vez as regras processuais e materiais no domínio dos auxílios estatais, através da introdução de um novo capítulo relativo aos auxílios estatais às empresas de gestão de navios, JO L 318, de 1 de Dezembro de 2011, p. 51-55.

em «tratar de todos os aspectos relacionados com as tripulações, nomeadamente selecionar e recrutar marítimos qualificados, emitir as folhas salariais, assegurar que a lotação dos navios é adequada, verificar os certificados, providenciar os seguros de acidente e invalidez e tratar das deslocações, dos vistos e das despesas médicas dos marítimos, bem como avaliar o seu desempenho e, em certos casos, dispensar-lhes formação»; a gestão técnica, que «consiste em assegurar que o navio está em condições de navegar e satisfaz todas as prescrições técnicas e de segurança aplicáveis»; e a gestão comercial, que «consiste em publicitar e vender a capacidade do navio, através de contratos de fretamento, de reservas para transporte de carga ou passageiros, do *marketing* e da designação de agentes»[25].

Entre estas, podem beneficiar do regime de redução da carga fiscal as empresas de gestão de navios, no que respeita aos serviços de gestão técnica e de gestão de tripulações, que reúnam todas as condições de elegibilidade aplicáveis, em geral, às empresas de navegação, ou seja: o vínculo com a economia europeia (contribuição para o desenvolvimento da economia e para a criação de emprego); contribuição para a realização dos objetivos que presidem à concessão de auxílios; «vinculo da bandeira», ou existência de uma quota-parte mínima de tonelagem que deve estar sob bandeiras comunitárias; e observância das normas internacionais e comunitárias pertinentes em matéria de segurança, proteção do ambiente, etc. (v. n.º 5 da Comunicação). No caso das empresas de gestão de navios, considerar-se-á que existe um *vínculo económico dos navios com a Comunidade* quando «pelo menos dois terços da frota gerida (em termos de tonelagem) o for a partir da Comunidade»[26].

Do ponto de vista da Comissão, existe um vínculo entre a gestão de navios e o transporte marítimo que está patente no facto de a gestão naval ser uma atividade central das empresas de navegação, pelo que não faria

---

[25] Esta última não é objeto de análise pela Comissão e não se encontra abrangida pelo regime de concessão de auxílios para o transporte marítimo.

[26] Note-se, também, que em princípio só podem beneficiar dos auxílios aquelas companhias que efetivamente assumem responsabilidade pela gestão técnica e das tripulações dos navios que exploram. A propósito, veja-se a Decisão da Comissão, de 25 de Fevereiro de 2009, relativa ao regime de auxílio C 2/08 (ex N 572/07) no que respeita à alteração que a Irlanda previa introduzir no regime do imposto sobre a arqueação (2009/626/CE). Nesta decisão, a Comissão defende a imposição de limites à percentagem de frota afretada a tempo ou à viagem, sem os quais «as companhias beneficiárias de regimes de tributação com base na arqueação acabam por se transformar em meros corretores» e considera que se deve manter uma relação mínima de 10:1 entre navios afretados e navios próprios.

sentido «penalizar, do ponto de vista fiscal, a externalização da atividade de gestão de navios».

Já quanto a outros tipos de atividade, como o reboque e a dragagem, as *Orientações* de 2004 estabelecem algumas limitações à possibilidade de serem abrangidas pelo regime de concessão de apoios. Quanto ao reboque, este só poderá beneficiar de apoios na medida em que mais de 50% das operações realizadas por um rebocador num ano constituírem *transporte marítimo* na verdadeira aceção do termo[27]. Quanto à dragagem, esta encontra-se em princípio excluída do âmbito dos auxílios ao transporte marítimo, salvo quando as dragas se dediquem efetivamente ao transporte marítimo, ou seja, ao «tráfego oceânico de materiais extraídos – relativamente a mais de 50% do seu período operacional anual e exclusivamente no que respeita a estas atividades de transporte»[28].

Todavia, a definição do tipo de atividades que podem ser consideradas como transporte marítimo ou atividades auxiliares mantém-se um problema em aberto e que pode suscitar algumas dificuldades[29]. Talvez por isso mesmo, a Comissão adote uma postura de relativa abertura à apreciação caso a caso das atividades que podem beneficiar dos apoios do Estado. Assim, por exemplo, já foi admitida a extensão do imposto sobre a tonelagem a navios lança-cabos[30] ou aos navios de busca e salvamento no mar[31], embora nenhuma referência lhes seja feita nas *Orientações*.

---

[27] O que exclui, nomeadamente, todas as operações de reboque efetuadas nos portos ou que consistem na assistência prestada a navios com propulsão própria.

[28] Ver, a propósito, a Decisão da Comissão de 13 de Janeiro de 2009, relativa ao auxílio estatal C 22/07 (ex N 43/07) no que respeita à extensão às atividades de dragagem e de assentamento de cabos do regime que isenta as empresas de transportes marítimos do pagamento do imposto sobre o rendimento e das contribuições sociais dos marítimos na Dinamarca (2009/380/CE).

[29] V. Pietro Adonnino, «Profili impositivi delle emprese di trasporto aereo e marittimo», *cit.*, p. 32.

[30] Decisão da Comissão de 13 de Janeiro de 2009, relativa ao auxílio estatal C 22/07, *cit.*, nº 72.

[31] V. as comunicações relativas aos auxílios estatais N 330/05 (Lituânia) Auxílio às companhias de navegação – Regime de tributação com base na arqueação, de 19 de Julho de 2006 (JO C 90 de 25.4.2007, p. 11) e N 114/04 (Itália) Regime de tributação com base na arqueação para o transporte marítimo, de 20 de Outubro de 2004 (JO C 136 de 3.6.2005, p. 42), bem como a Decisão da Comissão de 18 de Dezembro de 2009 relativa ao auxílio estatal C 34/07 (ex N 93/06) respeitante à introdução, na Polónia, do regime do imposto sobre a arqueação para apoio ao transporte marítimo internacional (2010/213/UE).

2.2.4. Condições relativas às medidas de delimitação

Fundamental, também, é que seja observado o requisito da transparência: as empresas beneficiárias de regimes de desagravamento fiscal que exerçam outras atividades, além do transporte marítimo, devem manter uma contabilidade separada que permita reservar o impato dos auxílios de Estado apenas ao setor do transporte. Este propósito é assegurado através da adoção das chamadas «medidas de delimitação» por parte dos Estados-Membros, as quais devem ser eficazes, sob pena de abrirem portas à evasão fiscal em detrimento de outros Estados-Membros, conduzindo a uma concorrência assente em diferentes *regras do jogo*.

Assim, a existência e eficácia destas medidas de delimitação é também objeto da apreciação da Comissão, que já considerou, por exemplo, inadmissível uma medida que tendia a dispensar as empresas sujeitas ao pagamento de imposto sobre a arqueação das obrigações de fornecer informações relativas às transações comerciais com filiais estrangeiras e de documentar o método de determinação dos preços e condições destas transações[32].

2.3. O método de avaliação dos regimes de imposto sobre a arqueação

Por fim, as *Orientações* de 2004 sintetizam ainda o «método de avaliação» dos regimes de tributação da arqueação que vem sendo adotado: em primeiro lugar, aplica-se à arqueação do navio uma taxa de lucro teórica, através da qual se calcula o *lucro potencial* dos armadores. Num segundo momento, aplica-se a esse lucro potencial a taxa do imposto sobre o rendimento das sociedades, a fim de apurar o «imposto sobre a tonelagem» a pagar.

No caso das entidades que se dedicam à gestão de navios, e dado que o volume de negócios da empresa gestora é muito inferior ao do armador,

---

[32] V. a Decisão da Comissão de 17 de Junho de 2009 relativa ao auxílio estatal C 5/07 (ex N 469/05) respeitante à flexibilização das obrigações de informação impostas às companhias marítimas sujeitas ao regime de tributação sobre a arqueação dinamarquês (2009/868/CE). Neste caso, a Comissão entendeu que «mesmo que as autoridades dinamarquesas considerem que a obrigação de apresentação de informações e documentação não tem valor económico, essa obrigação está associada a transações financeiras, que têm uma natureza económica *per se*; sem a efetiva aplicação da medida de delimitação relativamente às transações comerciais, outros setores além do do transporte marítimo (...) teriam possibilidade de evadir o imposto sobre o rendimento através de transações comerciais com filiais tributadas ao abrigo do regime de tributação com base na arqueação do Estado-Membro em questão, sem que nenhum objetivo legítimo de interesse comum o justifique». A propósito, v. também PHEDON NICOLAIDES, «Fiscal Aid for Maritime Transport», *ob. cit.*, p. 233 e s.

deve efetuar-se o cálculo do imposto tendo em conta que o lucro teórico da empresa gestora corresponderá a 25% do lucro que o armador obteria pelo mesmo navio com idêntica arqueação[33].

Tanto as *Orientações* como a Comunicação relativa às empresas de gestão naval exprimem, todavia, o propósito de preservar um *justo equilíbrio* entre os diferentes Estados-Membros, pelo que em princípio só serão aprovados os regimes que resultem numa carga fiscal próxima da dos regimes aprovados, nunca podendo ser admitidos regimes de isenção ou similares.

3. O imposto sobre a arqueação líquida: contributo para a sua caraterização

A experiência da União Europeia e de apreciação de auxílios estaduais por parte da Comissão conduziu, de facto, a uma certa homogeneidade entre os regimes aplicáveis aos impostos sobre a arqueação entre os diversos Estados--Membros.

A tributação através do imposto sobre a arqueação constitui, por norma, para as empresas de navegação e gestão de navios uma opção: reunidos os pressupostos para poder beneficiar do regime de tributação sobre a arqueação, às empresas é dado um prazo para optar pela aplicação desse regime. Este é, todavia, um poder que conhece uma limitação: os grupos de empresas de navegação terão que fazer uma opção *de grupo*, sendo vedada a possibilidade de submeterem algumas empresas (as mais lucrativas) ao imposto sobre a arqueação e outras a outro tipo de imposto.

Uma vez tomada essa opção, em regra, as empresas ficam sujeitas ao regime do imposto sobre a arqueação durante um período mínimo de dez anos[34].

Na maioria dos casos, este imposto é determinado aplicando uma taxa ao lucro tributável calculado com base na arqueação líquida do navio. Por norma, aquela taxa corresponde à taxa aplicável em sede de tributação dos rendimentos das pessoas coletivas.

---

[33] V. *Comunicação da Comissão que estabelece orientações relativas aos auxílios estatais às empresas de gestão de navios*, ponto 7.

[34] E não menos, dado que a Comissão já se pronunciou no sentido de, a fim de assegurar a máxima convergência entre os diversos regimes de imposto sobre a arqueação, não poderem ser admitidos prazos mais curtos – v. a Decisão da Comissão de 18 de Dezembro de 2009 relativa ao auxílio estatal C 34/07 (ex N 93/06), já citada, nº 115.

Ora, o cáculo do lucro tributável faz-se partindo de um montante fixo a pagar por cada 100 Toneladas Líquidas (TL) e por cada dia em que o navio operou, ou por cada fração, correspondente ao período de operação.

Assim, por exemplo, no Reino Unido[35] o cálculo do imposto a pagar faz-se do seguinte modo: em primeiro lugar, determina-se o lucro diário, sendo que por cada 100 TL: até às 1000 TL se pagará £ 0.60; entre as 1.000 e as 10.000 TL paga-se um montante de £ 0.45; entre as 10.000 e as 25.000, paga-se £ 0.35; e acima das 25.000 £ 0.15. Assim, um navio que tenha uma arqueação líquida de 17.371 toneladas, pagaria £ 68.40 [(10 x 0.60) + (90x0.45) + (73x0.30)] por dia em que tivesse efetivamente operado. Supondo que o navio esteve operativo durante todo um ano, o lucro presumido seria de £ 24.966. O imposto a pagar seria apurado aplicando a taxa do imposto sobre o rendimento das sociedades (30%) ao lucro assim apurado. Ou seja, o imposto a pagar seria de £ 7489,80.

A grande maioria dos países têm métodos de cálculo do imposto sobre a tonelagem semelhantes a este acabado de expor. Como é evidente, trata-se de um método de cálculo simples, de que resulta uma previsibilidade e transparência que constituem algumas das principais vantagens da adoção deste tipo de tributação do rendimento das empresas de transporte.

Entre os diversos Estados da União, as divergências acabam por residir no conceito de operatividade e no cômputo de «dias de lucro» a apurar; bem como, e principalmente, na taxa do imposto aplicável sobre o rendimento das sociedades.

Talvez por isso mesmo a Comissão tenha tido a preocupação de esclarecer que, caso haja efetivamente divergências entre as taxas aplicáveis de tal ordem, que delas possa resultar um efeito de distorção da concorrência entre Estados-Membros, a concessão do auxílio não será autorizada pela Comissão.

4. Alusão à tributação das empresas de transporte marítimo em Portugal

A título quase de curiosidade, é de assinalar que em Portugal não está prevista a tributação dos rendimentos das empresas de transporte marítimo através de qualquer imposto do tipo do imposto sobre a arqueação, estando essas

---

[35] Informação retirada do sítio oficial do *HM Revenue & Customs*, em http://www.hmrc.gov.uk/ (consulta de 27 de Janeiro de 2012).

empresas sujeitas à tributação geral do rendimento empresarial[36], muito embora, o ordenamento jurídico português já tenha conhecido um tributo designado precisamente por «imposto de tonelagem». Na verdade, em 1934, através do Decreto-Lei nº 24.458, de 3 de Setembro, foram instituídos em Portugal o «imposto de tonelagem» e o «imposto de comércio marítimo», que constituíam duas das chamadas «imposições marítimas gerais»[37]. O primeiro incidia sobre a arqueação bruta do navio e o segundo, por seu turno, dependia «da carga descarregada e dos passageiros embarcados e desembarcados». Ambos eram considerados um «encargo do navio» e eram cobrados pelos serviços alfandegários.

Em 1970, o Decreto-Lei nº 78/70, de 3 de Março, veio adequar o regime de liquidação e cobrança desses «impostos» ao novo quadro resultante da Convenção que Visa Facilitar o Tráfego Marítimo Internacional, de 1965. O referido Decreto-Lei manteve as duas formas de imposição marítima, tendo o «Regulamento das Imposições Marítimas Gerais», aprovado pelo Decreto nº 79/70, também de 3 de Março, vindo a regulamentar aquele diploma legal concretizando algumas das características desses tributos.

Pois bem, segundo o art. 1º desse Regulamento, o imposto de tonelagem era devido pela «entrada no porto» e o imposto de comércio marítimo «pelo tráfego», definindo o montante a pagar por tonelada de arqueação bruta, no caso do primeiro, e por cada tonelada de carga descarregada ou passageiro desembarcado, no caso do segundo. O próprio regulamento se referia a esses montantes como as «taxas» a pagar. De facto, estes tributos assemelham-se mais a *taxas* cobradas pela utilização das infra-estruturas portuárias, do que a verdadeiros *impostos*, muito menos impostos sobre o rendimento[38].

Assim, não se pode dizer que Portugal tenha alguma vez aderido realmente ao imposto sobre a arqueação, de que vimos falando neste texto. Na

---

[36] O Imposto sobre o Rendimento das Pessoas Coletivas (IRC), no caso de empresas coletivas ou societárias, e o Imposto sobre o Rendimento das Pessoas Singulares (IRS), no caso de empresas singulares ou individuais.

[37] Impostos que tiveram por antecedente o «imposto de passagens» criado em 1921 pelo decreto nº 7822, o qual sofreu múltiplas modificações nos anos seguintes.

[38] As imposições marítimas gerais sofreram sucessivas alterações, até à sua extinção pela Lei do Orçamento de Estado para 1987 (Lei nº 49/86, de 31 de Dezembro).

verdade, o apoio aos armadores nacionais tem tradicionalmente passado por outras vias, nomeadamente por uma regular concessão de subsídios[39].

Existe, todavia, um regime fiscal excecional de que beneficiam as empresas que se encontram licenciadas na Zona Franca da Madeira[40] para o exercício da atividade de transporte marítimo. Pois, de acordo com o disposto no art. 36º do Estatuto dos Benefícios Fiscais[41], estas empresas serão tributadas, em sede de IRC, à taxa de: 3% entre 2007 e 2009; 4%, entre 2010 e 2012; e 5% entre 2013 e 2020 – desde que preencham os demais requisitos de elegibilidade, que são, nos termos do nº 2 do mencionado artigo as empresas iniciarem a sua atividade no prazo máximo de 6 meses após o licenciamento e preencher um de dois requisitos: a) a criação de um a cinco postos de trabalho, nos seis primeiros meses de atividade e realização de um investimento mínimo de € 75 000 na aquisição de activos fixos corpóreos ou incorpóreos, nos dois primeiros anos de atividade; ou b) criação de seis ou mais postos de trabalho, nos seis primeiros meses de atividade. Como se está a ver este regime constitui, claramente, um apoio expressivo ao setor, sobretudo se tivermos em conta que a taxa de IRC geralmente aplicável às entidades empresariais é de 25%.

Quanto à eventual adoção de um imposto sobre a arqueação líquida em Portugal, esta não parece, todavia, expetável pelo menos nos tempos mais próximos. Com efeito, o recentemente aprovado «Plano Estratégico dos Transportes – Mobilidade Sustentável – Horizonte 2011-2015», o qual, não obstante o nome que ostenta e as afirmações em contrário que contém, é sobretudo um plano de apoio ao setor portuário[42], não faz qualquer refe-

---

[39] De acordo com o art. 8º do Decreto-Lei nº 197/98, de 10 de Julho, que regula a atividade dos transportes marítimos, são «direitos do armador»: «b) Beneficiar de ajudas ou de apoios que venham a ser concedidos para o reapetrechamento ou modernização da frota nacional registada no quadro das normas de registo convencional» bem como aos «benefícios fiscais concedidos ao abrigo de legislação especial».
[40] A Zona Franca da Madeira foi criada pelo Decreto-Lei nº 500/80, de 20 de Outubro, para ser uma área de «livre importação e exportação de mercadorias».
[41] Decreto-Lei nº 215/89, de 1 de Julho, na redacção que lhe foi dada, mais recentemente, pela Lei nº 64-B/2011, de 30 de Dezembro, doravante designado EBF.
[42] V. o Ponto 6 do referido «Plano Estratégico dos Transportes – Mobilidade Sustentável – Horizonte 2011-2015», aprovado por Resolução de Conselho de Ministros nº 45/2011, de 10 de Novembro. Na verdade, o plano parece contemplar apenas um tipo de apoio a este setor: o investimento nos portos nacionais. Assim, apesar de afirmar que «o importante papel do sistema marítimo-portuário na economia nacional e na competitividade das exportações nacionais» justificaria, «apesar da actual conjuntura financeira do País», a realização

rência a uma iniciativa do género, no que ao transporte marítimo diz respeito, apesar de reconhecer a importância estratégica do investimento no setor marítimo-portuário. E não temos notícia de qualquer outra iniciativa nesse sentido.

5. Em conclusão

Os motivos pelos quais o regime do imposto sobre a arqueação líquida se revela mais favorável e atrativo para as empresas são diversos e reconhecidos. Por um lado, a simplicidade no cálculo do imposto e a previsibilidade geram segurança quanto aos montantes de imposto a pagar. A facilidade de controlo da arqueação líquida dos navios, que constitui a base da tributação, permite reduzir as possibilidades de evasão fiscal. Além disso, a clareza e transparência dos regimes, aliada a uma redução da carga fiscal, favorecem a concorrência entre ordenamentos jurídicos fiscais e permitem combater a tendência para uma diminuição da frota registada sob pavilhão da União Europeia[43].

Ao traçar os objetivos estratégicos para o setor dos transportes marítimos, a Comissão sublinha que «importa manter e se necessário reforçar, à luz da experiência adquirida com a aplicação das orientações para os auxílios estatais no setor do transporte marítimo, um enquadramento comunitário claro e competitivo para a tributação da arqueação e do rendimento e os auxílios estatais»[44].

Por outro lado, os especialistas chamam a atenção para o facto de, no quadro da necessidade de uma tributação substitutiva da que incide sobre as empresas, a adoção generalizada do imposto sobre a arqueação constituir uma boa solução para o problema da disparidade no tratamento fiscal das empresas de transporte marítimo, seja a nível da União Europeia, seja a nível mundial[45].

---

de «um significativo esforço de manutenção do investimento nos portos nacionais, promovendo o seu desenvolvimento, ao serviço do País», o apoio parece dirigir-se mais ao setor *portuário* do que propriamente ao setor dos *transportes marítimos*.

[43] V. GEORGIOS MATSOS, «Tonnage Tax and Tax Competition», in ANTONIS ANTAPASSIS et. al. (Eds.), *Competition and Regulation in Shipping and Shipping Related Industries*, Martinus Nijhoff Publishers, Leiden-Boston, 2009, p. 265 e ss.

[44] *Comunicação da Comissão – Objetivos estratégicos e recomendações para a política comunitária de transporte marítimo no horizonte de 2018*, cit.

[45] Vejam-se, neste sentido, as resoluções adotadas nas XXI Jornadas Latino – Americanas de Direito Tributário do ILADT, que tiveram lugar em 2002, Barcelona – Génova, as quais se encontram disponíveis em: http://www.iladt.org/FrontEnd/ResolutionDetailPage.aspx (consulta de 27 de Janeiro de 2012).

Todavia, uma efetiva harmonização a este nível obrigaria, necessariamente, a uma harmonização ao nível de alguns aspetos fundamentais como a definição dos conceitos de *operatividade* e de *dias de lucro*, bem como de uma aproximação ao nível das taxas aplicáveis ao lucro calculado com base na arqueação.

É certo que, em muitos aspetos, as decisões da Comissão acerca dos auxílios estatais têm permitido delinear as principais caraterísticas deste importante instrumento fiscal, contudo uma definição casuística não pode substituir uma ponderação feita em termos gerais e estratégicos, através da delineação de novas *Orientações*. Espera-se, na verdade, que estas sejam objeto de revisão em breve[46], o que poderá constituir uma excelente oportunidade para esclarecer melhor aqueles aspetos, bem como para estabelecer diretrizes mais concretas acerca das atividades relacionadas com o transporte marítimo que poderão, também, beneficiar deste regime privilegiado de tributação. Domínio em que se destaca o regime fiscal das atividades auxiliares que continua um problema sem solução satisfatória.

O imposto sobre a arqueação líquida parece, em todo o caso, ser um instrumento de índole fiscal com futuro. Por um lado, revela uma simplicidade atrativa e garante já uma certa homogeneidade na tributação que, contribuindo para evitar uma concorrência desleal entre ordenamentos jurídicos fiscais, constitui uma das caraterísticas determinantes da aceitação do recurso a este tipo de auxílio estatal por parte de organizações internacionais com destaque para a UE. Assim, parece inevitável que este modelo de tributação continue em desenvolvimento e que venha a expandir-se, eventualmente, a outras atividades relacionadas com o transporte marítimo bem como, quem sabe, a outros meios de transporte. Na realidade, tratar-se-ia de uma extensão natural e apetecível, dado o impato que este modelo de tributação pode assumir na competitividade de um setor tão importante como é o dos transportes internacionais e, consequentemente, para o desenvolvimento do comércio internacional, o qual, não obstante a crise que afeta as economias de parte significativa dos países desenvolvidos, por certo, continuará a crescer.

---

[46] As *Orientações* de 2004 estipulavam um prazo de 7 anos para uma atualização e revisão das suas disposições.

O Imposto sobre as Transacções Financeiras*

Sumário: **I. Introdução**: 1. Origem e razão de ser da tributação das transacções financeiras; 2. De Keynes a Tobin: 2.1. A ideia de Keynes; 2.2. A proposta de James Tobin; **II. As soluções mais recentes**: 3. O imposto francês sobre as transacções financeiras; 4. A Proposta da União da Europeia: 4.1. A proposta de directiva de 2011; 4.2. O recurso ao mecanismo da cooperação reforçada; 4.3. A actual proposta de directiva; **III. O ITF no quadro da regulação da União Europeia**: 5. A regulação bancária; 6. A harmonia com outras directivas; **IV. Alusão a outros tributos sobre o sector financeiro**: 7. A contribuição sobre o sector bancário; 8. A autorização legislativa do artigo 239º da LOE/2014; **V. Algumas considerações finais**

I. Introdução

Antes de falarmos, mais especificamente, da tributação das transacções financeiras, impõe-se dar uma ideia sobre o quadro mais geral da tributação das entidades ou empresas do sector financeiro. E a este respeito é de referir que as empresas do sector financeiro, nas quais se incluem tanto as entidades financeiras em sentido estrito, isto é, as entidades bancárias, como as entidades seguradoras, se encontram sujeitas à generalidade da tributação que tem as empresas por destinatários.

Assim e no respeitante à tributação directa, naturalmente que essas empresas se encontram sujeitas à tributação do rendimento e do património que incide sobre as empresas em geral. Claro que há especificidades,

---

* Texto elaborado em co-autoria com a Doutora Maria Matilde Lavouras, publicado no *Boletim de Ciências Económicas*, Vol. XVII, 2014.

que têm a ver com a natureza da actividade exercida por essas empresas, mas, obviamente, isso não altera em nada a ideia acabada de expressar.

Com especificidades dessa índole deparamo-nos, por exemplo, em sede da determinação do lucro tributável dessas empresas, no quadro da bem conhecida dependência parcial do direito fiscal face ao direito contabilístico das empresas[1]. Algo que decorre do facto de as empresas do sector financeiro se encontrarem sujeitas a especificidades de ordem contabilística, traduzidas numa contabilidade algo particular[2], diferente da das sociedades em geral, resultado da sua singular actividade de intermediação financeira e das necessidades de um exigente controlo prudencial. O que tem expressão no domínio da tributação do rendimento das empresas do sector financeiro, em que temos normas do Código do IRC dirigidas a essas empresas em sede fiscal, como sejam o artigo 28º-C, relativo a perdas por imparidades das empresas do sector bancário, e o artigo 51º, nº 6, que dispensa, para efeitos da aplicação do método da isenção na eliminação da dupla tributação económica, as exigências de uma percentagem de participação no capital social e de um período de permanência desta participação na sua titularidade, quando se trate de rendimentos de participações sociais em que tenham sido aplicadas as reservas técnicas das sociedades de seguros e das mútuas de seguros.

E algo parecido valerá em sede da tributação do património que, entre nós somente conhece tributações especiais e, relativamente às empresas colectivas ou societárias, como necessariamente serão as empresas do sector financeiro, apenas pode ser a tributação do património imobiliário, seja esta estática em IMI ou dinâmica em IMT[3]. Pois bem, em sede deste último imposto, que incide sobre a aquisição onerosa de bens imóveis, por razões

---

[1] V., quanto a essa dependência, Tomás Cantista Tavares, *Da Relação de Dependência Parcial entre a Contabilidade e o Direito Fiscal na Determinação do Rendimento Tributável das Pessoas Colectivas: Algumas Reflexões*, Cadernos de Ciência e Técnica Fiscal, 1999, esp. pp. 47 e ss., e *IRC e Contabilidade. Da Realização ao Justo Valor*, Almedina, Coimbra, 2011, esp. pp. 163 e ss.

[2] O que tem a ver com os poderes de disciplina jurídica de adaptação da contabilidade de que dispõem as entidades de regulação e supervisão: o Banco de Portugal, com base no artigo 115º do Regime Geral das Instituições de Crédito e Sociedades Financeiras; e o Instituto de Seguros de Portugal, com base no artigo 242º das Condições de Acesso à Actividade Seguradora.

[3] Uma vez que, relativamente às aquisições gratuitas, de bens imóveis e bens móveis, desde a extinção do Imposto sobre as Sucessões e Doações na Reforma da Tributação do Património, em 2003, são tributadas em sede do IRC, contando para o lucro tributável deste imposto como incrementos patrimoniais, nos termos do artigo 21º, nº 2, do Código do IRC.

que se prendem com as exigências da neutralidade fiscal, encontram-se isentos do IMT, nos termos do artigo 8º do Código deste Imposto, as aquisições de imóveis por instituições de crédito ou por sociedades comerciais cujo capital seja directa ou indirectamente por aquelas dominado, em processo de execução movido por essas instituições ou por outro credor, bem como as efectuadas em processo de falência ou de insolvência, desde que, em qualquer caso, se destinem à realização de créditos resultantes de empréstimos feitos ou de fianças prestadas[4].

Mas, como é fácil de ver, não é da tributação do rendimento ou do património que pensamos ao falarmos em tributação das transacções financeiras. Bem pelo contrário, quando falamos de impostos ou tributos sobre as empresas do sector financeiro, temos em mente a tributação indirecta das empresas do sector financeiro, ou seja, uma tributação sobre os serviços prestados por essas empresas, que não podendo ser adequadamente objecto de tributação segundo o modelo comum traduzido na tributação das transacções, vem sendo objecto de propostas e soluções legais com uma configuração particular. Por isso vamos tratar da tributação específica das transacções financeiras, a qual tem vindo a ser discutida e proposta desde meados do século passado e que, mais recentemente, foi objecto de adopção em França e de uma proposta de directiva aprovada segundo o mecanismo de cooperação reforçada no seio da União Europeia.

1. Origem e razão de ser da tributação das transacções financeiras

O imposto sobre transacções financeiras (ITF) pode definir-se como a imposição do pagamento de um tributo sempre que seja efectuada uma operação susceptível de ser subsumida no conceito de transacção financeira. A proposta e defesa de um imposto deste tipo aparece ligada, como já referimos, às dificuldades de tributação desta categoria de operações através de um imposto geral sobre as transacções e à necessidade, por questões de equidade, de não ser aceitável deixar de tributar ou isentar operações geradoras de rendimentos ou ganhos, bem como de transferência de propriedade sobre determinados bens (que não têm que ser necessariamente físicos). Pois, é de sublinhar, as transacções financeiras não se encontram sujeitas ao imposto geral sobre o consumo, sendo normalmente objecto de uma isenção simples, como acontece entre nós nos termos das diversas alíneas do nº 27 do artigo

---

[4] V. José Casalta Nabais, *Introdução ao Direito Fiscal das Empresas*, Almedina, Coimbra, 2013, p. 54.

9º do Código do IVA, ou, quando muito, encontram-se sujeitos a uma tributação parcial em IVA[5]. Significa isto que as empresas do sector financeiro, porque não são sujeitos passivos, ou porque são sujeitos passivos apenas em parte, suportam correspondentemente o IVA que se encontre integrado nessas operações financeiras, não podendo, por conseguinte, repercutir, no todo ou em grande parte, esse imposto para os clientes[6]. Uma realidade que não pode, hoje em dia, ter-se por despicienda, em virtude da dimensão e relevo que a actividade financeira tem vindo a adquirir na economia com expressão clara na percentagem que assume no PIB dos países, sobretudo nos mais desenvolvidos.

A opção por esta solução tem a ver sobretudo com as múltiplas dificuldades relativas ao cálculo do valor acrescentado da actividade das empresas do sector financeiro, pois, ao contrário do que sucede com as empresas não financeiras, cujo volume de negócios é de fácil identificação na contabilidade e de simples revelação nas declarações em sede do IVA, a diversa natureza dos bens em causa e os objectivos da tributação das operações financeiras parece justificar a defesa da necessidade de criação de um imposto especial, de taxa fixa ou variável. Será, pois, na escolha das específicas transacções a enquadrar no âmbito objectivo (e, em certa medida, também no âmbito subjectivo) de tributação que a caracterização do imposto encontrará a sua concretização. Nesta delimitação e definição serão tomadas em consideração as finalidades gerais da tributação, mas sobretudo e porque se trata de um imposto especial os objectivos específicos do imposto a criar.

Do ponto de vista teórico, podemos encontrar várias possibilidades, ou seja, várias "espécies" de ITF, as quais se diferenciam não só a partir da base de incidência mas também pelas finalidades que se propõem prosseguir. Assim é costume na doutrina aludir, a este propósito, aos *Securities Transaction Tax* (STT), aos *Currency Transaction Tax* (CTT), aos *Bank Transaction Tax* (BTT) e aos *Automated Payment Transaction Tax* (ATT). Como, a seu modo, resulta, desde logo, da própria designação, cada um destes tipos de imposto comporta uma base de incidência bem diferenciada, cabendo-lhe

---

[5] O que não acontece em alguns países, mais especificamente na Alemanha, Áustria, Bélgica, Bulgária, Estónia, França e Lituânia, os quais optaram, nos termos em que o permite a Directiva 2006/112/CE, de 26 e Novembro, por sujeitar parcialmente as operações financeiras ao IVA, sujeitando estas seja com base na categoria de operações, como acontece em França, seja com base operação a operação, como sucede na Alemanha.

[6] V. O Relatório Geral do Conseil des Prélèvements Obligatoires, *Les Prélèvements Obligatoires et les Entreprises du Secteur Bancaire*, apresentado em 2013.

correspondentemente uma específica função. Diversidade de configuração que tem como consequência que todos esses tipos de imposto apresentem pontos fortes e vicissitudes diversas[7].

Muito embora, devamos acrescentar, que, na prática, são dois os tipos de imposto que vêm sendo discutidos nesta sede: o imposto sobre as actividades financeiras (IAF) e o imposto sobre as transacções financeiras (ITF), sendo que na União Europeia, depois de se ter estudado nos anos de 2009 e 2010 um imposto do primeiro tipo, optou-se em 2011 por propor um imposto do segundo tipo[8]. Mas vejamos como surgiu a ideia da tributação destas transacções financeiras.

2. De Keynes a Tobin

Embora a primeira tentativa de criação e implementação de um imposto do tipo ITF de que há registo, tenha sido, ao que parece, a respeitante ao *"stamp duty"*, criado em 1694 na Bolsa de Londres como um imposto suportado pelo adquirente de acções e concretizado no pagamento de uma quantia no momento da formalização do negócio[9], o certo é que a tributação aqui em apreciação apenas surgiu no século passado pela mão de John Maynard Keynes e, sobretudo, de James Tobin.

---

[7] Em 2011 países como Bélgica, Colômbia, Finlândia, França, Grécia, India, Itália, Japão, Peru, Polónia, Singapura, Suécia, Suíça, Taiwan, Reino Unido e EUA, tinham dentro do seu sistema fiscal pelo menos um tributo do tipo ITF.

[8] V. Francisco José Delmas González, «Propuesta de directiva de impuesto sobre tansacciones financieras», *Crónica Tributária*, 145/2012, pp. 79 e ss. Dentro da regulamentação da União Europeia há que considerar o COM (2011) 594, final, de 28.09.2011 e a Decisão do Conselho de 14.01.2013, autorizando a instituição de um procedimento de cooperação reforçada nesta matéria.

[9] De acordo com Heribert Dieter este imposto manteve-se em vigor desde a data da sua criação, subsistindo no século XXI – Heribert Dieter, *Reshaping globalization: a new order for financial markets*, Working Paper, Coventry: University of Warwick. Centre for the Study of Globalisation and Regionalisation, 2002, p.13. Note-se que, já no séc. XVIII, este imposto incidia sobre a prata e o ouro. Até 1973 era um imposto específico, passando a partir de então a ser específico e *ad valorem*, dependendo do enquadramento legal da situação concreta. Actualmente a taxa do *stamp duty* sobre as transacções financeiras está fixada em 0,5%, o que pode parecer baixo. Contudo, a opção pelo valor da transacção como base de incidência em detrimento do ganho ou da rendabilidade faz com que este valor possa representar em alguns casos um montante considerável. Devido às inúmeras excepções estima-se que apenas 20% das transacções na Bolsa de Londres se encontrem sujeitas a este imposto. Leonie Bell, Luís Correia da Silva e Agris (Preimanis of Oxera Consulting Ltd), *The cost of capital: an international comparison*, London Stock Exchange.

2.1. A ideia de Keynes

Pois bem, a ideia de instituir uma tributação para as transacções financeiras nos termos em que presentemente é discutida e tratada, remonta a John Maynard Keynes, que, em 1936, no período após a Grande Depressão, se referiu à criação de um imposto deste tipo a concretizar através da cobrança de uma pequena quantia sobre as transacções financeiras ocorridas em *Wall Street*, sublinhando que, deste modo, se poderiam minimizar as operações meramente especulativas[10].

Keynes parece defender a criação de um imposto sobre as transacções financeiras internas, independentemente da moeda em que as mesmas fossem efectuadas, considerando este imposto "a mais útil das medidas capazes de atenuar o predomínio da especulação sobre a empresa nos Estados Unidos"[11].

A justificação para esta tributação aparece clara: ao introduzir um imposto sobre as transacções bolsistas estar-se-ia a contribuir para o aumento dos custos de transacção[12], atenuando assim a instabilidade no mercado financeiro, sobretudo a decorrente da especulação, uma vez que a decorrente de outros fenómenos seria quase impossível de conseguir[13].

---

[10] Para maiores desenvolvimentos, *v.* Alex C. Michalos, *Good taxes: the case for taxing foreign currency Exchange and other financial transactions*, Dundurn Press, Science for Peace Series, 1997, pp. 15 e ss..

[11] J. M. Keynes, *General Theory of Employment, Interest and Money*, McMillan and Co., 1936, pp. 159 e s.

[12] Por se tratar de um imposto sobre o consumo – o consumo de um tipo específico de bens – é de esperar que opere aqui a repercussão progressiva do imposto, transferindo para o adquirente (o consumidor) o encargo económico do imposto. Só assim não será se pudermos encontrar bens de investimento sucedâneos daqueles sobre os quais incide a tributação ou negócios jurídicos com efeitos semelhantes (equiparáveis). Tratando-se de um imposto que incide sobre as transacções financeiras, a discriminação positiva ou negativa de quaisquer negócios jurídicos, quando os seus efeitos sejam similares aos de outros sobre os quais incide a tributação, tende a provocar apenas a alteração do tipo de negócio jurídico escolhido para efectuar a operação, dando origem a uma perda de receita. Já nos casos em que o imposto não discrimine o tipo de transacção mas antes o bem transaccionado, a tendência é para que exista repercussão regressiva. Como se espera que as duas situações tenham sido acauteladas, surge como mais provável a repercussão progressiva do imposto.

[13] A principal preocupação era a de limitar os efeitos económicos nefastos decorrentes das operações meramente especulativas, pois, entendia Keynes que "*Os especuladores podem não causar dano quando são apenas bolhas numa corrente estável da empresa. Mas a situação torna--se grave quando a empresa se converte na bolha de um redemoinho especulativo. Quando o desenvolvimento do capital de um país passa a ser um subproduto das actividades de um casino, a obra sairá*

Evitava-se deste modo a discriminação negativa ou positiva de algumas operações bolsitas, bem como a prática de negócios elisivos, em sede das transacções cambiais internas. É que as actividades especulativas assemelham-se a jogos de casino e estes deveriam ter acesso fortemente limitado e caro. A mesma finalidade de interesse público, relativa à necessidade de se evitarem fenómenos especulativos que, todavia, não esgotam os seus efeitos dentro de uma sala de casino, antes se transferem directa e imediatamente para o mercado à escala global, não se restringindo sequer ao mercado financeiro, parece justificar idêntica actuação nos mercados financeiros: limitação do acesso através de regras (normas) que determinem quem pode aceder e em que condições. A que acresce o (natural) efeito dissuasor decorrente da necessidade de pagamento de mais um custo de transacção, justificando-se a criação de um tributo sobre as transacções financeiras que, na prática, funcionaria como um entrave acrescido não ao acesso ao mercado, mas antes à prática de transacções meramente especulativas.

E, prossegue J. M. Keynes, sublinhando que a "introdução de um imposto de montante elevado sobre todas as transacções talvez seja a medida mais útil para atenuar o predomínio da especulação sobre as empresas"[14].

Apesar de a principal preocupação ser a de limitar a aglomeração de fenómenos especulativos isolados decorrentes de negócios sobre as empresas e do contágio do mercado, a existência de um acrescido custo de transacção tem ainda a potencialidade de alertar o investidor isoladamente considerado para os riscos da participação num negócio com elevada liquidez. O incentivo dado pelo ganho potencial elevado camufla o risco que lhe está associado, levando a que os agentes económicos tomem decisões com base em informação imperfeita, justificando-se a necessidade de intervenção no sentido de minimizar a ocorrência de comportamentos ou fenómenos que, por escaparem à lógica de mercado, passem a constituir prática reiterada, sobretudo se forem levados a cabo por entidades que desconhecem tanto os riscos como as exigências de um mercado deste tipo[15].

---

provavelmente torta" J. M. Keynes, *General Theory of Employment, Interest and Money*, ob. cit., p. 159.
[14] J. M. Keynes, *ob. e loc. cits.*
[15] Ou, como refere Keynes, de o investidor se enganar a si próprio com a "lisonjeira ilusão de que está a participar num negócio «líquido» (embora isso não possa ser verdadeiro para todos os investidores colectivamente).", J. M. Keynes, *ob. e loc. cits.*

Assim, a prática esporádica e excepcional de actos especulativos parece não apresentar maiores riscos para o mercado do que aqueles que decorrem de outros comportamentos, mas se a sua prática se tornar habitual – e ainda que decorra de circunstâncias do próprio mercado – o risco sobe exponencialmente, podendo originar uma crise sistémica[16]. Nestas situações a política fiscal é apontada por alguns autores, entre os quais se destaca Joseph E. Stiglitz, como sendo um veículo para travar as operações especulativas de curto prazo[17].

A preocupação com os fenómenos especulativos permitiria que pudesse defender-se um imposto de taxa suficientemente alta para dissuadir a sua prática, tornando-os em negócios "definitivos e irrevogáveis"[18]. O que levaria os investidores a analisar o investimento segundo uma perspectiva de longo prazo e não apenas de curto prazo. Com efeito, os investimentos de curto prazo – aqueles relativamente aos quais se pode colocar a hipótese de terem sido levados a cabo por razões meramente especulativas – apenas serão apelativos se, contabilizados todos os custos da transacção, incluído o tributo, mantiverem uma rendibilidade esperada relativamente elevada.

---

[16] Sobre esta problemática, v., entre nós, José Manuel. Quelhas, *Sobre as Crises Financeiras, o Risco Sistémico e a Incerteza Sistemática*, Almedina, Coimbra, 2013.

[17] Sobre a potencialidade da utilização da política fiscal para combater os efeitos especulativos, v. F. P. Ramsey, «A Contribution to the theory of Taxation», *Economic Journal*, 37 (1927), pp. 47-61; A. B. Atkinson e Joseph E. Stiglitz, «The Design of Tax Systems: direct versus indirect taxation», *Journal of Public Economics*, 6 (1976), pp. 55-75; Joseph E. Stiglitz, «Using Tax Policy To Curb Speculative Short-Term Trading», *Journal of Financial Services Research*, 3 (1989), pp. 101-115; L. H. Summers e V. P. Summers, «When Financial Markets Work Too Well: A Cautious Case for a Securities Transactions Tax», Journal of Financial Services Research, 3 (1989), pp. 163 e ss.; Andrei Shleifer, *Inefficient Markets: An Introduction to Behavioral Finance*, Oxford University Press, 2000; Joseph E. Stiglitz, Jaime Jaramillo-Vallejo e Yung Chal Park, «The role of the state in financial markets», Annual Conference on Development Economics Supplement (1993), pp. 19-61; Lawrence H. Summers, «International Financial Crises: Causes, Prevention, and Cures», *The American Economic Review*, 90 (2-2000), pp. 1-16.

[18] Keynes considera mesmo que o único remédio para evitar surtos especulativos consiste em torná-los em negócios definitivos e irrevogáveis e cujos efeitos apenas cessariam com a morte (do contrato ou do contratante) ou por motivo de força maior. Não deixa de suscitar curiosidade a comparação feita por Keynes com o casamento. Pese embora ser este à época um acto em regra irrevogável e definitivo, a similitude com os investimentos não é total porquanto podem coexistir na esfera jurídica do mesmo sujeito vários investimentos. Mas a sensação de perenidade do investimento motivada pelo facto de serem vistos como investimento de longo prazo, torna o momento prévio àquela actuação crucial na tomada de decisão, situação esta nem sempre consciente – J. M. Keynes, *ob. e loc. cits*.

2.2. A proposta de James Tobin

Porém, a ideia de J. M. Keynes manter-se-ia em suspenso até que, algumas décadas mais tarde, mais exactamente em 1972, James Tobin proporia a criação de um imposto sobre todos os tipos de transacções financeiras, quer estejam ou não em causa – directa ou indirectamente – negócios sobre empresas. Verdadeiramente a preocupação de James Tobin são as transacções de divisas, actuando directamente sobre a circulação internacional de capitais[19].

Ao sustentar a necessidade de tributação de todas as operações que envolvessem (ainda que potencialmente) operações cambiais, Tobin pretende encontrar um mecanismo com efeitos idênticos aos de Bretton Woods, ou seja, limitar as oscilações de valor das diversas moedas e os riscos cambiais decorrentes para o mercado financeiro da prática reiterada de movimentos financeiros com mero objectivo especulativo[20]. Por isso, a atenção foca-se nos movimentos de capitais a curto prazo, minimizando o impacto nas transacções de longo prazo.

Idealmente, defendia Tobin, deveriam ficar excluídos da tributação os fluxos de capitais que correspondessem a pagamentos de transacções reais (de bens e serviços) bem como as destinadas à formação fixa de capital, ou, não sendo isentas, o imposto deveria relativamente a estas apresentar-se como neutral. Não obstante esse facto o imposto proposto por Tobin é, verdadeiramente, um imposto internacional pois sustenta a necessidade de

---

[19] Esta ideia defendida por James Tobin nas Janeway Lectures que decorreram em Princeton no ano de 1972, seria depois publicada sob o título *The New Economics One Decade Older*, Princeton University Press, em 1974, pp. 88-92. Já em 1995 Tobin, juntamente com B. Eichengreen e Wyplosz retomaria a ideia da criação de um ITF, introduzindo as especificidades adequadas a um ITF dos tempos modernos. A nova proposta pode ver-se em B. Eichengreen, J. Tobin e C. Wyplosz, «Two cases for sand in the wheels of international finance», *The Economic Journal*, 105 (428-1995), pp. 162-172.

[20] Como o autor refere, as variações cambiais introduzem um factor de instabilidade nos mercados que nem os mercados nacionais nem os estados, actuando cada um de *per se*, são capazes de solucionar, ou sem que dos mesmos decorram inflação, desemprego ou baixa de produtividade. As várias opiniões confluem num ponto: a avançar-se para um imposto deste tipo, a sua eficiência ficaria dependente da possibilidade de implementação à escala global. Neste sentido, v. Philip Arestis e Malcom Sawyer, «The Potential of Financial Transactions Taxes, Economic Policies, Governance and the New Economics», *in Economic Policies, Governance and the New Economics*, Philip Arestis, Malcolm Sawyer (eds.), Palgrave Macmillan, 2013, pp. 87 e ss.

aplicação de uma taxa uniforme a nível mundial, evitando-se deslocalizações das operações por razões elisivas[21].

O imposto a criar deveria ser de taxa fixa, tributando as transacções de divisas nacionais ou internacionais, tendo, pois, por objecto, o mercado cambial. Deste modo, defendia Tobin, seria possível reduzir a especulação nos mercados cambiais e, subsidiariamente, arrecadar receitas para financiar um mecanismo que permitisse aos estados, em caso de crise, actuar directamente sobre aqueles movimentos de capitais, nomeadamente evitando a sua fuga para outros países[22]. Por se tratar de uma taxa baixa, apenas seriam penalizados os movimentos de curto prazo, ou seja, aqueles que se supõe serem de carácter meramente especulativo, atenuando-se a sua importância nas demais transacções financeiras, ou seja, relativamente às operações de investimento e aquelas em que o objectivo especulativo é meramente residual, que se crê serem representadas pelos movimentos a médio e longo prazo. Com efeito, estas seriam menos afectadas, diluindo-se o montante do imposto a pagar nos demais custos da transacção relativamente aos quais representaria uma pequena parcela[23].

---

[21] O imposto deveria ser administrado pelas entidades estaduais, aplicando-se a todas as transacções de divisas (nacionais ou não) ocorridas no correspondente território, sendo a receita depois enviada para uma organização internacional: FMI ou Banco Mundial a quem caberia a coordenação de toda a política relacionada com o imposto, bem como a alocação das receitas. James Tobin, «A proposal for International Monetary Reform», *Eastern Economic Journal*, 1978, pp. 153 e ss. Já as propostas de Reinhart, Tornell e Eichengreen e Wyplosz, eram apenas de aplicação nacional: *v.* Vincent Reinhart, «The Tobin Tax, Asset Accumulation, and the Real Exchange Rate», *Journal of International Money and Finance*, 19 (4-1991), pp. 420-431; Aaron Tornell, «Real vs. Financial Investment: Can Tobin Taxes eliminates the Irreversibility Distorcion?», *Journal of Development Economics*, 32 (2-1990), pp. 419-444; Barry Einchengreen, e Charles Wyplosz, «The Unstable EMS», *Brookings Papers on Economic Activity*, 1/1993, pp. 51-139.

[22] Sobre a experiência de implementação prática de um imposto do tipo ITF em tempo de crise em diversos países *v.* Akira Ariyoshi, Karl Habermeier, Bernard Laurens, Inci Ötker, Jorge Iván Canales Kriljenko e Andrei Kirilenko – *Capital Controls: Country Experiences with Their Use and Liberalization*, Fundo Monetário Internacional, 2000.

[23] A leve limitação das transacções financeiras era vista por Tobin como um 'mal necessário', para evitar uma excessiva exposição ao risco. A liberdade de circulação de capitais a nível mundial, apesar de eficiente, era entendida como podendo ser prejudicial dado o perigo de ocorrência de crises sistémicas, com efeitos nefastos, que rapidamente se estenderiam a muitos países, limitando os efeitos das políticas estaduais de controlo das crises. George A. Akerlof e Robert J. Shiller, *Espírito Animal*, SmartBook, Lisboa, 2010 (tradução de *Animal Spirits*, Princeton Univeristy Press, 2009), em especial pp. 179 e ss..

Apesar das virtudes que se lhe reconheciam apenas a Suécia aplicaria um imposto deste tipo, com a taxa de 0,5% incidente sobre as transacções realizadas no sistema financeiro, o qual vigorou entre 1984 e 1991, ano em que seria abandonado por ter provocado uma enorme fuga de capitais decorrente do facto de se tratar de uma pequena economia aberta. Da implementação da "taxa Tobin" voltaríamos a ouvir falar nos anos 90 do século passado quando François Miterrand propôs, embora sem qualquer concretização, a criação de um imposto sobre as transacções financeiras.

É de sublinhar que a taxa inicialmente proposta por Tobin – 1% – era criticada por muitos dos defensores do ITT por entenderem que se trata de uma taxa demasiado elevada e que, por esse facto, poderia conduzir a uma redução drástica da liquidez no mercado financeiro. Contrariamente uma taxa demasiado baixa ou inexistente poderia conduzir a um excesso de liquidez no mercado, e por essa via à inflação. A separação entre as transacções financeiras e as transacções que têm por base activos reais permite e fomenta o aumento da volatilidade das taxas de câmbio e do próprio sistema, tornando-se elas próprias em um desestabilizador do sistema. Esta separação levaria ainda à criação de um sistema de trocas auto-referenciado em que os preços e as expectativas relativas à sua evolução deixam de se basear em indicadores económicos de base geral para passarem a ter como referência apenas alguns daqueles, ou seja, de entre aqueles apenas os que possam influenciar os ganhos a curto-prazo, como sejam as operações bancárias de seguradoras ou de fundos.

A antecipação das expectativas relativas à evolução do mercado e das taxas de juro serve de incentivo ao alargamento das transacções e da opção por operações que apresentam um risco mais elevado, em troca de uma rendibilidade esperada também ela elevada, por comparação com operações de mercado similares. Em virtude da lei da oferta e da procura o financiamento das operações de curto prazo acaba por se revelar menos onerosa, ou seja, a taxa praticada para a disponibilização de fundos a curto prazo apresenta--se mais baixa do que a utilizada nas operações de médio ou de longo prazo, por força do menor risco que lhes está associado. Contudo, estas operações – as financiadas – apresentam em si mesmas um risco bastante superior, em regra, ao que decorre das demais operações. O que se nota nos tempos mais recentes é que muitas vezes as operações a longo prazo são financiadas por créditos de curto prazo, recorrendo-se à técnica do *roulement* dos créditos, o que constitui um risco acrescido. Do que acabamos de referir pode inferir-se que as operações especulativas não são exclusivas das transacções a curto prazo, podendo antes decorrer ainda que de modo indirecto das operações de médio ou de longo prazo. A volatilidade associada ao sistema financeiro potencia o risco e o risco é potenciado pela volatilidade deste tipo de transacções financeiras, excepto se os participantes no mercado forem capazes de extrapolar as flutuações de curto prazo[24].

Aos estados este novo imposto proporcionaria uma nova forma de intervenção que lhes permitiria, em situação de crise, actuar com eficácia sobre os movimentos de capitais, bastando-lhes aumentar ou diminuir a taxa de imposto para provocar um efeito inverso sobre as transacções, acreditando-se que deste modo se defenderia a estabilidade de uma moeda, isto se pudermos pressupor que os movimentos especulativos só serão rentáveis se envolverem elevadas somas monetárias e forem realizados em espaços de tempo muito curtos[25].

O que, todavia, está por provar, como veio demonstrar Paul Bernd Spahn. Numa oposição clara à proposta de Tobin, este Autor sustenta ser de difícil implementação prática e em alguns casos mesmo impossível distinguir entre operações de liquidez e operações meramente especulativas. Além disso, uma taxa baixa seria ineficaz naqueles casos em que os ganhos especulativos fossem elevados e a existência de uma taxa alta para os desencorajar acabaria por levantar problemas internacionais de liquidez quando aplicada às demais operações financeiras, sobretudo se o imposto fosse aplicável também aos derivados financeiros, até porque não permite distinguir entre negócios especulativos e operações de liquidez[26].

Todavia, para aqueles que defendem um imposto deste tipo, seria possível ultrapassar estas limitações com a fixação de uma dupla taxa: uma taxa de incidência geral e de montante muito baixo aplicável a todas as operações financeiras e uma sobretaxa aplicável apenas às operações que envol-

---

[24] Para maiores desenvolvimentos, *v.* Arestis e M. Sawyer, 1997, «How many cheers for the Tobin Transaction Tax?», *Cambridge Journal of Economics*, 21, pp. 753-768.

[25] Muito embora Tornell tivesse avançado antes com a conclusão no sentido de que bastaria introduzir uma pequena variável no imposto proposto por Tobin para que pudéssemos assistir a uma diminuição da volatilidade e da expectativa de lucro a curto-prazo. Mas, para que tal premissa seja sustentável, o imposto não poderia ter uma base fixa. Seria necessário que a taxa do imposto não incidisse sobre uma base uniforme, mas antes uma taxa proporcional a incidir sobre uma base variável – Aaron Tornell, «Real vs. Financial Investment: Can Tobin Taxes eliminates the Irreversibility Distorcion?», *Journal of Development Economics*, 32 (2-1990), pp. 419-444;

[26] Posição diversa sustentam Lawrence H. Summers e Victoria P. Summers, The Case for Securities Transactions Excise Tax», *Journal of Financial Research*, (1989), pp. 261-286.

vessem troca de divisas ou operações sobre divisas. Seria, aliás, um imposto deste tipo que viria a ser adoptado, entretanto, na Bélgica em 2004[27].

II. As soluções mais recentes

Mais recentemente, porém, foram propostas ou adoptadas soluções legais que consagrariam de uma ou de outra forma um ITF, como sejam o imposto francês sobre as transacções financeiras e as propostas de directiva da União Europeia relativas a um ITF[28]. Em rigor, seria também de referir neste ponto a autorização legislativa constante da LOE/2014 para o Governo português criar um imposto sobre a generalidade das transacções financeiras, mas esta será versada no ponto seguinte.

3. O imposto francês sobre as transacções financeiras

Embora, como já referimos, a ideia de um imposto sobre as transacções financeiras tenha sido discutida na presidência de François Miterrand, só mais recentemente a França avançou para a criação de um imposto desse tipo. Estamos a referir-nos a um imposto sobre as transacções financeiras criado pelo governo francês, o qual entrou em vigor em 1 de Agosto de 2012, num contexto internacional marcado pela inscrição deste tema na agenda do G-20 e pela negociação de um projecto de directiva da Comissão Europeia visando a introdução de um ITF no conjunto da União Europeia[29].

Trata-se de um ITF que incide em termos alargados sobre as operações financeiras, e não apenas sobre as operações bolsistas. Portanto com uma

---

[27] A este respeito, v. Paul Bernd Spahn, *International Financial Flows and Transactions Taxes: Survey and Options*, Working Paper, International Monetary Fund, Paper WP/95/60. No mesmo sentido v. a posição do Banco Central Europeu, ECB, *Opinion of the European Central Bank* (CON/2004/34).

[28] Por vezes encontramos a referência à tributação das transacções financeiras através de imposto de selo, como sucede em diversos países, e de que são exemplo os existentes em Argentina (1993), Chile (1994), China (1994), Colômbia (1994), Dinamarca (1993), Finlândia (1994), Hong Kong (1994), Índia (1992), Indonésia (1993), Itália (1991), Nova Zelândia (1994), Portugal (1993), Singapura (1994), Coreia do Sul (1992), Suécia (1993), Suíça (1994). Tailândia (1993) e Reino Unido (1993). Também os impostos/taxas de registo da aquisição de partes sociais de empresas é inserido no leque de impostos sobre transacções financeiras. Neste sentido veja-se Paul Bernd Spahn, *ob. cit.*, pp. 51-54.

[29] Refira-se que a tributação da negociação de títulos não constitui uma novidade em França, uma vez que a mesma esteve presente no imposto da bolsa criado em 1893 e suprimido apenas em 2007 – v. – Conseil des Prélèvements Obligatoires, *Les Prélèvements Obligatoires et les Entreprises du Secteur Bancaire*, cit., pp. 138 e ss.

incidência alargada à generalidade das transacções financeiras quer estas ocorram ou não em mercado regulamentado. Além disso, incide ainda sobre as operações financeiras que ocorram entre instituições financeiras, isto é, sem a intermediação de uma qualquer plataforma de negociação (*transactions gré à grê*).

Pois bem, o ITF francesa, em rigor, desdobra-se em três impostos diferentes, a saber: 1) o imposto sobre as aquisições de títulos de capital, cuja taxa é de 0,2%; 2) o imposto sobre as ordens anuladas no quadro das operações financeiras de alta frequência, cuja taxa é de 0,01%; e 3) o imposto sobre as aquisições de contratos relativos a *credit default swaps* (CDS), cuja taxa é igualmente de 0,01%[30].

Significa isto que, ao incidir sobre a generalidade das operações financeiras, não tem a possibilidade de discriminar, favorável ou desfavoravelmente, determinado tipo de activos ou passivos financeiros, algo que também não faz em relação às plataformas de negociação, uma vez que todos os mercados acabam por ser tratados de modo idêntico. É, pois, uma fórmula de tributação das transacções financeiras que se afasta assim tanto da constante da Proposta de Directiva da União Europeia como das regulamentações vigentes noutros Estados-Membros, em que apenas são tributáveis as operações que ocorram em mercados regulamentados[31], como no referido "*stamp duty*" britânico.

O imposto proposto pretende fazer incidir uma taxa que varia entre 0,01% e 0,2% sobre todas as operações que envolvam a transacção de obrigações e acções (mas não a sua emissão), independentemente de a entidade a que digam respeito ser uma empresa do sector privado ou uma entidade do sector público (em sentido amplo). A base de incidência alarga-se tam-

---

[30] Cf. Conseil des Prélèvements Obligatoires, *Les Prélèvements Obligatoires et les Entreprises du Secteur Bancaire*, cit., pp. 138 e ss.

[31] Em certo sentido pode mesmo afirmar-se que o ITF francês se opõe ao ITF proposto pela União Europeia. Com efeito, este último apenas se dirige às transacções em mercados regulamentados (mercados formais) deixando de parte outros mercados, não obstante a sua importância. À semelhança do que acontece noutros domínios também aqui a proposta da UE se preocupa sobretudo com as condições de mercado (preços normais de mercado, condições normais de mercados relevantes) o que pode ser considerado como um incentivo às transacções informais ou transacções fora do mercado, não só com o objectivo de evitar qualquer tributação, mas também para evitar o pagamento de um imposto sobre uma base tributável determinada por referência a padrões de (suposta) normalidade de mercado e não à realidade material subjacente. Trata-se, por isso, de uma isenção subjectiva que se compreende dada a finalidade do imposto.

bém às operações em mercado secundário, abarcando portanto os derivados financeiros. Ficam apenas isentos do pagamento do imposto os pequenos investidores, as PME e os pensionistas caso efectuem eles próprios a operação[32].

Relativamente ao juízo que se possa fazer ao ITF francês, devemos assinalar que estamos perante um imposto de efeitos incertos, em virtude sobretudo das dificuldades que enfrenta e dos efeitos decorrentes da sua implementação, o que, a seu modo, é reconhecido tanto pelos adeptos como pelos opositores a uma tributação desse tipo. De entre estes, assumem especial importância os efeitos sobre a volatilidade, a liquidez, o rendimento, os preços e, indirectamente, sobre outros sectores da economia. Pois que, contrariamente ao que referem os defensores do ITF[33], este imposto parece não reduzir a volatilidade dos mercados nem os custos de instabilidade, mas, ao inverso, potenciar esses efeitos. O mesmo tende a suceder com a liquidez nos mercados secundários e com o chamado *"price discovery"*[34].

A diminuição da liquidez levaria a um natural efeito de redução do volume de transacções e, por essa via, ao aumento do tempo de incorporação de nova informação pelos mercados. Ora, quanto menor for o volume de transacções maior será o tempo necessário para que esses mercados conheçam e, sobretudo, incorporem a nova informação sobre determinado activo, podendo mesmo levar a que informação essencial não seja conhecida (ou reconhecida como tal) ou incorporada na tomada de decisão.

Por outro lado, o imposto tem efeito directo nos custos da transacção provocando o seu aumento. Em todos os casos, mas sobretudo naqueles em que o imposto não tenha uma base de incidência suficientemente ampla

---

[32] Já nos casos em que seja dada ordem a uma entidade bancária ou outro intermediário financeiro para que este pratique a operação será devido o pagamento do imposto. É de esperar que a entidade que a ele ficou sujeita venha a operar uma repercussão progressiva do montante do imposto.

[33] Como Lawrence H. Summers e Victoria P. Summers, «When financial markets work too well: a cautious case for a securities transactions tax», *Journal of Financial Services Research*, 3 (1989), pp. 163 e ss.; Joseph E. Stiglitz «Using Tax Policy To Curb Speculative Short-Term Trading», *Regulatory Reform of Stock and Futures Markets, ob. cit.*, pp. 3-17.

[34] Um processo de determinação do preço de um activo baseado nas interacções dos compradores e vendedores. Peter B. Kenen, «The feasibility of taxing foreign Exchange transactions: coping with financial volatility», in *The Tobin Tax: Coping with Financial Volatility: Coping with Financial Volatility*, Islamabad Mahbub ul Haq, Inge Kaul, Isabelle Grunberg (eds.), Oxford University Press, 1996, pp. 109-128.

para abranger todos os tipos de transacções (alternativas ou similares para que seja atingido o efeito pretendido) há ainda que tomar em consideração o efeito elisivo, podendo assistir-se a alterações profundas na estrutura das transacções. Foi precisamente o que parece ter resultado da experiência do já referido imposto sueco vigente entre 1984 e 1991, o que terá constituído uma das principais razões da sua abolição.

Um outro problema, que apenas se coloca caso a solução encontrada para o ITF não passe pela imposição de um imposto deste tipo em todos os países, prende-se com a possibilidade de deslocalização das operações financeiras como forma de evitar a tributação. O que, atendendo à enorme liberdade de circulação de capitais actualmente existente, por certo não deixará de ter impacto significativo. Ainda que não seja possível a relocalização das operações, sempre se mantêm viáveis outras formas de relocalização, como sejam a alteração da sede ou outras que permitam evitar a tributação das operações bolsistas, quando estejam em causa produtos financeiros representativos do capital social das empresas.

Todo um conjunto de imperfeições, aqui apenas referidas de maneira muito sumária, que parece suficiente para concluir no sentido da influência nefasta que um imposto deste tipo poderá ter sobre as transacções e sobre o mercado financeiro, aumentando o custo do capital e diminuindo os fundos disponíveis para o investimento. Pelo que é de esperar que, no longo prazo, se assista a uma descida correlativa dos salários e do volume de impostos cobrados. Ou seja, não só do ITF, mas também dos demais impostos que integram o sistema fiscal.

4. A Proposta da União da Europeia

A tributação das operações financeiras ganhou novo interesse, porém, a partir da década de 90 do século passado. A crise do peso mexicano, o *crash* nas bolsas asiáticas, na Rússia e no Brasil tornaram bem visível a volatilidade do sistema financeiro, criando um clima propício ao revivalismo do imposto sobre transacções de moeda à maneira da tributação proposta por Tobin[35].

---

[35] O designado por *Currency transaction tax* (mais conhecido pela sigla CTT). De facto, diversos países debateram nas respectivas assembleias representativas a possibilidade de criação de impostos inspirados no *CTT* de James Tobin, como a Alemanha, a França, a Bélgica, o Canadá, a Índia e os EUA. Pois alguns dos defensores deste imposto (ou de um imposto nele inspirado) entendem que deste modo seria possível gerar receita suficiente para financiar as compensações pelos males provocados pelo fenómeno da globalização e sobretudo para tentar evitar uma crise financeira à escala global.

À semelhança do que ocorreu noutros países também na (então) Comunidade Europeia a proposta para a criação de um imposto sobre operações cambiais seria chumbado por uma minoria. Apesar deste aparente insucesso, e depois de nos anos 2009 e 2010, na sequência de uma proposta do FMI a pedido do G-20, terem sido elaborados documentos de trabalho na União Europeia no sentido da adopção de um imposto sobre as actividades financeiras[36], em 2011 retomar-se-ia a ideia da criação de um imposto sobre as transacções financeiras baseado nas ideias de James Tobin.

4.1. A proposta de directiva de 2011

Assim foi apresentada pela Comissão, a 28 de Setembro de 2011, uma proposta de directiva para que fosse estabelecido um sistema comum de imposto sobre as transacções financeiras (*Financial Transaction Tax*). As semelhanças com o imposto rejeitado no século passado eram limitadas, dado o alargamento da base de incidência a diversas operações financeiras, que não apenas as cambiais, permitindo assim que ficasse a salvo de algumas das críticas que lhe foram feitas.

O principal objectivo desta medida era evitar a fragmentação do mercado interno e tentar obter a harmonização da legislação relativa à tributação das transacções financeiras[37]. Complementarmente pretendia-se ainda

---

[36] Um imposto que, incidindo sobre os salários e os lucros, tinha a natureza do IVA, pois a sua base tributável era o valor acrescentado que as entidades financeiras proporcionavam ao consumidor final de serviços financeiros – cf. José Delmas González, «Propuesta de directiva de impuesto sobre tansacciones financieras», *ob. e loc. cits.*

[37] A Proposta de Directiva – COM (2011) 594 final – encontra fundamento no artigo 113º do TFUE e tem como objectivo principal a harmonização da legislação relativa à tributação das transacções financeiras na medida do necessário para o bom funcionamento do mercado interno. Esta assume-se como medida essencial para evitar ainda distorções concorrenciais. Para maiores considerações sobre a proposta de Directiva veja-se Carmen Martínez Carrascal, «El impuesto sobre transacciones financieras. Descripción de la propuesta de la Comisión Europea», *Revista. Banco de España, Estabilidad Financiera*, nº 23, 11/2012, pp. 45-54 e, num âmbito mais alargado, Armando López Poza, «Propuestas de impuestos sobre las transacciones financieras», *Ahorro*, 2013, pp. 16-24, Calvo Vérgez, Juan, «En torno a la pretendida implantación de un impuesto sobre las transacciones financieras: principales cuestiones conflictivas», *Papeles de Economía Española*, nº 130, 2011, pp. 114-129 ou, agora numa perspectiva de inclusão destes serviços na tributação geral sobre transacções, entre nós Clotilde Celorico Palma, «As propostas de Directiva e de regulamento IVA sobre os serviços financeiros», *Revista dos Técnicos Oficiais de Contas*, 101 (2008), pp. 40-44, ou José María Lopez-Alascio Torres, «La opción por la tributación de las operaciones financieras en el IVA», *Cuadernos de Formación*, vol. 16/2013, Instituto de Estudios Fiscales, pp. 125-136.

assegurar uma contribuição substancial e equitativa do sector financeiro para o financiamento público e desencorajar as transacções financeiras que não contribuíssem para a eficácia do mercado financeiro global, aproximando o tratamento fiscal deste sector ao dos demais sectores económicos, desencorajando aquelas actuações que não melhoram a eficácia dos mercados financeiros e complementando, por esta via, as medidas de regulamentação destinadas a evitar uma nova crise[38].

A definição da base de incidência tributária e sobretudo a escolha do factor de conexão com o ordenamento jurídico surge, no contexto das operações financeiras sujeitas a tributação, com um relevo especial. O âmbito de aplicação subjectiva do imposto tal como é definido no nº 2 do artigo 1º da Proposta de Directiva, impunha a tributação de "todas as operações financeiras, na condição de que, pelo menos, uma parte na transacção seja estabelecida num Estado-Membro e que uma instituição financeira estabelecida no território de um Estado-Membro seja parte na transacção, quer agindo por sua própria conta, ou por conta de outrem, ou em nome de outra parte na transacção"[39].

---

[38] Gemma Patón García, «La viabilidade del impuesto sobre transaciones financieras: propuestas a nível global y comunitário», *Crónica Tributária*, 150/2014, pp. 131-164.

[39] A Proposta de Directiva considera estabelecida em território de um Estado-Membro uma instituição financeira que: a) Tenha sido autorizada pelas autoridades desse Estado-Membro para agir como tal, no que diz respeito às transacções abrangidas por essa autorização; b) Tenha a sua sede registada nesse Estado-Membro; c) Tenha o seu domicílio ou a sua residência habitual nesse Estado-Membro; d) Tenha uma sucursal nesse Estado-Membro, no que diz respeito às transacções efectuadas por essa sucursal; e) Seja parte, quer por sua própria conta, ou por conta de outra pessoa, ou actue em nome de uma parte na transacção, numa transacção financeira com outra instituição financeira estabelecida nesse Estado-Membro, nos termos do disposto nas alíneas a), b), c) ou d), ou com uma parte estabelecida no território desse Estado-Membro e que não seja uma instituição financeira.
2. Quando mais de uma das condições constantes na lista estabelecida no nº 1 estiver preenchida, é a primeira condição a partir do início da lista, por ordem descendente, a determinar o Estado-Membro de estabelecimento.
3. Sem prejuízo do disposto no nº 1, uma instituição financeira não é considerada estabelecida na acepção do mesmo número, no caso de a pessoa responsável pelo pagamento do ITF provar que não existe relação entre a substância económica da transacção e o território de qualquer Estado-Membro.
4. Uma pessoa que não constitua uma instituição financeira é considerada estabelecida num Estado-Membro se a sua sede social ou, no caso de uma pessoa singular, se o seu domicílio ou residência habitual se encontrar nesse Estado, ou se tiver uma sucursal nesse Estado, relativamente às transacções financeiras efectuadas por essa sucursal.

Assim, para que determinada operação financeira fosse tributada teria de ser praticada (total ou parcialmente) em território de um Estado-Membro, por uma instituição financeira com estabelecimento também num Estado-Membro. Ao invés de definir instituição financeira e operações financeiras, optou-se por elencar de forma taxativa as entidades e as operações que podem ser compreendidas dentro daquelas noções, que ocorram num mercado regulado (ou qualquer outro local ou plataforma comercial organizado/a), em regra por referência às demais regulamentações comunitárias relacionadas com o mercado financeiro ou mercados conexos cujas transacções comerciais possam estar relacionadas com estes[40].

A delimitação do campo de aplicação não ficaria completa sem a referência ao momento da tributação e à base de incidência objectiva do imposto. O imposto é exigido no momento em que se efectua a transacção e, mesmo nos casos em que se verifique o seu cancelamento posterior ou rectificação não há lugar à devolução do imposto suportado, excepto em caso de erro. O valor do imposto surge desligado da eficácia jurídica e da validade do negócio jurídico que lhe está subjacente. Anulado um deveria o outro ter idêntico destino, mas não foi essa a opção vertida na Proposta de Directiva. Ao limitar a possibilidade de devolução do montante suportado a título de imposto pelo sujeito passivo encontramos aqui a quase total independência do imposto face ao facto tributário, o que em regra não sucede.

No que respeita à colecta do ITF, esta seria calculada mediante a aplicação de uma taxa[41] sobre um dos seguintes três valores:

---

[40] O mercado relevante abrange quer o mercado financeiro quer outros mercados – ainda que sem existência física – onde ocorram as operações tidas por relevantes para efeitos de enquadramento no âmbito objectivo de aplicação da imposição fiscal. Estamos a referir-nos por exemplo às empresas de seguros. Não se estranha por isso que nas definições encontremos recorrentemente remissões para as Directivas 2004/39/CE, 2006/48/CE, 2009/138/CE, 2009/65/CE, 2003/41/CE, 2011/61/CE. Ficavam sujeitas a tributação as operações financeiras praticadas pelas (1) empresas de investimento, (2) instituições de crédito, empresas de seguros e resseguros, (3) organismos de investimento colectivo em valores mobiliários (OICVM), (4) fundos de pensões, (5) fundos de investimento alternativo (FIA), (6) entidade de titularização com objecto específico, (7) uma entidade instrumental ou (8) quaisquer empresas que desenvolvam algumas das actividades: referidas no anexo I, pontos 1, 2, 3, 6, da Directiva 2006/48/CE; transaccionem por conta própria ou por conta de clientes instrumentos financeiros; adquiram participações em empresas; participem na emissão de ou emitam instrumentos financeiros; prestem serviços relativos às actividades referidas na subalínea iv).

[41] Os Estados-Membros ficariam obrigados a fixar uma taxa (mínima) de (a) 0,1% no que respeita às transacções financeiras referidas no artigo 5º; (b) 0,01% em relação às transacções financeiras referidas no artigo 6º.

a) Valor da contraprestação, ou seja, "tudo o que constitua a contraprestação paga ou devida, em contrapartida da transferência, da contraparte ou de terceiros";
b) Valor normal do mercado determinado no momento em que o imposto se torna exigível – naqueles casos em que o valor da contraprestação pago pela transferência do instrumento financeiro seja inferior ao valor normal de mercado, ou, nos casos previstos no artigo 2º, nº 1, alínea b), as transacções financeiras relacionadas com contratos de derivados (arts. 2º, nº 1 parte 1, al. c) e als. a) e b);
c) Montante nocional dos contratos de derivados no momento da transacção financeira, caso se trate de *transacções financeiras relacionadas com contratos de derivados* (as referidas no artigo 2º, nº 1, ponto 1, alínea c), e artigoº 2º, nº 1, ponto 1, alíneas a) e b)[42].

As diversas vicissitudes e especialmente a discordância de alguns países, liderados sobretudo pelo Reino Unido relativamente ao projecto apresentado, levariam à sua rejeição pelo Conselho. Uma situação que deu o ensejo a que alguns Estados-Membros se tenham proposto avançar através do recurso ao mecanismo da cooperação reforçada.

4.2. O recurso ao mecanismo da cooperação reforçada

Na sequência da rejeição da proposta de directiva apresentada em 2011, com base no artigo 331º, nº 2, do TFUE, o Conselho da União, reunido a 22 de Janeiro de 2013, optou por aprovar uma solução de consenso na tentativa de avançar para uma tributação das transacções financeiras no espaço da União Europeia[43]. Malogrado que havia sido o projecto anterior, a opção passaria

---

[42] Se for identificado mais do que um montante nocional, o montante utilizado para determinar o valor tributável é o mais elevado. Montante nocional é "o montante nominal ou facial utilizado para calcular os pagamentos efectuados respeitantes a um determinado contrato derivado". Sempre que o valor for expresso, no todo ou em parte, numa moeda que não seja a do Estado-Membro de tributação, a taxa de câmbio aplicável é a última cotação de venda registada, no momento em que o ITF se torna exigível, no mercado de câmbios mais representativo do Estado-Membro em causa, ou uma taxa de câmbio determinada pela referência a esse mercado, em conformidade com o disposto pelo Estado-Membro. Fica patente a desconsideração do valor real da transacção sempre que o valor nocional seja superior àquele.

[43] Esta solução foi adoptada por maioria qualificada, tendo a República Checa, o Luxemburgo, Malta e o Reino Unido optado pela abstenção.

pela apresentação de uma Proposta de Directiva que permitisse a opção pelo regime de cooperação reforçada no domínio da fiscalidade indirecta, nomeadamente no respeitante ao ITF. Foi o que sucedeu com a apresentação da COM (2013) 71 final em 14.02.2013. A partir daquela data 11 Estados-Membros[44] passaram a estar autorizados para avançar no sentido da introdução de um imposto sobre transacções financeiras. Ficaria a cargo da Comissão a elaboração de uma nova proposta de regulamentação comum a ser aprovada necessariamente por unanimidade dos Estados participantes[45].

Sublinhe-se que se trata da primeira tentativa de implementação do mecanismo de cooperação reforçada no domínio fiscal, ampliando assim as formas de harmonização[46]. É de acrescentar que a nova Proposta de Directiva relativa ao ITF não diverge, no essencial, da regulamentação que havia sido proposta em 2011. De vantajoso relativamente à proposta anterior temos o facto de se tratar de uma iniciativa dos Estados-Membros envolvidos que, face a uma situação de impasse no domínio da tributação de uma parte substancial de negócios jurídicos que, pelas suas especificidades, não eram considerados como sujeitos de tributação em sede de imposto sobre as transmissões, optaram por prosseguir, não numa base individual, mas antes numa actuação concertada e conjunta.

Esta opção compreende-se, desde logo, pelas dificuldades que são colocadas pela tributação deste tipo de transacções limitada apenas a algum ou alguns Estados-Membros, que poderia levar à deslocalização das operações sujeitas a tributação, como de resto aconteceu com o referido imposto dos anos oitenta que vigorou na Suécia. Por conseguinte desde que este-

---

[44] Bélgica, Alemanha, Estónia, Grécia, Espanha, França, Itália, Portugal, Eslovénia e Eslováquia.

[45] Sobre este aspecto, *v.* Gemma Patón García, «La viabilidad del impuesto sobre transaciones financieras: propuestas a nível global y comunitário», *ob. e loc. cits.*, pp. 153 e ss.

[46] A este respeito, pese embora o significado positivo atribuído ao mecanismo da cooperação reforçada na medida em que permite avançar na integração europeia por parte dos Estados que se encontrem mais preparados, no caso do ITF temos dúvidas sobre se poderá ser considerado muito positivo. Isto se e na medida em que esse procedimento de cooperação não seja, em si mesmo, de considerar, por via de regra, uma via que não vai genuinamente no sentido da efectiva integração europeia, pois, ao permitir a consagração de uma integração europeia diversificada, concretizando uma Europa a várias velocidades, acaba constituindo mais um instrumento de desintegração do que da construção que esteve na mente dos *founding fathers* europeus. Embora tendo em conta o chamado Tratado Orçamental, *v.* José Casalta Nabais, «Estabilidade financeira e o Tratado Orçamental», *Estudos em Memória do Conselheiro Artur Maurício*, Coimbra Editora, 2014.

jam cumpridos os requisitos para a cooperação reforçada previstos no artigo 20º do TUE e nos arts. 326º e 334º do TFUE, nomeadamente o facto de se poder sustentar que os objectivos traçados pelos Estados-Membros envolvidos não seriam possíveis de alcançar num período razoável se a União Europeia avançasse em bloco. Note-se ainda que, no cumprimento dessas mesmas exigências, estamos perante um mecanismo que, qualquer que seja a fase do processo e dos avanços conseguidos, permite a um Estado--Membro, que pretenda ver-se envolvido no processo, poder solicitar a sua entrada.

Pois bem, em face da recusa de aprovação da proposta de directiva em 2011, os avanços na harmonização da tributação das transacções financeiras seriam feitas através do recurso ao mecanismo da cooperação reforçada, o qual veio a ser autorizado pelo Conselho em 22.01.2013[47]. Mas vejamos, mais em pormenor, a proposta de directiva elaborada com base nesta autorização.

4.3. A actual proposta de directiva

Entrando na análise da Proposta de Directiva, que foi apresentada em 14.02.2013[48], vejamos quais são os seus objectivos, a sua estrutura, o momento da sua exigibilidade e, bem assim, o seu montante.

No que respeita aos objectivos são eles, de um lado, a regulação financeira traduzida na luta contra os portfólios tóxicos e, de outro lado, a obtenção de receitas. Pois bem, tendo em conta o texto da Proposta, dela resultam directamente os objectivos da nova regulamentação, que são:

a) harmonizar os impostos indirectos sobre as transacções financeiras;
b) permitir que as instituições financeiras contribuam de maneira equitativa e substancial para o financiamento das políticas de combate à actual crise financeira e eliminação da dualidade de tratamento (discricionário e discriminatório) relativamente aos demais sectores da economia;
c) tomar medidas de combate às transacções que não permitem a melhoria da eficácia dos mercados financeiros, contribuindo para a diminuição do risco de uma nova crise financeira.

---

[47] Decisão 2013/52/UE.
[48] Proposta de Directiva da Comissão – Com (2013) 71 final.

O que revela quão longe se encontra o ITF do imposto da proposta de James Tobin, pois a finalidade reguladora aparece aqui apenas em terceiro lugar, residindo na necessidade de harmonização da tributação indirecta e na obtenção de receitas as finalidades decisivas. De semelhante temos o facto de, em nenhuma das propostas, a finalidade de obtenção de receitas aparecer como principal.

Por seu lado, no respeitante à sua estrutura, ou seja, relativamente à sua incidência, liquidação e cobrança, é de assinalar que, tal como previsto na regulamentação referida, a ITF incide sobre todas as transacções financeiras em que seja interveniente pelo menos uma instituição com sede no território de um Estado-Membro participante ou que possua num desses territórios um estabelecimento estável[49]. Na concretização da noção de transacção financeira feita na Proposta conclui-se que esta se verificará nos casos em que ocorra:

1. a compra ou venda de um instrumento financeiro antes da compensação e liquidação, incluindo a recompra ou a revenda e os contratos cujo objecto seja a contracção e concessão de empréstimos de valores mobiliários;
2. a transferência entre as entidades de um grupo do direito de dispor de um instrumento financeiro como proprietário ou qualquer operação equivalente que implique a transferência do risco associado ao instrumento financeiro;
3. a celebração ou alteração de contratos de derivados.

No que concerne à sua exigibilidade, o ITF torna-se exigível no momento em que a transacção financeira é efectuada (artigo 5º, nº 1), sendo responsável pelo pagamento do imposto as entidades que sejam parte na transacção, quer tenham agido por conta própria ou em nome de outrem. Quando uma instituição financeira tenha agido em nome ou por conta de

---

[49] Neste ponto encontramos uma diferença fundamental face à Proposta de Directiva de 2011, uma vez que na Proposta de Directiva agora em processo de aprovação, o termo "autorizado" refere-se quer às instituições financeiras que, para além de autorizadas e a operar num EM, nele possuam um estabelecimento estável, como àquelas que, não possuindo um estabelecimento estável num EM, nele tenham sido autorizadas a praticar actos próprios da sua actividade. Assim, com a aprovação da Proposta de Directiva de 2013, o ITF será alargado às entidades que tenham obtido autorização apenas para a prática de uma transacção financeira concreta.

outra instituição financeira, é esta última que deve suportar o encargo do imposto[50].

O montante do imposto a entregar ao estado é calculado através da aplicação de uma taxa percentual que incide sobre um de três valores (à semelhança do que sucedia na Proposta de 2011):

a) instrumentos financeiros (que não sejam derivados):
  i) preço ou qualquer outra forma de retribuição;
  ii) se a contraprestação for inferior ao preço de mercado ou se a transacção ocorrer entre entidades de grupo e que não estejam abrangidas pelo conceito de «compra» e de «venda», o valor tributável corresponde ao preço de mercado determinado em condições normais de concorrência no momento em que o ITF é exigível;
b) derivados – montante nocional mencionado no contrato de derivados registado no momento em que o acordo sobre derivados é comprado/vendido, transferido, trocado ou celebrado ou quando a operação em causa é substancialmente alterada.

Por sua vez, quanto à taxa do imposto, ao invés de estabelecer uma taxa idêntica para todos os Estados-Membros optou-se por definir uma taxa mínima[51], que é:

a) 0,1% no que respeita às transacções de instrumentos financeiros que não sejam derivados;
b) 0,01% no que respeita às transacções de derivados financeiros.

A respeito do ITF, é de fazer alusão ao artigo 15º da Proposta de Directiva, relativamente a outros impostos sobre as transacções financeiras, em que se prescreve que os Estados-Membros participantes não podem manter ou introduzir impostos sobre as transacções financeiras, à excepção do ITF objecto da presente directiva, ou do imposto sobre o valor acrescen-

---

[50] O princípio da residência foi complementado pelo princípio da emissão, numa tentativa de eliminar ou minorar as possibilidades de afastamento da tributação por alteração da localização das operações, tanto mais que as pessoas envolvidas na transacção (se residentes) serão sempre consideradas como estabelecidas nesse EM, o que implica que o ITF seja devido naquele estado. Não fica afastada a hipótese de prova pela pessoa responsável pelo pagamento do imposto provar que não existe relação entre a substância económica da transacção e o território do E.M. participante que pretende, no caso concreto, liquidar o IFT.
[51] Uma solução que se compreende, pois é idêntica à vigente em sede do IVA.

tado, previsto na Directiva 2006/112/CE do Conselho. O que é óbvio, pois os Estados-Membros não podem, a pretexto da tributação das transacções financeiras, pôr em causa o quadro fiscal comunitário estabelecido.

III. O ITF no quadro da regulação da União Europeia

Vistas as propostas mais recentes em sede da tributação das transacções financeiras, importa agora saber como o ITF constante da Proposta de Directiva analisada se harmoniza ou não com as exigências da restante regulação da União Europeia, mormente da regulação bancária, cuja insuficiência se continua a fazer sentir sobretudo nestes tempos de crise em que vivemos, bem como com a directiva sobre a reunião de capitais que obsta à instituição de impostos indirectos sobre as operações em que esta se concretiza.

5. A regulação bancária

A crise das dívidas soberanas em que se viram envolvidos alguns Estados-Membros parece colocar em causa o modelo traçado dentro e pela União Europeia para a existência de uma moeda única e de um modelo 'harmonizado' de política monetária. Esta harmonização decorre da necessidade de emissão de dívida por parte dos Estados-Membros numa moeda cujo comportamento não podem controlar. Mantendo parcialmente a soberania da política orçamental, mas tendo perdido por completo a possibilidade de influenciarem por via política interna a política monetária, alguns países têm sido confrontados com a necessidade de adopção de medidas de política orçamental que indirectamente sejam capazes de permitir alcançar os mesmos resultados que seriam obtidos a partir de políticas monetárias. Todavia, a realidade tem demonstrado que esta intervenção através de políticas informais não só não tem sido capaz de solucionar de forma adequada os problemas, como também parece ter aumentado em alguns casos, os efeitos adversos que lhes estão associados.

Esta situação tornou inevitável o relançar da discussão em torno da criação de uma união bancária enquanto complemento essencial para a integração económica e monetária. O quadro financeiro integrado a criar[52] contemplaria um mecanismo de supervisão bancária único, uma autoridade de resolução de conflitos única e um sistema de garantia de depósitos também

---

[52] Conjuntamente com um quadro orçamental integrado e um quadro de política económica integrada.

ele único e, em certa medida, uma coordenação orçamental de políticas financeiras[53].

Para que fosse possível avançar no sentido da criação da União Bancária seria ainda necessário prever e implementar algumas medidas de harmonização fiscal que, ao menos, permitissem criar condições para a partilha de encargos entre as instituições dos diversos países sempre que se tornasse necessário solucionar problemas de solvabilidade. A opção poderia passar precisamente pela criação de um imposto (que constituísse uma nova receita orçamental da União Europeia) cujo produto seria destinado ao financiamento de um fundo criado justamente para acorrer a este tipo de problemas.

Depois de um longo período evolutivo, assistiríamos em 2010 à reformulação da estrutura institucional de supervisão, nos termos da qual o Sistema Europeu de Supervisão Financeira (*European System of Financial Supervisors* – ESFS) passa a assentar numa tripla estrutura: (1) Conselho Europeu de Risco Sistémico (*European Systemic Risk Board*), e (2) as *European Supervisory Authorities*: (2.1.) *European Securities and Markets Authority* (ESMA[54]) para a área mobiliária, a (2.2.) *European Banking Authority* (EBA[55]), para a área bancária, e a (2.3.) *European Insurance and Occupational Pensions Authority* (EIOPA), para os seguros e fundos de pensões.

As entidades de supervisão nacional mantêm algumas das suas competências e encontram-se agora interligadas através do Sistema Europeu de Supervisores Financeiros (SESF). É de esperar que ainda durante o ano de 2014, tendo passado já um ano após a aprovação e entrada em vigor do Regulamento (UE) nº 1024/2013 do Conselho, de 15 de Outubro de 2013, que confere ao BCE atribuições específicas no que diz respeito às políticas relativas à supervisão prudencial das instituições de crédito dos países

---

[53] Sobre esta questão veja-se José Manuel Quelhas, «Dos objectivos da União Bancária», *Boletim de Ciências Económicas*, vol. LV (2012), pp. 235-298, em especial com relevo para a questão por nós analisada, pp. 242-259, Idem, «Nótulas sobre a reforma do sector bancário da União Europeia após a crise financeira de 2007», *Boletim de Ciências Económicas*, vol. LVI (2013), pp. 473-549.

[54] Criada pelo Regulamento (UE) nº 1093/2010 do Parlamento Europeu e do Conselho, de 24 de Novembro, opera em ligação com as autoridades supervisoras nacionais e com estas faz parte do European System of Financial Supervisors. É a esta entidade que compete a responsabilidade de garantir a boa aplicação do Direito da União.

[55] Sofia Trocado, «A nova estrutura europeia de supervisão bancária», *in O Novo Direito Bancário*, Paulo Câmara e Manuel Magalhães (Coord.), Coimbra, 2012, pp. 71 e ss..

participantes, o processo fique concluído[56]. A supervisão tanto pode ser directa, como acontece no caso das instituições consideradas significativas, como meramente indirecta, nos restantes casos. Contudo, mesmo no caso das entidades sujeitas apenas à supervisão das instituições nacionais, o BCE pode ser chamado a cooperar com a entidade supervisora, sugerindo um modelo de supervisão adequada ao caso concreto mas compatível com o modelo de supervisão aplicável às entidades sujeitas a supervisão directa do BCE, garantindo assim coerência ao sistema e tendencial uniformidade na supervisão.

6. A harmonia com outras directivas

Um outro aspecto a considerar relativamente ao ITF, é o da necessidade da sua harmonização com o restante direito comunitário, com outras directivas, em que assume especial importância, por especiais razões de proximidade, a Directiva 2008/7/CE do Conselho, de 12 de Fevereiro, relativa aos impostos indirectos que incidem sobre as reuniões de capitais.

Pois, como se refere na actual Proposta de Directiva, as disposições da Directiva 2008/7/CE continuam a ser plenamente aplicáveis. Com efeito, o disposto no artigo 5º, nº 1, al. *e*), e nº 2, dessa Directiva é relevante para o domínio abrangido pela Proposta, ao proibir a imposição de qualquer imposto sobre as transacções que nesta são mencionadas, sob reserva do artigo 6º, nº 1, al. *a*), da Directiva. Na medida em que a Directiva 2008/7/CE proíbe, ou poderia proibir, a imposição de impostos sobre determinadas transacções, em particular transacções financeiras que formem parte de operações de restruturação ou da emissão de títulos tal como definido na Proposta, estas não devem estar sujeitas ao ITF.

O objectivo é evitar possíveis conflitos com a Directiva 2008/7/CE, sem que seja necessário determinar os limites precisos das obrigações impostas por essa Directiva. Além disso, independentemente da medida em que a Directiva 2008/7/CE proíbe a tributação da emissão de acções e de unidades de participação dos organismos de investimento colectivo, as considerações de neutralidade fiscal requerem o tratamento único das emissões por todos estes organismos. Já o resgate de acções e unidades de participação assim emitidas não tem a natureza de uma transacção no mercado primário, devendo, por isso, ser tributável no ITF.

---

[56] Os países não participantes podem estabelecer acordos de cooperação muito próxima com o BCE por forma a determinar o modo como a supervisão irá ser efectuada.

Mas outras directivas relevam para o ITF. De facto, a importância da regulamentação actual para a regulação bancária assume-se como vasta e é visível logo a partir do artigo 1º da Proposta de Directiva e da opção seguida para a definição de instituição financeira. Ao invés de optar por uma definição exclusivamente dirigida a servir os concretos propósitos daquela, preferiu a remissão para outras delimitações de sentido e concretização decorrentes dos diplomas que regulamentam de forma harmonizada ou até mesmo uniformizada as actividades do sector financeiro e sectores conexos que possam ter entidades a prestar serviços ou a praticar actos directa ou indirectamente relacionados com a intermediação financeira. Ficam assim abrangidas pela noção de instituição financeira as empresas de investimento, os mercados organizados, as instituições de crédito, as empresas de seguros e de resseguros, os organismos de investimento colectivo e respectivas sociedades de gestão, os fundos de pensões e respectivos gestores, as sociedades gestoras de participações sociais, as empresas de locação financeira e as entidades de finalidade especial[57].

IV. Alusão a outros tributos sobre o sector financeiro

Além da tributação, nas modalidades que vimos de ver, há outros tributos que se reportam à actividade dos bancos a que, é do maior interesse, fazer alusão. É o que acontece com a contribuição sobre o sector bancário, pois que, quanto ao imposto de selo sobre as transacções financeiras, a que se reporta a autorização legislativa constante do artigo 239º da LOE/2014, não estamos perante uma verdadeira hipótese autónoma de tributação, mas face ao ITF em vias de introdução na União Europeia. Uma palavra sobre a contribuição sobre o sector bancário, e bem assim, sobre a mencionada autorização legislativa.

7. A contribuição sobre o sector bancário

No respeitante à contribuição sobre o sector bancário, é de sublinhar que a mesma foi introduzida pelo artigo 141º do LOE/2011. Nos termos do artigo 3º desse regime, na redacção do artigo 182º da LOE/2012, a contribuição sobre o sector bancário incide sobre:

a) o passivo apurado e aprovado pelos sujeitos passivos deduzido dos fundos próprios de base (Tier 1) e complementares (Tier 2) e dos

---

[57] O que justifica a remissão para as disposições das Directivas 2004/39/CE, 2006/48/CE, 2009/138/CE, 2006/48/CE, 2009/65/CE, 2003/41/CE e 2011/61/CE.

depósitos abrangidos pelo Fundo de Garantia de Depósitos e pelo Fundo de Garantia do Crédito Agrícola Mútuo, e os depósitos na Caixa Central constituídos por Caixas de Crédito Agrícola Mútuo e pertencentes ao Sistema Integrado do Crédito Agrícola Mútuo, ao abrigo do artigo 72º do Regime Jurídico do Crédito Agrícola Mútuo e das Cooperativas de Crédito Agrícola, aprovado pelo Decreto-Lei nº 24/91, de 11 de Janeiro, republicado pelo Decreto-Lei nº 142/2009, de 16 de Junho;

b) o valor nocional dos instrumentos financeiros derivados fora do balanço apurado pelos sujeitos passivos».

Quanto à taxa, o artigo 5º da Portaria nº 121/2011, de 30 de Março, na redacção da Portaria nº 64/2014, de 12 de Março, estabelece:

1 – a taxa aplicável à base de incidência definida pela alínea a) do artigo 3º é de 0,07% sobre o valor apurado;
2 – a taxa aplicável à base de incidência definida pela alínea b) do artigo 3º é de 0,000 30% sobre o valor apurado.

Relativamente à sua natureza, embora na versão inicial a sua estrutura sugerisse tratar-se mais de um imposto do que qualquer outro tributo[58], após a sua reconfiguração pelo Decreto-Lei nº 31-A/2012, de 10 de Fevereiro[59], que consignou a sua receita ao Fundo de Resolução[60], em um quadro de regulação bancária fundamentalmente exigido pela União Europeia, a sua feição de contribuição parece-nos agora mais plausível. O que está em consonância com contribuições semelhantes criadas em outros Estados-Membros da União Europeia com o duplo propósito de reforçar o esforço fiscal feito pelo sector financeiro e de mitigar de modo mais eficaz os riscos sistémicos que lhe estão associados.

8. A autorização legislativa do artigo 239º da LOE/2014

No respeitante à autorização legislativa, que já constava do artigo 141º da LOE/2013 e foi mantida no artigo 239º da LOE/2014, vejamos o seu con-

---

[58] O que suscita dúvidas relativamente à sua inconstitucionalidade – v. José Casalta Nabais, *Introdução ao Direito Fiscal das Empresas*, cit. pp. 157 e ss.
[59] Que contém a 25ª alteração ao Regime Geral das Instituições de Crédito e Sociedades Financeiras.
[60] Nos termos do artigo 153º-F do Regime Geral das Instituições de Crédito e Sociedades Financeiras.

teúdo, reproduzindo este preceito. Este, tendo por epígrafe «Autorização legislativa no âmbito do imposto do selo», dispõe:

1 – Fica Governo autorizado a criar um imposto sobre a generalidade das transacções financeiras que tenham lugar em mercado secundário.

2 – O sentido e a extensão das alterações a introduzir no Código do Imposto do Selo, nos termos da autorização legislativa prevista no número anterior, são os seguintes:

a) Definir as regras de incidência objectiva por referência aos tipos de transacções abrangidos pelo imposto, designadamente a compra e a venda de instrumentos financeiros, tais como partes de capital, obrigações, instrumentos do mercado monetário, unidades de participação em fundos de investimento, produtos estruturados e derivados, e a celebração, novação ou alteração de contratos de derivados;

b) Estabelecer um regime especial para as operações de alta frequência, dirigido a prevenir e corrigir intervenções especulativas nos mercados;

c) Estabelecer regras e respectivos critérios de conexão para determinar a incidência subjectiva do imposto, assim como a sua territorialidade, identificando de forma concreta todos os elementos definidores do facto tributário;

d) Estabelecer as exclusões objectivas de tributação, designadamente a emissão de acções e de obrigações, obrigações com instituições internacionais, bem como operações com bancos centrais, assim como as isenções subjectivas do imposto;

e) Estabelecer as regras de cálculo do valor sujeito a imposto, designadamente no caso de instrumentos derivados, bem como as respectivas regras de exigibilidade;

f) Definir as taxas máximas de imposto de forma a respeitar os seguintes valores máximos:

   i) Até 0,3%, no caso da generalidade das operações sujeitas a imposto;
   ii) Até 0,1%, no caso das operações de elevada frequência;
   iii) Até 0,3%, no caso de transacções sobre instrumentos derivados;

g) Definir as regras, procedimentos e regras de pagamento, bem como as entidades sobre as quais recai o encargo do imposto e respectivo regime de responsabilidade tributária;

h) Definir as obrigações acessórias e os deveres de informação das entidades envolvidas nas operações financeiras relevantes.

Pois bem, estamos perante uma autorização legislativa em que se estabelece um quadro legislativo para o Governo a pensar claramente no ITF constante da Proposta de Directiva da União Europeia. Um quadro que é, como se pode ver, designadamente no que respeita às taxas, bem mais aberto, pois os seus limites máximos estão muito acima das taxas mínimas da proposta de directiva. O que se compreende, já que aquele artigo 239º tem o sentido de habilitar o Governo não só para a transposição da directiva se e quanto esta vier a ser adoptada pela União Europeia, mas também de lhe fornecer um quadro de soluções dentro das quais pode participar no debate que se mantém em aberto nos órgãos da União.

Naturalmente que não pode ir além do que a Proposta de Directiva estabelece, devendo respeitar, por conseguinte, nomeadamente o disposto no seu artigo 15º, em que se prescreve que os Estados-Membros participantes não podem manter ou introduzir impostos sobre as transacções financeiras, à excepção do ITF objecto da proposta em análise, ou do imposto sobre o valor acrescentado, previsto na Directiva 2006/112/CE do Conselho. É que, a não ser assim, falharia o quadro de harmonização fiscal relativamente consolidado que a União Europeia já alcançou em sede de tributação indirecta.

É de notar que em Portugal não obstante inexistir um imposto denominado de ITF ou que incida sobre a generalidade das transacções financeiras se pode entender que o actual Código de Imposto de Selo contém disposições já aplicáveis a actos, contratos, documentos, títulos, papéis e outros factos ou situações jurídicas relativos a transacções financeiras, desde que a operação apresente um ponto de conexão com o território nacional. Pois o Imposto de Selo incide sobre a transmissão de participações sociais, valores mobiliários e direitos de crédito associados, ainda que transmitidos autonomamente, títulos e certificados da dívida pública, bem como valores monetários, ainda que objecto de depósito em contas bancárias, transmissão de direitos de crédito dos sócios sobre prestações pecuniárias não comerciais associadas à participação social, independentemente da designação, natureza ou forma do acto constitutivo ou modificativo, designadamente suprimentos, empréstimos, prestações suplementares de capital e prestações acessórias pecuniárias, bem como quaisquer outros adiantamentos ou abonos à sociedade – artigo 1º, nº 3 alíneas c) e f) do Código do Imposto do Selo. Assim como incide também sobre cheques, garantias das obrigações, o aval, a caução, a garantia bancária autónoma, a fiança, a hipoteca, o penhor e o seguro-caução, utilização de crédito, concessão de crédito e operações realizadas através de intermediários financeiros – verbas 4, 10, 17 e 23 da Tabela Geral do Imposto do Selo.

Não é verdadeiramente, contudo, desta tributação parcelar de actos que, directa ou indirectamente, estejam relacionados com operações financeiras e que, apenas exemplificativamente enunciamos, a que nos pretendemos referir quando falamos de ITF. Neste último pretende integrar-se uma tributação mais ampla das transacções financeiras atingindo manifestações contributivas reveladas por actos e contratos decorrentes da nova realidade mundial que potencia a criação de uma multiplicidade de novos instrumentos financeiros que não são compatíveis com a tradicional materialização dos actos mas que por vezes constituem uma importante fonte de rendimento apesar de serem manifestações esporádicas de capacidade contributiva.

V. Algumas considerações finais

De quanto ficou exposto podemos extrair algumas conclusões a respeito da Proposta de Directiva relativa a instituição de um ITF comunitariamente harmonizado[61]. Pois bem, a esse respeito podemos afirmar que o debate sobre essa proposta se encontra perturbado em virtude do sistema institucional de adopção das decisões comunitárias no domínio fiscal, um sistema muito pouco flexível por causa da regra da unanimidade em matéria fiscal. Um sistema bem diverso, por exemplo, do sistema de maioria qualificada utilizada no domínio financeiro. O que, atentas as dificuldades em obter o indispensável consenso, impede que se tomem decisões amplas e rápidas no domínio da tributação como no sector em causa seria exigível.

A que acresce o pouco ou nulo interesse de alguns países na instituição de um ITF, os quais liderados pelo Reino Unido consideram inútil o debate desse problema, pois têm por ineficiente e prejudicial uma tributação desse tipo. Até porque, no caso do Reino Unido, o já referido "*stamp duty*," que funciona há décadas, é considerado tecnicamente melhor do que o ITF. Daí que não admire a oposição que liderou no sentido de obstar a uma qualquer solução nesse domínio, o que conduziu, de resto, ao abandono da Proposta de Directiva para um ITF comum a toda a União.

Também é de sublinhar que a Comissão, ao desenhar a Proposta de Directiva, se revelou inteligente ao estabelecer que as receitas proporcio-

---

[61] Sobre esta temática, *v.* Francisco José Delmas González, «Propuesta de directiva de impuesto sobre tansacciones financieras», *ob e loc cits.*, pp. 93 e ss.

nadas pelo ITF seriam destinadas em dois terços ao Orçamento da União Europeia. O que vai claramente no sentido de serem cumpridos os objectivos de reforço dos recursos próprios da União, como é exigido pelos Tratados, que não nutrem grande simpatia pelo financiamento comunitário através das contribuições dos Estados-Membros, e tem como consequência os Estados-Membros terem de contribuir em menor medida para o Orçamento da União Europeia. Além de que uma tributação do tipo do ITF, porque incide justamente sobre as entidades financeiras, vem suscitando grande adesão junto da população europeia, sobretudo num momento em que, em virtude da crise financeira, não gozam dos favores da opinião pública [62].

O que, todavia, não quer dizer que se preveja um êxito para a Proposta de Directiva do ITF, apesar dos importantes apoios manifestados pela Alemanha e pela França, país que, como vimos, se antecipou adoptando um ITF em 2012, embora o ITF europeu tenha uma base de incidência mais ampla do que a do seu congénere francês, uma vez que este limita a sua aplicação a empresas com um certo volume de capitalização. É que a própria adesão da Alemanha ao ITF, que poderá ter-se por algo surpreendente[63], encontra a sua explicação sobretudo no facto de essa tributação poder melhorar a situação financeira dos Estados-Membros e, consequentemente, retirar pressão sobre a exigência, que lhe possa vir a ser feita, de medidas de salvaguarda do euro e da União Europeia como garante último do sistema.

---

[62] A crise económica que a Europa atravessa atraiu a atenção para a potencialidade de as instituições financeiras contribuírem para o financiamento público, 'responsabilizando-as' pela crise. De certo modo estaríamos perante uma espécie de medida compensatória dos danos causados, isto se tivermos em consideração que o sector financeiro é muitas vezes apontado como sendo um dos responsáveis pela crise. Traz também acopladas considerações de igualdade na distribuição da carga fiscal e reflecte ainda a problemática actual em torno da necessidade de tributação da riqueza em detrimento do rendimento, ou se preferirmos, da recondução à ideia da unidade da noção de rendimento. Sobre a noção de rendimento e as desigualdades de rendimentos v. Thomas Piketty, *A Economia das Desigualdades*, Actual Editora, Coimbra, 2014, e Gemma Patón García, «La viabilidad del impuesto sobre transaciones financieras: propuestas a nível global y comunitário», *ob.e lo. cits*, p. 133. A este propósito levanta-se ainda a questão da necessidade de obtenção de receitas para protecção do sistema financeiro global, posto em causa pelo risco sistémico e que só é possível salvaguardar mediante uma actuação conjunta dos Estados, financiada com uma receita também ela de âmbito global.

[63] Ao não ter acompanhado, como é seu hábito, a posição adoptada pelos Estados-Membros do Norte da Europa.

Daí que a Alemanha se apresente favorável à aplicação do princípio da cooperação reforçada jamais utilizado no domínio fiscal, o que pode ser o início de uma experiência interessante no sentido de constituir uma fórmula operacional para ultrapassar o eterno bloqueio de alguns Estados-Membros na adopção de decisões fiscais, obstando assim a que estas fiquem travadas durante anos e anos pelo veto um ou dois países. Num tal quadro compreende-se que a Alemanha, para obter um maior consenso possível, tenha defendido que o ITF incida sobre uma base tributável estreita numa primeira fase, aplicando-se apenas às transacções em bolsa de acções, para, numa segunda etapa, se aplicar em toda a sua extensão[64].

Bibliografia citada:

ARIYOSHI, Akira HABERMEIER, Karl, LAURENS, Bernard, ÖTKER, Inci, CANALES KRILJENKO, Jorge Iván e KIRILENKO, Andrei – *Capital Controls: Country Experiences with Their Use and Liberalization*, Fundo Monetário Internacional, 2000, também disponível em http://www.imf.org/external/pubs/ft/op/op190/

AKERLOF, George A. e SHILLER, Robert J., *Espírito Animal*, Lisboa, SmartBook, 2010 (tradução de *Animal Spirits*, Princeton Univeristy Press, 2009)

ARESTIS, Philip e SAWYER, Malcom, «How many cheers for the Tobin Transaction Tax?», *Cambridge Journal of Economics*, 21 (1997), pp. 753-768

– «The Potential of Financial Transactions Taxes», in *Economic Policies, Governance and the New Economics*, Philip Arestis, Malcolm Sawyer (eds.), Palgrave Macmillan, 2013, pp. 87 e ss.

ATKINSON, A. B. e STIGLITZ, Jospeh, «The Design of Tax Systems: direct versus indirect taxation», *Journal of Public Economics*, 6 (1976), pp. 55-75

BANCO CENTRAL EUROPEU, Opinion of the European Central Bank (CON//2004/34)

BELL, Leonie, SILVA, Luís Correia da e Agris, *The cost of capital: an international comparison*, London Stock exchange, disponível em http://www.cityoflondon.gov.uk/business/economic-research-and-information/research-publications/Documents/2007-2000/The%20Cost%20of%20Capital_An%20International%20Comparison.pdf

CALVO VÉRGEZ, Juan, «En torno a la pretendida implantación de un impuesto sobre las transacciones financieras: principales cuestiones conflictivas», *Papeles de Economía Española*, nº 130, 2011

---

[64] Francisco José Delmas González, «Propuesta de directiva de impuesto sobre transacciones financieras», *ob. e loc. cits.*

Conseil des Prélèvements Obligatoires, *Les Prélèvements Obligatoires et les Entreprises du Secteur Bancaire*, Conseil des Prélèvements Obligatoires, janvier 2013

Delmas González, Francisco José, «Propuesta de directiva de impuesto sobre tansacciones financieras», *Crónica Tributária*, 145/2012.

Dieter, Heribert, «Reshaping globalization: a new order for financial markets», *Working Paper*, Coventry: University of Warwick, Centre for the Study of Globalisation and Regionalisation, 2002

Einchengreen, Barry e Wyplosz, Charles – «The Unstable EMS», *Brookings Papers on Economic Activity*, 1/1993

Keynes, J. M – *General Theory of Employment, Interest and Money*, McMillan and Co., 1936

Kenen, Peter B., «The feasibility of taxing foreign Exchange transactions: coping with financial volatility», in *The Tobin Tax: Coping with Financial Volatility: Coping with Financial Volatility*, Islamabad Mahbub ul Haq, Inge Kaul, Isabelle Grunberg (eds.), Oxford University Press, 1996, pp. 109-128

Lopez-Alascio Torres, José María, «La opción por la tributación de las operaciones financieras en el IVA», *Cuadernos de Formación*, vol. 16/2013, Instituto de Estudios Fiscales

López Poza, Armando, «Propuestas de impuestos sobre las transacciones financieras», *Ahorro*, 2013, pp. 16-24

Martínez Carrascal, Carmen, «El impuesto sobre transacciones financieras. Descripción de la propuesta de la Comissión Europea», *Revista. Banco de España, Estabilidad Financiera*, nº 23, 11/2012

Michalos, Alex C., *Good taxes: the case for taxing foreign currency Exchange and other financial transactions*, Dundurn Press, Science for Peace Series, 1997

Nabais, José Casalta, *Introdução ao Direito Fiscal das Empresas*, Almedina, Coimbra, 2013

– «Estabilidade financeira e Tratdo Orçamental», a publicar em *Estudos em Memória do Conselheiro Artur Maurício*, 2014

Palma, Clotilde Celorico «As propostas de Directiva e de regulamento IVA sobre os serviços financeiros», *Revista dos Técnicos Oficiais de Contas*, 101 (2008), pp. 40--44

Quelhas, José Manuel – *Sobre as Crises Financeiras, o Risco Sistémico e a Incerteza Sistemática*, Almedina, Coimbra, 2013

– «Dos objectivos da União Bancária», *Boletim de Ciências Económicas*, vol. LV (2012), pp. 235-298

– «Nótulas sobre a reforma do sector bancário da União Europeia após a crise financeira de 2007», *Boletim de Ciências Económicas*, vol. LVI (2013), pp. 473-549

Patón García, Gemma – «La viabilidad del impuesto sobre transaciones financieras: propuestas a nível global y comunitário», *Crónica Tributária*, 150/2014, pp. 131-164.

PIKETTY, Thomas *A Economia das Desigualdades*, Actual Editora, Coimbra, 2014
RAMSEY, F. P. – «A Contribution to the theory of Taxation», *Economic Journal, 37 (145*-1927*)*, pp. 47-61
SHLEIFER, Andrei, *Inefficient Markets: An Introduction to Behavioral Finance*, Oxford University Press, 2000
SPAHN, Paul Bernd, International Financial Flows and Transactions Taxes: Survey and Options, *Working Paper*, International Monetary Fund, Paper WP/95/60
STIGLITZ, Joseph E., «Using Tax Policy To Curb Speculative Short-Term Trading», *Journal of Financial Services Research*, 3 (1989), pp. 101-115
STIGLITZ, Joseph E., JARAMILLO-VALLEJO, Jaime e PARK, Yung Chal – «The role of the state in financial markets», *Annual Conference on Development Economics Supplement* (1993), pp. 19-61 (disponível em http://financecottage.com/wp-content/uploads/2013/03/Role-of-Government-in-Financial-Market.pdf)
SUMMERS, Lawrence H. «International Financial Crises: Causes, Prevention, and Cures», *The American Economic Review*, 90, (2-2000), pp. 1-16.
SUMMERS, L.H. e SUMMERS, V. P. – «When Financial Markets Work Too Well: A Cautious Case for a Securities Transactions Tax», *Journal of Financial Services Research*, 3 (1989), pp. 163 e ss.
– «The Case for Securities Transactions Excise Tax», *Journal of Financial Research*, (1989), pp. 261-286
TAVARES, Tomás Cantista, Da Relação de Dependência Parcial entre a Contabilidade e o Direito Fiscal na Determinação do Rendimento Tributável das Pessoas Colectivas: Algumas Reflexões, *Cadernos de Ciência e Técnica Fiscal*, 1999, esp. pp. 47 e ss.
– *IRC e Contabilidade. Da Realização ao Justo Valor*, Almedina, Coimbra, 2011.
TOBIN, James – *The New Economics One Decade Older*, Princeton University Press, 1974
TOBIN, James – «A proposal for International Monetary Reform», *Eastern Economic Journal*, 1978, pp. 153 e ss.
TOBIN, James, EICHENGREEN, B. e WYPLOSZ, C – «Two cases for sand in the wheels of international finance», *The Economic Journal*, 105 (428-1995), pp. 162-172
TORNELL, Aaron – «Real vs. Financial Investment: Can Tobin Taxes eliminates the Irreversibility Distorcion?», *Journal of Development Economics*, 32 (2-1990), pp. 419-444;
TROCADO, Sofia «A nova estrutura europeia de supervisão bancária», in Paulo Câmara e Manuel Magalhães (Coord.*)*, *O Novo Direito Bancário*, Coimbra, 2012, pp. 71 e ss.

Estabilidade Financeira e o Tratado Orçamental*

SUMÁRIO: **I. A estabilidade financeira**: 1. O século XX e o século XXI; 2. Reformar a sociedade; 3. Repensar o papel do Estado na economia; 4. Compreender a sustentabilidade: 4.1. As diversas dimensões da sustentabilidade; 4.2. A sustentabilidade do Estado fiscal; **II. O Tratado Orçamental**: 1. Da necessidade do Tratado e seu procedimento; 2. O conteúdo e o significado do Tratado; **III. Algumas considerações finais**

Como sugere o título destas reflexões, vamos tratar da estabilidade financeira, nos termos em que esta veio a ser imposta pelo Tratado sobre a Estabilidade, Coordenação e Governação na União Económica e Monetária[1], normalmente designado por Tratado Orçamental[2], o qual, vinculando os Estados Membros que o subscreveram[3], implicou para estes a introdução, na respectiva constituição ou em lei de valor reforçado, de limites muito estritos em sede da política orçamental, impondo orçamentos equilibrados ou cujo défice estrutural não ultrapasse os 0,5% do PIB, de um lado, e determinando que a dívida pública não exceda os 60% do PIB, de outro lado[4]. Exigências que, vistas a

---

* Estudo publicado em *Estudos em Memória do Conselheiro Artur Maurício*, Coimbra Editora, 2014.
[1] De 2 de Março de 2012, que veio a entrar em vigor em 1 de Janeiro de 2013.
[2] Como consta, de resto, no título deste texto.
[3] Que foram 25 Estados Membros da UE, tendo ficado de fora o Reino Unido e a República Checa.
[4] Exigências que deviam ser consagradas em cada um dos ordenamentos internos dos Estados Membros partes no Tratado Orçamental o mais tardar um ano após a entrada em vigor do Tratado (em 1 de Janeiro 2013), "através de disposições vinculativas e de carácter

partir de um outro ângulo, mais não são do que a consagração de um quadro normativo de sustentabilidade financeira ao mais elevado nível normativo de cada um dos Estados Membros da União Europeia, o qual tem como consequência mais visível, mormente em confronto com as duas décadas anteriores, a imposição de uma razoável dose de austeridade que se prolongará pelos anos necessários ao restabelecimento de uma situação de reequilíbrio minimamente adequada à duradoura estabilidade financeira. Por isso mesmo, não surpreende que esse Tratado tenha suscitado as mais diversas e até contundentes objecções, reportadas sobretudo ao facto de se preocupar apenas com a saúde das finanças públicas e estabelecer como remédio para todos os males económicos uma solução única, permanente e uniforme para todos os países, independentemente da sua real situação económica.

Porém, antes de dedicarmos algumas linhas a esta problemática, impõem-se algumas considerações relativas à estabilidade financeira no século em que nos encontramos, que não é idêntica à do século passado. Uma estabilidade que, como é óbvio, decorrerá mais amplamente da estabilidade económica do país, uma vez que, num Estado fiscal como continuam inevitavelmente a ser os Estados actuais, é o funcionamento da economia que gera o efectivo suporte da sustentabilidade financeira, proporcionando a base tributável dos tributos, em que essa sustentabilidade necessariamente se materializa[5].

I. A estabilidade financeira no séc. XXI

A estabilidade financeira, que resulta inequivocamente da estabilidade económica, está intimamente ligada à ideia de sustentabilidade, a cujas dimensões é de fazer alusão, a fim de compreendermos o lugar da sustentabilidade fiscal, a qual, no fim de contas, é a que garante efectivamente a estabilidade financeira. Uma visão das coisas que, para alcançarmos um resultado minima-

---

permanente, de preferência a nível constitucional, ou cujos respeito e cumprimento possam ser de outro modo plenamente assegurados ao longo dos processos orçamentais nacionais" (nº 2 do artigo 3º do Tratado).

[5] Uma exigência que, em rigor, não é nova, pois ela, se bem que em termos menos exigentes aos consagrados agora, integrava o Pacto de Estabilidade e Crescimento adoptado na sequência do Tratado de Maastricht, de 1992. Pelo que o estado a que chegámos, sobretudo nos países do Sul, tem mais a ver com a falta de cumprimento desse Pacto, em larga medida permitido pela União Europeia, do que com a falta de um adequado quadro jurídico. Um resultado que mais não é do que uma das mais visíveis manifestações do preocupante fenómeno de falta da política, a qual obviamente não pode ser substituída pela técnica, como, há duas décadas, se vem verificando na União Europeia.

mente credível, impõe que comecemos por confrontar a diversa compreensão da realidade subjacente no século passado e no século actual. O que exige saber a que sociedade e a que Estado é de reportar hoje a sustentabilidade, uma vez que estas realidades não podem ser mais as do século passado, implicando, por isso, a sua profunda reforma, sendo certo que reformar a sociedade não pode deixar de ser algo anterior ao repensar do papel do Estado na economia. Todavia, antes de qualquer referência a tais reformas, uma menção ao sentido político e jurídico com que podemos falar no século XX e no século XXI.

1. O século XX político e jurídico

Pois bem, a este respeito, temos para nós que o século XX foi um século muito curto, cronologicamente falando. Embora tenha sido muito longo do ponto de vista dos acontecimentos, muitos deles dramáticos, que nele tiveram lugar, o século passado foi, contudo, do ponto de vista dos quadros de compreensão política e jurídica da sociedade e do Estado e da duração das correspondentes concepções, um século relativamente curto, pois começou em 1919, mais precisamente com a Constituição de Weimar, e terminou em 1989, com a queda do muro de Berlim e a consequente implosão do Império Soviético. Afinal um século de 70 anos, durante o qual houve tempo para destruir e reconstruir a Europa e edificar o Estado social que, é de sublinhar, permitiu a maior prosperidade e bem-estar alguma vez antes proporcionados aos cidadãos da generalidade dos países da Europa Ocidental.

Efectivamente, foi no século XX que os Estados construíram e consolidaram o Estado social, tendo, num tal quadro, criado e desenvolvido sistemas fiscais que continuam a ser o paradigma do progresso do Estado moderno. Um Estado social que, em rigor, começou a ser erguido no fim da Primeira Guerra Mundial. Pois, como se sabe, os Estados, por força do próprio conflito, tiveram que intervir e intervir fortemente na economia, a qual, em certa medida, foi mesmo objecto de uma verdadeira militarização. Assim, quando se chegou ao fim do conflito, em 1918, pôs-se o problema de saber o que fazer: voltar ao Estado liberal anterior ou continuar com o intervencionismo de guerra, o qual, entretanto, deixara de fazer qualquer sentido. Ora, nenhuma das soluções era viável. Retornar a Estado liberal anterior era muito difícil, pois havia muitas actividades que o Estado assumira, que não podia mais abandonar. Por sua vez, continuar as coisas como estavam, era continuar desnecessariamente uma economia de guerra quando o que era preciso era uma economia de paz voltada para o crescimento e desenvolvimento económicos ao serviço do bem-estar dos cidadãos.

Além disso, faltava um suporte teórico para a intervenção económica do Estado fora do cenário de guerra, um suporte que só viria a surgir em 1936, com a publicação por *John Maynard Keynes* do célebre livro *General Theory of Empoyment, Interest and Money*. Daí a hesitação entre o regresso ao liberalismo anterior e a manutenção do intervencionismo económico que havia sido imposto pela guerra, sendo certo que este era facilmente associado pelo pensamento liberal a regimes autoritários ou ditatoriais. O que não deixou, a seu modo, de se verificar, pois os Estados, que optaram por manter o intervencionismo, assumiram, em sede económica, uma feição dirigista e, em sede política, um carácter autoritário ou totalitário, como aconteceu em diversos países europeus nos anos vinte e trinta do século passado[6].

Foi, todavia, depois da Segunda Guerra Mundial, que se conseguiu assumir positivamente o intervencionismo económico do Estado, compatibilizando-o com o Estado de direito e com o Estado democrático. O que conduziu ao estado social de direito ou, para nos referirmos à União Europeia, ao chamado *modelo social europeu*, que tanto êxito teve e que agora revela evidentes sinais de crise reportados justamente à sua sustentabilidade, a impor o seu ajustamento às novas realidades da sociedade e do Estado. O que implica reformar quer a sociedade, quer o Estado, começando, como bem se compreende, justamente por aquela[7].

2. Reformar a sociedade

Enfrentar o quadro em que seja possível uma estabilidade financeira ancorada numa adequada sustentabilidade estadual, implica, a nosso ver, uma profunda reforma tanto da sociedade como do Estado, sendo que, apenas a partir da primeira, será viável obter a mencionada estabilidade financeira do Estado. E reformar a sociedade passa actualmente por perguntar às pessoas (mais do que aos indivíduos) não só se querem serviços públicos, mas sobretudo se estão dispostas a financiá-los e, sobretudo, a fruir deles colectivamente; se o

---

[6] Cf. o nosso livro *Contratos Fiscais (reflexões acerca da sua admissibilidade)*, Coimbra Editora, Coimbra, 1994, p. 148 e ss.

[7] É de referir que a generalidade das considerações, que se seguem neste ponto, tem por base o texto de José Casalta Nabais e Suzana Tavares da Silva, com o título «Pensar a austeridade no século XXI», em Eduardo Paz Ferreira (Coord.), *A austeridade cura? A austeridade Mata?*, AAFDL, 2013, p. 741 e ss.

nosso objectivo colectivo futuro é o crescimento económico entendido como um aumento nominal do PIB ou antes uma melhoria do bem-estar social, no contexto de um novo modelo económico inclusivo, sustentável e justo; se existe efectivamente "amor aos filhos e aos netos" e se esse "amor" se materializa na vontade de lhes deixar um futuro melhor ou se se contenta com a visão míope de lhes transmitir quinhões hereditários estritamente monetários e patrimoniais. Isto se e na medida em que essa herança deixada às gerações vindouras não seja fundamentalmente endividamento, como sucederá inevitável se se mantiver o plano inclinado em que presentemente se encontram os países da periferia sul da União Europeia.

Naturalmente que a resposta a estas questões tem expressão na corrente da filosofia moral que remonta ao Iluminismo: a *sustentabilidade*. Retomada no século passado pelo Relatório Brundtland (1987) como um novo informador de políticas públicas ambientais, foi sobretudo na sequência da crise financeira de 2008 nascida nos EUA e propagada à Europa, que a sustentabilidade veio a ser "resgatada" e "reinventada", ou até erigida em "princípio fundamental". Todavia, nem todos parecem dispostos a assumir inteiramente o que esta corrente pressupõe. Sobretudo porque a sustentabilidade aponta para soluções difíceis de aceitar pelo homem médio ocidental, inspirado por um século de "conquistas" de bem-estar e movido pela fé inabalável no progresso contínuo, medido quase exclusivamente pelo indicador do PIB e sem atentar nos dados relativos ao endividamento.

Ora, o desenvolvimento sustentável apresentado pelo referido Relatório é coisa diferente do desenvolvimento económico interpretado como crescimento contínuo do PIB, e em alguns casos tende mesmo a assentar em pressupostos de decrescimento controlado, como a redução do consumo, a poupança energética, a redução da despesa pública e o limite do endividamento público, ou seja, adoptando mudanças político-económicas estruturais do lado da procura. Finalidades que, todavia, só podem ser eficazes com decisões em larga medida à escala global e, mesmo assim, se e na medida em que essas decisões consigam assimilar os *inputs* da escala local, o que exige um aperfeiçoamento da denominada *governance*, com um correlativo enfraquecimento do tradicional *government*. Assim, tornou-se imperioso reinventar, quer os instrumentos de negociação para além do Estado, num quadro portanto de "transestadualidade", quer os esquemas de cooperação largamente baseados na teoria dos jogos, quer as orientações da *governance* na formação das decisões de política económica.

Num tal quadro, uma das notas mais visíveis a retirar da leitura de alguns ensaios de economia contemporânea, que procuram estabelecer pontes entre a "retoma económica do pós-guerra" e a "retoma económica do pós--crise de 2008", é justamente a de que estas realidades não são comparáveis. E a grande diferença decorre, em primeiro lugar, do facto de a Sociedade ser hoje completamente diferente. Pois é relativamente fácil verificar que os seus membros estão interligados em rede, mas são mais individualistas; têm um nível médio de bem-estar mais elevado, mas são mais egoístas e vivem mais insatisfeitos; partilham a intimidade com estranhos em plataformas cibernéticas, mas desconhecem quem está próximo fisicamente, temendo "o outro" que com eles viaja nos transportes colectivos, frequenta a escola dos filhos, é utente do mesmo hospital ou, simplesmente, usa o mesmo jardim público; dispõem de maior acesso à informação, mas são mais ignorantes; têm acesso a mais serviços públicos, mas valorizam a propriedade privada; vivem na paz que permite a prosperidade económica, mas arriscam tudo o que conquistam pela expectativa de acumular mais e mais; sofrem porque procuram fazer tudo para integrar o "grupo dos ricos", desprezando consequentemente o ideal moderno de pertencer à "classe média".

É interessante aludir, a este respeito, às inúmeras pistas que um pensador esclarecido como *Tony Judt*, na inquietante conversa que manteve com *Timothy Snyder* em "Pensar o Século XX"[8], nos deixa sobre a razão pela qual os Europeus têm dificuldade em manter o seu "modelo económico e social". E não está em causa apenas um problema de sustentabilidade financeira, mas antes e sobretudo um problema cultural, que passa pela "rejeição", consciente ou inconsciente, das virtuosidades do serviço público que construiu e sustentou a classe média do pós-guerra e foi a chave do sucesso que o Estado democrático e social de direito alcançou.

Os exemplos mencionados pelos autores são inúmeros, desde o quanto foi gasto para levar água potável de qualidade às populações, que agora não dispensam o consumo de água engarrafada, com todas as externalidades negativas daí decorrentes não só para a saúde pública (perda de fluor que é essencial na dentição das crianças), mas também para o ambiente (o consumo de petróleo no fabrico das garrafas); até aos pesados investimentos em transportes colectivos como o comboio – onde a diferença de preço nos bilhetes de primeira e segunda classe funcionava como um instrumento não

---

[8] Tony Gudt/Timothy Snyder, *Pensar o Século XX*, Edições 70, 2012.

apenas de diferenciação entre classes, mas igualmente de financiamento inteligente de um bem público, que assim sustentava e garantia a sua democratização – e que agora são substituídos pelo transporte em carro individual, mais poluente e dependente das importações de petróleo, o que nos condena a um individualismo cada vez mais empobrecedor.

Em suma e quanto à reforma da sociedade, afigura-se-nos essencial que a defesa do modelo social europeu não passa hoje por uma contestação estéril à austeridade, pois ela só será efectiva e bem-sucedida se partir de uma (re)valorização do público e do colectivo pela classe média, e isso exige actualmente uma mudança cultural, que as elites[9], à altura do século XXI, não podem deixar de exigir e assegurar.

3. Repensar o papel do Estado na economia

Em articulação com a reforma da Sociedade, impõe-se reflectir sobre o que deve ser uma política sustentável de estímulo ao investimento e como deve concretizar-se o papel do Estado na economia. Esta é, de resto, uma das matérias que mais tem ocupado parte importante da opinião pública em Portugal nos últimos tempos, a qual parece querer firmar uma nova ideia de justiça veiculada pelo jornalismo de investigação que denuncia "escândalos". Pois muitos destes "escândalos", quase sempre relacionados com milhões de euros de prejuízos para os contribuintes, resultam de negócios em que o Estado participa. Uma situação que é, em boa medida, o resultado da confusão ideológica em que a Europa mergulhou através do caminho trilhado para construir a chamada "terceira via". Em termos simplificados podemos dizer que a queda do muro de Berlim, que referimos como termo do século XX, tornou praticamente improdutivo o binómio "direita"/"esquerda", pois todos os países passaram a assumir como ideário um modelo económico-social de base liberal e com propósitos sociais-democratas, o que banalizou um ideário político que se foi descaracterizando paulatinamente, mantendo apenas as aparências.

Na realidade, este figurino ideológico único nunca permitiu clarificar o papel do Estado na economia. E, na prática, assistimos a sucessivos Gover-

---

[9] Elites que não poucas vezes defendem na televisão o serviço nacional de saúde, mas acorrem a hospitais privados sempre que adoecem, ou que "se deixam ver" em manifestações em defesa da escola pública e depois vão buscar os filhos ao colégio, justificando-se com o problema dos horários. Não é a universalidade constitucionalmente plasmada que pode garantir a sustentabilidade do serviço nacional de saúde ou da escola pública, mas antes a sua efectiva fruição pela classe média.

nos que, afirmando o seu compromisso social empenhado, se enredaram em múltiplos negócios com privados, sem qualquer preocupação quanto à eficiência do gasto público e à utilidade do bem ou serviço a produzir. Mas mais grave do que tudo isto, que subverteram totalmente a lógica capitalista sustentada numa economia de mercado, em que os agentes económicos assumem o risco inerente à existência e funcionamento desse mesmo mercado[10]. É que a economia de mercado sem risco não constitui apenas uma contradição nos próprios termos, ela acaba por se reconduzir a um sistema em que os agentes económicos, depois de capturarem o Estado, acabam por manter em cativeiro os próprios contribuintes da geração presente e da geração ou gerações futuras.

Assim, a concessão de serviços públicos, o financiamento pelo Orçamento de Estado de obrigações de serviço público prestadas por privados, as parcerias público-privadas, os contratos de associação, são, entre diversas outras manifestações, exemplos de perturbações ao sistema capitalista, assentes em relações económicas de longa duração, constituídas um pouco por toda a Europa, entre o Estado e os "investidores privados". Investidores que se sentiram aliciados não só por generosas margens de lucro, que concretizam retornos ou taxas de rendibilidade não raro verdadeiramente predatórias, mas, sobretudo, por uma ausência quase total de riscos típicos das actividades em ambiente de mercado. Situação que não só deixou boa parte da disponibilidade de investimento no nosso país "encalhada" em sectores não transaccionáveis, como ainda o Estado refém de compromissos que alegadamente não pode gerir em função das suas disponibilidades financeiras de curto e médio prazo. Porém, o que é verdadeiramente dramático neste contexto é a situação das gerações futuras que se arriscam a ficar sobrecarregadas com enormes dívidas, como se tivessem de suportar o

---

[10] Premissas que se generalizaram e são hoje repetidas acriticamente em *vulgatas* sobre investimento em regime de "parceria público privada", onde se podem ler *guidelines* sobre *eficiência* e *boa gestão* de dinheiros públicos com soluções como: *i)* a necessidade de adoptar cláusulas de estabilização contratual sobre margens e taxas internas de retorno de investimentos, garantidas pelo Estado, as quais são vitais para assegurar o financiamento (endividamento) das empresas a taxas de juro e *spreads* comportáveis (isto é, o "investidor" não participa de eventuais riscos financeiros emergentes de desequilíbrios macroeconómicos estruturais do Estado onde investe, obstando a que esta situação se reconduza à alteração superveniente das circunstâncias); *ii)* a adequação de cláusulas de garantia parcial quanto a riscos de mercado quando o operador privado actue em mercados novos ou em condições de incerteza. Orientações que ilustram bem a subversão do modelo económico capitalista a partir destes esquemas de parceria.

saque ou indemnizações por uma guerra que não travaram e, ainda menos, perderam, já que tais dívidas se reportam a um conjunto de bens e serviços de comprometida ou mesmo duvidosa utilidade futura, tendo em conta, designadamente, o ritmo a que actualmente se avança na investigação científica e tecnológica.

Mas não é só no plano económico e financeiro que a situação em causa se apresenta de duvidosa sustentabilidade. O mesmo se verifica no plano jurídico[11], em que as cláusulas de estabilidade contratual e as interpretações veiculadas em matéria de protecção da confiança apresentam um clamoroso défice de razoabilidade e racionalidade, como alguma jurisprudência estrangeira tem vindo a considerar. Ora, sem uma actualização destes institutos jurídicos, de modo a serem entendidos à luz do novo modelo económico e social, o resultado é uma distorção alarmante da redistribuição, para a qual *Joseph E. Stiglitz* vem chamando a atenção tendo em conta a experiência americana, em que 1% da população controla o rendimento dos restantes 99%[12].

Na verdade, assiste-se a uma total deformação da matriz sociocultural que consente um tal resultado e que é consequência directa da subalternização de alguns referentes jurídico-económicos fundamentais da nossa matriz cultural face a um modelo de economia liberal relativamente ao qual nos faltam os instrumentos adequados para poder actuar com um mínimo de eficácia. De facto, uma comunidade jurídica que apresenta o Código dos Contratos Públicos como a nova matriz da estruturação económico-social interna quando dispõe de um tecido económico estruturado sobretudo em micro e pequenas empresas não pode esperar colher daí bons frutos, nem dinamizar a economia desta forma. O resultado acaba por ter efeitos tão ou mais nefastos na destruição da economia nacional do que a austeridade. De facto, de nada serve fingir de grande e de forte quando se é pequeno e fraco, uma vez que será com os instrumentos operacionais de pequeno e

---

[11] Isto é, no plano microjurídico das soluções legais, uma vez que, no plano macrojurídico, isto é, no plano do sistema jurídico, se assiste a um verdadeiro "totalitarismo do direito" com expressão nos milhares de leis e de outras normas produzidas pela "indústria jurídica", muitas delas descabidas e totalmente inúteis, que apenas se justificam como suporte de uma complexidade artificial, base do emprego dos cada vez maiores exércitos de juristas e operadores desta actividade no quadro do nosso bem conhecido *core business* nacional, polarizado na produção de bens não transaccionáveis.

[12] Joseph E. Stiglitz, *O Preço da Desigualdade*, Bertand Editora, Lisboa, 2013, esp. capítulos 1 e 9.

fraco que, inevitavelmente, teremos que actuar e procurar chegar, um dia, a grandes e fortes[13].

Retomando os ensinamentos da economia, os autores explicam-nos que, numa economia aberta, a *redistribuição* não deve assentar na tributação do rendimento pessoal para financiar os grandes serviços públicos como se pensou e actuou no segundo pós-guerra. A construção do modelo social inclusivo deve partir hoje em dia de uma tributação correctiva da procura, que ajude a orientar os comportamentos dos principais agentes económicos (os consumidores), os quais, por seu turno, a partir das necessidades que revelam no mercado, ajustam as empresas e a produção. O que nos desperta para a aceitação de uma progressiva revolução fiscal verde e financeira.

Uma visão das coisas que pouco tem a ver com a tradicional disputa entre mais ou menos Estado. Essencial é dispor de um Estado que saiba desempenhar a sua função no século XXI, ou seja, que consiga no actual contexto económico e político globalizado, realizar um papel equivalente àquele que tão eficazmente cumpriu no século passado. O que pode exigir uma acção enérgica em certos domínios, como é o caso dos mercados financeiros, área em que se faz sentir a necessidade de uma "mão pública" firme e interventora (reguladora), ou, talvez melhor, segundo uma referência mais adequada ao actual paradigma, um *empowerment* das entidades responsáveis pela *governance* económica mundial.

Pois os mercados financeiros, fruto da conjugação da avidez do capital privado na sua reprodução acelerada com o que de pior se pode esperar das correntes liberais económicas, "crentes" no dogma da auto-regulação dos mercados, e com a complacência de governos e organizações internacionais, geraram um exército de criativos financeiros responsáveis pela disseminação no mercado mundial de títulos negociáveis com siglas ininteligíveis e quase sempre sobrevalorizados (quando não desprovidos de qualquer valor real), de entre os quais se viriam a tornar famosos, pelas piores razões, os denominados empréstimos *"ninja"* (*no income, no job and no assets*). Daí que se imponha uma regulação mais intensa da engenharia financeira, mediante a revisão dos critérios de Basileia ou mesmo da proibição de operações de especulação financeira como o *Short Selling* e os *Credit Default Swaps*, no quadro de uma sustentabilidade devidamente compreendida.

---

[13] Uma atitude fortemente apoiada e incentivada pela União Europeia onde, numa estrita visão totalmente abstracta e inteiramente desfasada da realidade, tudo é grande, uniformizado e estandardizado, perfeito, como a concorrência perfeita que suporta a construção e funcionamento do mercado interno com os resultados conhecidos.

4. Compreender a sustentabilidade

Assim, não admira que alguns economistas venham, desde há anos, defendendo os postulados dum quadro de sustentabilidade e de transição para um *sistema financeiro de perequação* baseado na bioeconomia, sendo nos pressupostos desta que assenta, de resto, um dos *"Objectivos de Desenvolvimento do Milénio"* da Declaração da ONU de 2000. Trata-se de um modelo de desenvolvimento económico ajustado, em termos quase automáticos à *sustentabilidade*, onde a premissa essencial é a racionalização do uso dos recursos primários (em especial a energia e os recursos naturais), a qual se concretiza em políticas de eficiência energética, de redução do consumo e da correspectiva produção de resíduos, do uso racional da água, da optimização da utilização do solo e da sua função social, etc. Políticas que se traduzem, em rigor, numa *reeducação para a cidadania* e, por conseguinte, na estruturação da economia, orientando-a para uma eficiência verdadeiramente paretiana, assente num conceito de justiça intergeracional verdadeiramente refundadora da solidariedade própria do século XXI. Um quadro da sustentabilidade em relação ao qual se impõe dizer algo de mais específico relativamente à sustentabilidade estadual em geral, a qual tem na estadualidade fiscal o seu mais relevante vector.

4.1. *A sustentabilidade estadual.* A sustentabilidade dos países, numa economia global de mercado preocupada com o Estado social, isto é, com a sobrevivência de um Estado com adequado grau de socialidade, comporta uma tríplice vertente: – económica, ecológica e social. Um tema que, embora glosado sobretudo relativamente ao Estado social não deixa, a seu modo e em alguns aspectos, de afectar os alicerces do próprio Estado, decorrentes quer da dificuldade na actual delimitação e hierarquização das fontes de direito[14], quer das complicações daí advindas para a operacionalidade do princípio democrático, a base legitimadora desse modelo de Estado[15]. Pois a sustentabilidade financeira que nos preocupa não pode deixar de ser considerada no domínio mais amplo da sustentabilidade económica, ecológica e social.

---

[14] Uwe Volkmann refere, a este propósito, que a Constituição passa a ser um «quadro de busca» no contexto complexo da internormatividade, *in* «Verfassungsrecht zwischen normativem Anspruch und politischer Wirklichkeit», *VVDStRL*, 2008, 67, p. 88 e ss.

[15] Jürgen Habermas fala do «fim do compromisso social do Estado», que se fica a dever à escassez de recursos financeiros e à mudança de paradigma relativo à integração social e à realização dos direitos nos Estados da OCDE, em *Die postnationale Konstellation*, Suhrkamp, Frankfurt am Main, 1998, p. 79 e ss.

Com efeito é a sustentabilidade com este sentido que deve ser tido em conta pela sustentabilidade financeira, a qual mais não é do que a sustentabilidade fiscal do Estado. Pois o orçamento do Estado, enquanto programa da política financeira em números, que suporta e espelha uma dada sustentabilidade, não pode deixar de ser visto como um instrumento, ao mesmo tempo central e fundamental de um *equilíbrio global* nos domínios económico, ecológico e social.

Assim e no respeitante ao domínio económico, é por demais evidente o contributo dos instrumentos da política orçamental, isto é, as receitas ou mais especificamente os impostos, e as despesas com particular destaque para as despesas de investimento, para o «equilíbrio económico global». Um equilíbrio a obter num quadro de prossecução harmonizada dos objectivos parcialmente conflituantes da política económica, ou seja os objectivos que integram o conhecido «quadrado mágico»: estabilidade dos preços, elevado nível de emprego, crescimento económico estável e equilíbrio das contas externas[16]. Sendo certo que, num Estado fiscal, pela própria natureza das coisas, a sua sustentabilidade mais não é do que uma variável da sustentabilidade económica, pois se o funcionamento da economia de mercado não proporcionar excedentes tributáveis adequados à correspondente dimensão do Estado, este torna-se insustentável. Por conseguinte, uma tributação asfixiante da economia é, simultaneamente, uma tributação asfixiante da própria capacidade financeira do Estado, constituindo mesmo a negação do próprio Estado fiscal, porquanto, sendo este por definição um Estado financeiramente parasita da economia, implica uma economia minimamente saudável de que se possa alimentar adequadamente.

Por outro lado, não podemos esquecer que esta sustentabilidade económico-financeira se reporta ao desenvolvimento económico, que, para ser realisticamente sustentável, não pode pautar-se por um crescimento económico linear e permanente, como chegou a ser paradigma no século passado, impondo-se assim uma sustentação financeira do Estado e demais entes públicos minimamente adequada a uma economia de mercado sem os níveis de crescimento que conhecemos no passado. O que mais não significa do que um desenvolvimento sustentável, em que a eficiência dos mer-

---

[16] A este propósito, v., por todos, Markus Mösti, «Nachhaltigkeit und Haushaltrecht», em Wolfgang Kahl (Ed.), *Nachhaltigkeit als Verbundbegriff*, Tübingen, 2008, p. 567 e ss. (571 e ss.). Para a concretização paradigmática da ideia do texto, tendo em conta a situação portuguesa, v. Vitor Bento, *O Nó Cego da Economia. Como resolver o principal bloqueio do crescimento económico*, Lisboa, 2010.

cados não ponha de lado a equidade, assegurando a todos um rendimento mínimo que seja adequado ao respeito pela dignidade humana, nem abdique da consideração devida à complexidade do mundo natural.

Em sede da sustentabilidade económico-financeira é de fazer referência também ao que podemos designar por sustentabilidade político-jurídica, a qual, embora possa ser vista como uma sustentabilidade própria, não deixa de ser uma expressão daquela. Pois, reportando-se ao papel que as decisões políticas e a sua correspondente roupagem jurídica podem ter para a sustentabilidade, isto é, para um desenvolvimento sustentável e correspondente sustentabilidade financeira, é de perguntar pela capacidade operacional do sistema político para produzir normas que, nos diversos níveis em que operam, proporcionem um sistema jurídico minimamente coerente e competitivo no quadro da arena global em que os sistemas jurídicos hoje se movem. O que implica uma aturada e permanente preocupação com aprovação de normas jurídicas que sejam simples e estáveis de modo a evitar, designadamente, os preocupantes níveis de litigação que enfrentamos. Assim como se exige a racionalização da máquina burocrática do Estado e demais entidades públicas, de modo a que a dimensão dos órgãos de soberania, das regiões autónomas, das autarquias e das diversas administrações públicas assente num mínimo de coerência entre a dimensão do País (traduzida na dimensão territorial e pessoal, de um lado, e no PIB e no PIB *per capita*, de outro) e a dimensão e estrutura da sua máquina política, administrativa e judicial.

Por seu lado, no concernente ao domínio ecológico, não precisamos de perder tempo para salientar como a sustentabilidade financeira contribui, e de maneira não despicienda, para a sustentabilidade ambiental, no quadro de uma dependência recíproca entre as finanças e o ambiente. Pois, mesmo que não se adira às ideias que nos anos oitenta e noventa do século passado chegaram a suportar o endosso desta sustentabilidade ao direito dos impostos, através de propostas de reformas tributárias a moldar em total conformidade com as exigências ambientais, no quadro do movimento da *green tax reforme*,[17] do que não há dúvidas é de que tanto as receitas públicas como

---

[17] Modelo que sucedeu ao perfilhado na década anterior, que reservava para o problema ambiental uma solução assente na ideia de imposição e controlo (*command and control model*), ao qual tende actualmente suceder um outro – o de um diálogo entre esses dois modelos. V., a este respeito, Melissa Guimarães Castello, «O necessário diálogo entre órgãos ambientais e órgãos fiscais na implementação de tributos ambientais», *Direito Fiscal em Questão*, Revista da FESDT, nº 6, 2010, p. 171 e ss.

as despesas públicas constituem vias importantes de realização de um elevado nível de tutela ambiental. Embora integrados num modelo de tutela ecológica suportado por uma grande variedade de instrumentos, em que ao lado da clássica actuação pela via de imposição e controlo e dos instrumentos de persuasão voluntária, sobressaem os instrumentos de natureza económica, no seio dos quais, temos os impostos e os subsídios (nestes incluídos os benefícios fiscais)[18]. Neste sentido dispõe, de resto, a Constituição Portuguesa, ao prescrever que, «para assegurar o direito ao ambiente, no quadro de um desenvolvimento sustentável, incumbe ao Estado (...) assegurar que a política fiscal compatibilize desenvolvimento com protecção do ambiente» (artigo 66/2/h).

Aliás, com a dimensão ambiental da sustentabilidade, que está na base do protagonismo actual da temática da sustentabilidade, tem-se em vista a protecção do meio ambiente de modo a que este proporcione às pessoas, individual e colectivamente, da geração presente e das gerações futuras, uma vida digna de ser vivida. O que pressupõe viver em paz e harmonia com os nossos mais diversos companheiros ambientais, actuais e futuros, da aventura humana. Num tal quadro, a assunção de uma adequada responsabilidade ambiental pelas emissões que produzimos e a evitação de qualquer retrocesso no domínio da biodiversidade constituem dois dos vectores mais importantes da preservação do meio ambiente. Uma exigência que, ao pautar-se sempre pela conhecida tríade da sustentabilidade, concretizada em reduzir, reutilizar e reciclar bens e produtos, proporciona, desde logo, uma base importante para a sustentabilidade económico-financeira dos Estados e respectivas comunidades. Pois, implicando a redução, a reutilização e a reciclagem de bens e produtos, que afectamos à satisfação das nossas necessidades, uma crescente restrição ao recurso a novos bens e produtos, a utilização destes torna-se mais eficiente em termos tanto da sua distribuição entre os membros da geração presente, já que com menos recursos se satis-

---

[18] Ao lado do mercado de emissões e dos fundos ambientais (que constituam meios autónomos de financiamento de objectivos ambientais) – v. para estes instrumentos económicos de tutela ambiental, Tiago Antunes, *O Comércio de Emissões Poluentes à luz da Constituição da República Portuguesa*, aafdl, Lisboa, 2006, e Tiago Souza D'Alte, «Fundos públicos e ambiente. Soluções de direito financeiro», *Revista de Finanças Públicas e Direito Fiscal*, 2010/2, p. 171 e ss. Quanto aos impostos ambientais, v. nosso estudo, «Tributos com fins ambientais», *Por um Estado Fiscal Suportável – Estudos de Direito Fiscal*, vol. III, Almedina, Coimbra, 2008, p. 173 e ss., e Jochem Sigloch, «Nachhaltigkeit und Steuern», em Wolfgang Kahl (Ed.), *Nachhaltigkeit als Verbundbegriff*, cit., p. 497 e ss.

fazem mais necessidades ou as mesmas necessidades durante mais tempo, como da sua transmissão às gerações vindouras.

Enfim, no referente ao domínio social, parece não haver dúvidas de que num Estado fiscal social, como são os Estados desenvolvidos, a realização dos direitos económicos, sociais e culturais passa pelas receitas e despesas estaduais. Pois, embora a realização desses direitos, ou a grande maioria deles, no que se refere à generalidade das pessoas tenha por suporte o funcionamento da economia de mercado, através sobretudo da sua participação na actividade produtora de bens e serviços, relativamente a quantos (ou na medida em que) o mercado não proporcione o gozo dos direitos sociais, cabe ao Estado assegurar um nível mínimo desses direitos, um nível que, no específico quadro económico-financeiro, permita salvaguardar a dignidade humana[19].

O que passa tanto pela realização de despesas com prestações sociais, como pela obtenção de receitas, designadamente através da modelação pessoal da tributação em sede da política fiscal. Assim o prescreve, aliás, a Constituição Portuguesa na qual, de um lado, estabelece, entre as incumbências prioritárias do Estado, a de «promover a justiça social, assegurar a igualdade de oportunidades e operar as necessárias correcções das desigualdades na distribuição da riqueza e do rendimento, nomeadamente através da política fiscal» (artigo 81/*b*), e, de outro lado, prescreve que «o sistema fiscal visa a satisfação das necessidades financeiras do Estado e demais entidades públicas e uma repartição justa dos rendimentos e da riqueza» (artigo 103/2).

4.2. *A sustentabilidade fiscal do Estado*. Mas, revertendo à ideia subjacente ao título deste escrito, centremos a nossa atenção na sustentabilidade fiscal do Estado. E uma primeira observação a este respeito é para referir que falamos propositadamente em sustentabilidade fiscal e não em sustentabilidade financeira e fiscal, como seria porventura mais rigoroso, porque entendemos que a sustentabilidade financeira do Estado não passa, na prática, da sua sustentabilidade fiscal. Pelo que se torna imperioso concretizar o sentido e alcance da sustentabilidade financeira do Estado fiscal, a qual, assenta efectivamente na capacidade de pagar e na competência para cobrar impostos no presente e no futuro.

---

[19] V. o nosso livro, *O Dever Fundamental de Pagar Impostos. Contributo para a Compreensão do Estado Fiscal Contemporâneo*, Almedina, Coimbra, 1998, esp. p. 573 e ss., e «Algumas reflexões críticas sobre os direitos fundamentais», *Por uma Liberdade com Responsabilidade – Estudos sobre Direitos e Deveres Fundamentais*, Coimbra Editora, Coimbra, 2005, p. 87 e ss. (126 e ss.).

Uma visão das coisas que, tendo estado presente no pensamento durante séculos, veio a ser posta em causa com o advento do Estado social. Efectivamente, essa visão esteve presente desde a construção das fundações do edifício jurídico-fiscal, ou seja, da constituição fiscal, em que se destacam os princípios constitucionais que consubstanciam a ideia de autoconsentimento dos impostos, entre os quais o princípio da legalidade fiscal. Um princípio que, como já sublinhámos[20], remonta à Idade Média, em que teve expressão em numerosos documentos entre os quais se conta a célebre *Magna Carta Libertatum*, em que claramente se afirmou essa ideia depois vertida no princípio da *no taxation without representation*[21].

Uma ideia que, esquecida durante séculos, em virtude da centralização do poder real, veio a ser recuperada pelas diversas revoluções liberais e concretizada no Estado constitucional ou, numa outra versão, no Estado de direito. Uma reposição que, todavia, não foi integral e que se reconduz agora a dois institutos diferentes: um, a votação anual da cobrança dos impostos através da aprovação anual do orçamento pelo parlamento; outro, a exigência de os impostos serem criados e disciplinados nos seus elementos essenciais através de lei parlamentar, como decorre do princípio da legalidade fiscal[22].

Uma alteração que, durante os primeiros tempos do constitucionalismo e numa certa perspectiva, não significou uma modificação real ou efectiva da ideia medieval de autoconsentimento dos impostos. Pois o parlamento, ao aprovar a lei de cada imposto, de um lado, e o orçamento relativo às receitas, que o mesmo é dizer relativo aos impostos, de outro, no quadro de um sistema fiscal constituído por impostos de repartição, o que, afinal

---

[20] V. o nosso estudo, «O princípio da legalidade fiscal e os desafios da tributação», *Volume Comemorativo do 75º Aniversário do Boletim da Faculdade de Direito de Coimbra*, 2003, p. 1057 e ss. (1068 e ss.).

[21] Pois, ao contrário do que por vezes se afirma, a ideia de autoconsentimento dos impostos está longe de se esgotar no princípio da *no taxation without representation* ou da democracia representativa concretizada no parlamento. Na verdade, aquela ideia mais não era do que uma expressão, para o específico campo dos impostos, da concepção mais ampla, típica dos sistemas inspirados na *rule of law*, de que os direitos individuais, enquanto direitos naturais reconduzidos fundamentalmente à liberdade e à propriedade (*liberty and property clause*), constituíam um *prius* face ao poder do Estado susceptíveis, por isso, apenas de autolimitação por parte do indivíduo – v., neste sentido, Luca Antonini, *Dovere Tributario, Interesse Fiscale e Diritti Costituzionali*, Milano, 1996, p. 34 e ss.

[22] Assim, onde antes tínhamos a aprovação pelas Cortes dos impostos, passámos a ter o princípio da legalidade dos impostos e a aprovação anual do orçamento pelo parlamento.

de contas, aprovava era o nível da despesa pública. Uma situação que, em rigor, não se alterou significativamente com o advento de um sistema fiscal assente preferentemente em impostos de quotidade, pelo menos enquanto perdurou o entendimento liberal do Estado que o reconduzia a um Estado mínimo a implicar finanças públicas (consideradas) neutras assentes numa despesa pública moderada e, portanto, numa carga fiscal baixa. Pelo que o princípio da legalidade fiscal, que no Estado liberal congregava em si as exigências que actualmente constante da constituição fiscal, tinha o importante alcance de controlar a despesa pública, limitando-a ao montante das receitas proporcionadas pelos impostos, o que implicava uma sustentabilidade financeira do Estado equiparada à sustentabilidade fiscal.

Mas todo esse quadro se alterou e alterou profundamente com o advento do Estado social. Na verdade, à medida que se foi impondo a ideia de umas finanças públicas funcionais, baseadas em elevada despesa social e numa alta tributação, bem como no recurso amplo ao crédito público, o poder parlamentar prático ou efectivo sobre o conjunto das despesas e, por conseguinte, sobre a sustentabilidade financeira do Estado enfraqueceu significativamente.

Assim e quanto às despesas públicas, para além da subtracção ao conhecimento do parlamento de montantes significativos destas, através de variadas e, por vezes, subtis ou labirínticas formas de desorçamentação, entre as quais em Portugal tiveram particular expressão as Parcerias Público-Privadas (PPP)[23], não há dúvidas de que o poder parlamentar é muito diminuto sobre as despesas, já que se limita a aprovar ou a fazer pequenos acertos aos montantes apresentados pelo governo, sem poder efectivo para limitar o recurso ao crédito e, por conseguinte, para controlar realmente os défices públicos. O que, atendendo à especial rigidez apresentada pelas despesas, afectas em larguíssima medida ao pagamento das remunerações dos servidores públicos, acaba constituindo, na prática, uma verdadeira impossibilidade.

Assim, com o advento do Estado social, o controlo das despesas públicas pelo parlamento degradou-se significativamente. De um lado, num quadro de finanças funcionais e de ampla intervenção económica do Estado,

---

[23] V., sobre o fenómeno da desorçamentação, Paulo Trigo Pereira e Outros, *Economia e Finanças Públicas*, 4ª ed., Escolar Editora, 2012, p. 414 e s.; e Pedro Nunes, «O fenómeno da desorçamentação: breves considerações à nomenclatura», *Revista de Ciências Empresariais e Jurídicas*, nº 14, 2009, p. 101 e ss. Por seu lado, relativamente à maneira com tem funcionado a desorçamentação concretizada nas PPP, v. Carlos Moreno, *Como o Estado Gasta o Nosso Dinheiro*, Caderno, Lisboa, 2010.

decorrente das ideias de *John Meynard Keynes*, o recurso ao crédito converteu-se num importante segmento das receitas públicas, ao lado das receitas efectivas constituídas pelos impostos ou, mais em geral, pelos tributos. Um segmento em relação ao qual o controlo dos parlamentos, quando não mesmo dos próprios Estados, acabou por nunca ser o que deveria ser, designadamente em termos de salvaguardar a «regra de ouro das finanças públicas», segundo a qual o valor do défice orçamental não deve ser superior ao valor das despesas de investimento aptas a gerar no futuro receitas fiscais suficientes para fazer face aos empréstimos contraídos. O que impunha o recurso ao crédito apenas para as despesas com o investimento, segundo a regra que na Alemanha é referida por *junctim* recurso ao crédito/investimento[24].

Ao que acresce o contínuo aumento da carga fiscal implicada no desenvolvimento e consolidação do Estado social nos anos sessenta e setenta do século passado. Daí que a partir dos anos oitenta e noventa se tenha começado a reivindicar nos países mais desenvolvidos, onde o problema dos limites da carga fiscal mais se fazia sentir, um limite a esse aumento da carga fiscal, o qual passou a ser objecto de discussão em dois planos. Num *plano jurídico*, em que se procurava uma solução jurídica que, em geral, resultou na tentativa de introdução nos próprios textos constitucionais de limites à tributação, abarcando diversas propostas, tais como a previsão de limites à despesa pública, ao número de servidores públicos, à taxa ou alíquota de certos impostos, com destaque para o imposto sobre o rendimento pessoal, etc.. O que teve expressão visível na discussão do *balanced budget ammendement* norte-americano, objecto de rejeição pelo Senado em 2 de Março de 1995[25].

E num *plano político* em que se pugnou por uma solução política a encontrar na arena democrática do Estado, traduzida em os partidos políticos, através dos seus candidatos ao governo, apresentarem programas de redução ou de limitação dos impostos. Foi por este caminho que enveredaram

---

[24] Regra esta que, apesar de estabelecida na Alemanha, após a segunda guerra mundial, não obstou a défices orçamentais resultantes do recurso ao crédito muito para além do correspondente ao investimento – v., neste sentido e por todos, CHRISTOPH GRÖPL, «Schwächen des Haushaltsrechts – Wege zu einer nachhaltigen Finanzwirtschaft», *Die Verwaltung*, 2006/2, p. 220 e ss. Quanto à regra de ouro das finanças públicas, v. Paulo Trigo Pereira e Outros, *Economia e Finanças Públicas*, ob. cit., p. 463.

[25] V. o nosso livro *O Dever Fundamental de Pagar Impostos*, ob. cit., p. 590 e ss, e Abel Costa Fernandes, *A Economia das Finanças Públicas*, Almedina, Coimbra, 2010, p. 524 e ss.

os Estados Unidos da América, com a eleição de *Ronald Reagan*, o Reino Unido, com a eleição de *Margaret Thatcher*, e a Suécia, com a eleição de um governo conservador ao fim de décadas de governos sociais democratas. De facto, todas as forças políticas que ganharam as eleições nesses países apresentaram ao eleitorado programas de redução significativa da carga fiscal. Uma solução que levou ao esquecimento daquela solução jurídica que desapareceu da preocupação da doutrina e das propostas de alteração constitucional.

Todavia, este tipo de resposta deixou de ser solução eficaz no século XXI. Por isso, não admira que assistamos hoje a um certo revivalismo focado naquelas soluções jurídicas, que foram discutidas justamente nos anos oitenta e noventa do século passado. Com efeito, sob a batuta da Alemanha, que introduziu em 2009 na *Grundgesetz* (GG) um limite para o défice orçamental, para valer a partir de 2016 (que será reduzido a 0 a partir do ano 2020)[26], levantaram-se de novo vozes a propor a introdução nas constituições dos Estados Membros da União Europeia de rigorosos limites para as despesas públicas.

Uma proposta em relação à qual temos fundadas dúvidas, as quais não deixam de coincidir com as levantadas no século passado quando a questão agitou a doutrina jurídica e económica e foi proposta e discutida nos parlamentos[27]. Pois não podemos esquecer que, se a disposição alemã em causa tão extensa quanto intensa é nova, a *ratio constitutionis* de um tal normativo nunca deixou de ter expressão inequívoca na constituição germânica. Porém, esta racionalidade acabou por ser neutralizada, na prática, por disposições legais que impediram a efectiva concretização do mencionado *junctim* traduzido na estrita vinculação do recurso ao crédito a despesas de investimento. Pois foi-se permitindo com grande amplitude a falta de correspectividade entre as leis que autorizavam o recurso ao crédito e as leis que permitiam ou impunham os correspondentes investimentos, com fun-

---

[26] Referimo-nos ao artigo 115º da GG que dispõe, na nossa tradução: «(1) A obtenção de créditos e a prestação de fianças, garantias ou outros compromissos financeiros que possam ocasionar despesas em exercícios económicos futuros, carecem de habilitação de lei federal que determine ou permita a determinação do respectivos montantes. (2) As receitas e as despesas devem, em princípio, estar em equilíbrio sem recurso ao crédito. Este princípio considera-se observado quando as receitas obtidas com recurso ao crédito não excedam 0,35% do valor nominal do Produto Interno Bruto. (...).

[27] Cf. o nosso livro, *O Dever Fundamental de Pagar Impostos*, ob. cit., p. 590 e ss.

damento na circunstância de a obtenção de créditos oneradores das futuras gerações se destinar à produção de património ou de activos duradouros[28].

Por outro lado, não podemos esquecer o que se vem passado nos países da União Europeia que integram a União Económica e Monetária (UEM), os quais, no quadro das *binding rules* do Pacto de Estabilidade e Crescimento (PEC), já se encontravam sujeitos a limites relativos ao défice público e à dívida pública, não podendo ultrapassar, respectivamente, 3% e 60% do PIB, sob pena de abertura do Procedimento por Défices Excessivos. Pois bem, embora o cumprimento desses limites tenha sido exigido a pequenos países (caso de Portugal[29]), quando chegou a vez da sua violação pelos grandes países (caso da Alemanha e da França), procedeu-se à flexibilização do Pacto[30].

Para além de que o respeito desses limites, mesmo nesse quadro de flexibilização, numa situação de crise económica e financeira, se depara com obstáculos praticamente intransponíveis. É que os Estados, desprovidos dos instrumentos da política monetária, agora monopolizada no BCE e estritamente orientada para a estabilidade dos preços, e limitados nos instrumentos de política orçamental, têm como única via o aumento das receitas e a diminuição das despesas, vias largamente impraticáveis: a primeira, por a carga fiscal dos países mais afectados pela crise estar muito próxima do insuportável; a segunda, em virtude de a grande maioria das despesas públicas se revelar muito rígida[31].

A que acresce ainda a circunstância de a referida «regra de ouro das finanças públicas» ter presentemente por pano de fundo a nova *governance* financeira pública, em que a coexistência permanente da tradicional lógica político-jurídica com a actual lógica técnico-económica ou de gestão acaba por limitar o alcance da eventual constitucionalização de normas financeiras respeitantes ao equilíbrio orçamental. Pois, para além de a lógica económica ou de gestão contemporânea restringirem fortemente as iniciativas

---

[28] Sobre as razões do fracasso v. Christophgröpl, «Schwächen des Haushaltsrechts – Wege zu einer nachhaltigen Finanzwirtschaft», *Die Verwaltung*, 2006/2, p. 220 e ss.
[29] O primeiro país a ser objecto do Procedimento dos Défices Excessivos, em 2002.
[30] Levado a cabo pelos Regulamentos nº 1055/2005 e nº 1056/2005. Alteração aprovada depois de o Pacto ter sido suspenso no ECOFIN de 25 de Novembro de 2003.
[31] Sobre a política orçamental na União Europeia, v., por todos, Paulo Trigo Pereira e Outros, *Economia e Finanças Públicas*, ob. cit., p. 543 e ss.

e escolhas políticas e jurídicas, tais normas não podem deixar de ter uma adequada flexibilidade[32].

Porém e não obstante as considerações que vimos de fazer, na União Europeia foi aprovado o Tratado Orçamental que veio estabelecer um quadro de estabilidade financeira, impondo limites muito estritos ao défice orçamental e à dívida pública. Vejamos como.

II. O Tratado Orçamental:

Como referimos, o Tratado sobre a Estabilidade, Coordenação e Governação na UEM, subscrito por 25 dos 27 Estados Membros da UE, veio impor uma profunda reforma em sede dos ordenamentos jurídico-financeiros estaduais ao mais alto nível, europeizando as constituições financeiras dos Estados. Trata-se, porém, de um tratado que levanta inúmeras dúvidas, seja quanto à sua necessidade e ao procedimento e forma como foi adoptado entre nós, seja no concernente ao seu próprio conteúdo e à adequação das soluções que estabelece.

1. Da necessidade do tratado e seu procedimento

Assim e quanto ao primeiro aspecto, é de referir que estamos perante um tratado em larga medida desnecessário porquanto o objectivo que com ele se pretende atingir podia ser obtido, em termos mais flexíveis e, por conseguinte, mais praticáveis, através da aplicação efectiva e consequente do PEC, uma vez que o fracasso da sua aplicação se ficou a dever, como referimos, ao facto de o mesmo não ter sido aplicado, e aplicado com igual rigor ou com igual maleabilidade, a todos os Estados Membros. Aliás, não deixa de ser estranho que se queira impor a nível superior, elevando ao nível de tratado, e em termos bem mais exigentes do que os do fracassado PEC, objectivos em sede do equilíbrio orçamental e da dívida pública mais que discutíveis do ponto de vista dos caminhos que a construção e integração europeias devem trilhar para ser uma verdadeira comunidade de direito assente na efectiva solidariedade entre os seus Membros, própria de uma vida em comum.

Pois limitar a solução dos problemas da União Europeia e, em especial dos Estados Membros integrantes da Zona Euro, às questões relativas às finanças públicas, deixando intocadas as questões fundamentais, não vai no sentido do desejável mais federalismo, como por vezes se vê afirmado. Com

---

[32] V., a este respeito e por todos, as considerações feitas por Michel Bouvier, «La règle d'or: un concept à construire?», Editorial da *Revue Française de Finances Publiques*, nº 113, 2011.

efeito, a obsessão pelas finanças públicas, esquecendo os problemas do crescimento económico e da competitividade da economia europeia e desprezando, por conseguinte, a necessidade de proporcionar elevados níveis de emprego, aliada à efectiva ausência de mecanismos de solidariedade que não deixem os Estados Membros com dificuldades financeiras entregues à sua sorte, sujeitos a programas de austeridade desumanos ou permanentemente expostos a sanções por desrespeito do Tratado, caminha para a gradual desintegração europeia através do crescente afastamento e marginalização dos Estados assolados por específicas dificuldades financeiras.

Por seu turno, também no que concerne ao procedimento seguido na adopção do Tratado, o mecanismo de cooperação reforçada, devemos assinalar que o mesmo não vai no sentido da verdadeira construção europeia. Pois, pese embora o significado positivo em geral atribuído a esse mecanismo que, desde algum tempo[33], vem permitindo, com base no artigo 20º do Tratado da União Europeia e nos artigos 326º a 334º do Tratado sobre o Funcionamento da União Europeia, avançar na integração europeia por parte dos Estados que se encontrem mais preparados[34], no caso em apreço, podemos adiantar, não pode ser considerado muito positivo. Isto se e na medida em que esse procedimento de cooperação não seja, em si mesmo, de considerar, por via de regra, como uma via que não vai genuinamente no sentido da efectiva integração europeia, pois, ao permitir a consagração de uma integração europeia diversificada, concretizando uma Europa a várias velocidades, acaba constituindo mais um instrumento de desintegração do que da construção que esteve na mente dos *founding fathers* e foi sendo concretizada nos tratados da segunda metade do século XX. É certo que a ideia subjacente a esse mecanismo em si mesma não é negativa, como de algum modo o demonstra o Tratado de Schengen, mas a sua aplicação num domínio como o visado pelo Tratado de Estabilidade, Coordenação e Governação na UEM, acaba por adicionar mais geometria variável à já existente traduzida, por exemplo, na separação cada vez mais profunda entre os Estados Membros que integram a Zona Euro e os que se mantêm fora dela.

Um juízo que não melhora se do nível da União, isto é, do Tratado, passarmos para o nível nacional, isto é, para o nível do seu cumprimento, uma

---

[33] Mais exactamente desde o Tratado de Amsterdão, de 1999.

[34] Muito embora, tendo em conta a prática de um tal procedimento, que tem permitido e incentivado uma integração europeia a diversas velocidades, nos interroguemos sobre se um tal mecanismo, apesar da sua bondade em abstracto, não constitui mais um instrumento de desintegração do que de efectiva integração europeia.

vez que a forma como lhe foi dado cumprimento na ordem jurídica nacional suscita algumas reservas. A sua efectivação, através da alteração à Lei de Enquadramento do Orçamento do Estado (LEOE), levada a cabo pela Lei nº 37/2013, de 14 de Junho[35], leva a questionarmo-nos se essa forma de dar cumprimento ao Tratado respeita integralmente as exigências deste quanto à sua aplicação pelos Estados. Pois, embora a LEOE seja, nos termos do nº 3 do artigo 112º da Constituição, uma lei de valor reforçado, a sua aprovação não exige qualquer maioria específica da Assembleia da República, seja a maioria qualificada de 2/3 como a exigida para as alterações à Constituição (nº 1 do artigo 286º) e para as leis que versem as matérias constantes do nº 6 do artigo 168º da Constituição, seja a maioria dos deputados em efectividade de funções exigida para as leis orgânicas (nº 2 do artigo 166º e nº 5 do artigo 168º).

Uma solução que nos parece não quadrar com o que é exigido pelo nº 2 do artigo 3º do Tratado, em que se dispõe que as Partes Contratantes devem, o mais tardar um ano após a entrada em vigor do Tratado, aplicar a exigência do equilíbrio orçamental, "através de disposições vinculativas e de carácter permanente, de preferência a nível constitucional, ou cujos respeito e cumprimento possam ser de outro modo plenamente assegurados ao longo dos processos orçamentais nacionais". É que a LEOE não só não integra o nível constitucional, como as suas disposições estão longe de poderem ter-se por equivalentes a disposições constitucionais.

2. O conteúdo e o significado do Tratado Orçamental
Mas as objecções mais fortes ao Tratado são, porém, as que respeitam ao seu conteúdo o qual está longe de ir no sentido da construção de uma verdadeira União Europeia. Ou seja, as que concernem às disposições mais importantes do Tratado, que são as que exigem orçamentos equilibrados ou cujo défice estrutural não ultrapasse os 0,5% do PIB e determinam que a dívida pública não exceda os 60% do PIB. Exigências que são mais do que discutíveis, atento os pressupostos que as suportam. Pois os Estados Membros da UEM, depois de terem perdido a soberania no respeitante aos instrumentos da política

---

[35] Em foi aditado, nomeadamente, o seguinte: «Artigo 10-D (princípio da sustentabilidade): 1. Os subsectores que constituem as administrações públicas, bem como os organismos e entidades que os integram, estão sujeitos ao princípio da sustentabilidade; 2. Entende-se por sustentabilidade a capacidade de financiar todos os compromissos, assumidos ou a assumir, com respeito pela regra do saldo orçamental estrutural e pelo limite da dívida pública, conforme previsto na presente lei e na legislação europeia».

económica e monetária, vêm-se agora confrontados com o efectivo confisco da política orçamental, o que levará, por certo, a uma constante limitação ou mesmo redução das despesas públicas e, por conseguinte, a uma política fiscal sem margem de manobra.

Situação que se agrava, e muito, no caso de se verificar a ultrapassagem daqueles limites do défice orçamental e da dívida pública. Com efeito, os artigos 3º e 5º do Tratado impõem a instituição, a nível nacional, de mecanismos de correcção automática dos desequilíbrios orçamentais com base em princípios comuns a propor pela Comissão Europeia, o que tem como consequência, desde logo, a limitação do papel e independência das instituições nacionais responsáveis pelo controlo do cumprimento das regras orçamentais. Depois estabelece a obrigação de redução da dívida pública à razão de 5% ao ano (1/20) sempre que esta exceda 60% do PIB. De outro lado, segundo o disposto nos artigos 5º e 6º, o Tratado impõe aos Estados Membros a obrigação de implementar um programa de reformas estruturais, económicas e orçamentais, que é vinculativo em caso de se ter verificado défice excessivo, bem como a apresentação antecipada ao Conselho Europeu e à Comissão Europeia dos planos de emissão de dívida pública.

Uma perda de soberania financeira dos Estados Membros que sai altamente reforçada, nos termos dos artigos 7º e 8º, em que se estabelece uma maioria qualificada (invertida) para que uma proposta ou recomendação apresentada pela Comissão Europeia, quando esta considere que um Estado membro viola o critério do défice no quadro de um procedimento relativo a um défice excessivo, não prossiga, ou se atribui ao Tribunal de Justiça da União Europeia a aplicação de sanções aos Estados Membros que não cumpram as disposições do Tratado, bem como poderes de controlo quanto à consagração, a nível constitucional ou equivalente, do princípio do equilíbrio ou excedente orçamental estrutural e respectivos mecanismos de correcção automática, incluindo a sua vertente institucional.

Enfim, igualmente no respeitante às soluções que estabelece, o Tratado Orçamental não desperta elogios. Na verdade, trata-se de um conjunto de soluções em que a austeridade parece dispor de claro protagonismo nada consentâneo com uma União Europeia que se queira uma verdadeira comunidade de direito. Desde logo, a austeridade não pode ser perspectivada como um fim ou um objectivo que suporte uma sociedade e um Estado realinhados para baixos níveis de desenvolvimento e bem-estar social. Antes há-de ser vista como um instrumento da sustentabilidade da sociedade e do Estado nestes tempos do século XXI, em que os níveis de crescimento económico que conhecemos na segunda metade do século XX não são mais realistas. Por isso, a manutenção e sustentação do Estado social, nos termos em que foi construído e consolidado no século passado do Estado, não é actualmente viável, impondo um outro referente que não o do crescimento contínuo e significativo[36].

Do mesmo jeito, a austeridade não pode ser a única receita e uma receita igual para todos os países como se apresenta no Tratado, devendo antes ser adoptada e doseada em função da real situação económica e social de cada país. Nomeadamente não faz sentido que a austeridade seja a receita tanto para os países com dificuldades económicas traduzidas em desequilíbrios externos e orçamentais, caso dos da periferia sul da Europa, como para os países em que tais desequilíbrios se não verificam, caso da Alemanha, que devem optar por políticas orçamentais expansionistas indispensáveis para a manutenção da zona euro e seu crescimento económico. Depois, a dose de austeridade a aplicar tem que ser diferenciada em função da concreta situação económica de cada país, nomeadamente de molde a proporcionar os resultados que se pretende alcançar de uma maneira suportável para os cidadãos, o que implica que, de um lado, não se vote ao esquecimento a solidariedade comunitária que é a argamassa que liga os membros da União Europeia e, de outro lado, não se dispense uma adequada compatibilização da austeridade com o crescimento económico e a competitividade da economia em causa. Preocupações que, infelizmente, se encontram ostensivamente ausentes da Tratado.

Enfim, a maneira como o Tratado foi preparado e aprovado não se compagina inteiramente com a defesa dos valores da democracia e do Estado de direito, bases proclamadas como fundacionais da União Europeia. De facto, o processo que conduziu à sua adopção, que marginaliza esses valores fundacionais, é mais uma das manifestações que acentua o visível divórcio entre os cidadãos e as instituições europeias. A que acresce a circunstância de as soluções consagradas nele darem suporte à ideia de que a integração económica, como vimos largamente funcionalizada às finanças equilibradas, é uma questão fundamentalmente técnica sem verdadeira dimensão política e social. Por isso, o Tratado constitui a mais recente e superlativa manifestação do que vem sendo designado por "federalismo técnico--burocrático" base de uma "construção europeia" inteiramente à margem

---

[36] Nos termos que referimos mais acima, no ponto 4.1.

dos cidadãos, dos povos e dos Estados da Europa que, evidentemente, não augura nada de bom.

III. Algumas considerações finais

Tendo em conta quanto vimos de dizer, impõem-se algumas considerações quanto ao sentido e alcance que, a nosso ver, o Tratado Orçamental devia ter. Pois que, diversamente daquilo para que aponta, para uma espécie de política perpétua de austeridade, imposta a todos os países que integram a União Europeia e na generalidade das situações, independentemente portanto de estarmos perante situações de desequilíbrio económico e financeiro ou não, as soluções do Tratado deviam antes valer para países e situações em que, de algum modo, estivéssemos perante um estado anormal ou de necessidade. De facto, admitimos que a consagração constitucional ou em lei de valor reforçado de um limite ao défice estrutural e ao endividamento público possa ter um papel importante enquanto parâmetro supralegal para legitimar a adopção de medidas, a seu modo de natureza excepcional, naquelas situações que podemos designar por «estado de necessidade financeiro» ou «estado de necessidade económico-financeiro». O que possibilitará passar a dispor de uma abertura constitucional expressa para este tipo de estado de necessidade, situado, de algum modo, entre o excepcionalíssimo «estado de necessidade constitucional» (conhecido por estado de sítio ou estado de emergência) e o ordinário ou corrente «estado de necessidade administrativo»[37].

Abertura que permitirá a adopção de medidas que sirvam de suporte a uma adequada repartição dos custos da sustentabilidade, no quadro dessa situação de excepção. Ou seja, em termos de um adequado equilíbrio entre o que cada um dos membros da comunidade dá e recebe do respectivo Estado no quadro de uma verdadeira «conta corrente», de modo a que os *commoda* e os *incommoda* implicados na pertença de cada um à comunidade estadual sejam também equilibrados nessa situação. Um Estado de necessidade que, a nosso ver, não se deve limitar, como defende a doutrina, essencialmente a medidas de natureza regulatória dos mercados ou de intervenção em empresas nevrálgicas para a economia nacional[38]. Pois, tendo em conta o que referimos, não encontramos obstáculos jurídicos a que, nesse contexto de excepção, possam ser adoptadas outras medidas, como, por

---

[37] Regulados em Portugal, respectivamente, no artigo 19º da Constituição e no artigo 3º/2 do Código de Procedimento Administrativo.
[38] V., nesse sentido, Alfredo Fioritto, *L'amministrazione dell'emergenza tra autorità e garanzie*, il Mulino, Bologna, 2008, p. 135 e ss.

exemplo, a limitação de eventuais obrigações de indemnização decorrentes do não cumprimento de alguns compromissos contratuais, quando a razão desse incumprimento advenha da situação de estado de necessidade financeiro.

Trata-se de afirmar que o Estado não pode nem deve assumir integralmente o risco financeiro associado à «realização de projectos de interesse público», quando a «alteração das circunstâncias» é externa às opções da política nacional. Assim, por exemplo, situações que aparentemente fossem de reconduzir ao dever de reposição do equilíbrio financeiro dos contratos por parte do Estado em resultado de uma decisão adoptada fora do exercício dos poderes de conformação da relação contratual, mas imputável a decisão do contraente público (*factum principis*), deverão ser igualmente reconduzidas às equações de partilha do risco, quando a medida legislativa adoptada pelo Estado resulte de condicionantes externas às opções da política nacional[39]. Pois não é minimamente aceitável que, numa situação de emergência económico-financeira, os avultados custos decorrentes dos riscos que a mesma envolve sejam imputáveis apenas aos contribuintes[40].

Um resultado que é chocante sobretudo a partir do momento que tomámos consciência de que vivemos numa sociedade de risco, ou mesmo de alto risco, a exigir que este seja partilhado equitativamente por todos enquanto membros da comunidade e não apenas como suportes financeiros do Estado, ou seja, como contribuintes, uma vez que, como é sabido, há cada vez mais um desfasamento entre os que beneficiam da actuação estadual e os que efectivamente suportam esta financeiramente. O que tem por base visível o fenómeno que, desde há anos, vimos designando por "*apartheid* fiscal"[41]

Por isso, num tal quadro, a responsabilidade civil do Estado e demais entidades públicas, contratual e extracontratual, deve ser repensada de modo a ser estritamente limitada aos danos graves ou particularmente gra-

---

[39] O que pode significar, segundo a aplicação dos critérios da equidade constante do artigo 314º/2 do Código dos Contratos Públicos, uma compensação muito reduzida ou mesmo nula. De resto, é bom lembrar, no contexto da aplicação do princípio da sustentabilidade financeira aos contratos públicos, os ensinamentos da Comissão Europeia e do Tribunal de Justiça da União Europeia a propósito da implementação de políticas, onde aquele princípio impõe obrigações de resultado.
[40] Uma situação que, em Portugal, atendendo à reconhecida desigualdade efectiva existente na distribuição da carga fiscal, ainda se revela mais intolerável.
[41] V. o nosso *Direito Fiscal*, 7ª ed., Almedina, Coimbra, 2012, p. 453 e ss.

ves decorrentes de riscos efectivamente imputáveis ao Estado ou a essas entidades, no quadro de uma adequada e efectiva sustentabilidade financeira, e não reportados aos inerentes riscos de cada um, que, como pessoa livre e responsável, não pode deixar de assumir plenamente os riscos intrínsecos à vida em sociedade, que, na sociedade de risco ou mesmo de alto risco em que vivemos, são naturalmente muito significativos[42]. Pois não nos podemos esquecer de que, assuma essa responsabilidade a configuração que assumir, são seus efectivos sujeitos passivos sempre ao mesmos – os contribuintes da geração presente e/ou da geração ou gerações vindouras, arcando com os correspondentes impostos de hoje e/ou impostos de amanhã.

Enfim, em sede da União Europeia, impõe-se combater o referido "federalismo técnico-burocrático" base de uma "construção europeia" inteiramente à margem dos interesses dos cidadãos, dos povos e dos Estados da Europa, o qual, repousando num perfeccionismo nominalista inteiramente desfasado da realidade, em nada contribui para resolver com determinação e coragem os verdadeiros problemas com que a construção europeia se defronta, que são os de erguer um verdadeiro Estado Europeu que, no século XXI, assuma as atribuições e competências que, nos passados séculos XIX e XX tão adequadamente foram assumidos pelos Estados nações.

O que implica, obviamente, diversas coisas. Desde logo, exige-se um mínimo de realismo consentâneo com uma economia europeia que continua longe, muito longe, da que foi proclamada na chamada Agenda de Lisboa, pelo Conselho Europeu de Março de 2000, em que foi fixado como objectivo estratégico transformar a economia da União Europeia «na economia do conhecimento mais competitiva e dinâmica do mundo, antes de 2010, capaz de um crescimento económico duradouro acompanhado por uma melhoria quantitativa e qualitativa do emprego e uma maior coesão social». O que implica partir da realidade económica existente e não de uma qualquer quimera alinhada com o referido objectivo não cumprido, como se este tivesse, de algum modo, sido atingido.

Depois, não nos podemos esquecer de que a solução do Tratado Orçamental se revela demasiado restrita, rígida e indiferenciada, não permitindo soluções minimamente flexíveis em função da respectiva situação econó-

---

[42] V. José Casalta Nabais/Suzana Tavares da Silva, «O Estado pós-moderno e a figura dos tributos», *Revista de Legislação e de Jurisprudência*, Ano 140º, 2010/11, p. 90 e s., e o nosso estudo, «Considerações sobre a responsabilidade civil da administração fiscal», *Scientia Iuridica*, Tomo LXI, 2012, p. 327 e ss.

mica. Com efeito, ele não tem em conta se estamos perante uma situação económica normal ou anormal, nem o diversificado desempenho das economias, impondo uma generalizada solução de austeridade, de austeridade permanente e tendencialmente para sempre e de austeridade para todos os países ao mesmo tempo independentemente da efectiva situação económica de cada um.

O que tememos possa levar ao que aconteceu com o anterior Pacto de Estabilidade e Crescimento, cujas exigências, a partir de certo momento, em consequência do peso político dos países que o violaram, foram praticamente abandonadas. Ora, o pior que poderia acontecer à preocupação com a disciplina orçamental, que é indiscutivelmente imprescindível ao bom funcionamento, ao desenvolvimento e à consolidação da União Europeia, é que a mesma não fosse levada minimamente a sério com o pretexto de ser demasiado exigente e, por conseguinte, em larga medida impraticável. Por isso, se queremos uma construção europeia a sério, coerente com a vontade dos pais fundadores que orientou indiscutivelmente a integração europeia nas quatro primeiras décadas do desafio europeu, então estabeleçamos exigências e fasquias adequadas e praticáveis e sejamos implacáveis quanto ao rigor do seu cumprimento, em vez de fixarmos quimeras cuja força, pela natureza das coisas, não vai além da que as palavras que, embora confortem a utopia, não suportam minimamente a realidade.

A Impugnação Unitária do Acto Tributário*

Sumário: **I. As relações em que a relação tributária se desdobra; II. A diversidade dos actos tributários:** 1. A diversidade dos actos tributários em sentido amplo; 2. O protagonismo do acto tributário em sentido estrito; **III. Os actos relativos a benefícios fiscais e a impugnação unitária:** 1. O parâmetro constitucional dos benefícios fiscais; 2. O procedimento de reconhecimento e extinção dos benefícios fiscais; 3. A impugnação unitária do acto tributário e os actos relativos aos benefícios fiscais: 3.1. A impugnação unitária dos actos tributários e suas excepções; 3.2. O carácter autónomo dos actos relativos aos benefícios fiscais; 3.3. Conclusão sobre a impugnação dos actos relativos a benefícios fiscais.

Apesar da relativa generalidade sugerida no título, vamos cuidar do princípio da impugnação unitária do acto tributário, tendo em conta especialmente o acórdão nº 410/2015 do Tribunal Constitucional. O que, a nosso ver, implica que comecemos por alguns enquadramentos mais amplos. Estamos a pensar, de um lado, nos três tipos de relações tributarias em que se desdobra a relação tributária principal ou relação de imposto, e, de outro lado, na diversidade de actos que integram as relações fiscais de direito administrativo, ou seja, o acto tributário em sentido amplo. Só, depois, nos focaremos especificamente no princípio da impugnação unitária do acto tributário em sentido estrito e em que medida este princípio foi ou não redesenhado pela jurispru-

---

* Texto elaborado a partir da nossa intervenção e do debate que se seguiu, no dia 22 de Abril de 2016, sobre Temas de Direito Tributário do Plano de Formação Contínua do CEJ, publicado nos *Cadernos de Justiça Tributária*, nº 13, Julho – Setembro de 2016.

dência que emana do referido acórdão. Vejamos, então, cada um dos aspectos referenciados.

I. As relações em que a relação tributária se desdobra
É conhecida a diversidade de relações que o direito dos impostos encerra. Limitando-nos aqui, porém, apenas à relação tributária principal ou relação relativa à exigência da prestação em que o imposto se concretiza[1], é de assinalar que uma tal relação comporta, no essencial, três níveis, a saber: 1) de nível constitucional com concretização numa aparente relação Estado – contribuintes (que integra o *Steuerverfassungsrecht*); 2) de nível administrativo com materialização na relação Administração Tributária – contribuintes (ou sujeitos passivos) (que integra o *Steuerverwaltungsrecht*); 3) de nível obrigacional, em que temos uma relação entre o credor (Fazenda Pública) e os devedores (ou sujeitos passivos) (que constitui o *Steuerschuldrecht*). Uma palavra sobre cada um destes tipos de relações.

Relativamente ao primeiro tipo de relações, a *relação constitucional*, é de acrescentar que, mais do que perante uma relação Estado – contribuintes, uma relação entre o poder tributário do Estado e o dever fundamental de contribuir dos cidadãos ou residentes[2], constitucionalmente recortada pela "constituição fiscal"[3], estamos diante de uma relação de cada contribuinte com os restantes contribuintes, ou seja, com os restantes cidadãos (ou melhor, os restantes residentes)[4]. Daí que estejamos, a esse nível,

---

[1] Embora sejam as relações tributárias acessórias, instrumentais da relação tributária principal, que se multiplicaram quase exponencialmente e aumentaram de intensidade no quadro da actual "gestão ou administração privada" da generalidade dos impostos, as que mais "oprimem" os contribuintes. V. sobre este fenómeno, o nosso *Direito Fiscal*, 9ª ed., Almedina, Coimbra, 2016, p. 327 e ss.
[2] Pois não podemos esquecer que a cidadania fiscal se apresenta actualmente mais como um vínculo de natureza económica do que de natureza política, suportando uma "cidadania económica" que vincula o conjunto dos residentes a um t*erritório*, em vez da cidadania política que liga os cidadãos a um *Estado*. V. o nosso estudo «Cidadania fiscal e "municipalização" do IRS», *Revista de Legislação e de Jurisprudência*, ano 137º, 2007/08, p. 252 e ss.
[3] .Em que se integram, não só os princípios jurídico-constitucionais gerais relativos aos impostos, como os princípios da legalidade fiscal, da igualdade fiscal, da capacidade contributiva, da não retroactividade, etc., mas também o recorte constitucional do sistema fiscal constante do art. 104º da Constituição.
[4] Pois, como diz K. TIPKE, a igualdade em sede do direito fiscal, reporta-se aos contribuintes nas suas relações entre si, isto é, reporta-se aos contribuintes enquanto membros da comunidade solidária que suporta o encargo constituído pelos impostos. Quanto à solidariedade decorrente de um Estado financiado através da figura dos impostos (Estado fiscal),

perante um dever fundamental, o dever fundamental de pagar impostos, o qual, bem vistas as coisas, é simultaneamente um dever e um direito fundamental.

Pois, embora como qualquer dever, constitua directamente uma posição passiva do contribuinte face ao Estado, reflexamente configura-se como uma posição activa do contribuinte traduzida no direito de este exigir do Estado que todos os membros da comunidade sejam constituídos em destinatários desse dever fundamental em conformidade com a respectiva capacidade contributiva e, bem assim, que todos eles sejam efectivamente obrigados ao cumprimento do mesmo. Pelo que cada contribuinte tem simultaneamente um dever, o *dever de contribuir* para a comunidade que integra, e um direito, o *direito de exigir* que todos os outros membros da comunidade também contribuam para a mesma comunidade.

Uma ideia da qual decorrem importantes consequências, mormente em sede dos meios operativos de garantia dos contribuintes, com destaque para os meios procedimentais e processuais, como o reconhecimento de legitimidade activa aos contribuintes para impugnarem administrativa e judicialmente os actos de não tributação ou de tributação menor ilegais, integrem-se estes no procedimento tributário geral (no procedimento de liquidação de um imposto) ou em procedimentos especiais como o concretizado, por exemplo, no reconhecimento ou concessão de benefícios fiscais. O que se consubstancia na atribuição de uma *acção popular* a favor dos contribuintes, mais especificamente dos contribuintes que se apresentem como contribuintes efectivos no imposto a que a impugnação diga respeito[5].

Quanto ao segundo tipo de relações, a *relação administrativa*, como é fácil de constatar, estamos perante uma típica relação de direito administrativo entre a Administração Tributária e os contribuintes ou sujeitos passivos, em que aquela se apresenta munida de poderes de autoridade a concretizar na edição de actos administrativos, sejam os actos de liquidação de impostos (*stricto sensu*), pelos quais se identifica no caso concreto o respectivo contribuinte e se determina o montante do correspondente imposto a pagar, sejam os actos em matéria tributária, entre os quais se destacam os actos

---

v., por todos, AUDREY ROSA, *Solidarieté et Impôt: recherce sur les fondements de l'impôt moderne*, Dalloz, Paris, 2015.

[5] O que traduz uma particular exigência em sede da legitimidade activa dessa acção popular – v. o nosso estudo «Estado fiscal, cidadania fiscal e alguns dos seus problemas», em *Por um Estado Fiscal Suportável – Estudos de Direito Fiscal*, Almedina, Coimbra, 2005, p. 41 e ss.

administrativos relativos a questões tributárias, como vamos ver no ponto seguinte deste texto.

Um tipo de relações que se mantém, naturalmente, na fase executiva do acto tributário, ou seja, em sede do processo de execução fiscal, o qual, como é sabido, decorre na sua maior parte na Administração Fiscal. Pois também nessa fase administrativa do processo de execução fiscal a Administração, na sua veste de "órgão da execução fiscal"[6], se mantem munida dos seus poderes de autoridade, praticando agora todos os actos primários da execução fiscal, actos de natureza administrativas da maior importância, como são a nomeação dos bens à penhora, a penhora, a venda dos bens, a convocação e graduação dos créditos, a anulação da venda e a reversão da execução contra os responsáveis fiscais, embora todos estes actos se encontrem inseridos no mencionado processo de execução, no qual podem ser objecto da correspondente "impugnação" judicial[7].

Trata-se assim de típicas relações de *supra/infra-ordenação* que fazem do direito dos impostos, quanto ao aspecto agora em consideração, um ramo especial do direito administrativo. O que tem como consequência, entre outras, não se nos afigurar inteiramente correcto falar de "direito" da Administração Tributária a tal propósito, como o faz frequentemente o legislador. É que a Administração Tributária não dispõe de um direito subjectivo de liquidação dos impostos ou de exercício das demais competências tributárias que a lei lhe confere, pois estamos perante poderes funcionais que, justamente por isso, são simultaneamente poderes e deveres.

Enfim, no concernente ao nível obrigacional, à *relação obrigacional*, temos, em nossa opinião, uma relação de natureza *paritária*, pois, como relação de crédito que é a relação de imposto, o seu sujeito activo ou credor, a Fazenda Pública[8], não se encontra munido de qualquer poder de autoridade. De facto, a posição especialmente favorável de que o credor beneficia, traduzida, de um lado, nas garantias especiais do crédito tributário e, de

---

[6] Quanto ao sentido e alcance dessa expressão, v., por todos, JORGE DE SOUSA, *Código de Procedimento e de Processo Tributário Anotado e Comentado*, 6ª ed., Área Editores, Volume III, Lisboa, 2011, anots. aos arts. 148º e 149º

[7] Tudo actos de natureza administrativa que, no entendimento do Tribunal Constitucional, não brigam com a reserva da função jurisdicional – v., entre outros, os Acs. 154/2002 e 160/2007.

[8] Embora a lei fale presentemente, a este respeito, de Administração Tributária, achamos mais adequado para referir o sujeito activo da relação obrigacional fiscal, o credor tributário, a designação de Fazenda Pública, reservando a designação de Administração Tributária para a qualidade de sujeito activo da relação administrativa fiscal.

outro, no processo de execução fiscal de que dispõe para o cumprimento da obrigação fiscal, não modificam em nada a natureza paritária dessa relação[9].

Desse seu carácter paritário retiram-se importantes consequências seja no respeitante à compreensão de institutos do tipo da "sub-rogação nos direitos da Fazenda Pública", seja no sentido de que os juros de mora devidos aos contribuintes não deverem ser diversos em montante e em condições de exigência dos juros de mora a favor da Fazenda Pública[10]. Assim, no que respeita ao instituto da sub-rogação, compreende-se que, nos termos dos arts. 41º da LGT e 91º e 92º do CPPT, o sub-rogado disponha justamente dos mesmos direitos que assistiam à Fazenda Pública antes de se operar a transmissão pelo lado activo da obrigação fiscal concretizada na sub-rogação, seja no concernente às específicas garantias do crédito, seja quanto ao direito à instauração ou prosseguimento da correspondente execução fiscal[11]. Execução que, na medida em que é levada a cabo pela Administração Tributária, cabe a esta a prática dos correspondentes actos de execução, os quais, para além de serem expressão de autoridade, se apresentam face ao sub-rogado como actos legalmente devidos[12].

---

[9] Como também não modifica essa natureza paritária a circunstância de estarmos perante uma relação obrigacional pública, porquanto as normas que a disciplinam integram o direito público.

[10] Quanto aos juros de mora devidos aos contribuintes, v. a nossa anotação aos acórdãos do STA de 24 de Outubro de 2007 e de 31 de Janeiro de 2008, *Revista de Legislação e de Jurisprudência*, ano 138º, 2008/09, p. 62 e ss. Refira-se que, nos termos do art. 43º, nº 5, da LGT, na redacção da LOE/2012, os juros de mora devidos aos contribuintes no período decorrente entre a data do termo do prazo de execução espontânea de decisão judicial transitada em julgado e a data da emissão da nota de crédito, relativamente ao imposto que deveria ter sido restituído por decisão judicial transitada em julgado, são devidos juros de mora a uma taxa equivalente ao dobro da taxa dos juros de mora definida na lei geral para as dívidas ao Estado e outras entidades públicas.

[11] Cf. o nosso *Direito Fiscal*, ob. cit., p. 227 e ss.

[12] Por isso mesmo, cabendo ao sub-rogado a iniciativa processual e todos os demais direitos que antes da sub-rogação pertenciam à Fazenda Pública, no caso de a Administração Tributária depois de ser solicitada a instaurar ou a prosseguir a execução fiscal, não responder à solicitação ou recusar dar seguimento ao pedido, assiste ao sub-rogado o direito de pedir ao tribunal tributário competente para a execução fiscal a condenação à prática de acto legalmente devido, como são os actos próprios do órgão de execução, instaurando o adequado processo de intimação previsto no art. 147º do CPPT. Cf. JORGE DE SOUSA, *Código de Procedimento e de Processo Tributário Anotado e Comentado*, Volume I cit., anots. aos arts. 91º e 92º.

II. A diversidade dos actos tributários

Naturalmente que a distinção, a que vamos proceder aqui entre os diversos tipos de actos tributários em sentido amplo, tem por base a perspectiva da sua impugnabilidade judicial, realidade esta que, como é sabido, juntamente com a especial configuração do princípio da legalidade fiscal, traduzida em uma especial reserva conteudística de lei, face ao princípio mais geral da legalidade administrativa, esteve na base da própria autonomização relativa do direito dos impostos face ao direito administrativo[13]. Tendo em conta este pano de fundo, vamos referir-nos a diversidade de actos tributários em sentido amplo e ao especial protagonismo do acto tributário em sentido estrito.

Antes, porém, é de referir que os actos tributários globalmente considerados não constituem mais do que actos administrativos, inserindo-se, por conseguinte, no conceito de acto administrativo tanto no que consta do art. 148º do novo CPA[14], como no que constava, antes, do art. 120º do CPA[15]. Pois os actos tributários constituem actos administrativos como quaisquer outros, residindo a sua especificidade no facto de estarem submetidos a um regime jurídico especial, o qual constitui uma das componentes mais visíveis do carácter especial que o direito fiscal tem face ao direito administrativo.

1. A diversidade dos actos tributários em sentido amplo

Pois bem, na vigência do Código de Processo Tributário, os actos tributários, na perspectiva da sua impugnação perante os tribunais, reconduziam-se a três tipos principais de actos objecto de impugnação, a saber: os "actos em maté-

---

[13] O que não admira, já que a construção do próprio acto administrativo, de que o acto tributário em sentido estrito constitui uma manifestação, foi levada a cabo em França, ao longo de toda a segunda metade do século XIX e durante a primeira metade do século XX, a partir da sua maior ou menor abertura à impugnação judicial – v. D. FREITAS DO AMARAL, *Curso de Direito Administrativo*, Volume II, 2ª ed., Almedina, 2011, p. 231 e ss.

[14] Que dispõe: "[p]ara efeitos do disposto no presente Código, consideram-se actos administrativos as decisões que, no exercício de poderes jurídico-administrativos, visem produzir efeitos jurídicos externos numa situação individual e concreta".

[15] Não obstante as diferenças desses dois conceitos, pois como se diz no preâmbulo do Decreto-Lei nº 4/2015, de 7 de Janeiro, que aprovou no novo CPA, visou-se "adequar o conceito de acto administrativo ao regime substantivo e procedimental que lhe é aplicável, introduzindo a referência à sua aptidão para produzir efeitos externos". Além desta referência, é de salientar a eliminação do elemento orgânico constante do anterior conceito a reportar o acto administrativo a "órgãos da administração".

ria tributária", os "actos tributários" e os "actos administrativos respeitantes a questões fiscais"[16].

Todavia, a legislação fiscal e, particularmente o próprio CPT, não nos dizia o que devia entender-se por *actos em matéria tributária*. Mas, atendendo ao conjunto de actos que esse Código colocava sob uma tal designação, concluíamos ser de considerar como tais os actos preparatórios e prévios dos actos tributários (ou actos de liquidação), destacáveis ou autonomizáveis do respectivo procedimento tributário para efeitos da sua impugnação administrativa ou judicial autónoma. Com este sentido, os actos em matéria tributária integravam, nomeadamente, as decisões de determinação administrativa da matéria tributável e as correcções administrativas das declarações dos contribuintes em IRS e em IRC[17].

Por sua vez, relativamente aos *actos tributários*, não havia, como continua a não haver quaisquer dúvidas de que se tratava dos actos de liquidação administrativa dos impostos, ou, mais em geral, dos tributos, na medida em que o mencionado Código se aplicava a todos os tributos e não apenas aos impostos.

Finalmente, quanto aos *actos administrativos respeitantes a questões fiscais*, estes integravam aqueles actos administrativos, que são actos administrativos como quaisquer outros dos incluídos no conceito de acto administrativo constante do art. 148º do novo CPA, praticados em sede de relações jurídicas tributárias através dos quais se concluíam procedimentos diversos e autónomos do procedimento que terminava no acto tributário ou acto de liquidação dos impostos.

Na actual legislação fiscal geral – LGT e CPPT – fala-se, para além, naturalmente, de actos tributários, em "actos em matéria tributária", "actos administrativos em matéria tributária" e "actos administrativos relativos a questões tributárias". Assim e quanto a actos em matéria tributária, a LGT refere-se a eles no art. 9º, nº 2, ao estabelecer que "todos os actos em maté-

---

[16] Refira-se que o CPT, tendo revogado o Código de Processo das Contribuições e Impostos, vigorou de 1 de Julho de 1991 até 31 de Dezembro de 1999, tendo sido substituído pela LGT, que entrou em vigor em 1 de Janeiro de 1999, e pelo CPPT que entrou em vigor em 1 de Janeiro de 2000.

[17] Em que havia quem integrasse também os actos de fixação dos valores patrimoniais. Todavia, tendo em consideração que estes actos constituem actos administrativos materialmente autónomos, embora pressupostos necessários de actos tributários (isto é, das liquidações de impostos incidentes sobre esses valores patrimoniais), parece-nos que não se enquadravam nessa categoria.

ria tributária que lesem direitos ou interesses legalmente protegidos são impugnáveis ou recorríveis nos termos da lei" e no art. 17º, nº 1, ao prescrever que "os actos em matéria tributária que não sejam puramente pessoais podem ser praticados pelo gestor de negócios, produzindo efeitos em relação ao dono do negócio nos termos da lei civil".

A nosso ver, a LGT utiliza nestes preceitos a expressão actos em matéria tributária num sentido muito amplo, abarcando todos e quaisquer actos que possam ser praticados no domínio das relações tributárias, isto é, os actos em matéria tributária *stricto sensu* e os actos administrativos respeitantes a questões fiscais ou tributárias[18].

Por seu lado, o CPPT utiliza essa expressão no art. 12º, nº 2, ao dispor que "no caso de actos tributários ou em matéria tributária praticados por outros serviços da administração tributária, julgará em 1ª instância o tribunal da área do domicílio ou sede do contribuinte, da situação dos bens ou da transmissão". O que parece estar a referir-se aos actos administrativos em matéria tributária.

Já no respeitante às expressões "actos administrativos em matéria tributária" e "actos administrativos relativos a questões fiscais" ou "actos administrativos relativos a questões tributárias"[19], parece-nos que elas são utilizadas como sinónimas e com o sentido que vinha sendo atribuído a estas últimas expressões, embora seja a primeira expressão a mais utilizada. Assim o sugere a LGT nas als. *e*) do nº 1 do art. 54º (que inclui tais actos na lista exemplificativa de actos em que desembocam os procedimentos tributários), *c*) do nº 1 do art. 60º (em que se garante o direito de audição antes da revogação de qualquer benefício ou acto administrativo em matéria tributária), e *h*) do nº 2 do art. 95º (que integra "outros actos administrativos em matéria tributária" na lista exemplificativa de actos considerados lesivos

---

[18] Recordamos que, segundo o art. 1º, nº 2, da LGT, "para efeitos da presente lei, consideram-se relações jurídico-tributárias as estabelecidas entre a administração tributária, agindo como tal, e as pessoas singulares e colectivas e outras entidades legalmente equiparadas a estas".

[19] Refira-se que estas expressões são em geral consideradas sinónimas, reportando-se porquanto a actos administrativos relativos a impostos. O que não quer dizer que a expressão actos administrativos relativos a questões tributárias não possa ter o sentido de actos relativos aos tributos em geral, embora no respeitante aos tributos de natureza bilateral, as taxas e as verdadeiras contribuições, tais actos administrativos possam ter uma configuração especial na medida em que constituam pressupostos de facto dos tributos em causa. V. o nosso estudo «Sobre o regime jurídico das taxas», *Revista de Legislação e de Jurisprudência*, ano 145, 2015/16, p. 25 e ss.

dos direitos ou interesses legalmente protegidos dos interessados para efeitos da sua impugnação ou recurso judicial).

Também o CPPT, não obstante a falta de uniformidade das designações, parece ir no mesmo sentido, nos arts. 10º, nº 1, al. *d*), e 97º, nºs 1, al. *d*) e 2, que se referem a "actos administrativos em matéria tributária", e no art. 97º, nº 1, al. *p*), que alude a "actos administrativos relativos a questões tributárias".

Atento o exposto, é de concluir que podemos falar de *actos tributários em sentido amplo*, em que temos, de um lado, os *actos tributários em sentido estrito* ou actos de liquidação de tributos e, de outro, os *actos em matéria tributária em sentido amplo*, isto é, os demais actos praticados em sede das relações jurídicas tributárias. Nestes últimos temos, por sua vez: 1) os *actos em matéria tributária em sentido estrito*, isto é, os actos preparatórios de actos tributários, e 2) os *actos administrativos em matéria tributária* ou *actos administrativos relativos a questões tributárias*. Nos actos tributários em matéria tributária em sentido estrito encontramos, entre outros, os actos de levantamento administrativo do sigilo bancário, de inspecção tributária, de informação vinculativa e de avaliação prévia, de aplicação de normas de prevenção da fraude e evasão fiscais[20], de elisão de presunções, de concessão de benefícios fiscais, da fixação de valores patrimoniais, de inclusão de contribuintes nas listas de devedores ao Fisco e à Segurança Social, etc.[21].

2. O protagonismo do acto tributário em sentido estrito

Como já referimos, a razão de ser de um direito fiscal como direito especial face ao direito administrativo prende-se, em parte não despicienda, com a existência do acto tributário em sentido estrito ou acto de liquidação de impostos. Acto que podemos definir como o acto de identificação do contribuinte ou devedor (quando seja diverso daquele) do imposto e a determinação do montante do imposto a pagar, constituindo o acto de liquidação em sentido amplo, em que se integram os tradicionais lançamento e liquidação em sentido estrito.

---

[20] É certo que o procedimento de aplicação das cláusulas anti-abuso, previsto no art. 63º do CPPT, viu o seu âmbito de aplicação limitado pela LOE/2012 à cláusula geral anti-abuso prevista no art. 38º da LGT, tendo a referida lei também revogado o nº 10 daquele preceito legal, em que se previa a impugnação autónoma da autorização para o desencadeamento do referido procedimento. V., a este respeito, o que dizemos *infra*, no ponto III.3.2.

[21] V. sobre esses actos e os correspondentes procedimentos, o nosso *Direito Fiscal*, ob. cit., p. 342 e ss, e 374 e ss.

O que analiticamente temos o *lançamento* pelo qual se identifica o contribuinte ou contribuintes, através do *lançamento subjectivo*, e se determina a matéria colectável (ou tributável) e determina a taxa (na caso de pluralidade de taxas), mediante o *lançamento objectivo*. Pela *liquidação* (em sentido estrito), por seu turno, apura-se a colecta aplicando a taxa à matéria colectável, colecta que, todavia, não coincide com o imposto a pagar sempre que haja deduções à colecta como acontece em sede do IRS e do IRC. Daí que a liquidação em sentido estrito tenha perdido o protagonismo que tinha no sistema fiscal anterior, pois nela assentava, em termos praticamente exclusivos, a determinação do imposto a pagar. O que não acontece hoje, sobretudo em impostos mais complexos, como o IRS e o IRC, em que a liquidação em sentido estrito constitui uma operação de quantificação que vem no seguimento de outras[22] e é continuada por outas como as cada vez mais frequentes deduções à colecta[23], constituindo assim apenas um elo, embora diferenciado, na cadeia de operações de quantificação do imposto a pagar.

Pois bem, foi a pensar em proporcionar uma via de impugnação, designadamente de impugnação judicial, para a actuação da administração fiscal traduzida no lançamento e liquidação de impostos e dirigida, por conseguinte, a milhões de destinatários, de contribuintes, que se construiu o acto tributário como um acto administrativo especial. Especialidade decorrente, em larga medida, da circunstância de se tratar de um acto administrativo massificado, a implicar vias de reacção que pudessem ser minimamente adequadas a esse seu carácter massificado, as quais não podiam ser as limitadas vias previstas para a reagir contra os actos administrativos ilegais em geral.

Daí que, durante o longo período em que vigorou o sistema fiscal anterior, o lançamento e liquidação da generalidade das contribuições e impostos[24], para além de se integrarem quase totalmente nas atribuições da admi-

---

[22] Que são: no IRS, a determinação do rendimento bruto de cada categoria, a determinação do rendimento líquido de cada categoria através das deduções específicas, o englobamento, os abatimentos e a determinação da taxa no caso de tributação conjunta através do quociente conjugal ou familiar; e no IRC, o apuramento das sucessivas grandezas: lucro contabilístico, lucro tributável e matéria colectável.

[23] Refira-se que tanto o Código do IRS (art. 78º, nº 2) como o Código do IRC (art. 90º, nº 2) mencionam nas deduções à colecta, como se reportassem à liquidação, as retenções na fonte e os pagamentos por conta que são deduções que obviamente têm a ver apenas com o pagamento do imposto.

[24] Pois, na altura, uma boa parte dos impostos tinham o nome de contribuições, como a Contribuição Predial, a Contribuição Industrial e a Contribuição sobre a Indústria Agrí-

nistração tributária, eram da competência dos órgãos periféricos locais da Direcção-Geral das Contribuições e Impostos (DGCI) ou seja, das então repartições de finanças[25]. Na verdade, eram os chefes das repartições de finanças que, não obstante constituírem os órgãos mais subalternos da rígida estrutura hierárquica que era a DGCI, detinham a competência para praticarem os actos de liquidação dos impostos, configurando-se estes como actos definitivos e executórios, segundo a terminologia da época. O que, como é sabido, estava em total oposição com o que se verificava com os actos administrativos em geral, pois estes não eram tidos por definitivos e executórios quando praticados por órgãos administrativos subalternos, a menos que ultrapassassem com êxito o exigente teste dos chamados "actos destacáveis".

Aliás, reside nesta especial configuração da realidade subjacente à prática dos actos tributários, o recorte que o legislador adoptou para a correspondente via de reacção judicial, ou seja, para a impugnação judicial. Uma via bem mais simples e operacional do que o então recurso contencioso de anulação dos actos administrativos em geral.

É, de resto, tendo isto presente que somos levados a ter fundadas dúvidas quanto à bondade da proposta de uma eventual eliminação dessa específica via processual de reacção contra os actos tributários ilegais e da sua substituição pela acção administrativa de impugnação de actos administrativos, que tem por objecto a anulação ou declaração de nulidade destes actos, como defendem alguns autores, a nosso ver e salvo melhor opinião, mais preocupados com a perfeição em abstracto ou até com a estética do que com a efectiva operacionalidade das soluções. Dúvidas que também se estendem à proposta que, embora não eliminando aquela via, procuram aproximar a marcha do processo da impugnação judicial à da referida acção administrativa.

III. Os actos relativos a benefícios fiscais e a impugnação unitária

Passando agora aos actos de reconhecimento e de extinção de benefícios fiscais, parece-nos que estes actos não podem ser qualificados como meros

---

cola, designação essa adoptada sobretudo a partir de meados do século XIX com o objectivo confessado de protagonizar o carácter autoconsentido dos impostos, que assim que seriam mais contribuições do que imposições.

[25] O que valia inteiramente também para a cobrança das contribuições e impostos a cargo da Direcção-Geral do Tesouro (DGT), cuja competência pertencia aos órgãos periféricos desta, ou seja, às tesourarias da Fazenda Pública.

actos preparatórios e instrumentais do acto de liquidação dos correspondentes impostos[26], embora directamente impugnáveis por se apresentarem como actos destacáveis, sejam destacáveis por natureza ou por disposição da lei. Pois, a nosso ver, estamos aqui perante actos administrativos relativos a questões tributárias, objecto e resultado de um procedimento tributário especial, que, embora apresentando-se como pressuposto relativamente à própria verificação ou não do acto de liquidação do correspondente imposto, não constitui um acto preparatório deste, porquanto não vemos como possa integrar um qualquer trâmite do procedimento de liquidação desse imposto, ou seja, do correspondente procedimento tributário comum.

Uma concepção das coisas que não se limita, como à primeira vista poderia parecer, ao plano do direito administrativo, ou seja, às relações tributárias de direito administrativo. Bem pelo contrário, ela tem presente também o plano do direito constitucional, em que a disciplina jurídica dos benefícios fiscais, tem um parâmetro constitucional que não coincide com o das relações tributárias em que se concretiza a liquidação dos impostos, como vamos ver.

1. O parâmetro constitucional dos benefícios fiscais

Como vimos ensinando, os verdadeiros benefícios fiscais assim como os verdadeiros impostos extrafiscais, não integram efectivamente o direito fiscal, mas antes o direito económico fiscal. Direito este que podemos definir como o conjunto de normas jurídicas que regula a utilização dos instrumentos fiscais, isto é, dos impostos e dos benefícios fiscais, com o principal objectivo de obter resultados extrafiscais, mormente em sede de política económica e social. Ou, por outras palavras, a disciplina jurídica da extrafiscalidade: um conjunto de normas que apenas formalmente integram o direito fiscal, já que têm por finalidade principal ou dominante a consecução de determinados resultados económicos e sociais e não a obtenção de receitas para fazer face às despesas públicas[27].

---

[26] Dizemos preparatórios e instrumentais, porque embora todos os actos meramente preparatórios sejam actos instrumentais, estes podem não ser preparatórios, pois podem localizar-se em uma fase diversa da fase preparatória do procedimento administrativo, como por exemplo na fase integrativa da eficácia do correspondente acto administrativo – v. ROGÉRIO EHRHARDHT SOARES, *Direito Administrativo*, Lições ao Curso Complementar de Ciências Jurídico-Políticas da Faculdade de Direito de Coimbra, 1977/78, polic., p. 129 e ss., 171 e ss. e 196 e ss.

[27] Cf. O nosso *Direito Fiscal*, ob. cit., p. 383 e ss.

O que nos revela um sector do ordenamento jurídico que, diversamente do que sucede com o direito fiscal, se apresenta dominado por ideias tais como as de flexibilidade e de selecção, não podendo, por isso, ser objecto dos exigentes limites constitucionais próprios do direito fiscal. A sua disciplina pauta-se, assim, não tanto pela *constituição fiscal*, mas sobretudo pela *constituição económica*.

O que conduz, de um lado, a que a mesma escape em larga medida à reserva parlamentar, polarizada que está no Governo, sendo com frequência deixada mesmo à ampla margem de liberdade da administração típica do direito económico e, de outro, a que as medidas de intervenção económico-social ou, noutra versão, de regulação económico-social, em que a extrafiscalidade se concretiza, tenham por limites materiais os princípios da proibição do excesso, na medida em que afectem posições jusfundamentais dos particulares (sejam estes contribuintes, beneficiários ou terceiros, mormente concorrentes), e da proibição do arbítrio e não o princípio da igualdade fiscal a aferir pela capacidade contributiva. De facto, enquanto medidas extrafiscais, portanto dirigidas de modo determinante à modelação de comportamentos económicos e sociais dos seus destinatários, não podem ser medidas pelo mesmo critério dos impostos cujo objectivo é o de obter receitas fiscais[28].

Ideias estas que, sendo válidas relativamente a todo o âmbito do direito económico fiscal, tem especial importância no domínio dos benefícios fiscais porquanto é este ramo da extrafiscalidade de longe o mais frequente, uma vez que, como é sabido, os verdadeiros impostos extrafiscais são relativamente raros, constituindo exemplos deles entre nós a taxa sobre lâmpadas de baixa eficiência energética e a contribuição sobre os sacos de plástico[29]. Tanto é assim, que o capítulo, que dedicamos ao direito económico fiscal nas nossas lições de direito fiscal, trata basicamente dos benefícios fiscais.

Mas a especial configuração jurídica dos benefícios fiscais não se fica por aqui. Com feito, para além do recorte jurídico-constitucional de que os benefícios fiscais comungam enquanto componente do direito económico-fiscal, são de acrescentar dois outros aspectos da maior importância

---

[28] Para maiores desenvolvimentos, v. o nosso livro, *O Dever Fundamental de Pagar Impostos. Contributo para a Compreensão Constitucional do Estado Fiscal Contemporâneo*, Almedina, 1998, p. 654 e ss.

[29] Objecto, respectivamente, do Decreto-Lei nº 108/2007, de 12 de Abril, e da Lei nº 82-D//2014, de 31 de Dezembro.

que, assinale-se, não deixam de ser, em larga medida, decorrências desse parâmetro constitucional. É que os verdadeiros benefícios fiscais[30], de um lado, são considerados como despesa fiscal para efeitos do direito orçamental e da contabilidade pública[31] e, de outro, integram a conhecida figura dos auxílios de Estado, os quais, por serem em princípio interditos pelo direito da União Europeia, se encontram sob apertada vigilância e escrutínio da Comissão Europeia e do Tribunal de Justiça da União Europeia[32].

Todo um enquadramento normativo que não se apresenta muito favorável a uma visão simples, mormente a uma visão que reconduza os actos relativos aos benefícios fiscais ou alguns deles, a meros actos preparatórios do acto de liquidação dos impostos a que respeitam.

2. O procedimento de reconhecimento e extinção dos benefícios fiscais

Mas, o que vimos de dizer, acaba por sair reforçado se do plano constitucional e supralegal, que referimos, passarmos para o plano estritamente legal, ou seja, para o correspondente procedimento tributário, cuja disciplina consta do art. 65º do CPPT, código para o qual remete o nº 3 do art. 5º do Estatuto dos Benefícios Fiscais[33], pois não vemos como os actos em que desemboca aquele procedimento especial possam ter-se por integrantes, como actos preparatórios, se bem que destacáveis, do procedimento de liquidação dos correspondentes impostos, ou seja, do procedimento tributário comum.

Pelo contrário, a nosso ver estamos perante um acto tributário autónomo, mais precisamente um acto em matéria tributária concretizado num acto administrativo relativo a questões tributárias, cuja ligação aos actos de liquidação de impostos não resulta de um pretenso carácter preparatório relativamente a estes, mas do facto de constituírem actos pressuposto, de modo que a liquidação dos impostos objecto de benefício fiscal não pode

---

[30] Quanto à distinção entre os benefícios fiscais e figuras afins, v. o nosso *Direito Fiscal*, ob. cit., p. e ss.

[31] A implicar para o Governo a apresentação, juntamente com a proposta de orçamento, de um anexo com a previsão da receita perdida decorrente dos benefícios fiscais a atribuir, bem como da elaboração de um relatório da despesa fiscal efectivamente verificada uma vez terminado o exercício orçamental. Documentos estes em que se trabalha com o conceito de despesa fiscal elaborado pela OCDE.

[32] Escrutínio não raro mais exigente em relação aos auxílios de Estado por via fiscal do que face aos auxílios financeiros directos. Nesse sentido, v., por todos, LILIAN V. FAULHABER, «Charitable giving, tax expenditures and the fiscal future of the European Union», *Boston University School of Law*, Working Paper nº 13-17, (May 20, 2013).

[33] Que, antes da aprovação do CPPT, constava dos arts. 14º a 17º do EBF.

fazer-se sem ter em conta o correspondente acto beneficiador positivo, negativo ou extintivo.

Uma realidade que não é difícil de intuir e que acontece sempre que estejamos perante benefícios fiscais, pois tanto no caso de reconhecimento por acto ou por contrato, como no caso de não reconhecimento ou extinção do benefício fiscal por revogação do acto de reconhecimento, por denúncia do contrato ou declaração de caducidade (em virtude do decurso do período para o qual foi reconhecido ou na sequência da existência de dívidas ao Fisco ou à Segurança Social), estamos perante actos pressuposto do acto de liquidação dos correspondentes impostos, uma vez que a administração tributária, na primeira situação, não pode praticar o acto de liquidação ou praticá-lo apenas em parte e, na segunda, tem o poder dever de proceder à liquidação ou à liquidação adicional do correspondente imposto.

Muito embora aquele carácter de acto administrativo pressuposto de outros actos administrativos, como bem se compreende, seja muito mais visível no caso de não reconhecimento ou de extinção de benefícios, porquanto é esta a situação que implica com a garantia jurisdicional dos contribuintes destinatários dos benefícios. Pois, como já referimos, foi a necessidade de disponibilizar uma garantia jurisdicional aos milhões de contribuintes que esteve na base da construção do acto de liquidação dos impostos como um acto administrativo com especificidades face ao acto administrativo geral. Especificidades que foram um dos suportes da relativa autonomia do direito fiscal face ao direito administrativo e, sobretudo, da instituição de uma jurisdição fiscal relativamente autónoma.

Por quanto vimos de assinalar, não admira que todo este pano de fundo esteja inevitavelmente por detrás do entendimento que há-de ser dispensado ao princípio da impugnação unitária do acto tributário, às excepções a este princípio e, bem assim, à impugnabilidade directa ou indirecta dos actos pressupostos dos actos tributários em sentido estrito.

3. A impugnação unitária do acto tributário e os actos relativos aos benefícios fiscais

Vejamos agora como se aplica o princípio da impugnação unitária dos actos tributários aos actos relativos aos benefícios fiscais, começando por analisar o princípio e as excepções que comporta, e, depois, qualificar os actos relativos aos benefícios fiscais como actos administrativos relativos a questões tributárias que, sendo actos administrativos autónomos, não podem ser havidos como actos preparatórios da liquidação dos correspondentes impostos.

3.1. *A impugnação unitária dos actos tributários e suas excepções.* Pois bem, na sua expressão legal, o princípio da impugnação unitária do acto tributário, assim como as excepções que comporta, constam do art. 54º do CPPT, que dispõe: "[s]alvo quando forem imediatamente lesivos dos direitos do contribuinte ou disposição expressa em sentido diferente, não são susceptíveis de impugnação contenciosa os actos interlocutórios do procedimento, sem prejuízo de poder ser invocada na impugnação da decisão final qualquer ilegalidade anteriormente cometida".

No enunciado deste preceito, temos assim o princípio da impugnação judicial limitada à decisão final do procedimento tributário, excluindo-se, por conseguinte, os actos interlocutórios do procedimento. O que bem se compreende na medida em que os actos preparatórios dos actos tributários, por via de regra, limitam os seus efeitos ao procedimento em que são praticados, repercutindo-os, todavia, para a frente na decisão final, sendo esta e apenas esta a que, por afectar directamente a esfera dos destinatários do acto, pode lesar os direitos ou interesses legalmente protegidos destes.

Ou seja, são judicialmente impugnáveis os actos lesivos, uma terminologia que era também a utilizada na legislação relativa à justiça administrativa, a qual foi recentemente abandonada, dispondo agora (em consonância de resto com o conceito de acto administrativo constante do novo CPA) o nº 1 do art. 51º do CPTA: "[a]inda que não ponham termo a um procedimento, são impugnáveis todas as decisões que, no exercício de poderes jurídico-administrativos, visem produzir efeitos jurídicos externos numa situação individual e concreta, incluindo as proferidas por autoridades não integradas na Administração Pública e por entidades privadas que actuem no exercício de poderes jurídico-administrativos"[34]. Pelo que são impugnáveis os actos que visem produzir efeitos jurídicos externos nas situações individuais e concretas.

Por conseguinte, em princípio, apenas são directa e autonomamente impugnáveis as decisões finais dos procedimentos administrativos, como são os procedimentos tributários, sendo as ilegalidades que afectem os actos preparatórios ou interlocutórios apenas impugnáveis indirectamente, ou seja, através da impugnação da correspondente decisão final. Todavia, se os actos preparatórios ou interlocutórios daquelas decisões forem imediatamente lesivos ou visarem produzir efeitos jurídicos externos nas situações

---

[34] Preceito que dispunha antes: "[a]inda que inseridos num procedimento administrativo, são impugnáveis os actos administrativos com eficácia externa, especialmente aqueles cujo conteúdo seja susceptível de lesar direitos ou interesses legalmente protegidos".

individuais e concretas, então estamos perante actos destacáveis para feitos da sua impugnação directa e autónoma, como consta da primeira parte do referido art. 54º do CPPT.

De facto, encontramo-nos aqui perante dois tipos de actos destacáveis: os *actos destacáveis por natureza* que, por serem imediatamente lesivos dos direitos ou interesses legalmente protegidos dos contribuintes ou, na actual versão do CPTA, ao visarem produzir efeitos jurídicos externos em uma situação individual e concreta, apresentam-se como actos autónomos do ponto de vista da garantia jurisdicional que não pode deixar de ser imediatamente proporcionada; e os *actos destacáveis por força da lei* por haver disposição legal que os considere directa e imediatamente impugnáveis perante os tribunais.

Naturalmente que se o acto de extinção do benefício fiscal, que esteve na base do acórdão do CAAD e foi objecto do recurso para o Tribunal Constitucional julgado pelo acórdão 410/2015, fosse considerado um acto preparatório do acto de liquidação do imposto desencadeado em virtude daquela extinção, como foi qualificado pelo Tribunal Constitucional, então haveria que o considerar um acto destacável por natureza, por lesar directamente os direitos ou interesses legalmente protegidos do beneficiário[35]. E assim, ao qualifica-lo como um acto preparatório do correspondente acto de liquidação, e tendo em conta que os actos preparatórios não são, por via de regra, directamente impugnáveis, sendo os mesmos impugnáveis apenas aquando e no quadro da impugnação da decisão final do correspondente procedimento, facilmente se compreende que a eventual possibilidade prevista na lei da sua impugnação directa se considere, vista a partir do destinatário do correspondente acto, como uma faculdade e não como um ónus, a menos que a lei que possibilita a impugnação configure esta inequivocamente como um verdadeiro ónus.

3.2. *O carácter autónomo dos actos relativos aos benefícios fiscais.* A nosso ver, porém, não estamos aqui perante qualquer acto preparatório do acto tributário em sentido estrito, mas antes face a um acto autónomo que constitui decisão final de um procedimento tributário especial – o procedimento de reconhecimento e extinção de benefícios fiscais. Ou, por outras palavras, reconduz-se

---

[35] Se é que não podia ser igualmente considerado um acto destacável por disposição da lei, na medida em que fosse de integrar nos "outros actos administrativos em matéria tributária" a que se refere a alínea *h)* do nº 2 do art. 95º da LGT, preceito este que contém uma lista exemplificativa dos actos considerados lesivos.

à categoria de que falámos constituída pelos actos administrativos relativos a questões tributárias. Um acto que é, todavia, um *acto pressuposto*, mas não um *acto preparatório*, do acto de liquidação do correspondente imposto, uma vez que qualquer acto administrativo de reconhecimento, como qualquer acto de extinção de um benefício fiscal, são pressupostos relativamente à liquidação do correspondente imposto.

E constituindo os actos de reconhecimento ou de extinção dos benefícios fiscais actos administrativos autónomos, actos com efeitos próprios, com efeitos que vão para além dos que como pressuposto se repercutem para diante nos actos de liquidação dos impostos a que os benefícios se reportam, parece fazer todo o sentido concluir a favor da existência de um verdadeiro ónus relativamente à sua impugnação judicial. O que significa que se os mesmos não forem judicialmente impugnados no prazo em que legalmente o devem ser, como actos administrativos autónomos que são, não mais o poderão ser, tornando-se inimpugnáveis. Por conseguinte, não poderão ser impugnados, designadamente, aquando e a título da eventual impugnação do acto consequente, pois este apenas poderá ser impugnado relativamente a vícios próprios e não com base em vícios que atinjam o acto pressuposto.

Ora, não se encontrando previstos no Estatuto dos Benefícios Fiscais ou em qualquer outra legislação especial prazos específicos para a impugnação judicial dos actos administrativos relativos ao reconhecimento e extinção de benefícios fiscais, parece não restarem dúvidas de que os prazos aplicáveis são os previstos para os actos administrativos em geral, ou seja, os constantes do art. 58º do no CPTA. E nos termos do nº 1 deste preceito, o prazo para a impugnação dos actos administrativos anuláveis, com exclusão da sua promoção pelo Ministério Público, que pode ser realizada no prazo de um ano, é de três meses. Prazo este que, sem prejuízo da sua suspensão quando venham a ser utilizados meios impugnatórios administrativos, se conta nos termos do artigo 279º do Código Civil.

Todavia, como consta do nº 3 desse art. 58º, excepcionalmente a impugnação é admitida, para além do referido prazo: a) nas situações em que ocorra justo impedimento, nos termos previstos na lei processual civil; b) no prazo de três meses, contado da data da cessação do erro, quando se demonstre, com respeito pelo contraditório, que, no caso concreto, a tempestiva apresentação da petição não era exigível a um cidadão normalmente diligente, em virtude de a conduta da Administração ter induzido o interessado em erro; ou c) quando, não tendo ainda decorrido um ano sobre a data da prática do acto ou da sua publicação, quando obrigatória, o atraso deva ser considerado desculpável, atendendo à ambiguidade do quadro normativo aplicável ou às dificuldades que, no caso concreto, se colocavam quanto à identificação do acto impugnável, ou à sua qualificação como acto administrativo[36].

Por conseguinte e tendo em conta a situação que esteve na base do acórdão proferido pelo CAAD e que foi objecto de recurso, quanto à questão de inconstitucionalidade, para o Tribunal Constitucional, relativamente à qual foi proferido o acórdão 410/2015, o que se impõe averiguar é se na situação do contribuinte foi ou não assegurada a garantia jurisdicional nos termos em que esta se encontra prevista e reconhecida no nº 4 do art. 268º da Constituição, segundo o qual «[é] garantido aos administrados tutela jurisdicional efectiva dos seus direitos ou interesses legalmente protegidos, incluindo, nomeadamente, o reconhecimento desses direitos ou interesses, a impugnação de quaisquer actos administrativos que os lesem, independentemente da sua forma, a determinação da prática de actos administrativos legalmente devidos e a adopção de medidas cautelares adequadas». Ou seja se, no que respeita ao acto de extinção do benefício fiscal, lhe foi assegurada uma tutela jurisdicional efectiva.

Por conseguinte, mais do que saber ou apurar se estamos perante um acto administrativo autónomo pressuposto de outros actos administrativos, ou face a um mero acto preparatório de um específico acto administrativo, ou, mais especificamente no domínio do direito tributário, perante um acto administrativo relativo a questões tributárias pressuposto de actos tributários em sentido estrito, ou face a um acto preparatório de um específico acto tributário, o que é verdadeiramente decisivo neste domínio é saber e apurar se a ordem jurídica assegura ou não a referida tutela jurisdicional. Objectivo que deve ser prosseguido independentemente portanto do resultado a que se chegue em sede da construção dogmática da tipologia dos actos administrativos em geral ou dos actos tributários em particular, no respeitante à sua maior ou menor autonomia ou ao seu carácter mais ou

---

[36] Excepções a alargar o prazo de impugnação que já constavam da anterior versão do CPTA, muito embora se exigisse, em relação a todas essas hipóteses de impugnação, que esta tivesse lugar dentro de um ano a seguir à prática do acto, uma exigência que agora apenas se mantém para a situação a que se reporta a alínea *c)* do nº 3 desse art. 58º. Uma alteração que faz todo o sentido, porquanto essa exigência de a impugnação ter lugar dentro de um ano após a emissão do acto era de todo incompreensível relativamente às situações de justo impedimento ou de erro.

menos instrumental face a outros actos. E isto não obstante, como é sabido e já referimos, de a construção dos tipos de actos administrativos ter estado tradicionalmente muito ligada à ideia de, por essa via, eleger os actos que sejam judicialmente impugnáveis e assim proporcionar uma efectiva e adequada garantia jurisdicional aos administrados.

Por outras palavras, aplicando o que vimos de dizer à situação tributária que esteve na base do acórdão do CAAD e, depois, do acórdão nº 410/2015 do Tribunal Constitucional, afigura-se-nos que a extinção ou não subsistência do benefício fiscal relativo ao IRC em causa, decorrente da existência de dívidas fiscais não garantidas do beneficiário fiscal e sujeito passivo daquele imposto, nos termos dos nºs 5, 6 e 7 do art. 14º do Estatuto dos Benefícias Fiscais, não pode ser qualificada como um acto preparatório face à consequente liquidação de IRC. De facto trata-se de um acto administrativo autónomo, mais precisamente de um acto administrativo relativo a questões tributárias, o qual, embora se apresente como um acto pressuposto da correspondente liquidação de IRC, tem plena autonomia em relação a este acto tributário.

Daí que a impugnação judicial da legalidade de um tal acto não possa deixar de ter por objecto o acto administrativo pressuposto, a extinção do benefício fiscal, reportando-se, por conseguinte, a essa impugnação os correspondentes pressupostos processuais, como seja o do prazo da correspondente acção administrativa. Pelo que não faz sentido que se possa ficar à espera da consequente liquidação do imposto para, em sede da impugnação deste acto, se atacarem os efeitos que, embora decorrentes daquele acto, se repercutem inteiramente no acto de liquidação. Ou, por outras palavras, não faz sentido que a falta de reacção do *beneficiário fiscal* seja suprida pela posterior intervenção do *contribuinte*.

Só assim não será se o beneficiário fiscal não tiver tido possibilidade de reacção contra o acto de extinção do benefício fiscal no referido prazo de três meses, por justamente ter ocorrido alguma situação excepcional que possa reconduzir-se às que constam do nº 3 do art. 58º do CPTA, caso em que, ainda assim, poderá não legitimar a reacção contra o correspondente acto de liquidação, mas antes contra o acto de extinção do benefício através de correspondente acção administrativa.

Em rigor, só assim não sucederá quando o beneficiário tiver conhecimento da extinção do benefício fiscal aquando ou através da correspondente liquidação e o acto que pretende atacar seja apenas este acto consequente, actuando assim unicamente na qualidade de contribuinte. Caso em que, atento o quadro constitucional da garantia jurisdicional efectiva contra os actos da Administração Pública, há-de poder impugnar a legalidade da liquidação do imposto por vícios do acto administrativo pressuposto, em vez de ter de atacar este acto através de uma acção administrativa.

Refira-se, ainda a este respeito, que os actos administrativos relativos a questões fiscais, não só devem por via de regra ser judicialmente impugnáveis, constituindo pois a sua impugnação um ónus, nos termos que vimos de referir, como não pode o legislador, sem violação da garantia de acesso aos tribunais para impugnar a legalidade das actuações administrativas constante do nº 4 do art. 268º da Constituição, impor que essa impugnação apenas possa ter lugar aquando da impugnação dos consequentes actos de liquidação de impostos. De facto quanto aos efeitos autónomos desses actos não pode haver outra solução.

Naturalmente que o legislador pode permitir que essa impugnação se possa fazer aquando da impugnação do acto consequente. Não pode, isso sim, é impor que assim seja. Daí que tenhamos sérias dúvidas quanto à constitucionalidade das alterações operadas pela LOE/2012 no art. 63º do CPPT, designadamente a revogação do seu nº 10, em que se previa a impugnação judicial autónoma da autorização de abertura do procedimento da aplicação das cláusulas anti-abuso. É que, como facilmente se compreenderá, a abertura de um procedimento de aplicação de tais cláusulas jamais se limitará a desencadear efeitos relativamente apenas à liquidação de impostos. O que podemos ilustrar com os efeitos reputacionais das empresas que a abertura de tais procedimentos necessariamente provocará.

3.3. *Conclusão sobre a impugnação dos actos relativos a benefícios fiscais.* Podemos, assim, concluir quanto à impugnação dos actos relativos a benefícios fiscais, que estes devem, em princípio, ser impugnados autonomamente, não podendo, por conseguinte, ser impugnados se e aquando da liquidação do correspondente imposto. O que resulta do facto de tais actos constituírem actos administrativos autónomos, actos administrativos relativos a questões tributárias, que, embora sendo pressuposto de actos de liquidação dos impostos a que os benefícios fiscais se reportam, jamais se esgotam nestes. Daí não poderem ser configurados como estritos actos preparatórios de tais actos de liquidação.

O que tem importantes e decisivas consequências em sede da impugnação judicial de tais actos e da sua relação com a impugnação dos actos de liquidação dos impostos correspondentes, sendo completamente diferente consoante estejamos perante um acto administrativo autónomo ou face a um acto preparatório de um acto tributário em sentido estrito.

Pois, como acto administrativo autónomo, ele apresenta-se: 1) um acto judicialmente impugnável; 2) impugnação que deve ser desencadeada no correspondente prazo de três meses (a menos que se trate de um acto afectado de nulidade), sob pena de caducidade do direito de acção; 3) apenas poderá ser impugnado fora desse prazo caso se verifique alguma das situações constantes do nº 3 do art. 58º do CPTA, e nos precisos termos deste preceito legal; 4) a impugnação será através de uma acção administrativa dirigida contra o acto administrativo relativo ao benefício fiscal em causa e não contra o acto de liquidação do correspondente imposto; 5) só não será assim no caso de o beneficiário ter conhecimento do acto relativo ao benefício fiscal aquando ou através da consequente liquidação do imposto, caso em que há-de admitir-se a impugnação do acto de liquidação do imposto ainda que por vícios do acto administrativo pressuposto, limitando-se, todavia, a impugnação à destruição dos efeitos deste acto que tenham repercussão na consequente liquidação.

Já, a ser considerado como um acto preparatório do acto de liquidação do correspondente imposto, temos: 1) como acto preparatório, não é, em princípio, um acto impugnável judicialmente; 2), todavia, porque é um acto que lesa direitos ou interesses legalmente protegidos, um acto destacável por natureza, pode ser impugnado judicialmente, o que constitui uma faculdade mas não um ónus; 3) entendimento este como uma faculdade que deve valer igualmente para o caso em que essa impugnabilidade resultar de disposição legal, ou seja, se apresente como um acto destacável por força de disposição legal; 4) a menos que a lei expressamente configure essa impugnação como um ónus, caso em que a impugnação do acto preparatório não pode ser deferida para a impugnação do acto final, do acto de liquidação do imposto; 5) a impugnação ocorrerá, por via de regra, do acto final, do acto de liquidação do imposto, e não do acto preparatório ou acto relativo ao benefício fiscal.

Mas, atento quanto dissemos, parece evidente que os actos relativos a benefícios fiscais, como actos administrativos relativos a questões fiscais que indiscutivelmente são, embora se apresentem como actos pressuposto de actos de liquidação dos correspondentes impostos, constituem actos administrativos autónomos praticados pela Administração Tributária. Actos administrativos cuja autonomia não pode ser objecto de utilização e menos ainda de manipulação, designadamente para ampliar a garantia jurisdicional dos administrados contra actos administrativos para além do que é adequadamente assegurado pelo disposto no nº 4 do art. 268º da Constituição. Pois o que esta garantia constitucional exige é que, independentemente da configuração e da maior ou menor autonomia apresentada pelos actos em causa, seja assegurada uma via apropriada de acesso aos tribunais para impugnar a legalidade das actuações administrativas que, segundo a fórmula mais tradicional, lesem direitos ou interesses legalmente protegidos dos administrados, ou, na fórmula já referida da actual redacção do CPTA, produzam efeitos jurídicos externos em situações individuais e concretas.

A Tributação da Exploração Petrolífera em Portugal*

Sumário: I. Introdução; II. A sequência dos regimes de tributação: 1. A tributação inicial segundo o regime geral; 2. A passagem para a tributação segundo um regime especial; 3. O regresso à tributação segundo o regime geral; III. O regime actual: 1. O Decreto-Lei nº 109/94, 2. O regime previsto no Código do IRC, 3. A articulação com as normas contabilísticas e de relato financeiro; IV. Alusão ao regime de tributação da fase *downstream*; V. Em conclusão.

I. Introdução

A título introdutório, devemos começar por advertir que o regime jurídico relativo à prospecção, pesquisa, exploração e produção de petróleo e gás natural em Portugal é baseado no chamado regime de concessão. E concretiza-se numa disciplina relativamente simples, a qual ainda não foi objecto de uma aplicação integral, porquanto até agora não houve a possibilidade prática de a aplicar a todas as fases da exploração e produção petrolífera, em virtude de essas etapas ainda não se terem verificado em Portugal, onde ainda se não passou das fases de prospecção e pesquisa. O que sendo inteiramente válido em relação a toda a disciplina jurídica da prospecção, pesquisa, exploração e produção de petróleo e gás natural também o é relativamente ao domínio aqui em consideração, reflectindo-se, por conseguinte, em sede da tributação da exploração petrolífera.

Como acabamos de referir a disciplina jurídica em causa é baseada no regime de concessão, porque, na época em que a preocupação com tal dis-

---

* Texto elaborado em co-autoria com a Mestre Marta Costa Santos, publicado na *Revista de Legislação e de Jurisprudência*, Ano 145, 2015/16.

ciplina jurídica surgiu, era esse o sistema universalmente vigente. O que tem expressão, servindo de resto de explicação, no preâmbulo do Decreto nº 47.973, de 30 de Setembro de 1967 que veio regular a outorga das concessões de pesquisa e exploração para o aproveitamento de petróleo no subsolo da plataforma continental metropolitana[1]. Escreveu-se no preâmbulo desse diploma que se adoptou o sistema de concessões compreendendo o exclusivo dos direitos de prospecção, pesquisa e exploração[2], uma vez que esse sistema, em regime de exclusivo, para as várias fases, é o mais simples e o que se crê melhor favorecer o desenvolvimento ordenado das actividades petrolíferas.

Um tal sistema foi, depois, mantido nos diplomas legais que, posteriormente, vieram a conter a disciplina jurídica da exploração petrolífera em Portugal, ou seja, mais especificamente, o anterior Decreto-Lei nº 141/90, de 2 de Maio, e o actual Decreto-Lei nº 109/94, de 26 de Abril, tendo sido, como bem se compreende, amplamente aplicado nos diversos contratos de concessão celebrados relativamente à prospecção, pesquisa e exploração petrolífera tanto em áreas *onshore* como em áreas *offshore* nas então províncias ultramarinas, tendo começado por Moçambique (1948) e Angola (1957)[3], estendendo-se, posteriormente, na década de sessenta, à Guiné (Bissau) e, já na década de setenta, a Timor[4].

Deste sistema de exploração petrolífera assente no contrato de concessão, derivam, naturalmente, consequências em sede da tributação do petróleo enquanto modalidade da remuneração dos Estados produtores

---

[1] A que se referia a Lei 2080, de 21 de Março de 1956 (Bases dos regime jurídicos do solo e subsolo dos planaltos continentais).

[2] Com a duração de um período inicial de 6 anos, extensível por mais 40, susceptível de ser, por sua vez, prorrogado, em circunstâncias especiais. Duração desses períodos fixada de harmonia com o padrão corrente em concessões de semelhante natureza, tendo em conta o tempo exigido pelo carácter dos trabalhos de prospecção e pesquisa marítima e as necessidades de amortização dos investimentos requeridos para se chegar à fase de produção, e mesmo para além dela.

[3] Em ambos os casos à *Gulf Oil Corporation* – v., sobre esta, ANTÓNIO JORGE SANTO PINTO, *A Gulf Oil Corporation na guerra colonial: a sua permanência em Angola*, Tese de Mestrado defendida na FLUC, https://estudogeral.sib.uc.pt/bitstream/10316/27616/1/disserta%C3%A7%C3%A3o%20ap%C3%B3s%20defesa.pdf

[4] V., relativamente a Timor, a autorização constante do Decreto nº 25/74, de 31 de Janeiro, ao Ministro do Ultramar para celebrar, em representação da província de Timor, um contrato de concessão com a sociedade anónima portuguesa de responsabilidade limitada a constituir pela firma *Oceanic Exploration Company*, de acordo com o texto anexo a esse decreto.

de petróleo, ou, em uma outra versão, da configuração do direito de captura das rendas petrolíferas por parte desses Estados[5]. Essa remuneração ou captura de rendas é bastante diversificada, estando a sua concretização longe de se reconduzir às conhecidas figuras tributárias, aos tributos, sejam estes impostos, taxas ou contribuições especiais[6], sobretudo nos países ou relativamente aos campos petrolíferos cuja exploração e produção sigam os sistemas assentes em contratos de partilha da produção, em contratos de serviços ou na participação estadual na actividade de exploração e produção petrolífera. De facto, quando é este o caso, a remuneração ou a captura das rendas decorrentes da exploração petrolífera por parte dos Estados em cujo território esta tem lugar explica-se mais pela ideia de um Estado proprietário ou de um Estado empresário do que pela ideia do conhecido e, a todos os títulos modelar, Estado fiscal ou, em termos mais amplos, do Estado tributário[7].

Já no sistema mais tradicional e clássico de exploração e produção do petróleo, no sistema de concessão, verifica-se, relativamente aos instrumentos pelos quais os Estados obtêm a correspondente remuneração ou captura das rendas, uma clara opção pelas soluções mais próximas do Estado fiscal. O que tem expressão, de resto, não só relativamente aos impostos, gerais ou especiais, com base nos quais, por via de regra, se tributam os lucros ou a actividade de exploração e produção petrolífera, como também, no que concerne a outros instrumentos remuneratórios dos Estados concessionários, como são as rendas de superfície e os impostos de produção ou *royalties*, que não raro são reconduzidos ou aproximados ao universo dos

---

[5] Sobre a tributação da actividade de exploração petrolífera, v., por todos, BAIN & COMPANY/FREIRE TOZZINI. *Relatório I – Regimes Jurídico-Regulatórios de E&P de Petróleo e Gás Natural*, São Paulo, 2009; DÉCIO H. BARBOSA, *Tributação do Petróleo no Brasil e em Outras Jurisdições*, Livre Expansão, Rio de Janeiro, 2010; JOSÉ CASALTA NABAIS e INÊS BENTO, «Tributação do petróleo», em José Carlos Vieira de Andrade/Rui de Figueiredo Marcos (Coord.), *Direito do Petróleo*, FDUC/IJ, 2013, pp. 215 e ss.
[6] Sobre estas figuras tributárias, v. JOSÉ CASALTA NABAIS, *Direito Fiscal*, 8ª ed., Almedina, Coimbra, 2015, pp. 38 e ss., e «Sobre o regime jurídico das taxas», *Revista de Legislação e de Jurisprudência*, ano 145º, 2015/16, pp. 25 e ss.; SUZANA TAVARES DA SILVA, *Direito Fiscal. Teoria Geral*, 2ª ed., Imprensa da Universidade de Coimbra, 2015, pp. 27 e ss.
[7] Como Estado financeiramente suportado pelo conjunto dos tributos que, atentas as espécies paradigmáticas destes, os impostos e as taxas, é um Estado em parte fiscal e em parte taxador. – Relativamente ao Estado fiscal e ao Estado tributário, v. JOSÉ CASALTA NABAIS, *O Dever Fundamental de Pagar Impostos. Contributo para a compreensão constitucional do estado fiscal contemporâneo*, Almedina, Coimbra, 1998, pp. 191 e ss.

impostos ou, como acontece mais frequentemente, ao âmbito mais amplo e impreciso dos tributos.

Muito embora estas figuras de carácter remuneratório facilmente se nos apresentem como contrapartida de prestações que os Estados realizam às companhias, por via de regra multinacionais detentoras das concessões petrolíferas, enquanto proprietários ou donos das jazidas de petróleo e gás, fazendo assim valer os seus direitos relativamente ao acesso à superfície territorial concessionada e à aquisição desses recursos minerais públicos de natureza esgotável. Ou seja, procedendo os Estados em termos que, em geral, seriam os de qualquer outro proprietário, e não enquanto detentores do chamado poder tributário ou competência tributária[8], que constitui, de resto, simultaneamente a base e a manifestação mais importante da própria soberania estadual[9]. Por isso mesmo, tais contrapartidas a pagar pelas companhias concessionárias aproximam-se mais de contrapartidas cujo montante cabe fixar ao mercado ou em ambiente de mercado, configurando ou aproximando-se de verdadeiros preços, do que contrapartidas que sejam essencialmente recortadas pelo poder tributário dos Estados, isto é, de tributos.

Com o que acaba de ser dito, pretendemos assinalar que, quando falamos de tributação da exploração petrolífera, estamos, de um lado, a utilizar esta expressão com um sentido algo impreciso, correspondente à *tributação em sentido amplo*, a qual abarca a totalidade dos encargos impostos pelo Estado às empresas petrolíferas, e, de outro lado, a referir-nos a uma *tributação muito especial*, que se afasta da tributação do rendimento da generalidade

---

[8] Em Portugal falamos de poder tributário e no Brasil em competência tributária para designar o poder ou a competência de criar e disciplinar juridicamente ao mais alto nível os tributos, *maxime* os impostos, que constitui um poder legislativo qualificado, porquanto se encontra sob a alçada do conhecido e exigente princípio da legalidade fiscal ou legalidade tributária. Refira-se que em Portugal contrapomos o referido poder tributário à competência tributária que é o poder de a Administração Tributária (Autoridade Tributária a Aduaneira) liquidar e cobrar os impostos, competência que se exprime presentemente através de uma actividade basicamente passiva e *a posteriori*, já que, através do que se vem designando por "privatização" da administração ou gestão dos impostos, a correspondente actividade activa cabe aos particulares, sobretudo às empresas – v., por todos, José Casalta Nabais, *Direito Fiscal*, ob. cit., pp. 326 e ss.; e Hugo Flores da Silva, *Privatização do Sistema de Gestão Fiscal*, Coimbra Editora, Coimbra, 2014, pp. 29 e ss.

[9] Quanto à ideia de soberania dos Estados e, consequentemente, a sua componente mais paradigmática, a soberania fiscal, v. José Casalta Nabais, *O Dever Fundamental de Pagar Impostos*, ob. cit., pp. 290 e ss.

das empresas, seja porque, perspectivada a partir da tributação do rendimento, apresenta especificidades de regime, seja porque, em larga medida, nem de tributação verdadeiramente se trata[10].

Assim, enquanto tributação em sentido amplo, reportamo-nos a todos os encargos que traduzem a remuneração do Estado (ou outros entes públicos territoriais[11]) pela extracção do petróleo, que na terminologia internacional vem sendo designada por *government take*[12]. O que tem como consequência que o universo de encargos fiscais que recaem sobre as empresas petrolíferas, que vai muito para lá do conhecido universo dos tributos, está directamente relacionado com o tipo de instrumentos jurídicos estabelecido entre o Estado produtor e as *oil companies* para a exploração e produção de petróleo, ou seja, a licença, o contrato de concessão, o arrendamento (*lease*), os contratos de partilha de produção, os contratos de serviços, entre outros[13].

Como se depreende da análise do regime da tributação da exploração petrolífera, os Estados têm vindo a ser remunerados de diversas formas pela extracção do petróleo: na qualidade de *Estado fiscal*, remunerando-se através de diversos tributos unilaterais ou impostos; na modalidade de *Estado taxador*, na medida em que se financia através de tributos bilaterais ou taxas; como *Estado proprietário* no que concerne às rendas de superfície, aos *royalties*, à partilha da produção e aos contratos de serviços; e mesmo como *Estado empresário* petrolífero, no caso de haver um sistema de participação na exploração e produção, designadamente através da constituição

---

[10] Neste sentido veja-se v. José CASALTA NABAIS e INÊS BENTO, «Tributação do petróleo», em José Carlos Vieira de Andrade/Rui de Figueiredo Marcos (Coord.), *Direito do Petróleo*, ob. cit., pp. 231 a 237.

[11] Na medida em que estes entes territoriais, como os estados federados, as regiões autónomas, as províncias e os próprios municípios, participem na partilha da mencionada remuneração, como vem acontecendo no Brasil, muito embora seja de sublinhar, a tal respeito, que essa partilha, porque referente ao destino das receitas proporcionadas pela tributação, se situe já não tanto em sede do direito tributário ou fiscal, mas mais no domínio do direito financeiro. V., a este respeito, José CASALTA NABAIS, *Direito Fiscal*, ob. cit., pp. 241 e ss.

[12] Para mais desenvolvimentos sobre esta temática, v. José CASALTA NABAIS e INÊS BENTO, «Tributação do petróleo», em José Carlos Vieira de Andrade/Rui de Figueiredo Marcos (Coord.), *Direito do Petróleo*, ob. cit., pp. 231 a 234.

[13] V., a este respeito, SUZANA TAVARES DA SILVA e MARTA VICENTE, «Regime Jurídico da exploração petrolífera», em José Carlos Vieira de Andrade/Rui de Figueiredo Marcos (Coord.), *Direito do Petróleo*, ob. cit., pp. 85 a 136.

de sociedades mistas, ou na medida em que tenha lugar uma reserva dessa actividade a uma ou várias empresas estaduais.

Por seu turno, no que respeita ao *regime tributário muito especial* ao qual fizemos referência, como foi dito, a tributação do petróleo é uma tributação que se afasta da do rendimento da generalidade das empresas, uma vez que a mesma está relacionada com a remuneração que a exploração e produção desse recurso natural não renovável pode proporcionar aos correspondentes Estados, constituindo, desta forma, o preço que as empresas petrolíferas pagam pela aquisição definitiva de recursos naturais que, no caso de Portugal como em muitos outros países se configuram mesmo como património da comunidade, porquanto integram, como veremos mais adiante, o domínio público por força da própria Constituição.

Em suma, importa ter presente que, quando nos referimos à "tributação do petróleo", estamos a utilizar esta expressão num sentido muito amplo, englobando esta tributação as diversas modalidades que assume a remuneração que o Estado português obtém (ou pretende obter) das empresas que se dedicam à exploração petrolífera, ainda que, como bem se compreende, os impostos tenham um peso primordial nessa tributação.

II. A sequência dos regimes de tributação

Antes da análise mais específica ao recorte legal do regime actual de tributação da exploração do petróleo, impõe-se traçar, em termos naturalmente muito sumários, a sequência dos regimes que num tal domínio se sucederam, uma vez que esse regime não tem sido o mesmo desde que essa actividade se tornou objecto de disciplina legal, tendo-se verificado, de resto, alguma instabilidade.

1. A inicial tributação segundo o regime geral

Segundo A. J. Guerner Dias «[a] história da prospecção de hidrocarbonetos em Portugal ter-se-á iniciado em meados do século XIX. Data de 1844 uma das primeiras referências à existência de hidrocarbonetos no nosso território. No lugar designado Canto de Azeche, em São Pedro de Muel, entre 1844 e 1861 foram exploradas areias asfálticas[14]».

É de referir que até ao final dos anos 30, Portugal era abastecido de produtos petrolíferos por várias empresas estrangeiras como a *Shell*, a *Vaccum*

---

[14] V. A. J. GUERNER DIAS, *Reavaliação do potencial petrolífero do onshore da Bacia Lusitaniana*, Tese de Doutoramento, Departamento de Geologia, Faculdade de Ciências da Universidade do Porto, 2005, p. 5.

(mais tarde *Vacuum-Socony*) e a *Atlantic*. Em 1933, foi constituída a Sociedade Nacional de Petróleos (ou SONAP), a qual era detida por investidores estrangeiros (60%) e pelo Estado português (40%), mas que em nada mudou o panorama português no respeitante do mercado de combustíveis.

A generalidade das sondagens de pesquisa efectuadas no Norte e Sul da bacia Lusitaniana no início do século XX foram pouco profundas, localizando-se nas proximidades de fenómenos de impregnações superficiais de rochas com hidrocarbonetos, denominado por *seepage*[15].

Em 1936 fundou-se a *Vaccum Oil Company*, primeira empresa de venda de óleos lubrificantes. A necessidade de refinar localmente o petróleo está directamente ligada à aprovação do Decreto-Lei nº 1947, de 13 de Fevereiro de 1937 (a *Lei dos Petróleos*[16]), que, complementado pela Lei nº 1965, de 17 de Maio desse mesmo ano (*Condicionamento Industrial*), origina as condições para posteriormente ser criada a *Sociedade Anónima de Combustíveis e Óleos Refinados* (SACOR[17]).

Em 1938 foi emitido um alvará de concessão para pesquisa de petróleo e substâncias betuminosas, abrangendo as bacias Lusitânica e do Algarve. Por várias vezes houve transmissão dos direitos desta concessão, que se manteve activa até ao ano de 1968[18].

Como durante a primeira metade do século XX foram várias as regiões que manifestaram a existência de petróleo em Portugal (Monte Real, Pedras Negras e Canto de Azeche, no distrito de Leiria; Torres Vedras, Alenquer, Vila Franca de Xira e Belas, no distrito de Lisboa; Loulé e Guilhim, distrito de Faro), algumas empresas internacionais, como era o caso da Mobil (anteriormente conhecida como Socony-Vacuum Oil Company) manifestaram interesse em estabelecer um contrato de prospecção com

---

[15] Que significa fuga de gás e/ou óleo.

[16] A Lei nº 1947, de 12 de Fevereiro de 1937, define o regime especial a que ficam submetidos a importação, armazenamento e tratamento industrial dos petróleos brutos, seus derivados e resíduos.

[17] Em 1938 concedeu-se à SACOR um alvará para a construção da primeira refinaria portuguesa em Cabo Ruivo, no dia 25 de Abril, tendo ocorrido a inauguração de tal refinaria em 1940, até então o maior projeto industrial do Estado Novo. A SACOR revolucionou a indústria petrolífera nacional, tornando-se na primeira a refinar a rama e a abrir caminho para uma indústria de futuro.

[18] Informações retiradas da página de *internet* da Entidade Nacional para o Mercado de Combustíveis, E.P.E. http://www.enmc.pt/pt-PT/atividades/pesquisa-e-exploracao-de--recursos-petroliferos/contratos-e-concessoes/a-pesquisa-de-petroleo-em-portugal/ (último acesso em Setembro de 2015).

Portugal. No entanto, as pesquisas nunca revelaram indícios de petróleo em quantidade economicamente explorável.

A partir de 1967, a necessidade das companhias petrolíferas de encontrarem novas fontes de produção provocou o interesse de cerca de trinta empresas pelo *offshore* do continente metropolitano de Portugal[19]. Por forma a regulamentar a actividade de pesquisa e exploração de petróleo na plataforma continental metropolitana foi publicado, em 30 de Setembro de 1967, o Decreto nº 47.973[20].

Para efeitos de concessão[21], a área do subsolo da plataforma foi então dividida em 280 blocos com cerca de 100 km² cada um. As companhias tinham a permissão para deter a concessão de mais de um bloco. As concessionárias ficavam com o direito exclusivo de pesquisa e exploração por um período inicial de seis anos e um período posterior de quarenta anos que, em circunstâncias especiais, podia ser renovado, como consta da Secção II do referido Decreto nº 47 973.

Segundo o artigo 41º desse Decreto, a actividade de exploração de petróleo no *offshore* ficava sujeito ao regime tributário geral, pagando além dos impostos desse regime, o Imposto de Superfície e os direitos de concessão. O Imposto de Superfície correspondente ao período inicial de seis anos era pago adiantadamente e por uma só vez; à razão de 2.000$00 por quilómetro quadrado, não sendo reembolsável. Já o imposto de superfície correspondente a cada um dos anos de efectiva duração da concessão durante o período de prorrogação por 40 anos era pago anual e adiantadamente, sem direito também a qualquer reembolso, no primeiro ano no valor de 4.000$00 por quilómetro quadrado, aumentando em cada um dos anos seguintes de 2.000$00 por quilómetro quadrado, até atingir o máximo de 20.000$00, mantendo-se nesse valor até final do período de prorrogação.

---

[19] Entre aquelas interessadas estavam grandes corporações internacionais como a *Esso Exploration*, a *Texaco*, a *Gulf Oil Corporation*, a *Standard Oil of California*, a *Anglo-American Corporation of South-Africa* e a *Mobil Oil*.

[20] A disciplina da concessão dos direitos de prospecção, pesquisa, desenvolvimento e exploração de petróleo relativamente à parte em que a plataforma submarina continental da metrópole se estende para além da batimétrica dos 200 m só foi regulada com o Decreto-Lei nº 96/74, de 13 de Março.

[21] Foram concedidos blocos para a pesquisa e exploração de petróleo a nove companhias: *Shell, Esso Exploration, AngloAmerican Corporation of South Africa, Texaco, Phillips Petroleum Services, Superior Oil Internacional, Mobil Oil, Standard Oil of California e Amoco Portugal Petroleum Company*. V., a este propósito, Moisés Levy Ayash, *O petróleo no espaço português: estudo de mercado*, Lisboa, Secretariado da Presidência do Conselho, 1970, p. 16.

Quanto aos direitos de concessão os mesmos incidiam sobre o valor bruto à cabeça da sondagem dos produtos extraídos e recuperados que não fossem utilizados na área concessionada em operações de produção. Porém, dadas as previsões pouco optimistas de se encontrar petróleo na costa portuguesa, o Estado optou por cobrar uma taxa com um valor mínimo de 11% sobre o valor do petróleo extraído, havendo liberdade de fixar o valor da mesma no respectivo contrato[22].

Dos direitos de concessão era deduzido o Imposto de Superfície correspondente aos blocos em produção, sendo que se este imposto fosse superior àqueles direitos só seria devido este.

Todavia, tal como as provisões haviam anunciado, as pesquisas não tiveram êxito, não se tendo encontrado petróleo economicamente explorável na costa portuguesa[23].

Face a esta realidade, através do Decreto-Lei nº 168/77, de 23 de Abril, abandonou-se o modelo único de prospecção, pesquisa, desenvolvimento e exploração de petróleo apenas através do regime jurídico-económico da concessão dos respectivos direitos, passando-se a admitir também o regime assente em contrato de prestação de serviços. Segundo um tal regime, o prestador, pelo contrato de prestação de serviços, obrigava-se, à sua custa e risco exclusivos, a prestar ao Estado serviços de prospecção, pesquisa, desenvolvimento e exploração de jazigos de petróleo na área a que se referisse o contrato, obrigando-se o Estado a remunerá-lo (em espécie ou em dinheiro). O Estado seria, todavia, o único proprietário do petróleo extraído.

2. A passagem para a tributação segundo um regime especial

As actividades de prospecção e pesquisa de petróleo em Portugal foram objecto de grande desenvolvimento durante quase toda a década de 70, beneficiando, entre outras razões, de uma conjuntura internacional favorável. É nesse contexto que o Decreto-Lei nº 625/71, de 31 de Dezembro, com as

---

[22] Segundo Moisés Levy Ayash esta taxa mínima estava dentro da ordem de grandeza das taxas que oneravam o petróleo que viesse a ser extraído na plataforma continental espanhola (13,5%), inglesa (10%) e dinamarquesa (8%). Cfr. Moisés Levy Ayash, *O petróleo no espaço português: estudo de mercado*, p. 7.

[23] Sobre a pesquisa de petróleo em Portugal e a atribuição das concessões no *onshore* e no *offshore* ver o *site* http://www.enmc.pt/pt-PT/atividades/pesquisa-e-exploracao-de-recursos--petroliferos/contratos-e-concessoes/a-pesquisa-de-petroleo-em-portugal/ (último acesso em Setembro de 2015).

alterações que depois sofreu através do Decreto-Lei nº 256/81, de 1 de Setembro, e do Decreto-Lei nº 440/83, de 24 de Dezembro, sujeitava as pessoas singulares ou colectivas, concessionárias ou arrendatárias, que exerciam em Portugal (compreendida a respectiva plataforma continental) a indústria extractiva de petróleo, incluindo prospecção, pesquisa, desenvolvimento e exploração, bem como todas as que a elas se encontravam de qualquer forma associadas (*joint-venture*[24], *farm-out*) ao pagamento dos seguintes encargos fiscais: Renda de Superfície; Imposto sobre a Produção de Petróleo (*Royalty*[25]) e Imposto sobre o Rendimento de Petróleo. Uma palavra sobre cada um destes encargos fiscais.

Quanto à Renda de Superfície, que se caracteriza por ser anual, paga adiantadamente e nunca reembolsável, era fixada para cada concessão, por despacho do Ministro das Finanças e do Secretário de Estado da Indústria, entre os limites de 100$00 e 20.000$00 por quilómetro quadrado ou fracção. Estava prevista a sua actualização de cinco em cinco anos, de acordo com a variação do valor do escudo.

Já o Imposto sobre a Produção de Petróleo era de 12,5%[26] das quantidades de ramas, gás comercial e gasolina natural produzidas, ou do seu valor, determinadas no ponto de medida fixado pela fiscalização, deduzidas das quantidades consumidas *in natura* nas operações de prospecção, pesquisa, desenvolvimento e exploração. Estava sujeito ao pagamento deste imposto a entidade ou entidades que tivessem participação no petróleo produzido e em relação à parte que a cada uma cabia.

---

[24] Sobre o contrato de *joint venture*, v. Ana Filipa das Neves Martins de Sousa, *O contrato de joint venture*, Dissertação do 2º ciclo de Estudos em Direito, Ciências Jurídico-Empresariais, Faculdade de Direito da Universidade de Coimbra, 2013.

[25] O conceito de *royalty* aqui empregue diverge do sentido tradicional do mesmo. Estamos, neste contexto, perante um tributo que pode ser cobrado por unidade de produção, como um valor uniforme e fixo por nível específico, ou como uma taxa ou alíquota incidente sobre o valor de produção. A taxa ou alíquota aplicada pode ser proporcional ou progressiva, de acordo com a quantidade de petróleo produzido, sendo a frequência do respectivo pagamento variável. No caso de Portugal, e sendo esta a forma mais comum de aplicação do *royalty*, surge como um imposto por unidade de produção, sob a designação de *Imposto sobre a Produção do Petróleo*, à semelhança do regime Angolano.

[26] À excepção de ramas e gás comercial – taxa de $16\,^2/_3$; da gasolina natural – taxa de 24% e da gasolina natural – taxa de $16\,^2/_3$.

Enfim, o imposto sobre o rendimento do petróleo era 50% do rendimento tributável[27]. Este rendimento reportava-se ao saldo revelado pela conta de resultados do exercício ou de ganhos e perdas, consistindo na diferença entre os proveitos ou ganhos[28] realizados no exercício e os custos ou perdas imputáveis ao mesmo exercício.

Dada a necessidade de regulamentar a execução do Decreto-Lei nº 625/71, na parte referente aos encargos fiscais que oneravam a indústria extractiva do petróleo, foi promulgado o Decreto nº 151/72, de 6 de Maio, que aprovou o Regulamento da Renda de Superfície, do Imposto sobre a Produção de Petróleo (*Royalty*) e do Imposto sobre o Rendimento do Petróleo.

Posteriormente o Decreto-Lei nº 395/73, de 7 de Agosto, veio isentar de pagamento do Imposto de Comércio e Indústria[29] as empresas concessionárias ou arrendatárias que exercessem na plataforma continental de Portugal a indústria extractiva de petróleo, incluindo prospecção, pesquisa, desenvolvimento e exploração, bem como todas as que com elas se encontrassem de qualquer forma associadas e que estivessem sujeitas ao Imposto sobre o Rendimento do Petróleo.

Em matéria de benefícios fiscais, o Decreto-Lei nº 624/73, de 23 de Novembro veio aditar o nº 5 ao artigo 183º do, à data, Código da Sisa e do Imposto sobre as Sucessões e Doações, isentando deste imposto as acções representativas do capital das sociedades sujeitas ao Imposto sobre o Rendimento do Petróleo.

3. O regresso à tributação segundo o regime geral

Entretanto o ritmo das actividades de prospecção e pesquisa de petróleo em território nacional decaiu, drasticamente, durante a década de 80. Com efeito, esgotada a capacidade de resposta dos meios tecnológicos existentes na altura, sem que qualquer descoberta comercial se tivesse concretizado, aquelas actividades foram sendo progressivamente reduzidas.

---

[27] Sobre o imposto não recaiam quaisquer adicionais para o Estado, nem para as autarquias locais.

[28] Os proveitos ou ganhos que se consideravam realizados no exercício eram os previstos no nº 3, do artigo 4º do Decreto-Lei nº 625/71, de 31 de Dezembro.

[29] Que foi um tradicional imposto directo municipal, que estava regulado nos arts. 710º a 714º do Código Administrativo e vigorou até à primeira Lei das Finanças Locais – Lei nº 1/79, de 2 de Janeiro, que veio concretizar a autonomia financeira dos municípios consagrada na actual Constituição (de 1976).

Todavia, ao contrário do que seria de esperar, a tendência para a retracção dos investimentos no sector do petróleo não foi então contrariada pela criação de um quadro jurídico mais atractivo e incentivador, o qual poderia compensar, pelo menos em parte, o acréscimo de risco decorrente da pouca favorabilidade dos resultados obtidos.

Foi neste quadro jurídico e fáctico que teve lugar a entrada em vigor do Imposto sobre o Rendimento das Pessoas Colectivas (IRC)[30]. Ora, o nº 1 do art. 4º do Decreto-Lei 442-B/88, de 30 de Novembro, que aprovou o Código do IRC, sujeitou a este imposto as pessoas colectivas ou outras entidades que se encontravam sujeitas ao Imposto sobre o Rendimento do Petróleo, substituído este imposto especial sobre o rendimento do petróleo pelo imposto geral sobre o rendimento das pessoas colectivas – o IRC.

Com o propósito de incentivar a actividade de prospecção e pesquisa de petróleo, de modo a permitir uma recolha de informação credível relativamente ao potencial das bacias sedimentares nacionais, foi promulgado o Decreto-Lei nº 141/90, de 2 de Maio, que estabeleceu o regime jurídico para o acesso às actividades de prospecção, de prospecção e pesquisa, de avaliação, de desenvolvimento e exploração de petróleo, bem como para o respectivo exercício, tendo remetido expressamente para diploma específico a fixação de determinados aspectos complementares da sua disciplina.

Esse diploma viria a ser o Decreto-Lei nº 261-B/91, de 25 de Julho, que aprovou as bases em obediência às quais deveriam ser elaborados e celebrados os contratos de concessão de direitos exclusivos de desenvolvimento e exploração de petróleo.

Mas ainda em relação àquele Decreto-Lei nº 141/90 é importante assinalar que veio introduzir também alterações em sede da fiscalidade; da criação do prémio de descoberta e das figuras jurídicas adequadas quer à permissão do exercício das actividades de prospecção, de prospecção e pesquisa e de avaliação quer à atribuição de direitos para o desenvolvimento e exploração,

---

[30] Dispõe o art. 4º do Decreto-Lei 442-B/88, que tem por epígrafe é «Imposto sobre o rendimento do petróleo», no seu nº 1: «A partir da data da entrada em vigor do Código do IRC, o imposto sobre o rendimento do petróleo, nos termos em que é regulado pelo Decreto-Lei nº 625/71, de 31 de Dezembro, com as redacções que lhe foram dadas pelos Decretos-Leis nºs 256/81, de 1 de Setembro, e 440/83, de 24 de Dezembro, a que estivessem sujeitas pessoas colectivas ou outras entidades que sejam sujeitos passivos de IRC, fica substituído por este imposto».

nomeadamente através da emissão de licenças[31] e da outorga de contratos de concessão.

Em matéria de fiscalidade, as entidades que exercem as actividades previstas no referido diploma legal estavam sujeitas à generalidade dos impostos integrantes do sistema fiscal à data vigente, nomeadamente, ao pagamento de Imposto sobre o Rendimento das Pessoas Singulares (IRS) ou de IRC. Além disso, o titular da licença e o concessionário tinha de efectuar o pagamento anual da Renda de Superfície, cujo valor era variável, por quilómetro quadrado ou fracção, a fixar por despacho conjunto dos Ministros das Finanças e da Indústria e Energia.

Este novo regime passou a assegurar ao titular da licença de pesquisa ou de avaliação que tivesse procedido à declaração comercial da sua descoberta o direito ao desenvolvimento e à exploração do campo de petróleo. Concedia-se, assim, ao concessionário a livre disposição do petróleo por si produzido.

Acrescente-se que o requerente e o titular de licença ou concessionário estavam ainda obrigados, conforme o caso, ao pagamento de uma taxa de inscrição, de uma taxa de licença, de uma taxa de celebração do contrato, de uma taxa de inscrição respeitante à aquisição derivada de faculdades, direitos ou de posição contratual, bem como, no decurso do 2º trimestre do ano económico seguinte ao do início da produção de petróleo, de uma importância destinada à formação de pessoal, acompanhamento e fiscalização dos trabalhos e à gestão de dados.

III. O regime actual

Passemos agora ao quadro legal actual, dando conta do regime das actividades de pesquisa, desenvolvimento e produção de petróleo, que, como é sabido, integram a fase *upstream*. Trata-se de analisar o Decreto-Lei nº 109/94, de 26 de Abril, e o Código do IRC, fazendo também uma alusão às pertinentes normas de contabilidade e de relato financeiro (NCRF).

1. O Decreto-Lei nº 109/94

Como se refere no preâmbulo do Decreto-Lei nº 109/94, de 26 de Abril, que contém, como já referimos, a disciplina do acesso ao exercício da actividade

---

[31] O pedido de emissão de licenças e a atribuição e emissão destas foi regulado pela Portaria nº 1054/91, de 17 de Outubro.

de prospecção, pesquisa[32], desenvolvimento[33] e produção[34] de petróleo[35], a evolução tecnológica que se verificava à data nas actividades ligadas à prospecção e pesquisa de petróleo, cuja aplicação aos dados técnicos existentes das bacias sedimentares portuguesas se encontra já em curso, permitia inverter favoravelmente a imagem do seu potencial petrolífero de modo a permitir a retoma do interesse dos investidores. Contudo, e tendo em conta a grande concorrência internacional existente para atrair este tipo de investimentos de alto risco, entendeu-se internamente que era urgente criar condições objectivas de atractividade através da instauração de um novo regime jurídico.

O objectivo do Governo, segundo aquele preâmbulo, era o de dar «um novo impulso às actividades de prospecção e pesquisa de petróleo e, consequentemente, de desenvolvimento e produção, criando-se condições de acesso mais favoráveis, simplificando procedimentos administrativos e estabelecendo regras claras ao seu exercício de modo ajustado à realidade e à prática da indústria».

No que respeita ao acesso às actividades e para além da figura do concurso já consagrada anteriormente, este Decreto-Lei veio introduzir o regime de negociação directa, por entender que o mesmo seria útil em Portugal dado não sermos produtores de petróleo. Na verdade, a legisla-

---

[32] Para o direito português a fase de prospecção e pesquisa é a designação dada ao conjunto de trabalhos de gabinete, de laboratório e de campo executados numa área concessionada, com o objectivo de conduzir à descoberta e ou avaliação de acumulações de petróleo (artigos 30º a 36º do Decreto-Lei nº 109/94).

[33] De acordo com os artigos 37º a 41º do Decreto-Lei nº 109/94, sempre que as atividades de prospecção e pesquisa permitam concluir pela existência de um campo de petróleo economicamente viável, tem lugar uma fase de *desenvolvimento*, na qual a concessionária elabora a demarcação preliminar do campo e o plano geral de trabalhos para o mesmo, bem como *planos anuais de trabalhos* devidamente pormenorizados e orçamentados. Esta fase culmina com a demarcação definitiva dos blocos petrolíferos em que se enquadram os campos de petróleo, situação que tem de verificar-se no prazo de cinco anos, a contar da data da aprovação do plano geral de desenvolvimento.

[34] Estabelecem os artigos 42º a 46º do Decreto-Lei nº 109/94, que a fase de *produção* é contemporânea da fase de desenvolvimento, uma vez que a produção comercial de um campo de petróleo poderá ser iniciada a partir da data da aprovação do plano geral de desenvolvimento. A concessionária fica obrigada à medição e registo do petróleo extraído e recuperado.

[35] Os lotes destinados ao exercício da actividade de prospecção, pesquisa, desenvolvimento e produção de petróleo foram conhecidos inicialmente pelo Aviso D.R., III série, nº 167, de 21 de Julho de 1994, e, posteriormente, pelo Aviso D.R., III série, nº 60, de 12 de Março de 2002.

ção relativa ao acesso e exercício das actividades de prospecção, pesquisa, desenvolvimento e produção de petróleo até aí existente contemplava a emissão de vários títulos de licenciamento sucessivos, culminando na outorga de um contrato de concessão apenas se e quando fosse efectuada a declaração de uma descoberta comercial.

Por outro lado, a atribuição do título inicial fazia-se sempre na sequência de concurso, desencadeado pela apresentação de proposta por parte de uma entidade interessada, não dando lugar a negociação. A experiência adquirida quanto à aplicação deste quadro jurídico e da filosofia que lhe estava inerente vinha demonstrando não ser incentivador na captação de novos investimentos no sector por parte da indústria, para além da atribuição que se ia fazendo de licenças a pequenas empresas dotadas de reduzida capacidade técnica e financeira.

Neste sentido, este novo regime veio subordinar o exercício das actividades a um único título, sob a forma de contrato administrativo de concessão, contemplando todas as fases de actividade. Durante as fases de prospecção e pesquisa, o ritmo é marcado por obrigações mínimas de trabalhos, enquadradas por prazos bem definidos para restituição de áreas e para renúncia, compatíveis com a prática usual na indústria.

O direito ao acesso e exercício das actividades passou a exercer-se em áreas suficientemente extensas para assegurar a necessária perspectiva dimensional dos modelos estruturais a estudar, admitindo-se prazos de execução, para as diversas fases, adequados ao que a experiência da indústria recomenda.

Para além do que acaba de ser dito, foi criada ainda a figura da *licença de avaliação prévia* facultativa e de curta duração (seis meses, sem possibilidade de prorrogação), de modo a permitir às entidades que assim o desejem realizar estudos sobre a informação existente, com vista a melhor fundamentar os seus pedidos de concessão. Como referido por Suzana Tavares da Silva e Marta Vicente «[n]ão se trata, portanto, de uma variação dentro do modelo de concessão que permite a diversos interessados efectuar livremente trabalhos de prospecção, mas apenas de um *procedimento prévio*, assente na obtenção de um direito exclusivo, de carácter limitado, com o intuito de ajudar à formação de uma *pretensão concessionária informada*»[36].

---

[36] SUZANA TAVARES DA SILVA e MARTA VICENTE, «Regime Jurídico da exploração petrolífera», em José Carlos Vieira de Andrade/Rui de Figueiredo Marcos (Coord.), *Direito do Petróleo*, ob. cit., p. 126.

Aquela limitação temporal dos seis meses visa impedir que as licenças sejam requeridas apenas para impossibilitar pesquisas a realizar por outros interessados, uma vez que, nos termos do nº 2 do artigo 24º do Decreto-Lei nº 109/94, durante o prazo de validade da licença não podem ser atribuídos direitos a terceiros incidentes no todo ou em parte sobre a área objecto da mesma.

Quanto à outorga de concessões a mesma depende da abertura de concurso público, por iniciativa do Governo ou na sequência da apresentação de uma candidatura para o exercício de actividades em determinada área. As concessões podem ainda ser atribuídas por negociação directa nos casos previstos no nº 2 do artigo 8º daquele Decreto-Lei, ou seja, relativamente a áreas previamente declaradas disponíveis; áreas que tenham sido objecto de concurso anterior de que não tenha resultado a atribuição de uma concessão; áreas restituídas por concessionárias e áreas contíguas às de uma concessão em vigor, se a anexação dessas áreas de concessão se justificar por razões de ordem técnica ou económica.

Relativamente à duração dos períodos das concessões foi estabelecida de harmonia com o padrão corrente em concessões de semelhante natureza, tendo em conta o tempo exigido pelo carácter dos trabalhos de prospecção e pesquisa marítima e as necessidades de amortização dos investimentos requeridos para se chegar à fase de produção, e mesmo para além dela. Assim, fixou-se o prazo inicial da concessão de oito anos, contados a partir da data da assinatura do respectivo contrato, podendo ser prorrogado por duas vezes, por períodos de um ano. Contudo, se em qualquer altura da vigência do prazo inicial ou das suas eventuais prorrogações, for aprovado um plano geral de desenvolvimento e produção o prazo da concessão será acrescido de mais 25 anos, contados a partir da data da aprovação do referido plano, havendo a possibilidade deste prazo ser prorrogado por uma ou mais vezes, até ao limite de 15 anos, não podendo qualquer das prorrogações ser inferior a 3 anos.

No que se prende com as obrigações fiscais, o artigo 49º daquele Decreto-Lei prescreve que as entidades que exerçam as actividades nele previstas estão sujeitas à generalidade dos impostos integrantes do sistema fiscal vigente no País e ainda ao pagamento das seguintes prestações pecuniárias: a) Imposto sobre Produção de Petróleo; b) Rendas de Superfície, e c) diversas taxas.

Em matéria de investimentos podem ser contabilizados aqueles que forem realizados no exercício das actividades de prospecção e pesquisa, devendo ser contabilizados como imobilizado incorpóreo (artigo 50º, nº 1), excepto os elementos do activo imobilizado corpóreo cuja vida útil não se esgote nas fases de prospecção e pesquisa (artigo 50º, nº 2)[37].

Os investimentos referidos no nº 1 do artigo 50º, nos quais não tiver sido utilizada a provisão mencionada no então artigo 36º do Código do IRC[38] e contabilizados como imobilizado incorpóreo, serão amortizados de acordo com o regime previsto naquele Código, a partir do início da produção, podendo, no entanto, os que sejam imputáveis à descoberta e sua avaliação durante o período de prospecção e pesquisa ser integralmente dedutíveis no primeiro exercício completo da exploração (artigo 50º, nº 3).

a) Imposto sobre a Produção de Petróleo

Através do Decreto-Lei nº 109/94, é criado o *Imposto sobre a Produção de Petróleo*, que tributa a quantidade de petróleo produzido, operando em simultâneo com a tributação do rendimento, aplicável somente para valores de produção anual situados para além de um patamar de isenção pré-definido, calculado com base numa escala progressiva. A produção de gás natural fica isenta de pagamento deste imposto.

---

[37] Refira-se que, na terminologia adoptada pelo Sistema de Normalização Contabilística (SNC), o imobilizado incorpóreo corresponde aos activos intangíveis e o imobilizado corpóreo aos activos fixos tangíveis.

[38] Refira-se que este preceito, que tinha por epígrafe «provisões para a reconstituição de jazigos», corresponde actualmente ao art. 42º do Código do IRC com a epígrafe «reconstituição de jazidas». V. sobre este preceito o que dizemos *infra* no ponto III.2, preceito que dispõe: «1 – Os sujeitos passivos que exerçam a indústria extractiva de petróleo podem deduzir, para efeitos da determinação do lucro tributável, o menor dos seguintes valores, desde que seja investido em prospecção ou pesquisa de petróleo em território português dentro dos três períodos de tributação seguintes: a) 30% do valor bruto das vendas do petróleo produzido nas áreas de concessão efectuadas no período de tributação a que respeita a dedução; b) 45% da matéria colectável que se apuraria sem consideração desta dedução; 2 – No caso de não se terem verificado os requisitos enunciados no nº 1, deve efectuar-se a correcção fiscal ao resultado líquido do período de tributação em que se verificou o incumprimento. 3 – A dedução referida no nº 1 fica condicionada à não distribuição de lucros por um montante equivalente ao valor ainda não investido nos termos aí previstos».

Este imposto incide sobre os valores de produção anual de petróleo líquido de cada campo petrolífero[39], aos quais é aplicável uma taxa ou alíquota progressiva, calculada em função dos seguintes escalões:

- campos de petróleo localizados na área emersa do território nacional e nas águas interiores: i) as produções anuais até 300.000 t ficam isentas; ii) à parte da produção anual situada entre as 300.000 t e as 500.000 t aplica-se uma taxa ou alíquota de 6%; iii) para as produções anuais superiores a 500.000 t aplica-se uma taxa ou alíquota de 9% sobre o valor da parte da produção excedente;
- campos de petróleo localizados na área imersa do território e na plataforma continental até à batimétrica dos 200 m: i) as produções anuais até 500.000 t ficam isentos; ii) para as produções anuais superiores a 500.000 t aplica-se uma taxa ou alíquota única de 10% sobre a parte da produção excedente àquele valor;
- campos de petróleo localizados na plataforma continental para além da batimétrica dos 200 m ficam isentos, qualquer que seja o valor da produção (artigo 51º nº 1 do Decreto-Lei nº 109/94).

b) Renda de Superfície
Para além do que acaba de ser dito relativamente ao Imposto sobre a Produção de Petróleo, a concessionária fica sujeita ao pagamento anual da Renda de Superfície, de montante a determinar no contrato de concessão, calculada entre os valores mínimo e máximo por quilómetro quadrado da área atribuída. Uma prestação que embora autonomizada face às taxas, não passa de uma taxa, já que mais não é do que uma compensação pecuniária pela exploração do subsolo[40].

O Despacho Conjunto nº A-87/94-XII (Diário da República, II série, nº 14, de 17 de Janeiro de 1995) fixou o valor anual desta Renda de Superfície entre 2.500$00 (= € 1.250,00) e 50.000$00 (= € 25.000,00) por quilómetro quadrado da área atribuída. Acrescentou ainda que o montante

---

[39] Os valores de produção do petróleo líquido referem-se a petróleo desidratado, contendo menos de 1% de água e de sedimentos, medidos à boca do poço. O valor da produção tributável é calculado em função dos preços médios praticados no mercado livre para petróleo de qualidade comparável. Acrescente-se que a produção de gás natural e do condensado a ele associado não é tributável – v. o artigo 51º, nºs 2, 3 e 4, do Decreto-Lei nº 109/94.

[40] V., neste sentido, SUZANA TAVARES DA SILVA e MARTA VICENTE, «Regime Jurídico da exploração petrolífera», em José Carlos Vieira de Andrade/Rui de Figueiredo Marcos (Coord.), *Direito do Petróleo*, ob. cit., p. 262.

daquela renda será fixado no contrato de concessão em função do valor potencial atribuído à área e da fase de execução do contrato.

c) Taxas

Para finalizar, e em matéria de taxas, as licenciadas e as concessionárias ficam vinculadas ao pagamento de três taxas: a taxa de emissão de licença de avaliação prévia; a taxa de celebração de contrato e a taxa de transmissão da posição contratual.

Os valores destas taxas foram fixados pelo Despacho nº 82/94 (D.R. II série, nº 195, de 24 de Agosto de 1994) da seguinte forma:

a) taxa de emissão de licença de avaliação prévia – entre 500.000$00 (= € 250.000,00) e 1.500.000$00 (= € 750.000,00). O montante será fixado na respectiva licença, tendo em consideração a dimensão da área atribuída e a quantidade de informação sobre a mesma disponível;

b) taxa de celebração do contrato – entre 2.000.000$00 (= € 1.000.000,00) e 10.000.000$00 (= € 5.000.000,00). O montante será fixado no respectivo contrato, ponderadas a dimensão e o valor potencial da área atribuída;

c) taxa de transmissão da posição contratual – entre 1.000.000$00 (= € 500.000,00) e 10.000.000$00 (= € 5.000.000,00). O montante será fixado no respectivo contrato, ponderadas a dimensão e o valor potencial da área atribuída.

Importa também referir que as concessionárias disporão livremente do petróleo produzido, exceptuando as situações específicas de guerra ou emergência, caso em que, nos termos do art. 77º do Decreto-Lei nº 109/94, o Estado poderá requisitar a totalidade ou parte do petróleo produzido pelas concessionárias, havendo, todavia, compensação através do pagamento a estas do preço na altura praticado nos mercados internacionais para produtos de características semelhantes.

2. O regime previsto no Código do IRC

O Decreto-Lei nº 109/94 deve ser analisado em complementaridade com o Código do IRC, uma vez que, no domínio da fiscalidade, aplica-se o regime geral aí previsto, com os mecanismos relativos a deduções e amortizações nele consagradas para a exploração petrolífera. Tal justifica-se pelo facto de se ter adoptado um modelo de imposto único sobre as sociedades, abolindo-se o imposto sobre o rendimento do petróleo e integrando-se a tributação da actividade petrolífera no IRC.

A actividade de produção de petróleo passa, desta forma, a ser tributada nos termos gerais do IRC, tendo, para efeitos de incidência territorial, sido considerado como estabelecimento estável a instalação de poço de petróleo (al. *f*) do nº 1 do art. 5º do Código do IRC) localizado em território nacional. Estão, assim, sujeitos a tributação, pelo exercício da actividade de extracção de petróleo quer as entidades residentes quer as não residentes.

Nos termos do nº 2 do art. 20º do Código do IRC, é ainda considerado como rendimento ou ganho o valor correspondente aos produtos entregues a título de pagamento do imposto sobre a produção do petróleo que for devido nos termos da legislação aplicável.

Importante são as provisões para a reconstituição de jazidas previstas no art. 42º do Código do IRC. Nos termos do nº 1 deste preceito legal, os sujeitos passivos que exerçam a indústria extractiva de petróleo podem deduzir, na determinação do lucro tributável, o menor dos seguintes valores: a) 30% do valor bruto das vendas do petróleo produzido nas áreas de concessão efectuadas no período de tributação a que respeita a dedução; b) 45% da matéria colectável que se apuraria sem consideração desta dedução.

Estas provisões têm de ser investidas em prospecção ou pesquisa de petróleo em território português dentro dos três exercícios seguintes à sua constituição ou reforço.

Segundo o disposto no nº 2 daquele art. 42º, no caso de não terem sido respeitados os requisitos constantes daquele nº 1, deve proceder-se à correcção fiscal do resultado líquido do período de tributação em que se verificou o incumprimento dos mesmos.

Por fim, de acordo com o disposto no nº 3 desse mesmo artigo, a dedução referida naquele nº 1 fica condicionada à não distribuição de lucros por um montante equivalente ao valor ainda não investido nos termos aí previstos.

A este respeito, importa ainda analisar a possibilidade de incidência de derrama municipal no caso de explorações petrolíferas *onshore*.

Com efeito, o nº 1, do art. 18º do Regime Financeiro das Autarquias Locais e das Entidades Intermunicipais[41] estabelece que «[o]s municípios

---

[41] Que corresponde à que anteriormente era designada por Lei das Finanças Locais (LFL) e consta da Lei nº º 73/2013, de 3 de Setembro, a qual, apesar do referido nome, constitui a actual LFL.

podem deliberar lançar anualmente uma derrama, até ao limite máximo de 1,5%, sobre o lucro tributável sujeito e não isento de imposto sobre o rendimento das pessoas colectivas (IRC), que corresponda à proporção do rendimento gerado na sua área geográfica por sujeitos passivos residentes em território português que exerçam, a título principal, uma actividade de natureza comercial, industrial ou agrícola e não residentes com estabelecimento estável nesse território».

A Derrama Municipal, cuja base tributável assenta na base tributável do IRC, insere-se no âmbito dos poderes tributários próprios dos municípios previstos no nº 4 do art. 238º da Constituição e concretizados na LFL, dispondo assim estas autarquias locais de uma parcela do poder tributário de instituir ou criar impostos[42]. Pois bem, de acordo com os artigos 14º e 18º da referida LFL, os municípios possuem a faculdade de decidir livremente o lançamento ou não da derrama, assim como fixar a sua taxa ou alíquota até ao limite máximo de 1,5% incidente sobre o lucro tributável do IRC[43], podendo, deste modo, a derrama recair sobre as empresas que explorem recursos naturais.

Contudo, em alguns casos, esses recursos envolvem a utilização do domínio público nacional, como é o caso da exploração de jazigos minerais. Ora, de acordo com o art. 84º, nº 1, al. c), da Constituição «[p]ertencem ao domínio público: ... c) [o]s jazigos minerais, as nascentes de águas mineromedicinais, as cavidades naturais subterrâneas existentes no subsolo, com excepção das rochas, terras comuns e outros materiais habitualmente usados na construção». Por seu lado, o nº 2 desse preceito constitucional, determina que «[a] lei define quais os bens que integram o domínio público do Estado, o domínio público das regiões autónomas e o domínio público das autarquias locais, bem como o seu regime, condições de utilização e limites».

Significa isto que os municípios não podem considerar em caso de exploração de petróleo *onshore* no subsolo da sua área territorial que está perante um estabelecimento estável, uma vez que os jazigos de petróleo concessionados nem sequer são propriedade privada do sujeito passivo que

---

[42] Sobre a autonomia financeira das autarquias locais com destaque naturalmente para a dos municípios, v. JOSÉ CASALTA NABAIS, *A Autonomia Financeira das Autarquias Locais*, Almedina, Coimbra, 2007.

[43] Os municípios têm ainda o poder de propor diferentes critérios de repartição da base tributável da derrama, em casos específicos.

os explora, fazendo antes parte integrante do domínio público do Estado como, de resto, é reafirmado no art. 4º do Decreto-Lei nº 109/94.

Na verdade, às autarquias locais cabe um limitado poder dominial, que se encontra sempre relacionado com as atribuições concretas que por lei lhe são reconhecidas, que não passam pela exploração ou utilização do subsolo[44]. Por conseguinte, não se nos afigura possível a incidência de derrama municipal em caso de explorações *onshore*[45].

3. A articulação com as normas contabilísticas e de relato financeiro

À coordenação que referimos entre o Código do IRC e o Decreto-Lei nº 109/ /94, de 26 de Abril, importa acrescentar a articulação com as Normas Contabilísticas e de Relato Financeiro (NCRF), analisando o regime contabilístico ao qual está sujeita a exploração e avaliação de recursos minerais, regime que consta da NCRF 16.

De acordo com o parágrafo 5 das NCRF 16, estamos perante um dispêndio de exploração e avaliação sempre que o mesmo seja incorrido por uma entidade em ligação com a exploração e avaliação de recursos minerais antes que a exequibilidade técnica e viabilidade comercial da extracção de um recurso mineral seja demonstrável.

Quanto à exploração e avaliação de recursos minerais são a pesquisa de recursos minerais, incluindo minérios, petróleo, gás natural e recursos não regenerativos semelhantes depois de a entidade ter obtido os direitos legais de explorar numa área específica, bem como a determinação da exequibilidade técnica e viabilidade comercial de extrair o recurso mineral.

Para efectuar a mensuração, uma entidade deve determinar uma política que especifique que dispêndios são reconhecidos como activos de exploração e avaliação e aplicar essa política consistentemente. Em consequência, uma entidade considera até que ponto o dispêndio pode ser associado à descoberta de recursos minerais específicos.

---

[44] Neste sentido v. ANTÓNIO L. DE SOUSA FRANCO, *Finanças Públicas e Direito Financeiro*, Vol. I, Almedina, Coimbra, 2008, pp. 309 e 310. Não podemos, todavia, olvidar o tributo liquidado pelos municípios pela utilização individualizada do subsolo municipal com tubos e condutas de gás, que constitui uma excepção ao que acabamos de dizer.

[45] No sentido da impossibilidade do município alegar a existência de um estabelecimento estável localizado no "seu" território ou área geográfica no caso da exploração de minas v. J. L. SALDANHA SANCHES, «A derrama, os recursos naturais e o problema da distribuição de receita entre os municípios», *Fiscalidade – Revista de Direito e Gestão Fiscal*, nº 38, Abril-Junho 2009, pp. 152 a 155.

Os §§ 9 a 11 das NCRF 16 elencam, numa lista não taxativa, exemplos de dispêndios que podem ser incluídos na mensuração inicial de activos de exploração e avaliação: (a) aquisição de direitos de exploração; (b) estudos topográficos, geológicos, geoquímicos e geofísicos; (c) perfuração exploratória; (d) valas; (e) amostragem; e (f) actividades relacionadas com a avaliação da exequibilidade técnica e viabilidade comercial da extracção de um recurso mineral.

Quanto à classificação dos activos de exploração e avaliação como activos tangíveis ou como activos intangíveis, segundo o § 15 da NCRF 16, devem os mesmos ser classificados como tangíveis ou intangíveis, de acordo com a natureza dos activos adquiridos, aplicando-se tal classificação consistentemente. Assim, nos termos do § 16 dessa mesma norma, alguns activos de exploração e avaliação são tratados como intangíveis (por exemplo, os direitos de perfuração), enquanto outros são considerados tangíveis (por exemplo, os veículos e as plataformas de perfuração). Na medida em que um activo tangível seja consumido no desenvolvimento de um activo intangível, a quantia que reflecte esse consumo faz parte do custo do activo intangível. Todavia, o uso de um activo tangível para desenvolver um activo intangível não transforma aquele activo em um activo intangível.

No que se prende com a mensuração dos activos de exploração e avaliação, em conformidade com o previsto no § 8 da NCRF 16, devem esses activos serem mensurados pelo custo, no qual se integram os elementos que constam dos §§ 9 a 11 da NCRF 16.

Segundo o disposto no § 18 da NCRF 16, quando os factos e circunstâncias[46] sugerirem que a quantia escriturada de um activo de exploração e avaliação pode exceder a sua quantia recuperável, os activos de exploração

---

[46] Um ou mais dos seguintes factos e circunstâncias indica que uma entidade deve testar os activos de exploração e avaliação quanto a imparidade (a lista não é exaustiva): (a) o período em que a entidade tem o direito de explorar na área específica expirou durante o período ou vai expirar no futuro próximo, e não se espera que seja renovado; (b) não estão orçamentados nem planeados dispêndios substanciais relativos a posterior exploração e avaliação de recursos minerais na área específica; (c) a exploração e avaliação de recursos minerais na área específica não levaram à descoberta de quantidades comercialmente viáveis de recursos minerais e a entidade decidiu descontinuar essas actividades na área específica; (d) existem suficientes dados para indicar que, embora um desenvolvimento na área específica seja provável que resulte, é improvável que a quantia escriturada do activo de exploração e avaliação seja recuperada na totalidade como consequência de um desenvolvimento bem sucedido ou por venda (§ 20 da NCFF 16).

e avaliação devem ser avaliados quanto à imparidade[47]. Quando os factos e circunstâncias sugerirem que a quantia escriturada excede a quantia recuperável, uma entidade deve mensurar, apresentar a imparidade de activos e divulgar qualquer perda por imparidade resultante.

IV. Alusão ao regime de tributação da fase *downstream*

Embora o tema deste estudo, como de resto consta do seu título, seja o da análise do regime da tributação da exploração do petróleo, isto é, da tributação incidente na fase *upstream*, não se nos afigura de todo descabido fazer aqui uma alusão ao regime da tributação que incide na fase *downstream*, isto é, na fase da refinação do petróleo e da comercialização e distribuição dos produtos petrolíferos. Até porque, não constituindo a tributação da exploração petrolífera em Portugal ainda uma realidade, dado não se ter chegado em nenhuma das múltiplas concessões que têm sido feitas à correspondente fase comercial, torna-se relevante dar notícia do significado das receitas fiscais proporcionadas pela tributação do consumo dos derivados do petróleo, dos combustíveis, ou seja, do Imposto sobre os Produtos Petrolíferos e Energéticos (ISP). Um imposto cuja receita prevista no Orçamento de Estado para 2015 (OE/2015) é de € 2.310.527.738 integrantes de um total de receitas provenientes de impostos sobre o consumo que atinge o montante de € 20.825.391.381[48].

Até 1991, as disposições aplicáveis na tributação dos produtos petrolíferos encontravam-se dispersas por vários diplomas avulsos[49]. Situação a que se pôs termo no ano de 2010, ano em que foi aprovado o Código dos Impostos Especiais de Consumo (CIEC) pelo Decreto-lei nº 73/2010, de 21 de Junho, codificação que contém actualmente a disciplina dos três impostos especiais sobre o consumo que dispõem de um regime harmonizado na União Europeia. São eles o Imposto sobre o Álcool e Bebidas Alcoólicas, o ISP e o Imposto sobre o Tabaco. Um código que é composto de uma parte geral relativa aos três impostos, onde encontramos a disciplina integrada da incidência subjectiva e dos aspectos comuns dos restantes momentos da vida desses impostos, e uma parte especial em que temos a disciplina da

---

[47] Imparidade é o equivalente ao termo anglo-saxónico "impairment" e significa reduzir o valor de determinado activo, evidenciando assim uma perda potencial ou efectiva.

[48] Quando as receitas relativas aos impostos sobre o rendimento, ou seja o IRS + o IRC, somam € 17.758.031.840.

[49] Lei nº 9/86, de 30 de Abril; Lei nº 114/88, de 30 de Dezembro; Lei nº 101/89, de 29 de Dezembro; Decreto-lei nº 292/87, de 30 de Julho; Decreto-lei nº 133/82, de 23 de Abril; Portaria nº 99/87, de 12 de Fevereiro e Portaria nº 573/86, de 4 de Outubro.

incidência objectiva e os aspectos específicos de cada um eles, constando a do ISP dos artigos 88º a 100º[50].

Trata-se de impostos com visíveis especificidades de que nos dá conta tanto a parte geral como a parte especial do CIEC. Assim, no que à incidência subjectiva destes impostos respeita, prevê o art. 4º, nº 1, do CIEC diversas figuras das quais são de realçar as do "depositário autorizado" e do "destinatário registado", que traduzem, respectivamente, a «pessoa singular ou colectiva autorizada pela autoridade aduaneira competente, no exercício da sua profissão, a produzir, transformar, deter, receber e expedir, num entreposto fiscal, produtos sujeitos a impostos especiais de consumo em regime de suspensão do imposto» (art. 22º, nº 1) e a «a pessoa singular ou colectiva autorizada pela autoridade aduaneira, no exercício da sua profissão e nas condições estabelecidas no presente Código, a receber, não podendo deter nem expedir produtos sujeitos a impostos especiais de consumo que circulem em regime de suspensão do imposto». (art. 28º, nº 1).

No que se prende com a incidência objectiva do ISP, de acordo com o disposto no nº 1 do artigo 88º, estão sujeitos: a) os produtos petrolíferos e energéticos; b) quaisquer outros produtos destinados a serem utilizados, colocados à venda ou a serem consumidos em uso como carburante; c) os outros hidrocarbonetos, com excepção da turfa, destinados a serem utilizados, colocados à venda ou a serem consumidos em uso como combustível; d) a electricidade abrangida pelo código NC 2716.

Em matéria de isenções e desagravamentos importa atender primeiramente às isenções comuns, previstas no art. 6º do CIEC, e às isenções por reembolso, consagradas no art. 15º e seguintes, que abrangem todos os impostos especiais. Já o regime privativo nesta matéria do ISP decorre dos artigos 89º e 90º do CIEC.

Refira-se que o nº 6 do art. 88º introduz um desvio a nível de incidência objectiva ao excluir do âmbito de tributação do ISP os produtos petrolíferos consumidos num estabelecimento onde tenha havido a sua produção, salvo se usados para fins alheios a essa mesma produção.

Os valores das taxas ou alíquotas deste imposto especial são fixados por Portaria dos membros do Governo responsáveis pelas áreas das Finanças e da Economia, dentro dos intervalos fixados pela Assembleia da República e constantes naquele Código, no seu artigo 92º. Contudo o ISP é agra-

---

[50] V. A. BRIGAS AFONSO, *Código dos Impostos Especiais sobre o Consumo Anotado*, Almedina, Coimbra, 2011.

vado mediante a aplicação de uma taxa ou alíquota calculada nos termos da tabela prevista no art. 92º-A do CIEC e do valor resultante dos leilões de licenças de emissão de gases com efeito de estufa. Este acréscimo de tributação, designado por «acondicionamento sobre as emissões de CO_2», constitui um tributo sobre o carbono que vigora, em cada ano, de forma indexada à cotação do carbono apurada no leilão do Comércio Europeu de Licenças de Emissão (CELE) do ano anterior.

A este respeito, e de referir que se discutiu, no plano da operatividade do princípio da legalidade fiscal, a fixação através de portaria das taxas ou alíquotas do ISP, tendo o Tribunal Constitucional, no Acórdão nº 70/2004[51], entendido que não é desconforme à Constituição a opção do legislador, adequadamente conformada, de deixar uma certa margem à Administração Tributária na fixação da taxa ou alíquota efectiva de determinados impostos, entre limites mínimos e máximos previamente determinados na lei.

V. Em conclusão

Não se tendo passado em território nacional das fases de prospecção e pesquisa de petróleo e gás natural, o regime jurídico aplicável no domínio *upstream* da indústria petrolífera ainda não teve a oportunidade de ser testado.

É hoje largamente reconhecida a complexidade da actividade que envolve a exploração petrolífera, resultante em larga escala do peso económico dos projectos energéticos. Como tem sido devidamente esclarecido, tais projectos «são de capital intensivo, utilizam infra-estruturas de depreciação rápida e não reutilizáveis, requerem infra-estruturas de longa duração, são projectos de gestação longa (o que significa que a decisão de investir é sempre a longo prazo e, por isso, vulnerável) e são projectos de grandes dimensões, ou seja, envolvem necessariamente investimentos avultados por projecto, ainda que as pequenas unidades possam não ser tão dispendiosas»[52].

Esses tão elevados custos e o insucesso ao qual têm sido votadas as pesquisas na costa portuguesa para se encontrar petróleo economicamente

---

[51] Recuperou o Tribunal Constitucional nesta matéria a jurisprudência anteriormente vertida no seu Acórdão nº 57/95, nomeadamente em matéria de fixação da taxa ou alíquota da contribuição autárquica.

[52] SUZANA TAVARES DA SILVA e MARTA VICENTE, «Regime Jurídico da exploração petrolífera», em José Carlos Vieira de Andrade/Rui de Figueiredo Marcos (Coord.), *Direito do Petróleo, ob. cit.*, pp. 34 e 35.

explorável têm afastado o investimento nacional e internacional nesta área. A que é de acrescentar internamente que nem sempre houve a preocupação de criar um quadro jurídico atractivo e incentivador, capaz de compensar o acréscimo dos riscos decorrentes dos maus resultados obtidos nos trabalhos da fase *upstream*. Exemplo disto foi a década de 80, onde se sentiu um decréscimo acentuado no investimento nas actividades de prospecção e pesquisa de petróleo em território nacional, não tendo tido como resposta um regime de tributação que contrariasse essa retracção.

O Decreto-Lei nº 109/94 foi, assim, um sinal claro que Portugal acordou para a necessidade de permitir a retoma do interesse dos investidores, impulsionando as actividades de prospecção e pesquisa de petróleo e, consequentemente, de desenvolvimento e produção. O que não deixou de ter por importante suporte a evolução tecnológica que se verificava à data nas actividades ligadas à prospecção e pesquisa de petróleo, que começavam a inverter favoravelmente a imagem do potencial petrolífero nacional.

É nesse quadro fáctico e jurídico que se criaram condições de acesso mais favoráveis, simplificando procedimentos administrativos e estabelecendo regras claras ao seu exercício de modo ajustado à realidade e à prática da indústria.

Naturalmente que a evolução tecnológica galopante permitir-nos-á voltar a este tema, aprofundando-o, quando se passar das fases de prospecção e pesquisa, altura em que, por certo, o regime jurídico hoje em vigor passará por adaptações de modo a promover os investimentos de alto risco e fazer face à concorrência internacional, realidades que continuarão a ser a envolvente mais importante da exploração petrolífera.

O Regime Fiscal das Pequenas e Médias Empresas*

SUMÁRIO: I. A diversidade de empresas com reflexo no direito fiscal: 1. A base jurídica e o universo das PME; 2. Alusão às empresas transnacionais e sua separação das demais empresas; II. Aspectos do regime fiscal das PME: 3. A consideração das PME em sede do IRS empresarial e do IRC; 4. A consideração das PME em sede do IVA; 5. As PME e os benefícios fiscais: 5.1. Os benefícios fiscais em sentido estrito e os incentivos fiscais; 5.2. Referência a alguns incentivos fiscais destinados às PME; III. Por uma abordagem fiscal mais consequente e simples das PME: 6. Sentido actual de um específico tratamento fiscal das PME; 7. A consideração fiscal unitária do fenómeno financeiro das empresas

Como consta do título, vamos falar da consideração fiscal de que são objecto as pequenas e médias empresas (PME) em Portugal. Para o que vou começar por aludir à diversidade das empresas reconhecida no nosso ordenamento jurídico com reflexos no direito dos impostos, salientando a enorme diferença que separa as grandes empresas, e, dentro destas, as empresas multinacionais ou transnacionais, das PME. Uma diferenciação que tem bases na Constituição Portuguesa e no direito da União Europeia. Depois passaremos em revista os regimes fiscais que concretizam as especificidades das PME, que tem expressão quer no IRS empresarial e no IRC, quer no IVA, quer enfim em sede dos benefícios fiscais com destaque para os dirigidos à promoção do investimento produtivo. Por fim, aludiremos ao sentido actual de um regime

---

* Texto elaborado a partir da nossa participação no Congresso Internacional «As PME e o Direito», FDUC/IJ e IDET, 6 e 7 de Outubro de 2016, publicado nas respectivas actas – *As PME e o Direito*, FDUC/IJ e IDET, 2017.

fiscal específico para as PME, salientando a necessidade de uma consideração fiscal unitária do fenómeno financeiro das empresas.

I. A diversidade de empresas com reflexo no direito fiscal

A este respeito uma importante distinção se impõe, que é a que diferencia as microempresas, as pequenas empresas e médias empresas, de um lado, e as grandes empresas, de outro lado. Muito embora aqui importe revelar a base jurídica e o universo das PME, é importante, todavia, no que às grandes empresas respeita, assinalar que dentro destas há que separar as empresas multinacionais e transnacionais que tendem a formar um mundo à parte muito particular

1. A base jurídica e o universo das PME

A distinção das PME face às grandes empresas tem uma justificação que não é difícil de encontrar, já que tem por suporte tanto a nossa Constituição como o Direito da União Europeia. Quanto à Constituição, basta lembrar, que no seu art. 86º, que tem por epígrafe «empresas privadas», se prescreve no nº 1: «[o] Estado incentiva actividade empresarial, em particular das pequenas e médias empresas...». Estabelece assim a Constituição, como princípio fundamental da constituição económica portuguesa, a obrigação do Estado incentivar ou estimular de modo particular as PME. Um incentivo ou estímulo que, ao contrário do que sucede com as cooperativas, para as quais nos termos do nº 2 do art. 85º se impõe uma obrigação de beneficiação fiscal[1], não tem que ser de natureza fiscal, muito embora seja justamente a beneficiação fiscal um dos aspectos mais relevantes do tratamento fiscal que vem sendo dispensado às PME no quadro da promoção do investimento produtivo.

E algo idêntico acontece com o Direito da União Europeia que parte da ideia de que as actividades desenvolvidas pelas micro, pequenas e médias empresas são fundamentais para o crescimento económico europeu. É que, muito embora as PME operam principalmente a nível nacional, sendo relativamente poucas as que exercem uma actividade relevante no quadro transfronteiriço da União Europeia, o certo é que as suas operações, independentemente do âmbito em que actuam, acabam sendo afectadas em diversos domínios, pelas disposições do Tratado sobre o Funcionamento da

---

[1] Nestes termos: «A lei definirá os benefícios fiscais e financeiros das cooperativas, bem como condições mais favoráveis à obtenção de crédito e auxílio técnico». V. quanto à razão de ser desse preceito constitucional a nossa *Introdução ao Direito Fiscal das Empresas*, 2ª ed., Almedina, Coimbra, 2015, p. 75 e ss.

União Europeia (TFUE), tais como as relativas à fiscalidade (artigos 110.º a 113º), à concorrência (artigos 101.º a 109º) e ao direito das sociedades concretizado no direito de estabelecimento (artigos 49.º a 54º).

A que acresce a própria definição de PME da Comissão Europeia constante do art. 2º do Anexo à Recomendação 2003/361/CE, de 25 de Maio de 2003. Pois estabelece expressamente este preceito:

1) a categoria das PME é constituída por empresas que empregam menos de 250 pessoas e cujo volume de negócios anual não excede 50 milhões de euros ou cujo balanço total anual não excede 43 milhões de euros;
2) na categoria das PME, uma pequena empresa é definida como uma empresa que emprega menos de 50 pessoas e cujo volume de negócios anual ou balanço total anual não excede 10 milhões de euros;
3) na categoria das PME, uma microempresa é definida como uma empresa que emprega menos de 10 pessoas e cujo volume de negócios anual ou balanço total anual não excede 2 milhões de euros[2].

PME em relação às quais o direito da União Europeia não só tende a não considerar ou a considerar justificados os apoios estaduais, incluindo os concedidos por via fiscal, os incentivos fiscais, face à proibição por via de princípio dos auxílios de Estado, assim como de algum modo recomenda tais apoios aos Estados membros[3]. Uma consideração das PME que se encontra, de resto, em inteira consonância com o *Small Business Act*, adoptado pela Comissão Europeia em 2008 (objecto de revisão em 2011 e

---

[2] Recomendação que foi transposta para o ordenamento nacional pelo Decreto-Lei nº 372/2007, de 6 de Novembro, em cujo anexo são definidas micro, pequena e média empresa em termos iguais aos da mencionada Recomendação, prescrevendo: 1 – A categoria das micro, pequenas e médias empresas é constituída por empresas que empregam menos de 250 pessoas, cujo volume de negócios anual não excede 50 milhões de euros ou cujo balanço total anual não excede 43 milhões de euros. 2 – Na categoria das PME, uma pequena empresa é definida como uma empresa que emprega menos de 50 pessoas e cujo volume de negócios anual ou balanço total anual não excede 10 milhões de euros. 3 – Na categoria das PME, uma micro empresa é definida como uma empresa que emprega menos de 10 pessoas e cujo volume de negócios anual ou balanço total anual não excede 2 milhões de euros.
[3] V. Resolução do Parlamento Europeu, de 23 de Outubro de 2012, sobre as pequenas e médias empresas: competitividade e perspectivas de negócio.

de uma consulta pública em 2014)[4], cujo objectivo tem sido o de facilitar a vida e de melhorar o ambiente em que operam estas empresas que, não nos podemos esquecer, constituem 99% do tecido empresarial da União Europeia, sendo que nove em cada dez de tais empresas constituem microempresas.

2. Alusão às empresas transnacionais e sua separação das demais empresas
Pois bem as PME devem distinguir-se no seu regime jurídico das grandes empresas. E isto não para que aquelas sejam objecto de um tratamento de favor, como a narrativa a tal respeito por via de regra parece sugerir, mas antes e apenas porque a diversidade face às grandes empresas que as suporta exige, por razões que se prendem com o respeito pelo princípio da igualdade e de não discriminação, a correspondente diversidade em sede do seu regime jurídico. Daí que, como veremos mais adiante, o tratamento especial dispensado às PME se imponha, de algum modo, para evitar a sua efectiva discriminação negativa.

Distinção que se revela bem mais acentuada face às grandes empresas que se apresentem como empresas multinacionais ou transnacionais, empresas que, em rigor, há que contrapor a todas as empresas nacionais sejam estas PME ou grandes empresas. De facto, tais empresas, sendo empresas verdadeiramente globais, têm a particularidade de não disporem de uma verdadeira sede ou direcção efectiva que as reporte a um país, a um Estado, perante o qual tenham de cumprir os deveres ou obrigações da correspondente ordem jurídica.

O que as coloca numa posição de visível privilégio, já que, ao mesmo tempo que beneficiam de uma "constituição económica" de cariz essencialmente negativo, que tem esta natureza não como a conhecida constituição económica negativa do século XIX por opção ideológica do Estado, mas por verdadeira impossibilidade prática decorrente da falta de uma organização política internacional global correspondente, conseguem furtar-se aos deveres e obrigações inerentes ao funcionamento das comunidades estaduais em cujos territórios desenvolvem a sua actividade económica e obtêm os seus lucros e rendimentos. Assim, juntando os *commoda* económicos de uma

---

[4] Adoptado no seguimento da *Carta Europeia das PME* de 2000 e do *Relatório do Observatório Europeu para as PME* de 2003. V. também a Carta Europeia das PME – Selecção de Boas Práticas de 2009, e Rita Calçada Pires, «Tributação empresarial: diferenciar fiscalmente as pequenas e médias empresas?», *Estudos em Homenagem ao Professor Doutor Paulo de Pitta e Cunha*, vol. II, Almedina, Coimbra, 2010, p. 748 e ss.

constituição económica sem Estado aos *commoda* políticos de um Estado despojado de uma efectiva constituição económica, acabam por transferir para as demais empresas e agentes económicos essencialmente sedentários os custos que a sua actividade desencadeia nas respectivas comunidades. Tais empresas, seja através da instituição de uma disciplina jurídica alternativa ou mediante uma eficaz evitação da disciplina estadual existente num quadro de novos modelos de negócios, estão a substituir na prática os Estados no seu tradicional papel de reguladores do mercado de trabalho e do emprego, do imprescindível domínio dos investimentos e sua protecção, dos impostos e correspondente política fiscal, fintando assim a aplicação do direito do trabalho, do direito do investimento e do direito fiscal. Por isso, não podem continuar a ser encaradas pelos Estados como se estes, fingindo uma realidade que, em rigor, não existe mais, ainda desempenhassem cabalmente em relação a elas as suas funções[5].

Num tal quadro e tendo em conta agora apenas o domínio aqui em causa, ou seja, o problema da fiscalidade, as empresas multinacionais não podem ser tributadas como as empresas nacionais através do lucro, porquanto elas tendem a não obter lucro em países com efectiva tributação, mas essencialmente em paraísos fiscais. Eis porque, como já escrevemos, a nossa proposta vá no sentido de a tributação das empresas transnacionais ser totalmente repensada, pois, em relação a elas, não se deve mais procurar tributá-las com base no rendimento (lucro) complexa e sofisticadamente distribuído, em termos de verdadeiro labirinto, pela rede dos múltiplos paraísos fiscais, de modo a não pagarem nada ou quase nada.

Pelo contrário, a tributação de tais empresas deve ser perspectivada unicamente a partir de cada um dos países em que actuam, assentando numa ideia de territorialidade e tendo por base o lucro apurado segundo o princípio do país do destino, ou seja, do país em que o rendimento é consumido[6], ou com base em elementos de natureza estritamente objectiva, segundo

---

[5] V. sobre estes problemas e a necessidade de lhe fazer face, Michael Fichter, «Reformulando o modelo Rumo ao fortalecimento do controle democrático do poder das ETNs», Friedrich Ebert Stiftung Brasil, Agosto de 2014, http://library.fes.de/pdf-files/bueros/brasilien/11056.pdf.

[6] *Destination-based tax* defendida por diversos autores e considerada uma tributação de bom senso por William B. Barker, «A common sense corporate tax: the case for a destination-based, cash flow tax on corporations», *Penn State Law*, Legal Studies Research Paper nº 1-2012, colhido em: http://ssm.com/abstract=2001578. No mesmo sentido, v. Micael Devereux, um crítico da actual tributação das multinacionais e do Plano de Acção BEPS que a tenta salvar.

uma fórmula em que se tenha em conta o volume de vendas realizadas, o capital afecto à produção, o montante de salários pagos e, dentro deste, o do peso específico das remunerações dos membros dos corpos sociais, uma vez que são estas as realidades que se apresentam mais insusceptíveis de ser hospedadas nos exíguos territórios e estruturas económicas de que dispõe a generalidade dos paraísos fiscais.[7].

Por quanto vimos de dizer, compreende-se que a fiscalidade das PME se confronte basicamente com a fiscalidade das grandes empresas. Grandes empresas que, todavia, não constituem verdadeiras empresas transnacionais, uma vez que o verdadeiro problema destas é o da efectiva ausência de tributação. Por conseguinte, para termos em devida consideração aquele confronto, vamos analisar alguns dos aspectos mais relevantes que concretizam o regime fiscal das PME.

II. Aspectos do regime fiscal das PME

No que respeita ao regime fiscal das PME podemos dizer que não há em rigor um regime fiscal específico que as tenha por destinatário em geral, como se poderia ser tentado a pensar. É certo que em relação a alguns benefícios fiscais dirigidos às empresas podemos dizer que têm por destinatário a generalidade das PME. Todavia, tirando isso, o que temos são alguns regimes relativos a algumas PME, mais especificamente relativos basicamente a micro empresas, em sede da tributação do rendimento, isto é no IRS empresarial e no IRC, e em sede da tributação do consumo, ou seja, no IVA. Pois que, quanto aos demais impostos, de que são sujeitos passivos também as empresas, não podemos falar de regimes especiais, havendo apenas, num caso ou noutro, alguns benefícios fiscais que são dirigidos às PME.

Vejamos então a consideração que as PME têm em sede do IRS e do IRC, por um lado, e em sede do IVA, por outro, bem assim como os principais benefícios fiscais que as têm como destinatário.

3. A consideração das PME em sede do IRS empresarial e do IRC

Em sede do IRS e IRC, destacam-se os chamados regimes simplificados de tributação. Regimes cuja simplificação se reporta ao momento da dinâmica da tributação constituído pela determinação do rendimento líquido empresarial e profissional em IRS (arts. 28º e 31º do Código do IRS) e pela determinação

---

[7] V., neste sentido, Gabriel Zucman, *A Riqueza Oculta das Nações*, Círculo de Leitores, 2013, esp. p. 134 e ss., e a nossa *Introdução ao Direito Fiscal das Empresas*, cit., p. 22 e ss.

da matéria colectável em IRC (arts. 86º-A e 86º-B do Código do IRC). É de assinalar a este respeito que o regime simplificado em IRC constitui uma reposição de 2014, uma vez que o regime simplificado, a vigorar desde 2001 em IRS e IRC, foi revogado em 2010 relativamente ao IRC.

Pois bem, a este respeito, é de começar por sublinhar que se trata de um regime optativo, pelo qual os sujeitos passivos de IRS ou de IRC, que preencham os correspondentes requisitos, podem optar, e que assenta na dispensa de contabilidade organizada ou em esta, quando exigida como acontece no IRC, não servir de base à determinação das componentes negativas do rendimento ou lucro, ou seja, dos correspondentes gastos ou perdas. Embora haja assinaláveis diferenças entre o regime simplificado das empresas singulares tributadas em IRS e o regime simplificado das empresas societárias, tributadas em IRC, como vamos ver.

Deve ser sublinhado que o regime simplificado em IRS e o regime simplificado em IRC são diferentes quanto ao seu acesso e permanência, quanto aos requisitos a preencher, quanto aos coeficientes para o apuramento do rendimento tributável ou da matéria colectável e, ainda, por no regime simplificado do IRC se prever uma colecta mínima. Assim, em sede da opção e permanência, enquanto no IRS, conforme o disposto no nºs 2, 3 e 4 do art. 28º do Código, se presume a opção pelo regime simplificado, tendo de optar-se expressamente pelo regime da contabilidade organizada (*opting out*), opção que pode ser feita ano a ano, no IRC, segundo o disposto no nº 1 art. 86º-A do Código, tem de se optar expressamente pelo regime simplificado, sob pena de se aplicar a tributação com base na contabilidade organizada (*opting in*), bem como permanecer no regime simplificado pelo período de três anos.

Em conformidade com os preceitos referidos, em matéria de requisitos para a opção pela tributação pelo regime simplificado, no IRS exige-se apenas que os sujeitos passivos, no exercício da sua actividade, não tenham ultrapassado no período de tributação imediatamente anterior um montante anual ilíquido de rendimentos de € 200.000 e não tenham optado pelo regime da contabilidade organizada. Já no IRC se impõe aos sujeitos passivos que: a) no período de tributação imediatamente anterior, tenham tido um montante anual ilíquido de rendimentos não superior a € 200.000; b) o total do seu balanço relativo ao período de tributação imediatamente anterior não exceda € 500.000; c) não estejam legalmente obrigados à revisão legal das contas; d) o respectivo capital social não seja detido em mais de 20%, directa ou indirectamente, por entidades que não preencham alguma das condições previstas nas alíneas anteriores, excepto quando sejam sociedades de capital de risco ou investidores de capital de risco; e) adoptem o regime de normalização contabilística para micro-entidades aprovado pelo Decreto-Lei nº 36-A/2011, de 9 de Março[8]; f) não tenham renunciado à aplicação do regime nos três anos anteriores.

Quanto aos coeficientes base para o apuramento do rendimento tributável e da matéria colectável, constantes do art. 31º do Código do IRS e do art. 86º-B do Código do IRC, respectivamente, embora coincidam em geral, isso não se verifica sobretudo em relação de um lado, às vendas de mercadorias e produtos, bem como às prestações de serviços efectuadas no âmbito de actividades hoteleiras e similares, restauração e bebidas, em que o coeficiente no IRS é 0,15 e no IRC é 0,04, e, de outro lado, às prestações de serviços que não constem da tabela a que se refere o art. 151º do Código do IRS em que o coeficiente no IRS é de 35% e no RC é de 10%. Sendo de acrescentar que o coeficiente de 0,04 em IRC é objecto de redução em 50% e 25% no primeiro e segundo exercício, respectivamente, o que não acontece com o coeficiente de 0,15% em IRS. Uma diferença que, a nosso ver, não se justifica, e em relação à qual temos dúvidas quanto à sua da sua legitimidade constitucional. O que não será totalmente infirmado pelo facto de, no apuramento no IRS, haver ainda lugar a deduções à colecta, não se preverem tributações autónomas e de, em sede do IRC, se estabelecer uma matéria tributável mínima a que vamos já referir-nos

De facto, no regime simplificado em IRC está, pois, prevista uma colecta mínima, embora determinada através da fixação de uma matéria colectável mínima, o que não ocorre no regime simplificado em IRS e se explica, segundo cremos, pelo facto de as empresas que optem pelo regime simplificado em IRC estarem dispensadas do pagamento especial por conta vigente para as empresas em IRC, segundo o disposto na alínea *d)* do nº 11 do art. 106º do Código do IRC. Pois bem, nos termos dos nºs 2 e 5 do art. 86º-B do Código do IRC, o valor determinado através da aplicação dos coeficientes não pode ser inferior a 60% do valor anual da retribuição mensal mínima garantida, sendo este reduzido em 50% e 25% no período de tributação do início da actividade e no período de tributação seguinte, respectivamente.

---

[8] Exigência esta que se prende certamente com a necessidade de luta contra a evasão e fraude fiscais, já que, embora o registo contabilístico dos gastos ou perdas não conte para a determinação da matéria colectável do sujeito passivo de IRC, pode servir para o controlo cruzado da Administração Tributária relativamente a outros sujeitos passivos de IRC ou de IRS, designadamente os fornecedores e os clientes.

Assim, tendo em conta o montante da matéria colectável mínima, que é de € 4.678,80[9], e a taxa aplicável de 17%, a colecta mínima do regime simplificado em IRC é de € 795,40[10].

É de assinalar que, os coeficientes de 75% e 35% relativos a serviços e de 10% relativo aos subsídios à exploração, nos termos do n.º 10 do art. 31.º do Código do IRS, e o coeficiente de 0,04 relativo a vendas de mercadorias ou produtos e o coeficiente de 10% relativo a subsídios à exploração, nos termos do n.º 5 do art. 86.º-A do Código do IRC, são reduzidos em 50% e 25% no primeiro e segundo exercício, respectivamente.

Em relação ao regime fiscal das PME, é de aludir à verdadeira curiosidade constituída pela taxa progressiva em IRC de dois escalões (de 17% e 21%), aplicável, nos termos do n.º 1 do art. 87.º do Código do IRC, às pequenas e médias empresas, nos termos em que estas são definidas no anexo ao referido Decreto-Lei n.º 372/2007. O que significava que para estas empresas aos primeiros € 15.000 de matéria colectável se aplica a taxa de IRC de 17%. Um benefício fiscal, traduzido numa redução da taxa de IRC em 4 pontos percentuais para os primeiros € 15.000 de matéria colectável (igual a menos € 600 da colecta) que, estamos em crer, poderia ser atribuído de uma forma pelo menos bem mais transparente através de qualquer outra técnica tributária manifestamente menos extravagante do que a utilizada que, em rigor, converte, em termos incompreensíveis, um imposto por natureza proporcional num imposto progressivo[11].

---

[9] Pois 60% x (14 x € 557) = € 4.678,80. Sobre o novo regime simplificado em IRC, v. Amâncio Silva, «Novo regime simplificado de tributação de IRC», em A. Carlos dos Santos/André Ventura, *A reforma do IRC. Do processo de decisão política à revisão do Código*, Vida Económica, Porto, 2014, p. 153 e ss. De resto, no regime simplificado em IRC, vigente até 2010, esse coeficiente era igual ao do IRS – 0,20.

[10] Também no direito contabilístico, que consta sobretudo do Sistema de Normalização Contabilística (SNC), aprovado pelo Decreto-Lei n.º 158/2009, de 13 de Julho, se conhecem três tipos de empresas, já que das empresas em geral se destacam as micro entidades, que podem optar pela Norma Contabilística para Micro-entidades (NC-ME), e as pequenas entidades, que podem optar pela Norma Contabilística e de Relato Financeiro para Pequenas Entidades (NCRFPE). Ora, segundo os mencionados normativos, integram: as micro entidades as que não ultrapassem dois dos limites: total de balanço – € 500.000, volume de negócios líquido – € 500.000 e número médio de empregados durante o exercício – 5; e as pequenas entidades as que não ultrapassem dois dos limites: total do balanço – € 1.500.000, volume de negócios líquido: € 3.000.000 e número médio de empregados durante o exercício – 20.

[11] Ainda assim, uma solução menos criticável do que a que vigorou entre 2009 e 2012, em que uma taxa reduzida de IRC de 12,5% era aplicável aos primeiros € 12.500 de todas as

4. A consideração das PME em sede do IVA

Também em sede do IVA há lugar para a consideração das PME. Alguns regimes especiais deste imposto aplicam-se apenas às micro empresas, como são o regime de isenção, o regime forfetário dos produtores agrícolas e o regime dos pequenos retalhistas.

Se bem que a dimensão das empresas também conte para efeitos da liquidação e cobrança do IVA, ou seja, em sede da entrega das declarações periódicas relativas às operações sujeitas e ao pagamento do imposto. Assim acontece com a distinção respeitante aos sujeitos passivos em sede das entregas das declarações periódicas referentes às operações sujeitas a IVA e às entregas dos montantes do correspondente imposto, em que, segundo o disposto nos arts. 27º e 41º do Código do IVA, temos sujeitos passivos obrigados a entregas trimestrais e sujeitos passivos obrigados a entregas mensais, consoante tenham um volume de negócios não superior a € 650.00 ou superior a esse montante. Entregas que, para os primeiros, devem ser realizadas até ao 15º dia do 2º mês seguinte ao correspondente trimestre do ano civil, e, para os segundos, devem ter lugar até ao 10º dia do 2º mês seguinte àquele a que respeitam as operações.

Algo que se verifica também no respeitante ao chamado "IVA de caixa". Criado pelo Decreto-Lei nº 71/2013, de 30 de Maio, e em vigor desde 1 de Outubro de 2013, este regime permite às empresas, que optem por ele, cumprir o dever de entrega do IVA ao Estado somente após boa cobrança das facturas emitidas aos clientes. Pois bem, por este regime podem optar os sujeitos passivos que, não tendo atingido no ano civil anterior um volume de negócios superior a € 500.000, não exerçam exclusivamente uma actividade isenta ou não integrem o regime dos pequenos retalhistas.

Todavia, os regimes do IVA em que a dimensão das empresas releva para efeitos da configuração especial deste imposto, são os referidos regimes de isenção, forfetário dos produtores agrícolas e dos pequenos retalhistas. Relativamente ao regime de isenção, constitui este, nos termos dos arts. 53º a 59º do Código do IVA, um regime especial, em que se isentam de IVA os sujeitos passivos que, não possuindo nem sendo obrigados a possuir contabilidade organizada para efeitos de IRS ou de IRC, tenham um volume de negócios que não ultrapasse o montante de € 10.000 ou, no caso dos pequenos retalhistas, o montante de € 12.500. Porque constitui uma

empresas, sendo de 25% a taxa aplicável ao escalão correspondente aos rendimentos acima do montante de € 12.500.

isenção simples ou incompleta, pois traduz-se em o sujeito passivo de IVA não facturar e liquidar IVA a quem transmite os bens ou presta os serviços e não poder deduzir ou ser reembolsado do IVA que pagou nas correspondentes aquisições, afecta a neutralidade fiscal e económica, a característica que fez e faz do IVA uma história de sucesso. De facto, os sujeitos isentos arcam com o imposto que pagaram, convertendo-se assim em efectivos contribuintes, em vez de serem apenas meros intermediários na liquidação e cobrança de um imposto sobre os consumidores. Daí que, nos termos do art. 55º do Código do IVA, em certas situações esteja prevista a possibilidade de renúncia a esse regime e a sujeição ao regime geral, permitindo assim aos sujeitos passivos deduzir (reportar ou ver restituído) o IVA pago nas aquisições e, deste modo, repor a neutralidade[12].

O que vimos de dizer vale para o regime forfetário dos produtores agrícolas, que mais não é do que o regime especial de isenção, que acabamos de versar, quando os sujeitos passivos sejam produtores agrícolas. Criado pela Lei nº 82-B/2014, de 31 de Dezembro, que aditou os arts. 59º-A a 59º-E ao Código do IVA, este regime tem de específico face ao regime de isenção o facto de os sujeitos passivos poderem solicitar à AT, verificados que estejam certos requisitos, uma compensação. O que mais não é do que uma forma de atenuar a quebra de neutralidade que a isenção simples inevitavelmente comporta.

Enfim, igualmente o regime especial dos pequenos retalhistas tem em consideração as empresas de pequena dimensão. Segundo o art. 60º do Código do IVA, estão sujeitos a esse regime as pessoas singulares que, não possuindo nem sendo obrigadas a possuir contabilidade organizada, têm um volume de negócios que, embora superior ao do regime de isenção, não ultrapasse o montante de € 50.000. Trata-se de um regime cuja especialidade reside no afastamento do método regra de determinação do imposto a pagar, o método subtractivo indirecto, que se traduz em cada sujeito passivo entregar ao Estado a diferença positiva entre o imposto facturado nas transmissões e o imposto pago nas aquisições[13]. Método que está, de resto,

---

[12] Idêntico raciocínio subjaz à renúncia permitida, nos termos do art. 12º, a algumas das isenções simples previstas no art. 9º do Código do IVA. Porque se trata de situações em que a isenção tem por base razões de praticabilidade, isto é, dificuldades que se prendem sobretudo com os próprios sujeitos passivos, compreende-se que a estes seja dada a possibilidade de as ultrapassar.

[13] Um resultado que, estamos em crer, não seria muito diferente do apurado com base no método subtractivo directo, em que o IVA a pagar por cada sujeito passivo seria igual ao

na base do sucesso do IVA, em virtude de possibilitar um controlo realizado pelos próprios sujeitos passivos e permitir às autoridades tributárias um controlo cruzado. Pois bem, o regime dos pequenos retalhistas, como regime simplificado que é, concretiza-se em essas micro empresas pagarem, sem possibilidade de qualquer direito a dedução, reporte ou restituição, o IVA correspondente a 25% do imposto que suportaram nas correspondentes aquisições de bens.

5. As PME e os benefícios fiscais
A este respeito é de começar por fazer uma distinção da maior importância e significado em sede dos benefícios fiscais, separando os benefícios fiscais estáticos ou benefícios fiscais em sentido estrito dos benefícios fiscais dinâmicos, incentivos ou estímulos fiscais, para, depois nos referirmos aos incentivos fiscais que têm por destinatários as PME.

5.1. Os benefícios fiscais em sentido estrito e os incentivos fiscais
Pois bem, os benefícios fiscais em sentido estrito, dirigem-se, em termos estáticos, a situações que, ou porque já se verificaram (encontrando-se portanto esgotadas), ou porque, ainda que não se tenham verificado ou verificado totalmente, não visam, ao menos directamente, incentivar ou estimular quaisquer actividades ou comportamentos, mas tão-só beneficiar estas actividades ou comportamentos por superiores razões de política geral de defesa, externa, económica, social, cultural, religiosa, etc. Já os incentivos fiscais visam promover ou estimular determinadas actividades, ou comportamentos estabelecendo, para o efeito, uma relação entre as vantagens atribuídas e as actividades ou comportamentos estimuladas em termos de causa-efeito.

Por conseguinte, enquanto nos benefícios fiscais em sentido estrito a causa do benefício é constituída pela situação ou actividade ou comportamento em si mesmo, característica que facilita a tendência para a sua perpetuidade, nos incentivos ou estímulos fiscais a causa encontra-se estritamente vinculada à adopção futura do comportamento beneficiado ou ao exercício futuro da actividade fomentada, o que permite estabelecer pra-

---

obtido pela aplicação da correspondente taxa à diferença positiva entre a matéria colectável apurada nas transmissões de bens e prestação de serviços e a matéria colectável que serviu de base à liquidação do IVA nas correspondentes aquisições.

zos para os mesmos[14]. Configuração da realidade que nos permite ver nestes últimos benefícios fiscais uma contrapartida, em sede fiscal, das diversas e multifacetadas contribuições que os beneficiados, que não podemos esquecer serão as empresas singulares ou societárias, realizam em sede económica e social a favor da comunidade nacional, entre as quais se contam naturalmente futuras receitas fiscais[15].

É de sublinhar que, embora tais benefícios fiscais se configurem, ao menos à primeira vista, como todos os benefícios fiscais, «despesas fiscais», justamente porque incentivam ou estimulam actividades que, de outro modo, não chegariam a ter lugar, vão efectivamente originar um aumento das receitas fiscais no futuro, as quais terão por suporte o resultado económico dessas actividades. Por isso mesmo, numa tal situação, estamos, em rigor, perante despesas fiscais impróprias ou despesas fiscais aparentes já que são produtivas de receitas fiscais futuras[16]. Uma ideia que deve estar presente na interpretação e aplicação dos nºs 3 e 4 do art. 2º do EBF, em que, respectivamente, se consideram despesas fiscais os benefícios fiscais e se prevê a possibilidade de se exigir aos contribuintes a declaração dos benefícios fiscais que não sejam gerais e automáticos.

Daí que, em geral, a política concretizada na atribuição de benefícios fiscais, que frequentemente vem sendo utilizada para desenvolver certos sectores produtivos ou actividades económicas, bem como para apoiar determinados grupos sociais, por razões que se prendem com a transparência, a oportunidade e a eficácia, deve ser tendencialmente substituída pela política concretizada em gastos públicos. Por razões de *transparência*, porque a inclusão desses apoios económicos e sociais no Orçamento do Estado leva à sua explicitação como gastos públicos, o que permite aos cidadãos conhecer directa e especificamente o seu montante sem esbarrar no véu de opacidade constituído pela legislação fiscal que estabelece e recorta os benefícios fiscais. Por razões de *oportunidade*, porque os compromissos implicados na inclusão desses gastos públicos no Orçamento do Estado se reportam ao correspondente período financeiro, carecendo os mesmos de renovação e justificação em cada ano económico, não permanecendo assim na legisla-

---

[14] Sendo certo que por imposição legal os benefícios fiscais devem ter natureza temporária, como consta do nº 1 do art. 3º do Estatuto dos Benefícios Fiscais (EBF), que sujeita ao prazo de caducidade de cinco anos a maior parte dos benefícios fiscais.
[15] Cf. o que dizemos *infra*, no ponto 7.
[16] V. neste sentido Guilherme Waldemar Oliveira Martins, *A Despesa Fiscal e o Orçamento do Estado no Ordenamento Jurídico Português*, Almedina, Coimbra, 2004, p. 93 e ss.

ção como acontece com a generalidade das isenções, deduções, reduções da taxa ou bonificações fiscais que, mesmo quando não se mantêm indefinidamente, sobrevivem muito para além do período temporal que é adequado à sua utilidade e carácter extraordinário. E por razões de *eficácia*, porque os gastos públicos podem ser focados e concentrados naqueles sectores ou actividades económicos que enfrentem específicos problemas de falta de procura ou naqueles grupos sociais que se apresentem particularmente necessitados numa determinada situação.

Daí que a crítica generalizada que hoje em dia é feita à verdadeira «indústria dos benefícios fiscais», em virtude de estes se apresentarem como puras despesas fiscais que privilegiam certos grupos mais poderosos ou influentes, concretizando assim uma verdadeira redistribuição invertida do rendimento e da riqueza, não seja extensível, não tendo razão de ser, no respeitante aos verdadeiros incentivos ou estímulos fiscais cujas externalidades acabam sendo efectivas e significativas receitas fiscais futuras. Pois relativamente a estes, a uma despesa fiscal actual corresponde uma receita fiscal futura, receita que, vistas as coisas em termos diacrónicos e na medida em que ultrapasse aquela, resulta no aumento da receita fiscal líquida[17].

Compreende-se assim que os incentivos fiscais, que não raro assumem carácter selectivo ou mesmo altamente selectivo, tenham carácter temporário, bem como a liberdade do legislador, mormente para conceder uma margem de livre decisão à administração tributária, tenha necessariamente de ser maior do que aquela de que dispõe em sede dos benefícios fiscais estáticos. Daí que os incentivos ou estímulos fiscais constituam benefícios fiscais dependentes de um acto de reconhecimento, seja este um acto de reconhecimento unilateral, um acto administrativo, como é tradicional, seja mesmo um contrato, caso em que temos benefícios fiscais dependentes

---

[17] Redistribuição invertida que constitui um dos mais visíveis e nefastos segmentos em que se concretiza o fenómeno que, desde há anos, vimos designando por «*apartheid* fiscal». V., a este respeito, por todos, os nossos *Direito Fiscal*, 9ª ed., Almedina, Coimbra, 2016, p. 509 e ss., e «Da sustentabilidade do Estado fiscal», em José Casalta Nabais/Suzana Tavares da Silva (Coord.), *Sustentabilidade Fiscal em Tempos de Crise*, Almedina, Coimbra, 2011, p. 36 e ss. Para uma crítica mais sistémica aos benefícios fiscais, ou, mais em geral, à extrafiscalidade, v. Suzana Tavares da Silva, «Razão de estado e princípio da razoabilidade», em Suzana Tavares da Silva/Maria de Fátima Ribeiro (Coord.), *Trajectórias de Sustentabilidade. Tributação e Investimento*, Instituto Jurídico – FDUC, 2013, p. 127 e ss.

de reconhecimento bilateral ou contratual, apresentando-se, assim, como benefícios fiscais contratuais[18].

Ora, o nosso sistema fiscal conhece uma diversificada panóplia de benefícios fiscais, a maioria dos quais sem a menor justificação, já que, para além de tornar o sistema fiscal complexo e de difícil aplicação, contribui também para o seu carácter injusto ou iníquo. O que tem conduzido à preocupação presente dos governos suportada, de resto, em amplo consenso doutrinal, no sentido de eliminar muitos dos benefícios fiscais, reduzindo assim a correspondente despesa fiscal, e de proceder à simplificação da aplicação daqueles cuja manutenção, apesar de tudo, se justifique, como os que se apresentam como verdadeiros incentivos à actividade produtiva.

Refira-se que, no respeitante aos Estados membros da União Europeia, os benefícios fiscais atribuídos às empresas constituem, por via de regra, auxílios de Estado, sendo em princípio interditos em tributo à política da concorrência orientada para a criação e funcionamento do mercado interno, nos termos dos arts. 107º a 109º do TFUE. Uma interdição que, como se compreende, conhece excepções entre as quais se contam os auxílios às PME que, naturalmente, não devem ser tratadas como as grandes empresas. Daí que os auxílios de Estado de certas categorias, nos quais se integram os benefícios fiscais, em aplicação dos artigos 107º e 108º do TFUE, tenham sido declarados compatíveis com o mercado interno pelo Regulamento (UE) nº 651/2014, da Comissão, de 16 de Junho de 2014, que contém o Regulamento Geral de Isenção por Categoria (RGIC), e que outros auxílios de finalidade regional, possam, preenchidas as condições previstas no art. 107º, nº 3, alíneas *a)* e *c)*, do TFUE, ser considerados compatíveis com o mercado interno pela Comissão, nos termos das Orientações Relativas aos Auxílios com Finalidade Regional (OAR)[19]. Um quadro nor-

---

[18] O que não surpreende nos tempos que correm em que a administração por contrato (*government by contract*), se tornou corrente no direito público em geral. Uma antítese que, pela própria natureza das coisas, não poderá durar muito, impondo-se uma síntese que reequilibre os poderes do Estado e da sociedade de molde a que aquele não se converta num Estado exíguo ou indigente nas mãos da empresas transnacionais.

[19] Publicadas no Jornal Oficial da União Europeia, nº C 209, de 23 de Julho de 2013, válidas para o período de 2014 a 2020. A que são de acrescentar os auxílios *de minimis*, um montante máximo de auxílios que uma empresa pode receber do Estado durante um período de 3 anos consecutivos, o qual, dado o seu limitado montante, não afecta de forma significativa o funcionamento do mercado interno. Montante que é de € 200.000, embora haja limites mais reduzidos para os sectores do transporte rodoviário de mercadorias por conta de outrem (€ 100.000), das pescas (€ 30.000) e dos produtos agrícolas (€ 15.000).

mativo comunitário que não pode deixar de ser observado pelo legislador nacional ao estabelecer incentivos fiscais.

5.2. Referência a alguns incentivos fiscais destinados às PME

Entre os incentivos fiscais destinados às PME, temos: uns que são específicos para estas empresas, como a dedução de lucros retidos e reinvestidos (DLRR), a previsão de um *spread* especial relativo aos juros e outras formas de remuneração de suprimentos e empréstimos feitos pelos sócios às sociedades, a remuneração convencional do capital social e a consideração por metade do saldo entre as mais-valias e as menos-valias no IRS empresarial; outros que, destinando-se a todas as empresas, têm tratamento especial para as PME, como o Regime Fiscal de Apoio ao Investimento (RFAI) e o Sistema de Incentivos Fiscais em Investigação e Desenvolvimento (SIFIDE); outros ainda são válidos para todas as empresas, como a *patent box*. Uma palavra sobre cada um destes tipos de incentivos fiscais.

No que concerne à DLRR, que consta dos arts. 27º a 34º do Código Fiscal do Investimento (CFI), trata-se de incentivos ao reinvestimento dos lucros e reservas, os quais se enquadram nas categorias de auxílios de Estado compatíveis com o mercado comum, nos termos da correspondente disciplina da União Europeia. De acordo com o art. 28º, podem beneficiar da DLRR os sujeitos passivos de IRC residentes em território português, bem como os sujeitos passivos não residentes com estabelecimento estável neste território, que exerçam, a título principal, uma actividade de natureza comercial, industrial ou agrícola, que preencham, cumulativamente, as seguintes condições: a) sejam micro, pequenas e médias empresas; b) disponham de contabilidade regularmente organizada, de acordo com a normalização contabilística e outras disposições legais em vigor para o respectivo sector de actividade; c) o seu lucro tributável não seja determinado por métodos indirectos; d) tenham a situação fiscal e contributiva regularizada.

Os incentivos concretizam-se na dedução à colecta do IRC, nos períodos de tributação que se iniciem em ou após 1 de Janeiro de 2014, até 10% dos lucros retidos que sejam reinvestidos em aplicações relevantes, que constam do art. 30º do CFI. Para efeitos dessa dedução, o montante máximo dos lucros retidos e reinvestidos, em cada período de tributação, é de € 5.000.000, por sujeito passivo.

Aplicando-se o regime especial de tributação dos grupos de sociedades, a dedução efectua-se com base na matéria colectável do grupo, sendo feita até 25% desse montante e não podendo, porém, ultrapassar, em relação a cada sociedade e por cada período de tributação, o limite de 25% da colecta que seria apurada pela sociedade que realizou as aplicações relevantes caso não se aplicasse o regime especial de tributação dos grupos de sociedades.

Outro incentivo fiscal às PME é o concretizado na consideração fiscal de um *spread* especial fixados para os juros e outras formas de remuneração de suprimentos e empréstimos feitos pelos sócios à respectiva sociedade. Com efeito, nos termos do artigo único da Portaria nº 279/2014, de 30 de Dezembro, para os efeitos previstos na alínea m) do nº 1 do art. 23º-A do Código do IRC, a taxa de juro anual a aplicar ao valor dos suprimentos e empréstimos feitos pelos sócios à sociedade corresponde à taxa Euribor a 12 meses do dia da constituição da dívida acrescida de um *spread* de 2%, valor este que aumenta para 6% quando se trate de juros e outras formas de remuneração de suprimentos e empréstimos feitos pelos sócios a pequenas e médias empresas. O que constitui uma vantagem para as PME, que assim são incentivadas a financiar-se através de suprimentos e outros empréstimos dos seus sócios.

Um incentivo que vai no mesmo sentido, é a chamada *remuneração convencional do capital social*, cuja disciplina consta agora, em termos mais vantajosos do que no passado, no art. 41º-A do Estatuto dos Benefícios Fiscais. Segundo este preceito legal, na determinação do lucro tributável das empresas com direcção efectiva em território português pode ser deduzida uma importância correspondente à remuneração convencional do capital social, calculada mediante a aplicação da taxa de 5% ao montante das entradas realizadas, por entregas em dinheiro, pelos sócios, no âmbito da constituição de sociedades ou do aumento do capital social, desde que: a) a entidade beneficiada seja qualificada como PME; b) os sócios que participam na constituição da sociedade ou no aumento do capital social sejam exclusivamente pessoas singulares, sociedades de capital de risco ou investidores de capital de risco; c) o seu lucro tributável não seja determinado por métodos indirectos.

Assinale-se que esta medida fiscal se inscreve no empenho por uma maior neutralidade fiscal no financiamento das empresas, evitando que os sistemas de tributação destas favoreçam, como no passado, o recurso a capitais alheios, tratando desfavoravelmente o recurso a capitais próprios, o que também contribuiu para a generalizada descapitalização das empresas. Medida que está em consonância, de resto, com as orientações da OCDE constante do Relatório e Plano de Acção *Base Erosion and Profit Shifting*

(BEPS)[20]. Pois bem, entre as medidas fiscais, sobretudo as que têm por destinatários os Estados[21], encontramos não só medidas de consideração fiscal que incentivam o financiamento das empresas com o recurso a capitais próprios, como são a dedução de lucros retidos e reinvestidos e a remuneração convencional do capital social, mas também a desconsideração fiscal, não aceitando como gastos, o excessivo financiamento com capitais alheios como o limite à dedução dos gastos com o financiamento, constante do art. 67º do Código do IRC[22], a 30% dos resultados antes de depreciações, amortizações, gastos de financiamento líquido e impostos com o limite máximo de € 1.000.000.

Outro benefício fiscal, agora apenas para as micro e pequenas empresas que sejam empresas individuais, é o constituído pela consideração em sede do IRS de apenas 50% do valor do saldo entre as mais-valias e as menos-valias resultantes da alienação onerosa de partes sociais e outros valores mobiliários, saldo esse sujeito a uma taxa especial de 28%, como decorre dos arts. 10º, nº 1, alínea b), 43º, nº 3, e 72º, nº 1, alínea c), do Código do IRS[23].

Relativamente ao RFAI, este regime constante dos arts. 22º a 26º do CFI aplica-se aos sujeitos passivos de IRC que exerçam uma das actividades[24] constantes do nº 2 do art. 2º, sendo de destacar o tratamento mais favorá-

---

[20] V. as acções relativas ao planeamento fiscal agressivo levado a cabo através de constituição de entidades híbridas e o recurso a instrumentos híbridos (acção 2) e da erosão da base tributável pela dedução de juros e outros gastos financeiros (acção 4).

[21] Pois as medidas do Plano BEPS dirigem-se umas mais à actuação dos próprios Estados e outras fundamentalmente a própria OCDE. Relativamente às primeiras, que Portugal já adoptou na sua maior parte, v. Gustavo Lopes Courinha, «BEPS e o sistema fiscal português: uma primeira incursão», *Cadernos de Justiça Tributária*, 4, Abril Junho de 2014, p. 11 e ss.

[22] Um artigo que se apresenta desinserido da sistemática do Código, uma vez que resulta do aproveitamento do anterior preceito que tinha por objecto a subcapitalização, uma norma especial anti-abuso a aplicar caso a caso pela Administração Tributária. Por isso, esse preceito devia integrar agora o art. 23º-A do Código do IRC relativo aos encargos não dedutíveis para efeitos fiscais.

[23] Um benefício que tem algum paralelismo no IRC, na medida na determinação do lucro tributável deste se considera por metade o saldo das mais-valias e menos-valias realizadas mediante a transmissão onerosa de ativos fixos tangíveis, ativos intangíveis e ativos biológicos não consumíveis, detidos por um período não inferior a um ano, quando tenha lugar o seu reinvestimento nos termos do art. 48º do Código do IRC.

[24] Que coincidem com os sectores que relevam para os benefícios fiscais contratuais, regulados nos arts. 2º a 21º do CFI.

vel para as PME, uma vez que as grandes empresas relativamente a algumas aplicações apenas beneficiam desse regime em 50%[25], Segundo o nº 2 do art. 22º do CFI, consideram-se aplicações relevantes os investimentos nos seguintes activos, desde que afectos à exploração da empresa: a) activos fixos tangíveis, adquiridos em estado de novo, com excepção de: i) terrenos, salvo no caso de se destinarem à exploração de concessões mineiras, águas minerais naturais e de nascente, pedreiras, barreiros e areeiros em investimentos na indústria extractiva; ii) construção, aquisição, reparação e ampliação de quaisquer edifícios, salvo se forem instalações fabris ou afectos a actividades turísticas, de produção de audiovisual ou administrativas; iii) viaturas ligeiras de passageiros ou mistas; iv) mobiliário e artigos de conforto ou decoração, salvo equipamento hoteleiro afecto a exploração turística; v) equipamentos sociais; vi) outros bens de investimento que não estejam afectos à exploração da empresa; b) activos intangíveis, constituídos por despesas com transferência de tecnologia, nomeadamente através da aquisição de direitos de patentes, licenças, "know-how" ou conhecimentos técnicos não protegidos por patente.

Quanto aos incentivos fiscais a conceder, temos, segundo o art. 23º do CFI, a dedução à colecta do IRC apurada nos termos da al. *a)* do nº 1 do art. 90º do Código do IRC, das seguintes importâncias das aplicações relevantes: 1) no caso de investimentos realizados em regiões elegíveis nos termos da al. *a)* do nº 3 do art. 107º do Tratado de Funcionamento da União Europeia: i) 25% das aplicações relevantes, relativamente ao investimento realizado até ao montante de € 5.000.000; ii) 10% das aplicações relevantes, relativamente à parte do investimento realizado que exceda o montante de € 5.000.000; 2) no caso de investimentos em regiões elegíveis nos termos da al. *c)* do nº 3 do art. 107º do Tratado de Funcionamento da União Europeia, 10% das aplicações relevantes; b) isenção ou redução de IMI, por um período até 10 anos a contar do ano de aquisição ou construção do imóvel, relativamente aos prédios utilizados pelo promotor no âmbito dos investimentos que constituam aplicações relevantes; c) isenção ou redução de IMT relativamente às aquisições de prédios que constituam aplicações relevantes; d) isenção de Imposto do Selo relativamente às aquisições de prédios que constituam aplicações relevantes.

---

[25] Como consta do nº 3 do art. 22º do CFI, em que se estabelece que no caso de sujeitos passivos de IRC que não se enquadrem na categoria das micro, pequenas e médias empresas, as aplicações relevantes em activos intangíveis não podem exceder 50% das aplicações relevantes.

No respeitante ao SIFIDE, cuja disciplina consta dos arts. 35º a 42º do CFI, trata-se de um benefício fiscal para as empresas em geral, muito embora o benefício relativo às despesas com a aquisição de patentes predominantemente destinadas à actividades de investigação e desenvolvimento, se aplique apenas às PME[26]. Depois de definir as despesas de investigação e as despesas de desenvolvimento, o CFI estabelece as aplicações relevantes e os benefícios fiscais a atribuir, os quais se traduzem na dedução de certas despesas ao montante apurado nos termos do art. 90º do Código do IRC.

Tais despesas são as seguintes, desde que referidas a actividades de investigação e desenvolvimento: a) aquisições de activos fixos tangíveis, à excepção de edifícios e terrenos, desde que criados ou adquiridos em estado novo e na proporção da sua afectação à realização de actividades de investigação e desenvolvimento; b) despesas com pessoal com habilitações literárias mínimas do nível 4 do Quadro Nacional de Qualificações, directamente envolvido em tarefas de investigação e desenvolvimento; c) despesas com a participação de dirigentes e quadros na gestão de instituições de investigação e desenvolvimento; d) despesas de funcionamento, até ao máximo de 55% das despesas com o pessoal com habilitações literárias mínimas do nível 4 do Quadro Nacional de Qualificações directamente envolvido em tarefas de investigação e desenvolvimento contabilizadas a título de remunerações, ordenados ou salários, respeitantes ao exercício; e) despesas relativas à contratação de actividades de investigação e desenvolvimento junto de entidades públicas ou beneficiárias do estatuto de utilidade pública ou de entidades cuja idoneidade em matéria de investigação e desenvolvimento seja reconhecida por despacho dos membros do Governo responsáveis pelas áreas da economia, da inovação, da ciência, da tecnologia e do ensino superior; f) participação no capital de instituições de investigação e desenvolvimento e contributos para fundos de investimentos, públicos ou privados, destinados a financiar empresas dedicadas sobretudo a investigação e desenvolvimento, incluindo o financiamento da valorização dos seus resultados, cuja idoneidade em matéria de investigação e desenvolvimento seja reconhecida por despacho dos membros do Governo responsáveis pelas áreas da economia, do emprego, da educação e da ciência; g) custos com registo e manutenção de patentes; h) despesas com a aquisição de patentes que sejam predominantemente destinadas à realização de

---

[26] Estamos a falar do SIFIDE II, aprovado pela Lei nº 55-A/2010, de 31 de Dezembro, pois o SIFIDE I foi o que esteve em vigor de 2006 a 2010.

actividades de investigação e desenvolvimento; i) despesas com auditorias à investigação e desenvolvimento; j) despesas com acções de demonstração que decorram de projectos de investigação e desenvolvimento apoiados.

Quanto à extensão da mencionada dedução, estabelece o n.º 1 do art. 38.º do CFI que os sujeitos passivos de IRC residentes em território português que exerçam, a título principal, uma actividade de natureza agrícola, industrial, comercial e de serviços e os não residentes com estabelecimento estável nesse território podem deduzir ao montante da colecta do IRC apurado nos termos da al. *a)* do n.º 1 do art. 90.º do Código do IRC, e até à sua concorrência, o valor correspondente às despesas com investigação e desenvolvimento, na parte que não tenha sido objecto de comparticipação financeira do Estado a fundo perdido, realizadas nos períodos de tributação com início entre 1 de Janeiro de 2014 e 31 de Dezembro de 2020, numa dupla percentagem: a) taxa de base – 32,5% das despesas realizadas naquele período; b) taxa incremental – 50% do acréscimo das despesas realizadas naquele período em relação à média aritmética simples dos dois exercícios anteriores, até ao limite de € 1.500.000.

Segundo o n.º 2 desse art. 38.º, para os sujeitos passivos deste imposto que se enquadrem nas PME, que ainda não tenham completado dois exercícios e não beneficiaram da taxa incremental referida, aplica-se uma majoração de 15% à taxa base fixada na al. *a)* do n.º 1. Uma disposição que, à semelhança de outras, procura não dificultar a vida e incentivar as PME nos primeiros anos de actividade.

Finalmente, no respeitante à *patent box*, regulada no art. 50.º-A do Código do IRC, este incentivo fiscal é concretizado na consideração por metade dos rendimentos de patentes e outros direitos de propriedade intelectual. Integrado na fiscalidade da inovação e concebido na versão inicial com alguma generosidade segundo a abordagem da criação de valor (*value creation approach*), esta isenção parcial de IRC veio a ser limitada pelo Decreto-Lei n.º 47/2016, de 22 de Agosto, que deu nova redacção àquele preceito[27]. De facto, passando a pôr o polo na substância económica da actividade de investigação e desenvolvimento, adoptou uma abordagem

---

[27] Havendo, de resto, alguma falta de harmonização entre a *patent box* e o referido SIFIDE, que é um específico instrumento fiscal de apoio à investigação e desenvolvimento. É de acrescentar que as despesas relativas a «ativos intangíveis, constituídos por despesas com transferência de tecnologia, nomeadamente através da aquisição de direitos de patentes, licenças, "know-how" ou conhecimentos técnicos não protegidos por patente» são relevantes no conjunto das despesas para a determinação dos benefícios fiscais contratuais ao

de maior conexão das despesas com os activos geradores dos rendimentos, a assim designada *modified nexus approach,* a qual se fica a dever ao que propõe a OCDE no quadro do BEPS.

Para esse efeito, segundo o disposto na alínea *e)* do nº 3 do referido art. 50º-A, os sujeitos passivos a cujos rendimentos é aplicável o incentivo estão obrigados a registos contabilísticos que permitam identificar os gastos e perdas incorridos ou suportados para a realização das actividades de investigação e desenvolvimento directamente imputáveis ao direito de propriedade industrial objecto de cessão ou utilização temporária, e a organizá--los de modo a que esses rendimentos possam distinguir-se claramente dos restantes. O que significa um registo contabilístico para os gastos e perdas incorridos ou suportados com a obtenção dos rendimentos da empresa em geral e outro registo contabilístico para os gastos e perdas incorridos ou suportados com as actividades de investigação e desenvolvimento directamente imputáveis ao direito de propriedade industrial. Exigência que, ao limitar os gastos e perdas relevantes para efeitos do rendimento sujeito a tributação, limita o benefício fiscal em causa.

III. Por uma abordagem fiscal mais consequente e simples das PME
Interroguemo-nos agora sobre o actual tratamento fiscal das PME, procurando saber até que ponto esse tratamento é o mais consentâneo com o que as PME representam para o funcionamento dinâmico da nossa economia empresarial. O que significa proceder a algumas reflexões sobre esse tratamento fiscal bem como sobre a consideração fiscal unitária do fenómeno financeiro das PME.

6. Sentido actual de um específico tratamento fiscal das PME
Pois bem, o nosso sistema fiscal reconhece a necessidade de diferenciação entre as PME e as grandes empresas. O que, como vimos acontece em sede do IRS e do IRC, por um lado, e em sede do IVA, por outro. Regimes que não deixam de constituir inequívocas manifestações do reconhecimento da mencionada necessidade de diferenciação das empresas em função da sua dimensão.

Embora seja de assinalar que se, por via de regra, a doutrina defende uma tributação mais atenuada para as PME, com base em diversos argumentos de que trataremos mais em pormenor no ponto seguinte, não pode-

---

investimento produtivo, bem como para os previstos no RFAI – alínea *b)* do nº 1 do art. 11º e alínea *b)* do nº 2 do art. 22º do CFI.

mos esquecer que há quem, como os que subscrevem o Relatório de James Mirrlees[28], defenda que não haja lugar a qualquer regime preferencial para as PME, argumentando que a tributação dos rendimentos procedentes do trabalho, seja este trabalho assalariado, trabalho autónomo ou trabalho desenvolvido mediante a constituição de uma sociedade, porque provenientes de fontes de rendimento substancialmente similares, devem ser objecto de tratamento fiscal similar

Uma argumentação que, a nosso ver, faz sentido relativamente aos rendimentos que sejam efectivos rendimentos do trabalho, isto é, rendimentos da actividade dos trabalhadores autónomos ou profissionais independentes, os quais entre nós são objecto do regime de transparência fiscal a fim de serem objecto de tributação junto dos sócios em IRS em vez de o serem em sede da sociedade em IRC e, depois, junto dos sócios em IRS, se bem que junto destes beneficiem de um mecanismo para atenuar a dupla tributação económica. Um regime que, na prática, não funciona, porquanto os profissionais em causa dispõem de ampla liberdade para configurarem as sociedades interpostas de molde a não preencherem as características das sociedades transparentes, o que, combinado com o facto de os serviços serem prestados e facturados pela sociedade aos clientes e pelos profissionais sócios à correspondente sociedade, leva praticamente ao não apuramento de resultados tributáveis junto da sociedade. Por isso, este regime devia ser eliminado ou, então, imposta a obrigação fiscal de as prestações dos serviços em causa serem facturados exclusivamente aos profissionais, isto é, às pessoas singulares.

Mas essa argumentação já não faz sentido relativamente à generalidade das PME. Para estas impõe-se, a nosso ver, um tratamento preferencial, uma vez que devemos olhar para as PME com maior abrangência, tendo presente não apenas os impostos sobre o rendimento, o IRS ou o IRC, bem como as cada vez mais onerosas tributações avulsas que referimos, mas também a totalidade das contribuições que efectivamente realizam a favor da comunidade, em que temos, ainda em sede fiscal, para além do suporte estrutural do IVA, o amplo e complexo universo de obrigações tributárias acessórias que têm de cumprir enquanto sustentáculo do que vimos designando por "administração ou gestão privada dos impostos", próprios ou

---

[28] V. James Mirrlees, *Diseño de un sistema tributário óptimo. Informe Mirrlees*, Editorial Universitaria Ramón Areces, Madrid, 2013, p. 493 e ss. Obra esta que é a tradução do relatório *Tax by Design*, Oxfod University Press, 2011.

alheios[29], e, em sede económica, os reais contributos que prestam enquanto suportes da economia de mercado, pressuposto da própria existência e funcionamento do Estado fiscal.

O que implica uma compreensão do mundo das empresas mais consentâneo com a realidade que em actuam. Compreensão que conduzirá a ter em consideração, no respeitante às PME, não só a sua capacidade contributiva para suportar a tributação empresarial, mas igualmente a capacidade dessas empresas para arcar com os custos directos e indirectos de cumprimento e de administração das múltiplas, complexas e não raro sofisticadas obrigações relativas aos impostos. Custos que, como é bom de ver, porque relativamente idênticos e constantes quanto à generalidade das empresas, acabam por significar uma oneração tanto maior quanto menor for a empresa, dando suporte a uma oneração fiscal fortemente regressiva que mais não significa que uma intervenção estadual que subverte a livre concorrência[30]. Daí que a simplificação da tributação das PME seja um imperativo não só de justiça, mas também de defesa da ordem económica concorrencial, na qual estão empenhados tanto a nossa Constituição como o direito da União Europeia. Designadamente há que fazer um esforço para eliminar as obrigações acessórias redundantes, como as traduzidas em fornecer à Administração Tributária informações de que esta já dispõe ou facilmente obtenha de outros departamentos do Estado, assim como tornar menos onerosas outras. Informações que hão-de ser as estritamente necessárias, em termos de tempo, lugar e modo, para a correcta aplicação dos impostos e ajustadas ao que seja razoável exigir.

Mesmo em sede da tributação, é de nos interrogarmos sobre se o nosso sistema de tributação do rendimento das empresas, em que as pequenas empresas, tanto singulares como societárias, podem optar pelo regime simplificado baseado em coeficientes diversificados e relativamente ajustados à realidade económico-empresarial, não poderia contemplar uma tributação ainda mais simples e consentânea com a dimensão e as reais forças das micro empresas. Nesse sentido há quem proponha para tais empresas uma tributação tipo "imposto de porta aberta"[31], a qual substituiria a gene-

---

[29] V. o nosso *Direito Fiscal*, cit., p. 327 e ss.
[30] Sobre os custos de cumprimento e de administração no nosso sistema fiscal, v. Cidália Lopes, *Quanto Custa Pagar Impostos em Portugal. Os Custos de Cumprimento da Tributação do Rendimento*, Almedina, Coimbra, 2008.
[31] Uma espécie de "licença" de porta aberta, no que não deixa de fazer lembrar o imposto municipal conhecido por "licença de estabelecimento comercial ou industrial", um adi-

ralidade dos impostos, designadamente o IRS/IRC e o IVA, alcançando-se, assim, uma real e significativa simplificação da vida fiscal das referidas empresas. Um imposto que incidiria anualmente sobre o potencial de facturação das empresas, tendo estas, todavia, de definir um valor salarial a ser considerado no imposto sobre salários. Uma proposta que, deve ser sublinhado, foi feita no quadro de uma reforma mais ampla da tributação do rendimento pessoal, para a qual se propunha uma taxa uniforme, no quadro da adopção de uma *flat tax*[32].

7. A consideração fiscal unitária do fenómeno financeiro das empresas

Finalmente, na tributação das empresas devemos olhar para as coisas com maior abrangência e atenção. Em rigor não importa ter presente apenas os impostos sobre o rendimento, o IRS ou o IRC que pagam, bem como as cada vez mais onerosas tributações avulsas constituídas pelas ditas tributações autónomas do art. 73º do Código do IRS e do art. 88º do Código do IRC ou por outras tributações geralmente designadas por contribuições ou taxas que se encontram dispersas por legislação avulsa, mas também a totalidade das contribuições que efectivamente realizam a favor da comunidade, em que temos, ainda em sede fiscal, o amplo e complexo universo de obrigações tributárias acessórias que têm de cumprir enquanto sustentáculo da referida administração privada dos impostos, e, em sede económica, os reais contributos que prestam enquanto suportes da economia de mercado, pressuposto da própria existência e funcionamento do Estado.

Por outras palavras, a tributação empresarial, justamente porque visa atingir rendimentos intermédios obtidos por organizações que, para além do mais, constituem o suporte insubstituível do funcionamento do sistema de liquidação e cobrança da generalidade dos impostos e da existência e funcionamento da própria economia de mercado, e não rendimentos finais como são os rendimentos gerados na esfera pessoal das pessoas singulares, deve assentar numa visão mais ampla, isto é, numa *consideração unitária do fenómeno financeiro* das empresas, ponderando todos os reais contributos que estas prestam tanto à fazenda pública como à economia nacional. Daí que

---

cional à contribuição industrial previsto no Código Administrativo (arts. 710º a 713º) que, depois de 1964, passou a designar-se por "imposto de comércio e indústria", adicional que foi extinto pela primeira Lei das Finanças Locais após 25 de Abril de 1974, a Lei nº 1/79, de 2 de Janeiro.

[32] V. José Dinis Carmo/Abel L. Costa Fernandes, *A Tributação dos Rendimentos Empresariais em Portugal*, Almedina, Coimbra, 2013, p. 89 e ss.

seja de considerar não apenas as contribuições fiscais, isto é, os impostos que suportam e pagam como contribuintes, mas também as demais obrigações tributárias e financeiras e, bem assim, as contribuições que, enquanto agentes suportes da existência e do funcionamento da economia de mercado, prestam à comunidade nacional[33].

Uma ideia que, reportando-nos agora ao mundo das entidades colectivas, leva a que o tratamento fiscal destas não seja em absoluto estabelecido sem um mínimo de consideração de diversificadas contribuições que prestam à comunidade nacional, em que temos: 1) os impostos que pagam como contribuintes; 2) as múltiplas e complexas obrigações acessórias que têm que cumprir enquanto suportes da gestão privada da generalidade dos impostos próprios e alheios do sistema fiscal; 3) as despesas que realizam com a prossecução de tarefas comunitárias em complemento ou substituição pura e simples do Estado e de outras entidades públicas, em que sobressaem as entidades que levam a cabo tarefas de utilidade pública ou, numa outra versão, as entidades que integram o chamado sector não lucrativo ou terceiro sector da economia; 4) os demais contributos específicos ou diferenciados que efectivamente prestam ao funcionamento da economia nacional.

Ou seja, há que ter em conta os múltiplos e diversificados contributos comunitários das empresas realizados como contribuintes, administradores da generalidade dos impostos, suportes de tarefas de utilidade pública ou do sector não lucrativo da economia ou ainda específicos suportes da economia em geral, dentro dos quais se destacam, como será fácil de verificar, os que se traduzem na realização de tarefas de utilidade pública ou constituem suporte do sector não lucrativo da economia.

Uma visão das coisas que requer um olhar relativamente diferenciado das empresas, atendendo justamente a esses outros importantes contributos comunitários, os quais variam segundo o tipo de empresa em causa. Daí que tanto as microempresas como as pequenas e até algumas das médias empresas podem ser contempladas, em sede da tributação dos seus lucros, com um tributação atenuada face à exigida às demais empresas, designadamente

---

[33] O que, a seu modo, não deixa de ser uma expressão qualificada de uma realidade bem mais ampla, já que se reporta a todos e quaisquer sujeitos passivos, sejam estes ou não empresas, traduzida na consideração de uma efectiva «conta corrente» que, em qualquer Estado de Direito, mas com particular importância e visibilidade no Estado de Direito Social, necessariamente se estabelece entre este e cada um dos contribuintes ou sujeitos passivos concretizada na consideração unitária de tudo quanto cada um presta à comunidade e de tudo quanto, em contrapartida, recebe dessa mesma comunidade.

as grandes empresas. Diversos têm sido os argumentos que sustentam essa necessidade de diferenciação positiva das PME, sendo de destacar nomeadamente: 1) o seu carácter marcadamente sedentário, traduzido em não deslocarem a sua actividade ou os seus resultados para países com regimes fiscais mais atractivos; 2) o seu importantíssimo papel em matéria de criação e manutenção de postos de trabalho, sustentando o emprego mormente em situações de crise económica; 3) o serem fonte de dinamismo, inovação e flexibilidade; 4) o que estando aliado à grande aptidão para a produção de bens transaccionáveis, revelam uma notável capacidade de resistência às crises económicas; 5) e a improvável verificação em relação a elas dos chamados "custos de agência", em virtude de a titularidade e a gestão não se encontrarem separadas como ocorre frequentemente nas grandes ou até nas médias empresas.

Por isso, faz todo o sentido que sejam objecto de uma tributação menor, que mais não será do que uma compensação, porventura relativamente diminuta, pelos maiores encargos que as mencionadas contribuições económicas à comunidade nacional, traduzidas em todos esses aspectos, efectivamente representam para as empresas.

Tratamento das PME que tem plena justificação também olhando as coisas a partir de uma outra perspectiva, qual seja a da necessidade de salvaguarda da competitividade dessas empresas decisiva nos tempos que correm não apenas no quadro internacional, em que a competitividade por via de regra vem sendo considerada. Pois, como é reconhecido e parece óbvio, atento o papel verdadeiramente determinante que as PME desempenham para o funcionamento da economia e do sistema fiscal, este não pode alhear-se quer do investimento proporcionado pelas PME estrangeiras, quer da internacionalização das PME nacionais.

Ideia esta que, a seu modo, não deixa de estar presente, embora por uma outra via, no tratamento fiscal de que tem sido objecto as PME. Estamos a referimo-nos aos benefícios fiscais que têm estas empresas por destinatários, os quais, todavia, acabam por não ser especificamente muitos, o que tem expressão no facto de nem sequer constituírem objecto de um capítulo do EBF, como certamente se imporia. De facto, os benefícios fiscais às PME não nos parecem muito significativos, encontram-se dispersos por diversa legislação avulsa e não constituem objecto de um regime minimamente coerente e harmonioso.

Aliás, são razões do tipo das que vimos considerando as que, como já referimos, suportam o tratamento diferenciado dispensado às PME por parte da União Europeia. Tratamento que se traduz, de um lado, na recomendação feita aos Estados membros para que estes lhes concedam apoios, nos quais se podem incluir naturalmente os incentivos fiscais, e de outro lado, em não considerar tais apoios auxílios de Estado perturbadores da concorrência e, por conseguinte, da realização do mercado interno.

Um tratamento das PME que, todavia, a nosso ver, não deve ser levado a cabo através da técnica do reconhecimento de benefícios fiscais a essas empresas, mas mediante todo um sistema de tributação do rendimento unitário e coerente das mesmas. Pois, como dissemos, os benefícios fiscais são presentemente de rejeitar, por via de regra, dado os efeitos nefastos que provocam, devendo ser estritamente limitados aos chamados "incentivos" ou "estímulos" fiscais, os quais, embora à primeira vista se materializem, como todos os benefícios fiscais, em despesas fiscais, porque incentivam ou estimulam actividades que, de outro modo, não teriam lugar, vão originar um efectivo aumento de receitas fiscais no futuro. Daí que, como referimos, a crítica generalizada à «indústria dos benefícios fiscais» não seja lograda relativamente aos que se apresentem como verdadeiros incentivos ou estímulos fiscais[34].

Uma visão que é, de resto, consentânea com o fenómeno da crescente perda de relevância dos benefícios fiscais como motor do investimento e, por conseguinte, da criação e do financiamento das empresas, em virtude não só do que acabamos de dizer, mas igualmente pelo facto de tais benefícios caírem progressivamente sob a alçada do direito supranacional, suporte das restrições às subvenções e compensações impostas aos Estados no quadro da actuação da OMC, enquanto base de uma ordem económica favorável ao comércio mundial, bem como da referida proibição dos auxílios de Estado constante do TFUE. A que acresce a circunstância de, na medida em que se trate de benefícios fiscais cuja concessão não se encontre sujeita a prazos bem definidos, o que, não sendo aconselhável, como vimos, pode, todavia, acontecer, em caso da sua revogação pelo Estado, seja por opção política, seja em cumprimento de decisões judiciais ou determinações de entidades supranacionais responsáveis pela *governance* da (nova) ordem económica transnacional, poderem dar lugar a compensações com base no sacrifício especial e anormal de direitos de expressão patrimonial ou à reposição do correspondente equilíbrio económico-financeiro[35].

---

[34] V. o que dissemos *supra*, no ponto 5.1.
[35] V. Suzana Tavares da Silva, «Razão de estado e princípio da razoabilidade», em Suzana Tavares da Silva/Maria de Fátima Ribeiro (Coord.), *Trajectórias de Sustentabilidade. Tributação e Investimento*, cit., p. 131.

Uma Futura Revisão Constitucional?*

Sumário: **I. Sentido e necessidade das revisões constitucionais**: 1. Sentido das revisões constitucionais; 2. Necessidade das revisões constitucionais; 3. Específicas necessidades de revisão da Constituição Portuguesa: 3.1. A transferência da "constituição economia" para o nível europeu; 3.2. A previsão de um estado de emergência económico-financeira; 3.3. A eliminação de disposições constitucionais: 3.3.1. A eliminação das disposições relativas às regiões administrativas; 3.3.2. A eliminação do art. 104º da Constituição; **II. A oportunidade e viabilidade de uma revisão constitucional**: 4. A oportunidade de uma revisão constitucional; 5. A viabilidade de uma revisão constitucional.

A questão que nos é posta é a de saber se faz sentido uma futura revisão da Constituição de 1976, a qual, é de assinalar, já teve sete revisões. De resto, há 11 anos que se não verifica qualquer revisão, o que é novidade pois, desde que foi aprovada, nunca esteve tanto tempo sem ser objecto de revisão. O que também não é nenhum drama e, menos ainda, uma tragédia, pois o que é normal é a constituição não ser revista a não ser se e quando seja estritamente necessário.

Embora devamos acrescentar que, relativamente às revisões pretéritas, em certo sentido, apenas duas são genuínas e efectivas revisões constitucionais. Estamos a referir-nos às duas primeiras que foram as revisões ordinárias de 1982 e de 1989 que, a seu modo, vieram eliminar as manifestações do "projeto socialista" que subsistiram na versão de 1976. Pois a primeira,

---

* Texto elaborado a partir da nossa intervenção na mesa-redonda, subordinada ao tema "Uma futura revisão?", na comemoração dos «40 Anos da Constituição» promovida pelo ICJP da FDUL, 10 de Maio de 2016, publicado na *Revista de Legislação e de Jurisprudência*, Ano 145, 2015/16.

que estava prevista na própria Constituição, teve por objecto a "constituição política" ou "constituição do Estado", procedendo à expansão da legitimação democrática, eliminando o órgão assente na legitimidade revolucionária (o Conselho da Revolução), enquanto a segunda teve por objecto fundamentalmente a "constituição económica" ou "constituição da sociedade", suprimindo algumas das manifestações mais marcantes que faziam desta constituição, ao nível do texto constitucional, mas não da realidade constitucional, uma "constituição dualista"[1].

Já quanto às outras, temos quatro que se devem fundamental ou exclusivamente a compromissos internacionais assumidos pelo Estado Português, exigindo a adaptação da Constituição a cláusulas ou princípios de tratados internacionais. Foi o caso das revisões de 1992 em resultado do Tratado de Maastricht, de 2001 decorrente da ratificação da Convenção que criou o Tribunal Penal Internacional, de 2004 relativa a acomodar o texto constitucional à constituição europeia que veio a ser rejeitada[2], e de 2005 que aditou um novo artigo, permitindo a realização de referendo sobre a aprovação de tratado que vise a construção e o aprofundamento da União Europeia[3].

Por seu lado a revisão de 1997, em que se procedeu a algo dificilmente aceitável de pura ostentação de formalismo e estética constitucionais, traduzido na renumeração de numerosos artigos, consagraram-se alterações referentes, designadamente, à possibilidade de redução do número de deputados e de criação de círculos uninominais e ao direito de iniciativa legislativa aos cidadãos, reforçando também os poderes legislativos exclusivos da Assembleia da República[4]. Refira-se que, no concernente à redução do número de deputados e à criação de círculos uninominais, as alterações introduzidas aos arts. 148º e 149º não significaram grande avanço, porquanto o problema que antes estava na Constituição passou para a corres-

---

[1] Apenas à constituição económica e não a toda a constituição era imputável esse carácter dualista. Diferentemente de F. Lucas Pires, *A Teoria da Constituição de 1976 – A Transição Dualista*, Coimbra, 1988, que via na constituição globalmente considerada uma constituição de modelo "ocidental" com sobreposição de uma constituição de modelo "socialista". V., a este respeito, o nosso livro *Contratos Fiscais. Reflexões acerca da sua Admissibilidade*, Coimbra, 1994, p. 139 e 152.
[2] Tendo também aproveitado para aprofundar a autonomia político-administrativa das regiões autónomas dos Açores e da Madeira, designadamente eliminando o cargo de "Ministro da República", criando o de "Representante da República".
[3] Sendo de referir que que três dessas revisões – as de 1993, 2001 e 2005 – foram revisões extraordinárias.
[4] Em que também houve alterações decorrentes do tratado de Amsterdão.

pondente lei, pois esta, nos termos do nº 6 do art. 168º, tem de ser aprovada pela maioria de dois terços dos deputados presentes, desde que superior à maioria absoluta de deputados em efectividade de funções. Alterações estas que se revelam mais uma manifestação de comício político-constitucional do que uma genuína intenção de corrigir a partidocracia instalada.

I. Sentido e necessidade das revisões constitucionais
Mas, como parece óbvio, antes de nos pronunciarmos sobre uma futura revisão da Constituição Portuguesa, impõe-se dizer alguma coisa sobre o sentido e a necessidade das revisões constitucionais em geral.

1. Sentido das revisões constitucionais
Com efeito, questionar-nos sobre se faz sentido uma próxima revisão constitucional implica perguntar: como está de saúde actualmente a Constituição? E, a tal respeito, sempre diremos que a nossa Constituição é, do ponto de vista técnico-jurídico, uma excelente constituição, uma verdadeira catedral, onde é reconhecível o pórtico (princípios fundamentais) as três naves ordenadas em torno da nave central, a constituição da pessoa (parte I – direitos e deveres fundamentais), acompanhada pelas naves laterais da "constituição económica" ou "constituição da sociedade" (parte II – organização económica) e da "constituição política" ou "constituição do Estado" (parte III – organização do poder político), naves encimadas pela capela-mor – a "constituição da constituição" (parte IV – garantia da constituição).

Pois bem, é precisamente no *sanctum sanctorum*, constituído pela garantia da constituição, que se localiza o problema das revisões constitucionais. Pois a garantia da constituição comporta dois segmentos: o da garantia de cumprimento da constituição por parte dos órgãos operacionais do Estado, constituída basicamente pelo controlo ou fiscalização da constitucionalidade das leis, que é um controlo jurisdicional, e a garantia de manutenção da identidade da constituição, adaptando-a à evolução da realidade constitucional de modo a, de um lado, não se converter numa constituição puramente nominal ou expor-se a rupturas constitucionais, e, de outro lado, evitar que seja totalmente desfigurada.

Naturalmente que a garantia da constituição, a que nos estamos a reportar, é a chamada "garantia jurídico-institucional" da constituição, traduzida justamente nos dois institutos acabados de mencionar. Todavia, é preciso não esquecer que a primeira e mais eficaz garantia da constituição reside nela própria, ou seja, por outras palavras, na chamada "garantia político-

-cultural" da constituição traduzida na sua identificação com o sentimento colectivo da correspondente comunidade política, resultante portanto do facto de espelhar a identidade da comunidade política que a tem como lei fundamental, pois, como é sabido e a história abundantemente o demonstra, uma constituição que não assente culturalmente bem à respectiva comunidade, não tem possibilidades reais de vingar e de aspirar a ser um efectivo parâmetro do ordenamento jurídico[5].

2. Necessidade das revisões constitucionais

Conhecido o sentido das revisões constitucionais, importa cuidar agora da necessidade das mesmas. Apenas algumas considerações verdadeiramente telegráficas.

Pois bem, se as revisões visam garantir a manutenção da identidade da constituição, adaptando-a à evolução e desenvolvimento da realidade constitucional, evitando rupturas constitucionais ou redução das constituições a textos desfasados da realidade, então há que ter algumas precauções que tenham isso devidamente em conta. Duas ideias a tal respeito: uma, para rejeitar a existência de programas partidários permanentes de revisão constitucional; outra, para chamar a atenção para a necessidade de distinguir entre défices mais conjunturais e défices mais estruturais de cumprimento da constituição ou de desfasamentos mais conjunturais ou desfasamentos mais estruturais face à realidade constitucional.

Quanto à primeira das ideias sinalizadas, parece-nos de todo inadmissível que os partidos tenham programas permanentes de revisão constitucional para apresentarem nas campanhas eleitorais, mormente nas eleições legislativas e nas eleições regionais. Pois a constituição é um assunto demasiado sério para que a sua revisão possa ser tratada como uma componente dos programas eleitorais de governo no quadro da verdadeira feira

---

[5] Daí que, quando se verifique um desfasamento entre a identidade cultural da comunidade política e a respectiva constituição, esta se não mantenha ou se mantenha como uma constituição puramente nominal. Foi o que se verificou, respectivamente, com as constituições monárquicas de 1822 e 1838, que pouco tempo vigoraram, e com a constituição do Estado Novo, de 1933, que virou constituição nominal. Salva-se a Carta Constitucional de 1826 (como, pelos mesmos motivos, se salva a Constituição do Império Brasileiro de 1824). Para a garantia político-cultural e a sua distinção da garantia jurídico-institucional da constituição, v. J. M. Cardoso da Costa, *Direito Constitucional II (A Justiça Constitucional)*, Sumários e Tópicos das lições proferidas no curso do 5º ano da Faculdade de Direito de Coimbra, polic., 2002, p. 6. V. também a nossa *Introdução ao Direito do Património Cultural*, 2ª ed, Almedina, 2010, p. 114 e ss.

em que se converteram as inúmeras e irrealistas promessas eleitorais, que seguem quase sempre o figurino que parece pautar-se pelo ditado "prometer não custa e faltar ainda menos". Programa que, por certo, poderá beneficiar de um lastro mais amplo, apresentando-se também como expressão da actual "indústria jurídica", em larga medida totalmente artificial, que tanto empolga alguns juristas, mas que não nos entusiasma, porquanto somos muito críticos de qualquer discurso quantitativo e, naturalmente, do crescente discurso quantitativo dos direitos fundamentais, que a pretexto de aparentemente garantir muitos direitos fundamentais a todos, acaba transformando os direitos em privilégios de cada vez menos.

De outro lado, é preciso resistir à tentação de prestar tributo excessivo a um formalismo e esteticismo constitucionais que, preocupando-se demasiado com a forma, arrumação e articulação das matérias na constituição, cria a predisposição para uma permanente vigilância do seu texto, confrontando-o permanentemente com a mais leve alteração da realidade constitucional e a mais ténue evolução experimentada pela doutrina e jurisprudência constitucionais. Temos, porém, como certo que prestaremos um mau serviço à constituição se, a pretexto de tornar este parâmetro da ordem jurídica num protagonista quotidiano, nos preocuparmos com a sua adequação formal às novidades que as elites políticas ou jurídicas vão colocando na agenda.

Daí que, nesta sede, seja da maior importância distinguir entre défices de natureza meramente conjuntural e défices de cariz mais estrutural no respeitante à realização da constituição, pois se, em relação aos primeiros, é sensato esperar para ver se tais défices se consolidam, evitando embarcar na mera preocupação de ter um texto constitucional *à la mode*, já no que concerne aos segundos fará todo o sentido procurar criar condições políticas para rever a constituição.

3. Específicas necessidades de revisão da Constituição Portuguesa
Referidos o sentido e a necessidade das revisões constitucionais em geral, importa ver agora se, face ao actual texto da nossa Constituição, há específicas áreas ou até concretos preceitos constitucionais que reclamem a intervenção do poder de revisão. Uma pergunta em cuja resposta vamos aludir à necessidade de reconhecer a transferência da "constituição económica" para o nível europeu, à hipótese da previsão de um estado de emergência económico-financeira e à eliminação das disposições relativas às regiões administrativas, de um lado, e do art. 104º, de outro lado. Uma palavra sobre cada um destes itens.

3.1. *A transferência da "constituição economia" para o nível europeu.* Relativamente ao primeiro dos aspectos mencionados, é de assinalar que não há mais uma constituição económica portuguesa. Na verdade, as disposições, que a Constituição Portuguesa formalmente ainda contém, não fazem hoje em dia qualquer sentido. Pois essa constituição migrou para a União Europeia. Uma migração que se fez, de resto, em duas etapas: com a nossa adesão às então Comunidades Europeias, em 1986; e sobretudo com a nossa integração na União Económica e Monetária. Bem podemos dizer que a constituição económica portuguesa cessou com a revisão constitucional de 1992 e com a extinção do Banco de Portugal enquanto banco central e detentor do exclusivo da emissão de moeda e colaborador qualificado das políticas monetária e financeira, uma vez que o restou com o mesmo nome, atentas as funções que deixou de ter, é algo bem diferente. O que resulta muito claro na comparação da redacção anterior com a resultante da referida revisão do artigo 102º da Constituição[6]. Uma alteração que, apesar do profundo alcance que teve e tem, curiosamente passou quase despercebida aos membros da comunidade aberta dos intérpretes da Constituição[7].

Isto significa que a constituição económica portuguesa deixou de ter sede na constituição portuguesa, transferida que foi para a ordem jurídica comunitária, para o nível normativo a montante dos Estados. O que tem como um dos significados mais visíveis a verdadeira impossibilidade de o Estado português dar cumprimento ao mandato constitucional contido na alínea *a)* do artigo 80º da Constituição, em que se estabelece o princípio da subordinação do poder económico ao poder político democrático[8]. Um mandato constitucional que, todavia, não pode considerar-se abandonado

---

[6] Que até à revisão constitucional de 1997 era o art. 105º. Pois bem, dispunha esse preceito antes: «O banco de Portugal, como banco central, tem o exclusivo de emissão de moeda e colabora na execução das políticas monetária e financeira, de acordo com a lei do Orçamento, os objectivos definidos nos planos e directivas do Governo»; e passou a dispor depois: «O Banco de Portugal é o banco central nacional e exerce as suas funções nos termos da lei e das normas internacionais a que o Estado Português se vincule».

[7] V. o nosso estudo «Reflexões sobre a constituição económica, financeira e fiscal portuguesa», *Revista de Legislação e de Jurisprudência*, ano 144º, 2014/15, p. 104 e ss.

[8] Um princípio cujo respeito, atento o poderio alcançado pelas grandes empresas multinacionais, temos dúvidas que possa ser integralmente cumprido mesmo ao nível europeu para onde transitou a constituição económica. Pois não temos por inteiramente descabida a afirmação no sentido de que, atento o relevo verdadeiramente decisivo que o estabelecimento e funcionamento do mercado interno tem, acabam por ser as grandes empresas que suportam e efectivamente moldam juridicamente o governo económico da União Europeia.

por completo, impondo-se ao Estado português que o tente concretizar, na medida em que seja possível, ao nível da União Europeia.

De resto, em relação à constituição económica portuguesa podemos dizer que de uma "constituição dirigente" nacional de tónus socialista, passamos a ter uma constituição económica europeia que tem igualmente um cariz dirigente, mas agora inteiramente ao serviço do "sagrado" mercado interno, ao qual, de resto, vêm sendo funcionalizadas as constituições financeiras entretanto europeizadas e as constituições fiscais, formalmente ainda sob a soberania dos Estados Membros[9].

A que acresce, por outro lado, a já visível funcionalização do próprio Estado social, uma vez que as coisas não melhoram se passarmos do plano dos Estados para o plano dos cidadãos, porquanto o "constitucionalismo de mercado", que polariza e domina em termos tendencialmente absolutos a ordem jurídica da União Europeia, acaba centrifugando a realização dos direitos sociais que vinha sendo constitucionalmente assegurada pelos Estados. Um caminho que vem sendo percorrido através da aparente multiplicação de "direitos sociais" de mercado, em que não há mais lugar para os cidadãos, mas apenas para os consumidores que, não raro, são tratados mais como objectos de mercado ou como crianças, do que como pessoas ou como pessoas adultas[10].

O que significa que a constituição económica europeia funcionaliza ao objectivo da criação e desenvolvimento do mercado interno, o próprio Estado social, cuja realização tem assentado, de um lado, numa solidariedade imanente a um sistema fiscal consentâneo com o Estado fiscal social[11]

---

[9] A respeito da efectiva perda da soberania fiscal dos Estados, em virtude do desenvolvimento, sobretudo jurisprudencial, do direito da União Europeia, v., por todos, Pietro Boria, *L'Anti-sovraano. Potere tributario e sovranità nell'ordinamento comunitário*, G. Giappichelli Editore, 2004. esp. p 103 e ss.. V. também o nosso estudo «Reflexões sobre a constituição económica, financeira e fiscal portuguesa», *ob. cit.*, p. 103 e ss.

[10] Relativamente a este aspecto, v. Ainhoa Lasa Lopés, *Los Derechos Sociales en el constitucionalismo de mercado: aporias de la dimensión social en la Unión Europea*, Madrid, 2012, e o nosso texto «O estatuto constitucional dos consumidores», em *Por um Estado Fiscal Suportável – Estudos de Direito Fiscal*, vol. III Almedina, 2010, p. 7 e ss. (40 e s.).

[11] Que é uma solidariedade associada aos impostos em termos de reciprocidade, já que ao mesmo tempo que os impostos, através da mediação do Estado, concretizam a solidariedade, esta legitima os próprios impostos. Por isso, não admira que esteja na base do sucesso do Estado social da segunda metade do século passado, que agora é preciso reconstituir adaptando-a ao século XXI. Sobre a referida relação, v. Audrey Rosa, *Solidarieté et Impôt: recherce sur les fondements de l'impôt moderne*, Dalloz, Paris, 2015.

e, de outro, na solidariedade promovida através da garantia de prestações existenciais asseguradas pelo Estado na dupla função de garante e promotor da economia de mercado que proporcione aquelas prestações e de realizador dessas prestações a quem as não obtenha em sede ou através do mercado.

Pelo que, de uma efectiva garantia de direitos sociais a cargo dos Estados, em que se asseguravam *poucos direitos*, mas efectivos *direitos para todos*, no quadro de uma real solidariedade entre todos os membros da comunidade nacional, estamos a passar para um ambiente virtualmente de *muitos direitos*, mas *direitos apenas para alguns*, que progressivamente são cada vez menos. De facto, o mercado, ao contrário do Estado, promete direitos quase até ao infinito a todos, mas com a certeza de que apenas os assegurará a cada vez menos[12]. Daí a imperiosa necessidade de um real equilíbrio entre o Estado e o mercado na regulação das sociedades actuais e a imprescindibilidade do papel do Estado na garantia do Estado social.

Num tal quadro, parece-nos que não será descabido perguntar se não seria de reflectir no texto da Constituição esta nova realidade normativa de modo a pô-la minimamente em consonância com o que efectivamente ocorre, até para dispormos de uma efectiva base nacional de luta contra a mencionada perversão dos direitos sociais cercados, se é que não sequestrados, pelo mercado interno. Por outras palavras, cabe perguntar se não devemos adaptar o texto constitucional à realidade constitucional decorrente da nossa actual integração europeia, mas em termos que possamos, todavia, lutar no seio da União Europeia pela defesa do nosso Estado social.

3.2. *A previsão de um estado de emergência económico-financeira.* Depois, no respeitante à hipótese da previsão de um estado de emergência económico-financeira, como dissemos noutro local, a propósito da estabilidade financeira reportada ao chamado Tratado Orçamental, admitimos que a consagração constitucional ou em lei de valor reforçado de um limite ao défice orçamental e ao endividamento público possa ter um papel importante enquanto parâmetro supralegal para legitimar a adopção de medidas, a seu modo de natureza excepcional, naquelas situações que podemos designar por «estado de necessidade financeiro» ou «estado de necessidade económico-financeiro». O que possibilitará passar a dispor de uma abertura constitucional expressa

---

[12] O que é um poderoso factor de erosão ou mesmo de destruição do centro económico, social e político, que suportou a história de sucesso proporcionada pelo Estado social da segunda metade do século passado. V., sobre este aspecto, o que dizemos *infra*, no ponto 5.

para este tipo de estado de necessidade, situado, de algum modo, entre o excepcionalíssimo «estado de necessidade constitucional» (conhecido por estado de sítio ou estado de emergência) e o ordinário ou corrente «estado de necessidade» administrativo[13].

Abertura que permitirá a adopção de medidas que sirvam de suporte a uma adequada repartição dos custos da sustentabilidade, no quadro dessa situação de excepção. Ou seja, em termos de um adequado equilíbrio entre o que cada um dos membros da comunidade dá e recebe do respectivo Estado no quadro de uma verdadeira «conta corrente», de modo a que os *commoda* e os *incommoda* implicados na pertença de cada um à comunidade estadual sejam também equilibrados nessa situação de emergência.

Um Estado de necessidade que, a nosso ver, não se deve limitar, como defende a doutrina, essencialmente a medidas de natureza regulatória dos mercados ou de intervenção em empresas nevrálgicas para a economia nacional[14]. Pois não encontramos obstáculos jurídicos a que, nesse contexto de excepção, possam ser adoptadas outras medidas, como, por exemplo, a limitação de eventuais obrigações de indemnização decorrentes do não cumprimento de alguns compromissos contratuais, quando a razão desse incumprimento advenha da situação de estado de necessidade financeiro.

Trata-se de afirmar que o Estado não pode nem deve assumir integralmente o risco financeiro associado à «realização de projectos de interesse público», quando a «alteração das circunstâncias» é externa às opções da política nacional. Assim, por exemplo, situações que aparentemente fossem de reconduzir ao dever de reposição do equilíbrio financeiro dos contratos por parte do Estado em resultado de uma decisão adoptada fora do exercício dos poderes de conformação da relação contratual, mas imputável a decisão do contraente público (*factum principis*), deverão ser igualmente reconduzidas às equações de partilha do risco, quando a medida legislativa adoptada pelo Estado resulte de condicionantes externas às opções da política nacional[15]. Pois não é minimamente aceitável que, em uma situação de

---

[13] Regulados em Portugal, respectivamente, no artigo 19º da Constituição e no artigo 3º/2 do Código de Procedimento Administrativo.

[14] V., nesse sentido, Alfredo Fioritto, *L'amministrazione dell'emergenza tra autorità e garanzie*, il Mulino, Bologna, 2008, p. 135 e ss.

[15] O que pode significar, segundo a aplicação dos critérios da equidade constante do artigo 314º/2 do Código dos Contratos Públicos, uma compensação muito reduzida ou mesmo nula. De resto, é bom lembrar, no contexto da aplicação do princípio da sustentabilidade financeira aos contratos públicos, os ensinamentos da Comissão Europeia e do Tribunal de

emergência económico-financeira, os avultados custos decorrentes dos riscos que a mesma envolve sejam imputáveis apenas aos contribuintes, sobretudo quanto o universo destes tende a ser reduzido aos que vimos designando por "cativos fiscais" que são cada vez mais os trabalhadores[16].

3.3. *A eliminação de disposições constitucionais.* Finalmente, uma palavra sobre a ideia de eliminação das disposições relativas às regiões administrativas e do art. 104º da Constituição. Relativamente à primeira, ela justifica-se, a nosso ver, por as regiões administrativas terem sido rejeitadas pelo povo e tendo em conta o quadro da diminuição e racionalização do que designamos por "conselho de administração" do Estado. Por seu lado, quanto à segunda, porque o art. 104º se encontra esgotado na sua função e constitui mais um entrave do que um verdadeiro parâmetro constitucional do nosso actual sistema fiscal. Uma palavra sobre cada uma destas eliminações.

3.3.1. *A eliminação das disposições relativas às regiões administrativas.* Quanto à eliminação do texto constitucional das regiões administrativas, ela justifica-se porque corresponde à vontade popular expressa no referendo que rejeitou a regionalização realizado em de 8 de Novembro de 1998. Uma rejeição que, em direitas contas, devia levar a eliminação das regiões administrativas do texto da Constituição. O que, não aconteceu nem é previsível que venha a acontecer, dado aos políticos importar mais o seu interesse, se bem que mascarado de interesse nacional, em poder disponibilizar cargos políticos e administrativos correspondentes a essas autarquias, do que a vontade do povo, já que o ADN do nosso sistema democrático é constituído pela manutenção e reforço das estruturas político-burocráticas que suportam e dão sentido aos aparelhos cada vez mais clientelares dos partidos políticos que dispõem praticamente do monopólio da representação política.

Uma realidade que explica e dá sentido às manobras já em acção para uma regionalização às escondidas, pois, perante a mencionada vontade popular, nada melhor do que regionalizar o país à socapa, pela calada da noite (democrático-constitucionalmente falando), através da criação de estruturas a partir das actuais comissões de coordenação e desenvolvimento

---

Justiça da União Europeia a propósito da implementação de políticas, onde aquele princípio impõe obrigações de resultado.

[16] Para maiores desenvolvimentos, v. o nosso estudo «Estabilidade financeira e o Tratado Orçamental», *Estudos em Memória do Conselheiro Artur Maurício*, Coimbra Editora, 2014, p. 637 e ss. (660 e ss.).

regional, que, mais tarde serão objecto de uma qualquer eleição para aparentemente legitimarem mais um punhado de membros das nomenclaturas político-partidárias a quem se impõe garantir emprego publico. Enfim, a "democracia à portuguesa" em todo o seu esplendor...

Depois, no sentido dessa eliminação, vai a necessidade de redução sustentada da excessiva despesa pública que enfrentamos, a qual, não obstante as duras imposições decorrentes da intervenção externa a que fomos sujeitos de 2011 a 2014, não foi objecto de uma verdadeira redução estrutural. Por isso, impõe uma redução expressiva do que designamos por "conselho de administração", o conjunto dos órgãos e instituições que, desempenhando as diversas funções do Estado, formam, no seu conjunto, a máquina estadual que tem a seu cargo a gestão em sentido amplo do país. A esse respeito, impõe-se ter presente que um dos magnos problemas do nosso país é, em larga medida, o dos custos avassaladores dessa máquina estadual, constituída pelos órgãos de soberania, das regiões autónomas e das autarquias locais, bem como pelos institutos e entidades com variadas designações e diversa natureza em que esses órgãos, qual cabeça da Hidra de Lerna, permanentemente se desdobram ou mudam de configuração a fim, basicamente, de permitirem remunerações verdadeiramente predatórias.

Daí que seja de nos interrogarmos sobre a efectiva necessidade da dimensão da máquina que suporta a Presidência da República, do número de deputados da Assembleia da República e das assembleias regionais, do número dos membros do Governo da República e dos governos regionais, do número de tribunais, dos níveis e do número das autarquias locais (municípios e freguesias), etc. Pelo que se impõe um mínimo de coerência entre a dimensão do País e a sua máquina política e administrativa[17]. Pois, não nos podemos esquecer que somos um país com pouco mais 10 milhões de habitantes, e não com mais de 80 milhões como na Alemanha ou com mais de 60 milhões como em França, e que o nosso PIB anda à volta de 4/5 do da média dos 28 Estados membros da União Europeia. E se é certo que as soluções a encontrar não podem ter por base apenas o número de habitantes e o montante do PIB, sendo mesmo de rejeitar um certo discurso que, nos tempos mais recentes, vem, de algum modo, endeusado este indicador, não é menos certo que a sustentabilidade do país não pode partir de dados diferentes dos fornecidos por estes indicadores bases indiscutíveis da comunidade que somos.

---

[17] V. o nosso livro *A autonomia financeira das autarquias locais*, Almedina, 2007, p. 23.

Neste quadro é de referir que não foi levada por diante, a reforma constante do Programa de Assistência Económica e Financeira decorrente do Memorando de Entendimento relativa à diminuição do número de municípios[18], tendo sido apenas reduzido o número de freguesias através da sua agregação[19]. Uma reforma que nós vimos defendendo há muito tempo, muito antes portanto de ser previsível qualquer crise do tipo daquela que nos conduziu ao resgate internacional[20], mas que, não tendo sido realizada enquanto estivemos sob a apertada vigilância da Troika, não vemos como possa ter lugar.

Pois a extrema dificuldade em realizar reformas que suportem um efectivo emagrecimento dos aparelhos organizacionais, entre os quais se destacam os estaduais, encontra-se teorizada, desde há muito tempo, tanto no que concerne ao seu vector de estruturas burocráticas pela lei de Ceril Northcote Parkinson, como no seu vector financeiro pela lei de Adolf Wagner. Pois, segundo Parkinson, as estruturas burocráticas albergam funcionários que se multiplicam como subordinados e não como rivais, em que uns criam trabalho (*rectius* emprego) para os outros independentemente das efectivas necessidades, segundo um modelo em que a oferta cria a correspondente procura, engendrando verdadeiros "mil folhas institucionais" de muito difícil desmantelamento. O que dá para compreender a lei Wagner do crescimento contínuo das despesas públicas formulada no século XIX e empiricamente comprovada no século XX, uma vez que esta lei mais não é do que a face financeira da lei de Parkinson, apesar de esta apenas ter sido enunciada nos anos cinquenta do século passado[21].

---

[18] Que são presentemente 308, embora mais de 30 tenham menos de 5.000 habitantes e mais de 100 tenham menos de 10.000 habitantes.

[19] Tendo passado de 4.260 para 3.092 – v. a Lei nº 22/2012, de 30 de Maio, e a Lei nº 11-A/2013, de 28 de Janeiro.

[20] Cf. o nosso livro *A autonomia financeira das autarquias locais*, cit., p. 22 e s., em que, já em 2007, defendíamos a extinção das freguesias urbanas situadas nas sedes dos municípios, bem como a redução do número de municípios.

[21] Aliás, a dificuldade em realizar as reformas estruturais, que impliquem uma significativa redução da máquina burocrática e da consequente despesa pública, explica porque é que tais reformas tenham sido nos séculos XIX e XX frequentemente levadas a cabo em ambientes revolucionários ou no quadro de regimes sem ou de discutível legitimidade democrática. Sobre esta temática, v. o nosso estudo «Justiça fiscal, estabilidade financeira e as recentes alterações do sistema fiscal português», em *Por um Estado Fiscal Suportável – Estudos de Direito Fiscal*, vol. IV, Almedina, 2015, p. 215 e ss. (223 e ss.).

3.3.2. *A eliminação do art. 104º da Constituição.* No que concerne à eliminação do art. 104º da Constituição, é de assinalar que, de um lado, o programa de reforma fiscal que continha já foi concretizado e, de outro lado, podemos acrescentar que esse preceito actualmente constitui mais um entrave do que um verdadeiro parâmetro constitucional do nosso sistema fiscal. Quanto ao programa, este foi sendo cumprido por etapas concretizadas na reforma da tributação do consumo, como a criação do IVA em 1985/6, na reforma da tributação do rendimento, com a criação do IRS e do IRC em 1988/9, e a reforma da tributação do património que, embora não constante do mencionado programa, foi levada a cabo em 2003/4.

É certo que o quadro constitucional de recorte do sistema fiscal português, que esses preceitos contêm, não se esgotou nessa imposição constitucional, indo assim para além do cumprimento primário desse programa. Porém, enquanto parâmetro permanente de conformação do sistema fiscal português, não há dúvida de que o mesmo tem sido em larga medida desconsiderado pela mais recente evolução do sistema fiscal, designadamente em sede da tributação do rendimento, domínio em que, atenta a densidade das exigências constitucionais, mais fazia sentido.

Uma desconsideração que, na parte mais significativa, é hoje uma inevitabilidade, porquanto em consequência do fenómeno da globalização e da internacionalização das relações tributárias mais importantes, estas encontram-se subtraídas à soberania do Estado Português, a qual apenas pode ser exercida plenamente relativamente a rendimentos de elementos de produção de bens e serviços avessos à deslocalização como são os rendimentos do trabalho com excepção dos do trabalho muito qualificado, dos rendimentos das micro, pequenas e médias empresas, e os rendimentos dos imóveis. Por conseguinte, apenas estes podem ser objecto da modelação legal implicada no recorte constitucional do imposto sobre o rendimento pessoal. O que é confirmado pela configuração do IRS, um imposto que cada vez mais se aproxima do Imposto Profissional do sistema fiscal anterior, porquanto tende a ser um imposto sobre os rendimentos do trabalho[22].

Muito embora essa desconsideração também se tenha verificado relativamente a segmentos da tributação que é uma opção do legislador nacional, como aconteceu até 2015 com a tributação conjunta dos cônjuges e a opção pela tributação separada ou conjunta das pessoas vivendo em união

---

[22] Ou seja, sobre os rendimentos do trabalho de hoje (categoria A – rendimentos do trabalho dependente e categoria B – rendimentos do trabalho independente) e de ontem (categoria H – pensões).

de facto, o que conduzia a um resultado totalmente oposto ao pretendido pelo princípio da não discriminação da família baseada no casamento. A que acrescem as numerosas e diversificadas tributações autónomas e avulsas que incidem sobre as empresas no quadro do que vimos designando por "IRC paralelo"[23]. O que consubstancia um claro desrespeito da natureza do IRS e do IRC, enquanto impostos sobre o rendimento, bem como do princípio da tributação das empresas pelo seu rendimento real.

Por conseguinte, perante um programa de reforma fiscal já concretizado, em larga medida nos anos oitenta do século passado, e face a um parâmetro constitucional do sistema fiscal em parte impossível de respeitar e em parte efectivamente desrespeitado pelo legislador sem consequências de maior, parece-nos que a atitude mais sensata é a que propõe a eliminação do artigo 104º da Constituição. De facto, cumprida a sua função como programa de reforma fiscal orientado para a instituição de um sistema fiscal idêntico ao dos demais países europeus, e verificadas as dificuldade quanto ao cumprimento dos seus comandos, parece impor-se a sua eliminação[24].

II. A oportunidade e viabilidade de uma revisão constitucional
Identificadas algumas das matérias que seriam susceptíveis de ser objecto de revisão constitucional, vejamos agora se uma revisão constitucional é oportuna e viável mormente em termos políticos. O que significa perguntar, de um lado, se o problema ou um dos problemas que nos aflige como país, comunidade e Estado é o ou um problema constitucional, e, de outro lado, sendo esse o ou um problema, se será viável, mormente em termos políticos, uma resposta em sede de revisão da Constituição.

4. A oportunidade de uma revisão constitucional
Assim e quanto ao primeiro dos aspectos referidos, parece óbvio a qualquer observador medianamente atento que o que nos aflige é a situação verdadeiramente estrutural de crise económico-financeira em que vivemos desse há mais de uma década, com agravamento acelerado a partir de 2010, a qual, apesar do resgate internacional a que fomos sujeitos de 2011 a 2014, continua, no essencial, por debelar. Até porque a limitada e, em alguns aspec-

---

[23] V. nosso estudo «Justiça fiscal, estabilidade financeira e as recentes alterações do sistema fiscal português», *ob. cit.*, p. 236 e ss., e a nossa *Introdução ao Direito Fiscal das Empresas*, 2ª ed., Almedina, 2015, p. 175 e ss.
[24] V. o nosso artigo «Ainda fará sentido o artigo 104º da Constituição?», em *Por um Estado Fiscal Suportável – Estudos de Direito Fiscal*, vol. IV, cit., p. 135 e ss.

tos, problemática trajectória de correcção dessa situação, que vinha sendo seguida nos últimos quatro anos, foi interrompida no quarto trimestre do ano passado pela actual solução governativa com o propósito ou o pretexto de se optar por um novo rumo, o qual, até agora, ainda se não viu bem qual seja efectivamente.

Para além de a crise em causa não ser da nossa inteira e, menos ainda, exclusiva responsabilidade, nem a mesma ser susceptível de ser solucionada com base apenas no esforço nacional por mais elevado que este seja, sendo certo que já não poderá ser muito maior, dado já se encontrar no limite ou muito próximo dele. De facto, parte significativa dessa responsabilidade cabe à União Europeia, de quem se esperava e espera, por conseguinte, uma actuação que ajude efectivamente à solução da crise e não à sua manutenção ou mesmo agravamento. Responsabilidade que, todavia, não vemos ser assumida minimamente pela União Europeia, que se serve de todos os pretextos para a imputar por inteiro aos Estados Membros, sobretudo com visível excesso de zelo e acrescida intensidade aos mais periféricos.

O que, atenta a polarização das preocupações no equilíbrio das finanças públicas dos Estados Membros, bem patente no chamado Tratado Orçamental, em que a ideia de austeridade tem disposto de claro protagonismo, nos leva a questionar o papel da União Europeia para a real ultrapassagem da crise económico-financeira. O que significa que esta crise, que de resto tem muito de estrutural, nos acompanhará ainda por muito tempo como o principal problema do nosso país, não deixando espaço para protagonismos menores como certamente será o de uma revisão constitucional[25].

5. A viabilidade de uma revisão constitucional

Finalmente, uma palavra sobre a viabilidade de uma revisão constitucional. O que tem a ver com a resposta a esta pergunta: atento o requisito de uma maioria qualificada para aprovar as revisões constitucionais, há neste momento ambiente político para tal?

Ora, como será fácil de verificar, a resposta é inequivocamente negativa. De facto não há qualquer ambiente que permita uma revisão. Antes bem pelo contrário, pois não podemos deixar de ter em consideração que a actual Constituição, enquanto denominador comum de toda a comunidade nacional, é resultado de um compromisso, de um compromisso obtido ao

---

[25] Para maiores desenvolvimentos, v. o nosso estudo «Estabilidade financeira e o Tratado Orçamental», *ob. cit.*, esp. p. 658 e s.

centro das forças políticas com a eliminação das soluções mais radicais das forças políticas à direita e à esquerda. O que é, de resto, um quadro bem conhecido, pois foi o responsável pelo Estados de direito sociais da Europa Ocidental na segunda metade do século passado.

Pois, não nos podemos esquecer de que os Estados sociais devem o seu reconhecido êxito ao facto de terem sido construídos ao centro do triplo ponto de vista comunitário, constitucional e político. Comunitariamente, porque assente numa ampla classe média económica e social que seja culturalmente assumida pelos seus próprios membros, o que é incompatível com a bipolarização social que se começa a observar com a crescente erosão social, em que, com o receio de se cair na classe dos mais pobres, se procura por todos os meios, alguns deles discutíveis do ponto de vista do Estado de Direito, pôr-se a salvo de uma tal situação, alcançando a classe dos mais ricos[26]. Constitucionalmente porque as constituições elaboradas no segundo pós-guerra tiveram a preocupação de evitar o que aconteceu entre as duas guerras mundiais, em que, não raro, as constituições também não ajudaram a evitar os regimes autoritários e totalitários que acabaram por se impor e prevalecer. Politicamente porque as forças políticas que acabaram por dominar a arena da luta ideológica e eleitoral eram em larga medida do centro[27].

E, sendo uma constituição ao centro, não admira que seja uma constituição que se encontra aberta a entendimentos para a sua revisão também ao centro. O que, na anterior alternância de governos de centro-direita e cento esquerda, não parecia, pelo menos em termos formais e *a priori*, difícil de

---

[26] O que tem expressão superlativa nas remunerações e bónus verdadeiramente predatórios dos gestores das empresas que têm crescido exponencialmente mesmo nas empresas com elevados prejuízos. Por isso é que, atento o panorama actual, é preciso "repensar a sociedade" antes de "repensar o Estado", como vimos defendendo – v., para além do que dizemos no estudo «Estabilidade financeira e o Tratado Orçamental», *ob. cit.*, p. 640 e ss., as reflexões que fizemos com Suzana Tavares da Silva, «Repensar a austeridade no século XXI», em Eduardo Paz Ferreira (Coord.), *A austeridade cura? A austeridade mata?*, AAFDL, 2014, p. 741 e ss.

[27] Sendo certo que para a construção de um Estado ao centro ter êxito se torna necessário haver um mínimo de coincidência ou de harmonização entre as três esferas mencionadas. O que, por exemplo, não aconteceu com a primeira constituição expressão do centro (político e económico), a Constituição de Weimar (1919), que sucumbiu por falta de força da classe média alemã e, sobretudo, das formações políticas de centro do espectro político, que aprovaram a constituição, mas que, depois, sofreram forte erosão de que beneficiaram os extremos. Falta de coerência ou harmonização que, infelizmente, começa a ver-se actualmente em diversos países da União Europeia, fazendo lembrar as décadas de vinte e trinta do século passado, a começar pela que resulta da referida erosão da classe média.

alcançar, muito embora, mesmo assim, as revisões constitucionais que tiveram lugar, designadamente aquelas que partiram de uma efectiva iniciativa material interna, não tenham sido fáceis de realizar.

Daí que, no actual quadro político, relativamente original, de um governo minoritário do PS, embora apoiado em toda a esquerda, em que se inclui a extrema-esquerda, que não morre de amores por alterações constitucionais[28], se não vislumbre a menor hipótese para o entendimento necessário entre o PS e o PSD. De facto, enquanto estes partidos cavarem divergências em vez de construírem pontes, não há consenso que suporte uma revisão constitucional.

Significa isto que, ainda que uma revisão constitucional fosse necessária, por haver algum problema ou alguns problemas a resolver, o que, como vimos, manifestamente não acontece actualmente, ainda assim, por total falta de viabilidade, não haveria lugar a qualquer revisão constitucional. De facto, não há presentemente qualquer possibilidade de obtenção de um consenso ao centro, o que, como vimos, é condição *sine qua non* de qualquer revisão constitucional.

Podemos assim concluir que a Constituição está bem e recomenda-se. Fossem todos os nossos problemas os de revisão constitucional e, por certo, não haveria tantas nuvens negras no horizonte como as que efectivamente pairam sobre as nossas cabeças. Por conseguinte, é bom que não arranjemos problemas onde verdadeiramente os não há. Deixemos, pois, a revisão constitucional para quando ela se apresente como resposta adequada a verdadeiros problemas e, bem assim, quando haja condições para obter o imprescindível consenso.

Para além de que, tendo em conta a visível volatilidade que hoje comporta parte significativa da realidade constitucional, neste quadro em que o Estado moderno enfrenta as altas vagas do que se vem designando por pós-modernidade, haveria o risco de incluir ou fazer reflectir no texto da Constituição soluções que, pela sua inerente falta de solidez e consolidação, relevariam sobretudo de um inaceitável e por certo perigoso "experimentalismo constitucional". Ora, se há domínios que não devem ser objecto de experimentalismo, seguramente um dos mais visíveis é o documento que constitui a base do pacto social que rege a nossa convivência comunitária como país, como nação e como Estado.

---

[28] Por as considerarem quase sempre como significando um retrocesso ou verdadeiras "guinadas" à direita.

Autonomias e forma do Estado[*]

Sumário: I. A constituição como estatuto jurídico-político de autonomias; II. As autonomias territoriais no Estado unitário português: 1. Sentido do princípio do Estado unitário; 2. A autonomia dos arquipélagos dos Açores e da Madeira; 3. O princípio da subsidiariedade; 4. O princípio da autonomia das autarquias locais; 5. O princípio da descentralização democrática da administração pública; III. Em conclusão

Como consta do título da minha intervenção vou falar de autonomias e forma do Estado, um título que corresponde inteiramente ao do tema que me foi distribuído. Embora eu jamais tenha falado, e muito menos escrito, especificamente sobre este tema, não terei deixado, a seu modo, de o ter tido presente, designadamente em estudos sobre algumas autonomias, que de resto reuni numa pequena compilação, em 2010[1]. Aliás, numa perspectiva mais ampla e abrangente e num certo sentido, do que eu, afinal de contas, sempre ou quase sempre tratei foi de autonomias, uma vez que os meus escritos têm andado permanentemente à volta do lugar que o indivíduo, enquanto ser livre e responsável, ou seja, enquanto pessoa, tem face à organização comunitária constituída pelo Estado, assim como as formas de estruturação vertical do

---

[*] Texto elaborado a partir da nossa intervenção no Seminário Internacional "O olhar o constitucionalismo português nos 40 anos da Constituição", promovido pelo IJ/FDUC, 27 e 28 de Outubro de 2016, publicado nas respectivas Actas – *O olhar o constitucionalismo português nos 40 anos da Constituição*, IJ/FDUC, 2017.
[1] Com o título *Estudos sobre Autonomias Territoriais, Institucionais e Cívicas*, Almedina, 2010.

poder político em que a consideração das pessoas não pode deixar de ser devidamente tomada em conta.

Mas vamos ao tema delimitado pelo título, começando por assinalar que a constituição no tempo que corre se apresenta como um verdadeiro estatuto jurídico-político de autonomias, bases da existência, funcionamento e conservação da comunidade política organizada no Estado que somos, passando depois à forma do Estado e às componentes de autonomia territorial em que assenta e se desdobra o nosso Estado unitário, para, por fim, nos interrogarmos sobre o futuro desta forma do Estado quando este enfrenta os embates das pós-modernidade em que algumas das tradicionais tarefas do Estado nacional vêm transitando para a arena simultaneamente transnacional e extraestadual. Sedes onde, de resto, como é sabido, tem conseguido uma fraca realização, mormente se confrontarmos esta com o sucesso que o Estado moderno conheceu na sua forma de Estado de Direito Social cuja coroação teve lugar no Segundo Pós Guerra Mundial, em que o Ocidente conheceu o que podemos designar por segunda *belle époque* ou, numa outra expressão, por *belle époque sociale*. Embora estes aspectos, respeitantes às limitações das reais potencialidades da generalidade dos actuais Estados para prosseguirem as suas tarefas fundamentais, não caibam no tema de que temos de cuidar, são aqui mencionados apenas para chamarmos a tenção para o facto de os mesmos terem inequívocos reflexos na organização e estruturação territorial do Estado contemporâneo.

Digamos então alguma coisa sobre cada um dos aspectos a que acabamos de fazer alusão, começando justamente pelas autonomias que constituem a base da criação e funcionamento da organização comunitária que o Estado apresenta.

I. A constituição como estatuto jurídico-político de autonomias

Pois bem, a Constituição, como implicitamente já dissemos noutros lugares, mais não é do que um estatuto jurídico-político de autonomias. E a primeira delas é a da autonomia da pessoa humana em cuja dignidade se baeia a soberana República de Portugal como consta do art. 1º da Constituição, em que se prescreve que Portugal é uma República soberana, baseada na dignidade da pessoa humana e na vontade popular e empenhada na construção de uma sociedade livre, justa e solidária. Um valor ou princípio fundamental que tem, depois, concretizações muito importantes em toda a Constituição a começar, desde logo, na sua própria estrutura, em que a precedência da constituição da pessoa, face à constituição da sociedade (económica) e à constituição do Estado (política), não pode deixar de ser devidamente realçada.

O que tem expressão inequívoca na arrumação constitucional das diversas cidadanias de que a pessoa desfruta no seio da comunidade estadual como a cidadania pessoal, enquanto membro da comunidade estadual independentemente da organização económica e política desta (direitos liberdades e garantias pessoais), a cidadania política, enquanto membro da comunidade politicamente organizada (direitos liberdades e garantias políticas) e a cidadania económica, enquanto membro de uma comunidade económica baseada na economia de mercado (direitos liberdades e garantias económicas). É curioso que, na distribuição dos direitos, liberdades e garantias na Constituição, relativamente a esta última cidadania apenas tenham sido considerados os trabalhadores, esquecendo os demais tipos de membros da comunidade económica de mercado, como os empresários ou empreendedores e os titulares ou fornecedores dos demais factores de produção de bens e serviços. Pois os direitos, liberdades e garantias fundamentais destes últimos encontram-se integrados nos direitos e deveres económicos sociais e culturais como se esses direitos, liberdades e garantias ficassem dependentes de concretização normativa pelo legislador dentro das reais possibilidades económicas e políticas. Um entendimento das coisas que, como é óbvio, não tem qualquer base numa constituição em que a primazia é conferida à pessoa humana. O que teve como consequência, para aqueles direitos beneficiarem do regime específico dos direitos, liberdades e garantias, constante fundamentalmente do art. 18º da Constituição, acomodá-los de forma a serem considerados direitos fundamentais análogos aos direitos, liberdades e garantias.

Mas as autonomias como base da Constituição continuam presentes na constituição da sociedade ou constituição económica, em que muito claramente esta consagra uma ordem económica assente na liberdade dos agentes económicos e na correspondente neutralidade da actuação do Estado, ou seja, numa ordem económica concorrencial, como consta, de resto, da alínea *f)* do art 81º em que se estabelece como tarefa fundamental do Estado, assegurar o funcionamento eficiente dos mercados, de modo a garantir a equilibrada concorrência entre as empresas, a contrariar as formas de organização monopolistas e a reprimir os abusos de posição dominante e outras práticas lesivas do interesse geral. Uma liberdade que, por o seu desenvolvimento normal sem entraves conduzir necessariamente à concentração do poder económico e social com a consequente afectação reflexa da liberdade dos demais, tem na salvaguarda assegurada pelo Estado dos direitos, liberdades e garantias económicas e dos direitos e deveres económicos, sociais e culturais os seus imprescindíveis contrapesos, sem os quais a construção de uma sociedade justa e solidária, em que a soberana República Portuguesa está empenhada e consta dos reproduzidos termos do art. 1º da Constituição, fracassaria sem apelo nem agravo.

É de sublinhar a este propósito que os Estados nacionais e, sobretudo, os Estados membros da União Europeia têm cada vez menos poder num tal domínio, uma vez que, quanto às liberdades económicas, estas estão cada vez mais sob o entendimento e a guarda da OMC e da União Europeia. Com especial destaque no que à União Europeia diz respeito é de ter em conta a escala de valores dominada pela economia do mercado interno com a consequente imposição de uma neutralidade interna e externa aos Estados, face à qual não há o reconhecimento de outros direitos, liberdades e garantias que não sejam as liberdades fundamentais ligadas ao mercado, no quadro de uma solidariedade focada basicamente no mercado. Pois, nesse quadro, dominado por um verdadeiro "constitucionalismo de mercado", não há lugar para os direitos e deveres económicos, sociais e culturais, cuja realização traduzida em actuações e prestações positivas do Estado, se encontra inteiramente polarizada nos Estados nacionais. O que resulta não só do facto de esses direitos e deveres terem por universo de destinatários fundamentalmente os membros de cada comunidade nacional, mas também porque, atendendo à materialidade em que se concretizam, a garantia de tais direitos e deveres fundamentais não desperta qualquer apetência às estruturas e organizações de carácter supranacional polarizadas na promoção do livre comércio internacional e no mercado económico europeu submetido, de resto, a uma narrativa próxima da inverificável concorrência perfeita.

Mas a ideia de autonomia releva também da constituição económica em sentido estrito, isto é, na terminologia constitucional da "organização económica", porquanto desenhou para esta um modelo de funcionamento da economia assente nos mecanismos de mercado, baseado na liberdade de iniciativa e de organização empresarial e na concorrência eficiente entre os operadores económicos. Uma autonomia que, como bem se compreende, não pode deixar de respeitar o primeiro dos princípios fundamentais pelos quais se pauta a organização económico-social portuguesa, que é, segundo o disposto na alínea *a)* do art. 80º da Constituição, a subordinação do poder económico ao poder político democrático. Um princípio que, como temos vindo a dizer em diversas ocasiões[2], o Estado Português não está mais em condições de cumprir e fazer cumprir, porquanto, tendo a "constituição económica" portuguesa deixado de ter assento na nossa Constituição, ela encontra-se depositada nas mãos da União Europeia e entregue ao zelo dos órgãos comunitários, com destaque para a Comissão Europeia e Tribunal de Justiça da União Europeia.

Uma autonomia que se situa igualmente na constituição económica, muito embora, em larga medida, esteja paredes meias com a constituição da organização do poder político é aquela que vimos designando sob o chapéu relativamente amplo de "autonomias cívicas", respeitante a organizações de inequívoco assento económico que tradicionalmente e sobretudo antes da instauração do que conhecemos sob a designação de Estado moderno, tinham igualmente um eminente relevo de organização política comunitária. Estou a referir-me às comunidades cívicas cuja autonomia, embora constitucionalmente reconhecida meramente a título dos sectores de propriedade dos meios de produção, nos termos do art. 82º da Constituição, tem, relativamente ao chamado sector cooperativo e social, um alcance diverso do dos demais sectores económicos, ou seja, o sector privado e o sector público.

Sendo de assinalar que a autonomia em causa tem especial significado no respeitante a um sector social pré-estadual, ou seja, a relativa às comunidades cívicas que possuem e gerem os meios de produção comunitários tradicionalmente designados por baldios[3]. Na verdade, estas comunidades cívicas, que são inequívocas comunidades locais, embora diversas das correspondentes comunidades políticas constituídas pelas autarquias locais, não esgotam o seu significado e alcance apenas na dimensão económica, tendo, à face da sua previsão e disciplina constitucionais actuais, que resulta de resto da especial preocupação tida a esse respeito nas revisões constitucionais de 1982 e de 1989, um inequívoco significado político[4].

---

[2] V., por último, o nosso artigo «Uma futura revisão constitucional?», *Revista de Legislação e de Jurisprudência*, ano 145, 2015/16, p. 306 e ss. (308 e ss.).

[3] V. o nosso estudo «Alguns perfis da propriedade colectiva nos países do *civil law*», publicado nos *Estudos em Homenagem ao Prof. Doutor Rogério Soares*, e agora recolhido em *Estudos sobre Autonomias Territoriais, Institucionais e Cívicas*, cit., p, 167 e ss.

[4] Preocupação com expressão muito clara na redacção que sucessivamente foi sendo dada ao preceito constitucional em causa, o qual, depois da revisão constitucional de 1989, passou a ser o art. 82º (que anteriormente era o art. 89º). O que naturalmente também é visível nas vicissitudes pelas quais passou a elaboração e consolidação da chamada "lei dos baldios", que veio a ser adoptada depois de o Tribunal Constitucional, em controlo preventivo da constitucionalidade, se ter pronunciado pela inconstitucionalidade de duas

II. As autonomias territoriais no Estado unitário português

Vejamos, pois, como se organiza e estrutura territorialmente o Estado Português. Uma questão cuja resposta se encontra sintetizada no próprio pórtico da Constituição formado pelos onze primeiros preceitos que, ladeando a sua entrada, contêm os princípios fundamentais bases de cada um dos domínios versados depois nas quatro partes ou constituições (*rectius*, subconstituições) pelas quais se espraia o texto constitucional[5].

Assim, a título de princípios fundamentais, temos os constantes do art. 6º com a epígrafe "Estado unitário" em que se prescreve: «1. O Estado é unitário e respeita na sua organização e funcionamento o regime autonómico insular e os princípios da subsidiariedade, da autonomia das autarquias locais e da descentralização democrática da administração pública. 2. Os arquipélagos dos Açores e da Madeira constituem regiões autónomas dotadas de estatutos político-administrativos e de órgãos de governo próprio»[6]. Em conformidade com estes preceitos constitucionais, o Estado, em que se organiza a comunidade nacional portuguesa, é um Estado unitário.

O que significa que se encontra sob o princípio da unicidade estadual a implicar a existência de um só Estado com as consequências de termos um único poder constituinte, uma única constituição e uma só soberania interna e externa baseada na existência de um só povo seu titular. Um princípio que, naturalmente como todos os princípios, comporta limites, os quais, no caso, resultam do próprio enunciado constitucional e da concretização de que o mesmo dispõe ao longo do texto constitucional. Pois, o facto de o Estado ser único, não pode, na sua organização e funcionamento, obstar à existência do regime insular autónomico e ao respeito pelos princípios da subsidiariedade, da autonomia das autarquias locais e da descentralização democrática da administração pública.

Vejamos, então, mais em pormenor como o princípio do Estado unitário se concretiza, assinalando, por um lado, o seu sentido e alcance e, por outro

---

versões dessa lei, que obviamente não chegaram a ser promulgadas, nos Acórdãos nº 325/89 e 240/91.

[5] Em que temos a constituição da pessoa (parte I – direitos e deveres fundamentais), a constituição económica ou constituição da sociedade (parte II – organização económica), a constituição política ou constituição do Estado (parte III – organização do poder político) e a constituição da constituição (parte IV – garantia da constituição).

[6] Preceitos cuja redacção actual resultou da revisão constitucional de 1997, em que se acrescentou a referência ao regime autonómico insular e ao princípio da subsidiariedade.

lado, revelando como se operacionaliza, ou seja, em que termos os apontados limites ao princípio se acomodam de maneira a não o pôr em causa.

1. Sentido do princípio do Estado unitário
Como acontece muito frequentemente, sobretudo quando nos deparamos com realidades de difícil definição ou conceptualização, mais do que definir pela positiva os conceitos correspondentes, importa dizer pela negativa o que esses conceitos não integram ou abarcam. Um caminho que também é o que vamos percorrer em relação ao princípio do Estado unitário.

Assim, como Estado unitário, a comunidade portuguesa suporta um único Estado, não podendo este, por conseguinte, apresentar-se ou converter-se num Estado federal. O que não é posto em causa, desde logo, pelo facto de ter de respeitar, na sua organização e funcionamento, a autonomia insular concretizada em os arquipélagos dos Açores e da Madeira constituírem regiões autónomas dotadas de estatutos político-administrativos e de órgãos de governo próprio. O que nos revela um Estado parcialmente regionalizado, isto é, regionalizado no que aos arquipélagos insulares diz respeito. Assim, o Estado português, mesmo em relação às regiões autónomas, não se apresenta federalizado. Assim como também não pode ser visto como um verdadeiro Estado regional.

É certo que tanto o federalismo como o regionalismo estaduais constituem fundamentalmente manifestações de Estados compostos ou compósitos, pois em ambas as situações o poder político se apresenta dividido verticalmente por diversos centos territoriais e um centro unificador colocado em nível superior, formando aqueles Estados federados ou regiões autónomas, e este o Estado federal ou o Estado. O que, todavia, não põe em causa a diferença radical entre estados federais e estados regionais, a começar pelo processo que historicamente tem conduzido a uns e a outros.

Com efeito, no federalismo, ao menos no federalismo dito perfeito ou próprio, construído de baixo para cima ou da base para o topo[7], trata-se, por via de regra, de um processo lento e gradual[8] em que as unidades de base existentes, os Estados, se juntam ou associam, para criar uma nova entidade

---

[7] De que constituem exemplos típicos os Estados Unidos da América e a República Federal da Alemanha.
[8] Um processo gradual que, não raro, passou por vicissitudes e sobressaltos. Veja-se o que aconteceu, por exemplo, nos Estados Unidos da América, em que a plena afirmação do federalismo não dispensou uma guerra civil, não tendo sido suficiente a sua defesa quase militante levada a cabo pela aplicação reiterada e constante do princípio da supremacia da

estadual superior a todos eles, para a qual transferem uma série de poderes, dando assim origem a uma verdadeira pluralidade estadual. No fim do processo temos, pois, diversos Estados: os Estados federados ou Estados membros, por um lado, e o Estado federal ou a união de Estados, por outro. Apenas quando se verifica este dualismo, suporte de uma união paritária dos Estados membros, nas suas relações recíprocas, temos um federalismo perfeito ou próprio[9]. Pois, se o Estado federal não é um verdadeiro Estado, então temos uma simples confederação de Estados, em que, em rigor, não há dois centros de poder ou de soberania, mas apenas um, o dos Estados[10]; se, pelo contrário, faltam autênticos Estados federados, deparamo-nos com um Estado único e não com uma federação de Estados.

E porque no federalismo há diversos Estados, temos também diversas constituições: as constituições de cada um dos Estados federados, imputadas ao seu poder constituinte, e a constituição do Estado federal, imputada ao poder constituinte do Estado federal e dos Estados federados, já que a estes cabe não só aprovar a sua constituição, mas também participar na formação e modificação, designadamente através da ratificação, da constituição federal. Pelo que os Estados federados são detentores de um duplo poder constituinte.

Características estas que já não valem integralmente no respeitante ao chamado federalismo imperfeito, construído de cima para baixo ou do topo para a base, próprio daqueles Estados originariamente construídos em obe-

---

União sobre os Estados praticada pelo *Supreme Court* sob as longas presidências (aliás sucessivas) dos *Chiefs of Justice* John Marshall e Roger B. Taney.

[9] Afirmação que não esquece que a soberania dos Estados federais continua a ser discutida, havendo autores que recusam o referido dualismo ou partilha de soberania, imputando-a consequentemente *in toto* ou ao Estado federal ou aos Estados federados.

[10] Uma organização política que se aproxima de uma confederação de Estados, é a da União Europeia, no que se assemelha, de algum modo, aos Estados Unidos da América entre 1789 e o fim da guerra civil. Dizemos por enquanto, porque a transferência de soberania dos Estados para a União ainda não atingiu um *point of no return*, como o demonstra o *Brexit*. Isto para além de, nalguns domínios como designadamente o fiscal, a União continuar a funcionar como um organização internacional e não como uma organização supranacional, já que, ao manter a regra da unanimidade, acaba por atribuir aos Estados um direito de veto em tais matérias. Muito embora esta afirmação seja significativamente atenuada pela chamada "harmonização fiscal negativa" que a Comissão e, sobretudo, o TJUE têm protagonizado, funcionalizando os sistemas fiscais nacionais ao estabelecimento e funcionamento do mercado interno – cf. o nosso estudo «Reflexões sobre a constituição económica, financeira e fiscal portuguesa», *Revista de Legislação e de Jurisprudência*, ano 144, 2014/15, p. 103 e ss.

diência a uma fórmula unitária ou para-unitária, mas que, devido à imensidão do seu território ou à acentuada diversidade das suas gentes ou dos seus povos, cedo se constatou a dificuldade, senão mesmo a impossibilidade prática, de a sua administração poder ser desenvolvida de uma forma adequada a partir de um centro único do poder soberano. Foi isto o que se verificou basicamente no Brasil, após a implantação da República, com a Constituição 1891 que procedeu a uma descentralização política do Estado, criando os "Estados Unidos do Brasil", depois de logo em 1889, terem sido transformadas as anteriores províncias em Estados[11].

Já no Estado regionalizado não encontramos uma verdadeira pluralidade estadual ou uma verdadeira descentralização do Estado, pois temos apenas um único centro estadual, um único Estado e, por conseguinte, também uma só constituição. O que temos é uma desconcentração política do Estado, ou melhor, das funções estaduais, mormente das funções legislativa, política e administrativa[12]. Funções estas que, assim, em vez de serem exercidas ao nível central, a nível estadual, são exercidas ao nível infra-estadual, a nível regional.

Com efeito, no regionalismo, aquilo que, de algum modo, pode ser tido, pelo menos de um ponto de vista orgânico ou organizatório, como constituições regionais – os chamados estatutos regionais – são de elaboração ou de aprovação estadual, embora as regiões, quando não são elas a elaborá-los, disponham sempre de um importante poder de participação nessa mesma elaboração. O que se verifica tanto nos Estados regionais, como em Portugal que, não sendo um Estado regional, é um Estado parcialmente regionalizado ou um Estado com regiões autónomas insulares[13].

Uma caracterização que, embora nos permita distinguir claramente os Estados federais dos Estados regionalizados (ou dos Estados parcialmente

---

[11] Pelo Decreto nº 1 do Governo Provisório de 15 de Novembro de 1889.
[12] Sobre os conceitos de descentralização e de desconcentração política, v. o nosso estudo «Autonomia local. (Alguns aspectos gerais)», agora em *Estudos sobre Autonomias Territoriais, Institucionais e Cívicas*, cit., p. 23 e ss. (80 e ss.).
[13] De facto, Portugal é um Estado apenas parcialmente regionalizado, pois apenas reconhece como regiões autónomas os arquipélagos dos Açores e da Madeira. Estado unitário regional o designa Jorge Miranda, *Manual de Direito Constitucional*, Tomo III – *Estrutura Constitucional do Estado*, 6ª ed., Coimbra Editora, Coimbra, 2010, p. 301 e ss, uma expressão que, por inculcar a ideia de regionalização integral, não pode colher a nossa adesão. No sentido do texto, v. J. J. Gomes Canotilho/Vital Moreira, *Constituição da República Portuguesa Anotada*, vol. I, 4ª ed., Coimbra Editora, 2007, anot. VIII ao artigo 6º; e Suzana Tavares da Silva, *Direito Constitucional I*, IJ – FDUC, 2016, p. 181 e ss.

regionalizados) em abstracto, nada nos diz relativamente aos poderes correntes ou ordinários de que as regiões podem dispor, os quais, na sua concreta configuração, não raro ultrapassam os poderes correntes ou ordinários dos próprios Estados federados. O que, de algum modo, nem surpreende se tivermos em conta a diversidade de processos, que estão por detrás do federalismo (ao menos do perfeito ou próprio[14]) e do regionalismo. Naquele, temos um movimento ascendente ou a montante dos Estados, desencadeado em tempos de construção e de defesa do Estado (moderno) e com o objectivo, por via de regra, de obter um equilíbrio e um quadro de solidariedade entre os Estados e o novo centro constituído pela federação ou união. Já no regionalismo deparamo-nos com um processo descendente ou a jusante do Estado, próprio de um momento em que o Estado (moderno) revela evidentes sinais de crise e em que as estruturas regionais se revelam mais preocupadas com a conquista progressiva de parcelas do poder do Estado do que apostadas no são equilíbrio eficiente entre o Estado e as regiões de modo a que os interesses e anseios da generalidade dos cidadãos tenham o mais adequado grau de realização[15].

Assim, enquanto o federalismo se enquadra na construção e na luta pelo Estado moderno num momento em que o seu entendimento liberal favorecia o seu fortalecimento através de um movimento de centripetação, o regionalismo integra basicamente um processo de reivindicação de poderes de Estados formalmente ainda unitários num momento em que a sua compreensão e dimensão sociais favorecem os movimentos de centrifugação[16]. De facto, em vez da procura de um patamar de realização comunitária integrativa em termos de solidariedade nacional de todos os membros

---

[14] Pois que, no respeitante ao federalismo imperfeito, se verifica uma fenomenologia, em certo sentido, idêntica à do regionalismo.

[15] V., a este respeito, o nosso estudo «A Região Administrativa especial de Macau: federalismo ou regionalismo?», agora em *Estudos sobre Autonomias Territoriais, Institucionais e Cívicas*, cit., p. 8 e ss. (12 e ss.), que seguimos de perto.

[16] Que, num outro local, integramos no que designamos por «salamização» do Estado moderno, traduzida no progressivo corte de fatias do poder desta instituição da modernidade por parte das mais diversas estruturas territoriais e não territoriais de poder. Por isso, a «salamização» do Estado pode ser vertical a montante, como sucede na integração política de carácter supranacional, vertical a jusante, como acontece designadamente no regionalismo, e horizontal ou corporativa, como se verifica com a crescente autorregulação corporativa e institucional. Cf. o nosso estudo «Algumas reflexões críticas sobre os direitos fundamentais», em *Por uma Liberdade com Responsabilidade – Estudos sobre Direitos e Deveres Fundamentais*, Coimbra Editora, 2007, p. 87 e ss. (95 e ss.).

das diversas comunidades territoriais, como ocorre no federalismo, assiste-se no regionalismo, num quadro marcado pelo individualismo, à crescente preocupação das comunidades territoriais de menor âmbito face ao Estado, sobretudo das mais ricas ou politicamente mais fortes, se libertarem dos laços da solidariedade nacional que as responsabiliza pelo destino de todos os membros da comunidade estadual. Uma ideia que, a seu modo, não deixa de estar na base das crescentes reivindicações de independência de algumas regiões de Estados europeus já com alguns séculos de efectiva unidade nacional.

Não admira, por isso, o que se verifica em Espanha com algumas comunidades autónomas que, através de um processo dito de "autonomia progressiva" ou de contínuo "aprofundamento da autonomia", vão conseguindo do Estado, ao nível da legislação ordinária deste, ou mediante práticas autonómicas *praeter legem*, parcelas de poder que vão, em alguns aspectos, para além do que é próprio dos Estados federados. Ao que há ainda a acrescentar o facto de, por vezes, a instituição das regiões terem servido para tais estruturas recuperarem com êxito situações de autonomia anteriores ao próprio do Estado (moderno). O que podemos ilustrar, em termos muito claros, com o que se passa em Espanha no respeitante ao País Basco e a Navarra com a ressalva constitucional que obtiveram para os seus regimes forais, recuperando um poder tributário de que nenhum Estado federado efectivamente dispõe[17].

2. A autonomia dos arquipélagos dos Açores e da Madeira
Como referimos o Estado português não é um Estado regional, mas um Estado dotado de regiões autónomas, e apenas no que aos arquipélagos dos Açores e da Madeira diz respeito, estando estas parcelas do território nacional assim dotadas de um grau de autonomia face ao Governo da República idêntica àquela de que disfrutam as regiões dos Estados integralmente regionalizados. Autonomia que, ao menos formalmente, é bem diversa da que disfrutam os Estados federados. Pois, desde logo, as regiões autónomas dos Açores e da Madeira não dispõem de qualquer parcela de poder constituinte, seja no respeitante à aprovação do seu estatuto político, seja no concernente à sua participação no poder constituinte do Estado português. O que não é posto em causa pelo facto de disfrutarem de um amplo e muito significativo poder

---

[17] V., a este respeito, o nosso livro, *Contratos Fiscais (Reflexões acerca da sua Admissibilidade)*, nº 5 da série *Studia Iuridica*, Coimbra Editora, 1994, p. 135 e s.

tanto na elaboração e aprovação do respectivo estatuto político-administrativo, como na participação nos assuntos gerais da República Portuguesa.

Uma realidade que revela que as atribuições e competências das regiões autónomas podem, em alguma medida, aproximar-se materialmente das que disfrutam os Estados federados. Pois os poderes de participação das regiões autónomas nos assuntos da República Portuguesa são muito significativos[18]. O que até pode ultrapassar o patamar de exigências da razoabilidade de que partilham todas as soluções suportadas por um mínimo de bom senso, como era claramente o caso da reserva praticamente absoluta a cada uma das regiões autónomas das receitas fiscais nelas cobradas, como constava da alínea *i)* do nº 1 do art. 229º da Constituição, reserva essa entretanto significativamente atenuada com a revisão constitucional de 1997, tendo-a esta tornado mais compatível com uma estruturação vertical do poder do Estado em que a ideia de solidariedade constitui a trave mestra[19].

Todavia, como facilmente se compreende, os reais desenvolvimentos da autonomia das regiões insulares por maiores que sejam têm um limite inultrapassável, qual seja o da unidade do Estado. De resto o "congelamento" do Estado português como um Estado insularmente regionalizado decorre da Constituição em que tanto a unidade do Estado, como a autonomia político-administrativa dos arquipélagos dos Açores e da Madeira constituem limites materiais à revisão constitucional, como consta das alíneas *b)* e *o)* do art. 288º da Constituição.

O que naturalmente não obsta a que possa haver desenvolvimentos ou aperfeiçoamentos da autonomia político-administrativa das regiões autónomas, como o prova o reforço de autonomia conseguido na revisão constitucional de 1997 e, sobretudo, na revisão constitucional de 2004. Pois, através desta última revisão, a delimitação da competência legislativa das regiões autónomas deixou de fazer-se pela delimitação positiva e com base em conceitos relativamente indeterminados, para passar a fazer-se mediante uma delimitação essencialmente negativa. De facto, na solução anterior, cons-

---

[18] Sobre essa participação das regiões autónomas, v. Ana Guerra Martins, *A Participação das Regiões Autónomas nos Assuntos da República*, Almedina, 2012.

[19] Pois esse preceito passou a ser a alínea *j)* do nº 1 do art. 227º, em que se dispõe que as regiões autónomas têm entre os seus poderes, a definir nos respectivos estatutos, o de «[d]ispor, nos termos dos estatutos e da lei de finanças das regiões autónomas, das receitas fiscais nelas cobradas ou geradas, bem como de uma participação nas receitas tributárias do Estado, estabelecida de acordo com um princípio que assegure a efectiva solidariedade nacional, e de outras receitas que lhes sejam atribuídas e afectá-las às suas despesas».

tante da alínea *a*) do n.º 1 do art. 229º da Constituição, competia às regiões autónomas "[l]egislar, com respeito pelos princípios fundamentais das leis gerais da República, em matérias de interesse específico para as regiões". Todavia, os conceitos "princípios fundamentais das leis gerais da República" e "matérias de interesse específico para as regiões" foram sendo concretizados pelo Tribunal Constitucional num sentido que, em geral, foi visto como não favorecendo a autonomia. Daí que se tenha passado para uma fórmula basicamente negativa, assente na delimitação das matérias sobre as quais as regiões autónomas não podem legislar, já que nos termos da alínea *a*) do n.º 1 do agora art. 227º, as regiões autónomas podem "[l]egislar no âmbito regional em matérias enunciadas no respectivo estatuto político-administrativo e que não estejam reservadas aos órgãos de soberania"[20].

Em idêntico sentido vai a evolução relativa à representação do Estado nas regiões autónomas, em que do "Representante da Soberania da República" (até 1997) e, depois, do "Ministro da República" (até 2004), se passou para o "Representante da República". O que concretizou uma profunda modificação na concepção daquela representação. Pois, enquanto no figurino que vigorou até à revisão constitucional de 2004, a representação era efectivamente assegurada por um órgão constitucional autónomo que não só representava o Estado[21] como era simultaneamente membro do Governo da República, pois, além de ser nomeado pelo Presidente da República sob proposta do Governo, tinha assento no Conselho de Ministros quando este tratasse de assuntos de interesse para a respectiva região. O que não acontece mais depois da revisão constitucional de 2004, uma vez que, em consequência desta, o Representante da Republica é um órgão constitucional autónomo que substitui na respectiva região o Presidente da República, sendo, por isso, nomeado e exonerado por este, ouvido o Governo, e para um mandato com a duração igual à do mandato do Presidente da República[22].

---

[20] Cf. J. J. Gomes Canotilho/Vital Moreira, *Constituição da República Portuguesa Anotada*, vol. II, Almedina, 2007, anot. IV ao artigo 227º.

[21] E não a soberania do Estado justamente por o representante da república não ser um órgão de soberania.

[22] Confrontem-se o art. 232º da versão anterior à revisão constitucional de 1997 e o art. 230º da versão posterior da Constituição. V. J. J. Gomes Canotilho/Vital Moreira, *Constituição da República Portuguesa Anotada*, vol. II, cit., anots. ao artigo 230º.

3. O princípio da subsidiariedade

Um outro limite ao princípio do Estado unitário é constituído pelo princípio da subsidiariedade, que passou a constar do nº 1 do art. 6º da Constituição com a revisão constitucional de 1997. Um princípio que, como é sabido, comporta diversos sentidos, interessando-nos aqui apenas o sentido orgânico ou organizatório interno, ou seja, o princípio enquanto ordenador da divisão ou distribuição vertical de atribuições e competências entre o Estado e os entes territoriais infra-estaduais[23].

Por conseguinte dispensamo-nos aqui de tecer quaisquer considerações relativamente ao sentido mais amplo e relativamente impreciso respeitante à ideia de subsidiariedade ou de supletividade do acção do Estado face ao raio de acção do indivíduo ou da pessoa, da sociedade civil e da sociedade de mercado, bem como ao princípio da subsidiariedade de carácter igualmente orgânico ou organizatório prevista no nº 6 do art. 7º da Constituição, o qual, reportando-se ao lugar do Estado Português nas relações internacionais, mais especificamente no seio da União Europeia, tem o sentido da afirmação constitucional do princípio relativo à divisão ou distribuição das atribuições e competências entre a União Europeia e os Estados membros, em que entre outros significados tem o de constituir uma barreira a europeização das tarefas nacionais[24].

No que ao princípio da subsidiariedade interna diz respeito, significa este que as matérias comunitárias devem ser tratadas ao nível mais baixo em que se materializa a estruturação territorial do poder político, porque será aquele que mais próximo dos cidadãos se apresenta, favorecendo as entidades de menor âmbito face ao Estado. O que torna a actuação deste relativamente subsidiária face à actuação das comunidades de âmbito territorial e pessoal menor. Um sentido que é também o que está na base do princípio da subsidiariedade externa relativa à União Europeia[25], pois esta, porque se encontra a montante dos Estados e, por conseguinte, bastante afastada da generalidade das pessoas que, não podemos esquecer, são cidadãos dos Estados e não da União Europeia, apresenta-se naturalmente como subsi-

---

[23] V. sobre o princípio da subsidiariedade e por todos, Margarida Salema d´Oliveira Martins, *O Princípio da Subsidiariedade em Perspectiva Jurídico-Política*, Coimbra Editora, 2003, esp. p 24 e ss.
[24] Cf. J. J. Gomes Canotilho/Vital Moreira, *Constituição da República Portuguesa Anotada*, vol. I, cit., anot. IV ao art. 6º e anot. XII ao art. 7º.
[25] Que foi introduzido na Constituição com a revisão constitucional de 1992, através aditamento do nº 6 ao art. 7º.

diária dos Estados. O que em nada surpreende porquanto a União Europeia, no actual estado de construção europeia, continua longe de constituir qualquer alternativa minimamente viável aos Estados quanto à realização da ideia de cidadania[26]. O que tem expressão eloquente no outro princípio que, conjuntamente com o princípio da subsidiariedade, o princípio da atribuição de competências à União Europeia, constituem os princípios relativos à delimitação e exercício das competências por parte da União[27].

Mas voltando ao princípio da subsidiariedade na sua dimensão interna e administrativa, porquanto relativa a entidades centros de imputação de atribuições e competências formalmente de nível administrativo, importa dizer que se trata de um princípio que não se confunde com os dois princípios que se seguem no texto do preceito constitucional em causa, de reconhecimento da autonomia das autarquias locais e da descentralização democrática da administração pública, se bem que estes já constassem da versão originária da Constituição, enquanto aquele como referimos, acedeu ao texto constitucional com a revisão constitucional de 1997[28]. Pois o princípio da subsidiariedade, na dimensão aqui em referência, tem o sentido de um princípio director de estruturação territorial vertical do poder do Estado de modo a que os interesses que possam ter-se como interesses próprios das comunidades de âmbito territorial e pessoal menor face à comunidade nacional, sejam prosseguidos sob a responsabilidade dessas comunidades, reconhecendo-lhes para o efeito, as correspondentes atribuições e competências.

---

[26] Porquanto a chamada cidadania europeia (arts. 18º a 25º do Tratado sobre o Funcionamento da União Europeia) é muito limitada no respeitante ao seu conteúdo e restrita quanto ao âmbito prático dos seus potenciais destinatários. V. o nossos estudos «Algumas considerações obre a solidariedade e a cidadania», agora em *Por uma Liberdade com Responsabilidade – Estudos sobre Direitos e Deveres Fundamentais*, cit., p. 131 e ss (143 e ss.), e «Solidariedade social, cidadania e direito fiscal», agora em *Por um Estado Fiscal Suportável – Estudos de Direito Fiscal*, vol. I, Almedina, p. 81 e ss. (93 e ss.).

[27] Como constam dos dos arts 4º e 5º do Tratado da União Europeia e do Protocolo Anexo aos Tratados sobre a Aplicação dos Princípios da Subsidiariedade e da Proporcionalidades. V. sobre a subsidiariedade externa relativa à União Europeia, Margarida Salema d'Oliveira Martins, *O Princípio da Subsidiariedade em Perspectiva Jurídico-Política*, cit., p. 91 e ss.

[28] Se bem que esse princípio devesse considerar-se implícito, como defendemos no escrito «Autonomia local (Alguns aspectos gerais), escrito em 1983, embora publicado em 1990, republicado em *Estudos sobre Autonomias Territoriais, Institucionais e Cívicas*, cit., p. 23 e ss. (79 e s.).

4. O princípio da autonomia das autarquias locais

Assente numa expressão pleonástica para aludir à autonomia local, ao poder local ou à autonomia das comunidades locais, este princípio conformador do carácter unitário do Estado português reconhece que as autarquias locais constituem uma forma de administração autónoma territorial ou de descentralização administrativa territorial do Estado[29]. Por conseguinte hão-de ser dotadas de órgãos próprios através dos quais prossigam as atribuições específicas correspondentes aos interesses considerados como próprios das respectivas populações.

Significa isto que as autarquias locais não podem, de modo algum, serem configuradas como formas de administração indirecta ou mediata do Estado. De resto, a existência das autarquias locais constitui um imperativo da organização democrática do Estado português, como se encontra prescrito no nº 1 do art. 235º da Constituição. Por isso, o reconhecimento da administração autónoma territorial, concretizada nas autarquias locais, tem um significado e alcance constitucionais bem mais profundos do que aquele que se reporta apenas à estrutura administrativa territorial do Estado.

De facto, as autarquias locais, ao constituírem um pilar da organização democrática do Estado e um suporte da organização do poder político deste, configuram-se constitucionalmente como uma administração política democraticamente legitimada[30]. Por conseguinte a autonomia das autarquias locais não é um mero problema de administração das comunidades, configurando estas como meras auto-administrações locais, mas sobretudo um problema de política e democracia locais suporte da legitimação política e democrática nacionais, no quadro de uma divisão vertical do poder político que, de alguma maneira, sirva de eficaz contrapeso à potencial centripetação decorrente do carácter unitário do Estado. Daí também a salvaguarda constitucional concretizada em o princípio da autonomia das autarquias locais constituir um limite material às revisões constitucionais, como consta da alínea *n)* do art. 288º da Constituição.

Ideias que, valendo inteiramente em relação a todas as autarquias locais, têm particular densidade no que respeita ao reconhecimento constitucional das autarquias locais historicamente mais consolidadas, ou seja, os muni-

---

[29] V. o nosso estudo «A autonomia local (alguns aspectos gerais)», em *Estudos sobre Autonomias Territoriais, Institucionais e Cívicas*, cit., p. 23 e ss.; e Diogo Freitas do Amaral, *Curso de Direito Administrativo*, vol. I, 3ª ed., Almedina, 2006, p. 479 e ss.

[30] Nestes termos v. J. J. Gomes Canotilho/Vital Moreira, *Constituição da República Portuguesa Anotada*, vol. II, cit., anot. I ao art. 235º, e anot.s ao art. 288º.

cípios ou os concelhos na terminologia que prevaleceu até à actual Constituição[31]. De facto e em certo sentido, os municípios continuam a constituir a autarquia local base a partir da qual se compreendem as autarquias a jusante – as freguesias, e as autarquias a montante – as regiões administrativas. Uma realidade que, obviamente, não pode deixar de ser tida em devida consideração na interpretação do sentido e alcance daquele limite material às revisões constitucionais.

5. O princípio da descentralização democrática da administração pública
Porque se apresenta como delimitador do carácter unitário do Estado, este princípio não pode ser interpretado como se de um mero princípio de organização administrativa se tratasse. Ou seja, enquanto situado no pórtico da Constituição e dirigido a uma certa atenuação ou modelação do Estado unitário, o princípio da descentralização democrática da administração pública tem um significado e alcance bem distintos dos das formas de descentralização e desconcentração a que se reporta o n.º 2 do art. 267.º da Constituição, nos termos do qual «a lei estabelecerá adequadas formas de descentralização e desconcentração administrativas, sem prejuízo da necessária eficácia e unidade de acção da Administração e dos poderes de direcção, superintendência e tutela dos órgãos competentes». Trata-se, assim, do reconhecimento constitucional de uma administração autónoma de carácter não territorial ao lado da tradicional e consolidada administração autónoma autárquica.

Por conseguinte, um tal princípio respeita à modelação do Estado unitário, reconhecendo, ao lado de uma administração autónoma territorial, constituída pelas autarquias locais, uma administração autónoma de natureza institucional ou corporativa, em que os correspondentes substratos pessoais suportam interesses que devem ser considerados, a partir da ideia de realização do interesse público, como interesses colectivos próprios, objecto, deste modo, de uma auto-administração democrática, e não de administração indirecta do Estado ou de outras entidades de "população e território". O que tem expressão sobretudo na autonomia estatutária, científica, pedagógica, administrativa e financeira das instituições universitárias, como consta expressamente do n.º 2 do art. 76.º da Constituição, e em

---

[31] Que foram de resto, durante o século XIX, o suporte da extraordinária dinâmica política centrada na sucessão dos códigos administrativos centralistas e descentralistas – v., por todos, António Cândido de Oliveira, *Direito das Autarquias Locais*, 2ª ed., Coimbra Editora, 2013, p. 29 e ss.; e Rui Manuel de Figueiredo Marcos, *História da Administração Pública*, Almedina, 2016, p. 345 e ss., e 368 e ss.

alguma medida, na autonomia das associações públicas, como a relativa à gestão de algumas profissões, traduzida, designadamente, na gestão da correspondente deontologia e disciplina, nos temos e dentro dos limites em que tais associações públicas podem ser constituídas, conforme se encontra prescrito no n.º 4 do art. 267º da Constituição[32]. Portanto uma administração que o poder constituinte configurou como autónoma, dando assim especial significado ao prevê-la no pórtico da Constituição como um elemento caracterizador e delimitador do Estado unitário português.

Pelo que também o reconhecimento constitucional destas autonomias institucionais no mencionado art. 6º da Constituição jogam, a seu modo, no sentido de alguma moderação quanto ao entendimento que deve ser dado ao princípio da unidade do Estado. Autonomias que, todavia, porque não têm, como bem se compreende, o peso nem a carga histórica das autarquias locais, não foram erigidas em qualquer limite às revisões constitucionais[33].

III. Em conclusão

O problema das autonomias em sede da forma do Estado prende-se, fundamentalmente, coma a divisão ou distribuição vertical do poder estadual pelas unidades territoriais que venham a ser consideradas as adequadas do ponto de vista de uma boa organização comunitária. Daí que a opção por um Estado federal ou Estado regional face a um Estado unitário, depende, desde logo, do poder que há para dividir ou distribuir verticalmente. Pois bem, a este respeito, é da maior conveniência que, no campeonato em que jogamos, isto é, no mundo ocidental desenvolvido, somos um país relativamente pequeno, fraco e pobre. E não sairemos desta condição se fingirmos, como a narrativa em que somos excelentes propende a fazer-nos crer, que somos um país grande, forte e rico.

O que, no tema ora em tabela, mais não significa do que engendrar uma estrutura vertical para o Estado consentânea com a mencionada realidade. E, a tal propósito, parece óbvio que não temos dimensão ou tamanho territorial, populacional e económico para uma estrutura própria de um Estado federal ou de um Estado regional. Por isso, bom será que, se não temos estrutura, não arranjemos expedientes para engendrar um Estado fede-

---

[32] V. o nosso escrito «Considerações sobre a autonomia financeira das universidades portuguesas», em *Estudos sobre Autonomias Territoriais, Institucionais e Cívicas*, cit., p. 131 e ss.; e J. J. Gomes Canotilho/Vital Moreira, *Constituição da República Portuguesa Anotada*, vol. I, cit., anot. IV ao art. 76º.

[33] V. Vital Moreira, *Administração Autónoma e Associações Públicas*, Coimbra Editora, 1997, esp. p. 23 e ss.

ral ou um Estado regional em total contramão da constituição e seus limites materiais de revisão. Isto sobretudo se tivermos em conta que a nossa constituição é a constituição ordenadora de uma sociedade cuja identidade se fica a dever à tendencial coincidência do país, da nação e do Estado, ao longo de uma cadeia de mais de trinta gerações de portugueses.

Depois, parece evidente que, na actual estruturação territorial do poder, no quadro de uma adequada e eficiente articulação entre as autarquias locais e o Estado, se verifica a real necessidade de entidades supramunicipais que, de um lado, não parece que possam ser as entidades intermunicipais, constituídas pelas áreas metropolitanas e pelas comunidades intermunicipais[34], e, de outro lado, as estruturas de desconcentração da administração estadual correspondente ao raio de acção das comissões de coordenação e de desenvolvimento regional. Quanto às primeiras, porque se trata de entidades associativas de municípios com fins múltiplos, que não dispõem de atribuições ou competências decisórias, como se imporia, em domínios como os do ordenamento do território, do urbanismo, do desenvolvimento regional e dos investimentos[35]. Relativamente às segundas, porque estamos perante estruturas da administração do Estado que têm por missão assegurar a coordenação e a articulação das diversas políticas sectoriais de âmbito regional, bem como executar as políticas de ambiente, de ordenamento do território e cidades, e apoiar tecnicamente as autarquias locais e as suas associações, ao nível das respectivas áreas geográficas de actuação[36].

Por isso, fica a questão de saber se se deve insistir na instituição das regiões administrativas. Ora, quanto a estas, limito-me a repetir aqui aquilo que

---

[34] As quais, na sua actual configuração, constante da Lei nº 75/2013, de 12 de Setembro, coincidem com as NUTS III, divisão regional para a qual o Estado Português solicitou à Comissão Europeia um processo de revisão extraordinária da NUTS, argumentando com uma reorganização substancial da estrutura administrativa portuguesa. A nova organização das regiões portuguesas para fins estatísticos foi instituída pelo Regulamento (UE) nº 868/2014 da Comissão, de 8 de Agosto, tendo começado a ser aplicada pelo Sistema Estatístico Nacional e Europeu em 1 de Janeiro de 2015.

[35] V., neste sentido, Fernando Alves Correia, «Os Memorandos de Entendimento entre Portugal, o Fundo Monetário Internacional, a Comissão Europeia e o Banco Central Europeu e a reforma do poder local», em José Carlos Vieira de Andrade e Suzana Tavares da Silva (Coord.), *As Reformas do Sector Público. Perspectiva Ibérica no Contexto Pós-crise*, Instituto Jurídico – FDUC, 2015, p. 25 e ss.

[36] V. o artigo 2º da lei orgânica das CCDRS – Decreto-Lei nº 228/2012, de 25 de Outubro, entretanto alterado pelo Decreto-Lei nº 68/2014, de 8 de Maio, e pelo Decreto-Lei nº 24//2015, de 6 de Fevereiro.

venho dizendo, nomeadamente ainda recentemente a propósito da necessidade e viabilidade de uma revisão constitucional, em que me pronunciei pela eliminação dessas autarquias na Constituição. Uma eliminação que se justifica porque ela corresponde à vontade popular expressa no referendo que rejeitou a regionalização realizado em de 8 de Novembro de 1998. Uma eliminação que, por conseguinte, deveria ter ocorrido em alguma das revisões constitucionais posteriores. Uma situação constitucional que, tudo leva a crer, se manterá por muito tempo, pois não vemos como as regiões administrativas sejam eliminadas do texto constitucional ou como possam vir a ser criadas com o respeito pelos termos constitucionais[37].

De resto, no sentido da eliminação dessas autarquias territoriais vai, em nossa opinião, a necessidade de redução sustentada da excessiva despesa pública que enfrentamos, a qual, não obstante as duras imposições decorrentes da intervenção externa a que fomos sujeitos de 2011 a 2014, não foi objecto de uma verdadeira redução estrutural. Por isso, impõe-se uma diminuição expressiva do que designamos por "conselho de administração", o conjunto dos órgãos e instituições que, desempenhando as diversas funções do Estado, formam, no seu conjunto, a máquina estadual que tem a seu cargo a gestão em sentido amplo do país. A esse respeito, impõe-se ter presente que um dos grandes problemas do nosso país é, em larga medida, o dos custos avassaladores dessa máquina estadual, constituída pelos órgãos de soberania, das regiões autónomas e das autarquias locais, bem como pelos institutos e entidades com variadas designações e diversa natureza em que esses órgãos se desdobram ou mudam de configuração a fim de, não raro, permitirem, designadamente, remunerações predatórias.

Daí que seja de nos interrogarmos sobre a efectiva necessidade da dimensão da máquina que suporta a Presidência da República, do número de deputados da Assembleia da República e das assembleias regionais, do número dos membros do Governo da República e dos governos regionais, do número de tribunais, dos níveis e do número das autarquias locais (municípios e freguesias), etc. Pois impõe-se um mínimo de coerência entre a dimensão do País e a sua máquina política e administrativa[38].

Neste quadro é de referir que não foi levada por diante, a reforma constante do Programa de Assistência Económica e Financeira decorrente do Memorando de Entendimento relativa à diminuição do número de muni-

---

[37] Para maiores desenvolvimentos, v. o nosso estudo «Uma futura revisão constitucional?», *ob. cit.*, p. 311 e ss.

[38] V. o nosso livro *A autonomia financeira das autarquias locais*, Almedina, 2007, p. 23.

cípios[39], tendo sido apenas reduzido o número de freguesias através da sua agregação[40]. Uma reforma que nós vimos defendendo há muito tempo, muito antes portanto de ser previsível qualquer crise do tipo daquela que nos conduziu ao resgate internacional[41], mas que, não tendo sido realizada enquanto estivemos sob a apertada vigilância da Troika, não vemos como possa vir a ter lugar.

Pois a extrema dificuldade em realizar reformas que suportem um efectivo emagrecimento dos aparelhos organizacionais, entre os quais se destacam os estaduais, encontra-se teorizada, desde há muito tempo, tanto no que concerne ao seu vector de estruturas burocráticas pela lei de Ceril Northcote Parkinson, como no seu vector financeiro pela lei de Adolf Wagner. Pois, segundo Parkinson, as estruturas burocráticas albergam funcionários que se multiplicam como subordinados e não como rivais, em que uns criam trabalho (*rectius* emprego) para os outros independentemente das efectivas necessidades, segundo um modelo em que a oferta cria a correspondente procura, engendrando verdadeiros "mil folhas institucionais" de muito difícil desmantelamento. O que dá para compreender a lei Wagner do crescimento contínuo das despesas públicas formulada no século XIX e empiricamente comprovada no século XX, uma vez que esta lei mais não é do que a face financeira da lei de Parkinson, apesar de esta apenas ter sido enunciada nos anos cinquenta do século passado[42]. Realidades que, enquanto se verificaram os ritmos de crescimento económico e desenvolvimento social conhecidos na segunda metade do século XX, não eram obviamente motivo de grande preocupação. O que não é mais o caso nos tempos que correm dado o crescimento mais ou menos anémico em que vivemos[43].

---

[39] Que são presentemente 308, embora mais de 30 tenham menos de 5.000 habitantes e mais de 100 tenham menos de 10.000 habitantes.
[40] Tendo passado de 4.260 para 3.092 – v. a Lei nº 22/2012, de 30 de Maio, e a Lei nº 11-A/2013, de 28 de Janeiro.
[41] Cf. o nosso livro *A autonomia financeira das autarquias locais*, cit., p. 22 e s., em que, já em 2007, defendíamos a extinção das freguesias urbanas situadas nas sedes dos municípios, bem como a redução do número de municípios.
[42] Aliás, a dificuldade em realizar as reformas estruturais, que impliquem uma significativa redução da máquina burocrática e da consequente despesa pública, explica porque é que tais reformas tenham sido nos séculos XIX e XX frequentemente levadas a cabo em ambientes revolucionários ou no quadro de regimes sem ou de discutível legitimidade democrática.
[43] Sobre esta temática, v. o nosso estudo «Justiça fiscal, estabilidade financeira e as recentes alterações do sistema fiscal português», em *Por um Estado Fiscal Suportável – Estudos de*

Neste quadro, seja-nos permitida uma referência ao que é proposto na Lei das Grandes Opções do Plano (GOP) para o período de 2016-2019[44], em que no seu ponto 14, com o título «Descentralização, base da reforma do Estado», encontramos várias propostas. Todavia, a linha geral parece ir no sentido do aumento da máquina do Estado e seus desdobramentos, não havendo sinais orientados para a diminuição ou alívio das estruturas que suportam os aparelhos administrativos em causa. Designadamente, invoca-se o princípio da subsidiariedade que deve ser assumido como orientador da decisão sobre o nível mais adequado para o exercício de atribuições e competências (nacional, regional ou local), devendo o Governo promover a transferência de competências para os níveis mais adequados, muito embora, depois, não encontremos qualquer expressão no sentido de a referida transferência não redundar em aumento de estruturas e gastos financeiros, ou uma qualquer referência à ideia de um equilíbrio eficiente entre as forças contrapostas que suportam as ideias de descentralização e de centralização, como se imporia[45].

O que nos leva a observar que se descentralização, que vai suportar a reforma do Estado, redundar em aumento do peso das estruturas territoriais do Estado e, consequentemente, o seu suporte financeiro, então estamos conversados quanto à real possibilidade de sairmos do labirinto contorcionista, estrutural e financeiro, em que, desde há mais de uma década, nos encontramos enredados. É óbvio que não está em causa a necessidade effectiva de organizações administrativas territoriais cujo raio de acção corresponda às NUTS II. O que, a nosso ver, não implica a instituição das regiões administrativas previstas na Constituição, podendo as mesmas serem concretizadas por organizações em que se opere uma adequada articulação entre a administração autárquica, constituída pelas entidades intermunicipais, correspondentes agora às NUTS III, e a administração desconcentrada do Estado formada pelas Comissões de Coordenação e Desenvolvimento Regional.

Todavia, mesmo uma reforma do Estado implicada numa tal descentralização administrativa, não pode deixar de ser concretizada através de propostas em que a soma das novas estruturas com as antigas conduza a um resultado negativo, a uma efectiva diminuição que contribua para o problema que nos assola da real sustentabilidade financeira do Estado. Ora,

---

Direito Fiscal, vol. IV, Almedina, 2015, p. 215 e ss. (221 e ss.).
[44] Aprovadas pela Lei nº 7-B/2016, de 31 de Março.
[45] V. José Carlos Vieira de Andrade, *Lições de Direito Administrativo*, 4ªed., Imprensa da Universidade de Coimbra, 2015, p. 108 e s.

se estamos a ver bem as coisas, nos termos que constam das indicações das GOP, relativamente ao que está sendo proposto, não se vislumbra qualquer preocupação em as novas estruturas terem correspondência na diminuição das anteriores de molde a que a soma de umas e outras conduza, ao menos, ao resultado zero.

Em suma, o Estado português é um Estado parcialmente regionalizado, pois reconhece como regiões autónomas, dotadas de autonomia político--administrativa e governo próprio, apenas os arquipélagos insulares. Uma autonomia regional cuja concretização e desenvolvimento atingiu um nível que podemos considerar consolidado no quadro de um equilíbrio da organização territorial que respeita a unidade do Estado e obsta a que as regiões autónomas evoluam para comunidades estaduais.

Simultaneamente é um Estado que, guiando-se pelo princípio da subsidiariedade na distribuição vertical das atribuições e competências estaduais entre os diversos níveis territoriais, tem na existência e no respeito pela autonomia das comunidades locais historicamente reconhecidas e consolidadas, de um lado, e na abertura a uma descentralização democrática da administração pública concretizada em autonomias de carácter institucional, de outro lado, um importante factor de legitimação político-democrática da República Portuguesa, contribuindo assim para moderar os riscos de centralização de poderes inerente ao carácter unitário do Estado.

O que significa que há uma consonância muito grande entre o carácter unitário do Estado e o consolidado quadro de autonomias territoriais e institucionais reconhecidas na Constituição dentro do qual o Estado opera.

Falta naturalmente uma estrutura territorial que, em lugar das previstas regiões administrativas, opere, a montante dos municípios, a articulação das associações destes, constituídas pelas entidades intermunicipais, e as estruturas de desconcentração da administração territorial do Estado formadas pelas CCDRS. Assim como falta uma reorganização das autarquias locais, de modo a que, reduzindo e ajustando o seu número e dimensão em termos de adequação ao que constitucionalmente são e representam, se obste à manutenção de autarquias locais que, pela sua reduzida dimensão pessoal e pela limitada capacidade de actuação real, não mais podem ser consideradas estruturas de verdadeiras comunidades territoriais autónomas, porquanto, no rigor das coisas, estamos perante estruturas que, assemelhando-se mais a estruturas locais do Estado, não passam de entidades locais com tarefas de cariz fundamentalmente social. Casos em que, em vez de verdadeiras autarquias locais, o que temos são estruturas de auto-administração social.

Recursos Financeiros e Poderes Tributários das Autarquias Locais: que melhorias?*

Sumário: I. Os recursos financeiros das autarquias locais: 1. O princípio da autonomia das autarquias locais; 2. A autonomia financeira das autarquias locais: 2.1. O quadro normativo da autonomia financeira local; 2.2. As principais manifestações da autonomia financeira local; II. Os poderes tributários das autarquias locais: 3. Os poderes autárquicos relativos aos impostos; 4. Os poderes autárquicos relativos aos tributos de estrutura bilateral; III. Melhorias dos recursos e poderes tributários das autarquias locais: 5. Os poderes tributários e a teoria do federalismo fiscal; 6. Quadro para uma adequada descentralização financeira; 7. Um olhar sobre as nossas autarquias locais

O que me pediram para dizer aqui, se estou a ver bem as coisas, foi que me pronuncie sobre os recursos financeiros e os correspondentes poderes de que as autarquias locais dispõem e, bem assim, sobre que melhorias poderão ser sugeridas ou propostas. O que, dito de outra forma, é falar da medida de autonomia financeira de que gozam as nossas autarquias locais e das melhorias que podem ser introduzidas. Comecemos então pelos recursos financeiros e correspondentes poderes tributários para, depois, nos referirmos às melhorias que poderão ser propostas.

I. Os recursos financeiros das autarquias locais
Pois bem, a autonomia financeira mais não é do que a expressão mais importante, decisiva mesmo, da autonomia local suporte do poder local, designação

---

* Texto elaborado para a nossa participação no Colóquio «Poder local democrático: 40 anos depois», promovido pelo CEDOUA/FDUC, no dia 9 de Maio de 2017, publicado na *Revista de Legislação e de Jurisprudência*, Ano 146, 2016/17.

que encima o título a que a Constituição, com alguma dose de originalidade em termos de direito comparado, subordina o tratamento das autarquias locais. Daí que, para compreendermos a actual autonomia financeira das autarquias locais, não possamos deixar de começar por localizar as autarquias locais na estrutura territorial do Estado, as quais têm um entendimento bem diverso do que operou sobretudo ao nível da realidade constitucional que vingou no regime constitucional anterior[1]. É que a autonomia das autarquias locais constitui um dos princípios constitucionais caracterizadores do próprio Estado unitário português que tem um elevado significado democrático, o que impõe aqui pelo menos uma alusão.

1. O princípio da autonomia das autarquias locais

Segundo o art. 6º da Constituição, o Estado português é um Estado unitário que "respeita na sua organização e funcionamento o regime autonómico insular e os princípios da subsidiariedade, da autonomia das autarquias locais e da descentralização democrática da administração pública" (nº 1) e em que "os arquipélagos dos Açores e da Madeira constituem regiões autónomas dotadas de estatutos político-administrativos e de órgãos de governo próprios" (nº 2).

Nestes termos, o Estado português apresenta-se, antes de mais, moldado pelo *princípio do Estado unitário*[2]. O que significa que temos apenas um Estado, não se verificando, por conseguinte qualquer divisão, em termos verticais, do exercício da soberania, havendo um único centro estadual a cujos órgãos cabe o exercício de *toda* a soberania[3]. Uma situação bem diversa da que ocorre nos estados federais, em que se verifica uma divisão

---

[1] Uma vez que ao nível do texto da Constituição de 1933, que nos aspectos mais significativos seguiu a célebre Constituição de Weimar, nada obstava à instituição e funcionamento de uma administração autárquica descentralizada. Mas nesse, como noutros domínios (caso dos direitos fundamentais, do presidencialismo e do controlo judicial da constitucionalidade), por força do carácter autoritário do regime político, a constituição não foi além de uma realidade meramente nominal. V. o nosso livro *A Autonomia Financeira das Autarquias Locais*, Almedina, 2007, p. 9 e ss.

[2] Em nosso entender um dos mais importantes factores organizacionais que explicam a nossa existência como país e Estado nação independente com quase nove séculos.

[3] Uma vez que a titularidade da soberania é una e indivisível. Neste sentido se pronuncia a Constituição portuguesa, que dispõe: "A soberania, una e indivisível, reside no povo que a exerce segundo as formas previstas na Constituição" (art. 3º, nº 1) e "O poder político pertence ao povo e é exercido nos termos da Constituição" (art. 108º).

vertical, em maior ou menor medida, do exercício da soberania entre o Estado federal e os estados federados[4].

Mas o *princípio do Estado unitário* comporta limitações, como resulta muito claramente do preceito constitucional acabado de reproduzir. Mais especificamente, comporta as limitações decorrentes dos outros quatro princípios (ou subprincípios) aí consagrados, a saber: o *princípio da autonomia insular*, o *princípio da subsidiariedade*, o *princípio da autonomia local* e o *princípio da descentralização democrática da administração pública*[5].

Pois bem, deixando as outras limitações ao princípio do Estado unitário, vejamos a concretizada no princípio da autonomia local que impõe a descentralização administrativa territorial, concretizada no reconhecimento da autonomia das autarquias locais, às quais cabe, mediante o exercício de uma função exercida ao nível estritamente administrativo, prosseguir os interesses próprios das respectivas populações. Um princípio a que, é de sublinhar, anda associado, na perspectiva constitucional, a própria organização e funcionamento democráticos do Estado. Pois a organização democrática do Estado compreende a existência de autarquias locais, como prescreve o nº 1 do art. 235º da Constituição. Pelo que o reconhecimento das autarquias locais tem o importante significado da reserva da gestão dos assuntos locais às respectivas comunidades, de modo a prosseguir os interesses próprios dos substratos populacionais que as constituem, como se dispõe no nº 2 desse mesmo art. 235º.

Em suma, numa perspectiva, temos o *poder local*, o poder das comunidades locais, como limitação do poder central único, do poder do Estado unitário, o que tem a ver com a divisão vertical do poder, ou seja, com a própria

---

[4] O exercício desta está assim dividido, apenas em termos horizontais, entre os chamados "órgãos de soberania", uma designação que, introduzida pela Constituição de 1911, se vem mantendo desde então - v., para a Constituição actual, o seu art. 111º. Sobre a ideia de soberania, tendo por base a soberania fiscal, v. o nosso livro *O Dever Fundamental de Pagar Impostos. Contributo para a Compreensão Constitucional do Estado Fiscal Contemporâneo*, Almedina, Coimbra, 1998, p. 290 e ss.

[5] A respeito do princípio da subsidiariedade é de sublinhar que este princípio, à face da actual Constituição, sempre regeu as relações das comunidades territoriais menores face ao Estado, não obstante a sua consagração expressa se ter concretizado apenas na Revisão Constitucional de 1997 – v. o nosso estudo «A autonomia local (Alguns aspectos gerais)», 1982/3, agora em *Estudos sobre as Autonomias Territoriais, Institucionais e Cívicas*, Almedina, 2010, p. 69 e 79 e s.

forma do Estado português[6], em que há apenas um único Estado. Numa outra perspectiva, temos a *democracia local*, a democracia de cada uma das comunidades locais, como funciona como atenuante da democracia nacional de molde a que esta não se converta numa força demasiado centrífuga.

O Estado português é, pois, um Estado unitário, embora com importantes limites quer a nível político decorrentes da autonomia reconhecida aos arquipélagos insulares dos Açores e da Madeira, quer a nível administrativo concretizados na existência das autarquias locais e, bem assim, de certas instituições ou corporações não territoriais[7]. Uma estrutura de organização do poder político e administrativo em que, todavia, ganha especial significado e importância a autonomia das autarquias locais, apresentando-se estas como uma forma qualificada de descentralização da administração pública ou de administração autónoma no quadro do Estado unitário. Uma compreensão das coisas a que, por certo, não é alheia a longa história da autonomia municipal portuguesa, pois, muito embora os municípios se apresentem num quando bem diverso no Estado de direito e no Estado do *ancien régime*, do que parece não haver dúvidas é de que a organização político-administrativa do território nacional contou sempre, desde a Fundação, com uma clara dialéctica entre um único e forte poder central ancorado no Monarca ou na Coroa e, em contraponto, o poder municipal[8]. Realidade que não terá deixado de estar na base do êxito que a longevidade de Portugal apresenta.

---

[6] E não com a forma de governo da República (e das regiões autónomas). O que é relevante para a interpretação da III parte da Constituição, que contem a constituição do poder político (o que no século XIX era a própria constituição), já que essas normas, relativas às relações de natureza horizontal Assembleia da República/Governo, como as da reserva relativa de competência legislativa da Assembleia da República constante do art. 165º, não podem ser aplicadas às autarquias locais sem se ter em conta simultaneamente o problema da forma de governo (Assembleia da República/Governo) e da forma de Estado (Estado unitário/autarquias locais). O que, por exemplo, não aconteceu no acórdão 57/95 do Tribunal Constitucional, em que se convocou o costume constitucional para salvar constitucionalidade da derrama municipal, em vez do princípio da autonomia local – v. o nosso livro *O Dever Fundamental de Pagar Impostos*, cit., p. 371 e ss..

[7] Para maiores desenvolvimentos, v. o nosso estudo «A autonomia local», ob. cit., p. 70 e ss., e o nossos livro *A Autonomia Financeira das Autarquias Locais*, cit. p. 16 e ss.

[8] Sobre a vertente histórica do municipalismo português, v., por todos, Maria Helena da Cruz Coelho/J. Romero de Magalhães, *O Poder Concelhio. Das Origens às Cortes Constituintes*, Edição do Centro de Estudos e Formação Autárquica, Coimbra, 1986.

2. A autonomia financeira das autarquias locais

Como facilmente se intui, para a compreensão da autonomia financeira das autarquias locais, impõe-se ter em conta tanto os parâmetros da sua configuração legal, constantes da Constituição e da Carta Europeia da Autonomia Local, como a sua concretização levada a cabo pelo legislador constante da lei das finanças locais, designada actualmente por Regime Financeiro das Autarquias Locais e Entidades Intermunicipais (RFAL)[9]. Por outro lado, importa esclarecer em que manifestações efectivamente se materializa essa autonomia financeira. Vejamos então dando uma ideia do referido quadro normativo e pronunciando-nos, depois, sobre os aspectos em que, consubstancia a autonomia financeira local.

2.1. O quadro normativo da autonomia financeira local

Pois bem, embora a autonomia financeira das autarquias locais esteja concretizada fundamentalmente no RFAL, ela tem expressão muito importante, como referimos, tanto na Constituição como na Carta Europeia da Autonomia Local, que entrou em vigor em 1988[10]. Por isso, impõe-se uma referência a esses textos paramétricos da autonomia local.

Assim e no que tange à Constituição, esta tem disposições que respeitam tanto às autarquias locais em geral como os municípios. As primeiras constam do art. 238º que dispõe: "as autarquias locais têm património e finanças próprias" (nº 1); "as receitas próprias das autarquias locais incluem obrigatoriamente as provenientes da gestão do seu património e as cobradas pela utilização dos seus serviços" (nº 3); e "as autarquias locais podem dispor de poderes tributários, nos casos e nos termos previstos na lei" (nº 4)[11]. Já as segundas integram o art. 254º da Constituição, em que se estabelece: "os municípios participam, por direito próprio e nos termos definidos pela lei, nas receitas provenientes dos impostos directos" (nº 1); e "os municípios dispõem de receitas tributárias, nos termos da lei" (nº 2).

---

[9] Que foi aprovada pela Lei nº 73/2013 (que revogou a Lei das Finanças Locais de 2007). A que acresce, embora diga respeito apenas às receitas constituídas pelas taxas, o Regime Geral das Taxas das Autarquias Locais (RGTAL). Refira-se que, daqui em diante, sempre aludamos a preceitos legais sem indicação da sua proveniência, são do RFAL.

[10] Aprovada pela Resolução da Assembleia da República nº 28/90 e ratificada pelo Decreto do Presidente da República nº 58/90, de 23 de Outubro.

[11] Dispondo o nº 2 desse artigo: "O regime das finanças locais será estabelecido por lei e visará a justa repartição dos recursos públicos pelo Estado e pelas autarquias locais e a necessária correcção de desigualdades entre autarquias do mesmo grau".

Por seu turno o art. o 9º da Carta Europeia de Autonomia Local dispõe: "as autarquias locais têm direito, no âmbito da política económica nacional, a recursos próprios adequados, dos quais podem dispor livremente no exercício das suas atribuições" (nº 1); e "pelo menos uma parte dos recursos financeiros das autarquias locais deve provir de rendimentos e de impostos locais, tendo estas o poder tributário nos termos da lei" (nº 3)[12].

No que ao RFAL diz respeito, importa aqui sobretudo a rede de princípios fundamentais pelos quais se regem as finanças locais enumerados no art. 3º e concretizados um a um nos artigos seguintes, em que temos os princípios da legalidade, da estabilidade orçamental, da autonomia financeira, da transparência, da solidariedade recíproca, da equidade intergeracional, da justa repartição dos recursos públicos entre o Estado e as autarquias locais, da coordenação entre finanças locais e finanças do Estado e da tutela inspectiva. Princípios que requerem pelo menos uma alusão relativamente a cada um deles.

Antes, porém importa referir que, embora todos os princípios respeitem, segundo o RFAL, à actividade financeira da autarquias locais, podemos dividi-los, todavia, em dois grupos consoante se reportem à generalidade da actuação das autarquias locais, como são inequivocamente os princípios da legalidade, da transparência e da tutela inspectiva, ou, mais especificamente, se encontrem mais ligados à sua actividade financeira, sendo que, dentro destes, há ainda que separar os que comportam uma feição mais externa, porquanto dirigidos fundamentalmente à delimitação da autonomia face ao Estado (e regiões autónomas), como são os princípios da solidariedade recíproca, da equidade intergeracional, da justa repartição dos recursos públicos entre o Estado e as autarquias locais e da coordenação entre finanças locais e finanças do Estado, dos que se materializam mais em concretizações ou manifestações da própria autonomia financeira autárquica em si, como são os princípios da estabilidade orçamental e da autonomia financeira[13].

---

[12] Dispondo o nº 2 desse art. 9º: "Os recursos financeiros das autarquias locais devem ser proporcionais às atribuições previstas pela Constituição ou por lei", no que constitui uma expressão do princípio justa repartição dos recursos públicos entre o Estado e as autarquias locais a que nos vamos referir de seguida.

[13] Refira-se que consagração legal deste princípio, que é expressão de uma técnica legislativa de pura narrativa jurídica que começa, aliás, a fazer carreira nas nossas leis, não acrescenta nem podia acrescentar nada ao princípio constitucional da autonomia financeira das autarquias locais, porquanto é óbvio que todo o RFAL mais não é do que a concretização da

Uma palavra muito rápida sobre cada um destes seis princípios, começando justamente por estes de feição mais interna, ou seja, pelos princípios da estabilidade orçamental e autonomia financeira.

Pois bem, segundo o disposto nos nºs 2 e 3 do art. 5º "a estabilidade orçamental pressupõe a sustentabilidade financeira das autarquias locais, bem como uma gestão orçamental equilibrada, incluindo as responsabilidades contingentes por si assumidas", não podendo as autarquias locais "assumir compromissos que coloquem em causa a estabilidade orçamental". Um princípio que, conjugado com o da legalidade, constante do art. 4º e segundo o qual "a actividade financeira das autarquias locais exerce-se no quadro da Constituição, da lei, das regras de direito da União Europeia e das restantes obrigações internacionais assumidas pelo Estado Português", significa que as autarquias locais participam, na proporção do seu peso territorial e populacional, nas finanças públicas nacionais, no cumprimento dos compromissos internacionais assumidos por Portugal relativos à estabilidade financeira, designadamente como estes constam do Tratado Orçamental e se encontram concretizados na Lei de Enquadramento Orçamental[14]. O que tem expressão, de resto no Fundo de Regularização Municipal de que tratam os arts. 65º a 67º.

Por seu lado, quanto ao princípio da autonomia financeira, segundo o estabelecido no art. 6º, e repetindo o disposto na Constituição, as autarquias locais têm património e finanças próprios, cuja gestão compete aos respectivos órgãos, assentando essa autonomia, nomeadamente, nos seguintes poderes: a) elaborar, aprovar e modificar as opções do plano, orçamentos e outros documentos previsionais, bem como elaborar e aprovar os correspondentes documentos de prestação de contas; b) gerir o seu património, bem como aquele que lhes seja afecto; c) exercer os poderes tributários legalmente atribuídos; d) liquidar, arrecadar, cobrar e dispor das receitas que a lei lhes destine; e) ordenar e processar as despesas legalmente autorizadas; e f) aceder ao crédito, nas situações previstas na lei. É, pois, como uma das componentes da autonomia financeira, e das mais importantes e decisivas como veremos, que se apresentam os poderes tributários das autarquias locais.

---

referida autonomia financeira reconhecida nos reproduzidos preceitos dos arts. 238º e 254º da Constituição.

[14] Sobre a estabilidade orçamental imposta pelo Tratado Orçamental e sua crítica, v. o nosso estudo «Estabilidade financeira e o Tratado Orçamental», *JURISMAT, Revista Jurídica do Instituto Superior Manuel Teixeira Gomes*, nº 6, 2015, p. 43 e ss.

Relativamente aos princípios fundamentais da autonomia financeira das autarquias locais de feição mais externa, podemos ainda distinguir entre os que dizem respeito mais às próprias comunidades, como são os princípios da solidariedade reciproca e da equidade intergeracional, dos que se reportam sobretudo aos correspondentes aparelhos comunitários, como os da justa repartição dos recursos públicos entre o Estado e as autarquias locais e da coordenação entre finanças locais e finanças do Estado.

No que concerne aos primeiros, importa assinalar que os princípios da solidariedade nacional recíproca[15] e da equidade intergeracional, muito embora comportem um espectro mais amplo e rico do que o dos demais princípios, não deixam de ser extremamente relevantes também no respeitante à autonomia financeira das comunidades locais, porquanto asseguram, quanto a este aspecto, uma solidariedade, responsabilidade ou igualdade, simultaneamente em termos sincrónicos e em termos diacrónicos, entre as comunidades territoriais que consubstanciam a comunidade nacional no seu todo, contribuindo assim para a realização do terceiro dos três *iura praecepta* de Ulpiano, ou seja, o *suum cuique tribuere* relativamente às comunidades actuais e às comunidades futuras.

Pois não nos podemos esquecer, glosando o que dissemos noutro lugar tendo em mente a tutela em termos diacrónicos do património cultural que nos ancora como comunidade nação, que é bom que as comunidades locais não tramem a comunidade nacional e esta não trame aquela e isto num quadro que permita assegurar que o passado não trame o presente e este não trame o futuro[16]. Daí que nos termos do art. 8º, o Estado e as autarquias locais estejam vinculados a um dever de solidariedade nacional recíproca que obriga à contribuição proporcional do sector local para o equilíbrio das contas públicas nacionais. O que permite, quando se verifiquem circunstâncias excepcionais exigidas pela observância das obrigações decorrentes do Programa de Estabilidade e Crescimento e depois de seguidos determinados procedimentos, estabelecer, através da Lei do Orçamento do Estado, quer limites adicionais à dívida total autárquica e à prática de actos que determinem a assunção de encargos financeiros com impacto nas contas

---

[15] Uma expressão que, como dissemos noutro lugar justamente a respeito desta expressão, se insere no fenómeno que designamos por adjectivos assassinos – v. o nosso livro *Direito Fiscal*, 9ª ed., Almedina Coimbra, p. 56.

[16] V. a nossa *Introdução ao Direito do Património Cultural*, 2ª ed., Almedina, Coimbra, 2010, p. 24.

públicas, quer reduções às transferências do Orçamento do Estado resultantes das leis financeiras especialmente aplicáveis a cada subsector.

E que, segundo o disposto no art. 9º, a actividade financeira das autarquias locais esteja subordinada ao princípio da equidade na distribuição de benefícios e custos entre gerações, de modo a não onerar excessivamente as gerações futuras, salvaguardando as suas legítimas expectativas através de uma distribuição equilibrada dos custos pelos vários orçamentos num quadro plurianual. Princípio que implica a apreciação da incidência orçamental: das medidas e acções incluídas no plano plurianual de investimentos; do investimento em capacitação humana co-financiado pela autarquia; dos encargos com os passivos financeiros da autarquia; das necessidades de financiamento das entidades participadas pela autarquia; dos compromissos orçamentais e das responsabilidades contingentes; dos encargos explícitos e implícitos em parcerias público-privadas, concessões e demais compromissos financeiros de carácter plurianual; e da despesa fiscal, nomeadamente compromissos futuros decorrentes de isenções fiscais concedidas pelos municípios.

Por seu turno, no que se refere aos dois restantes princípios, os princípios da justa repartição dos recursos públicos entre o Estado e as autarquias locais e da coordenação entre finanças locais e finanças do Estado, estamos perante princípios que operacionalizam na prática as concretas relações entre o Estado e autarquias locais no domínio das finanças públicas. Em conformidade com o princípio da justa repartição dos recursos públicos, segundo o disposto no art. 10º, a actividade financeira das autarquias locais desenvolve-se no respeito pelo princípio da estabilidade das relações financeiras entre o Estado e as autarquias locais, devendo ser garantidos os meios adequados e necessários à prossecução do quadro de atribuições e competências que lhes é cometido, de modo a que a participação de cada autarquia local nos recursos públicos seja conforme ao equilíbrio financeiro vertical, que visa adequar os recursos de cada nível de administração às respectivas atribuições e competências, e ao equilíbrio horizontal, que pretende promover a correcção de desigualdades entre autarquias do mesmo grau resultantes, designadamente, de diferentes capacidades na arrecadação de receitas ou de diferentes necessidades de despesa.

Segundo o princípio da coordenação entre as finanças locais e as finanças do Estado, dispõe o art. 11º que a coordenação em causa tem especialmente em conta o desenvolvimento equilibrado de todo o País e a necessidade de atingir os objectivos e metas orçamentais traçados no âmbito das políticas de convergência a que Portugal se tenha vinculado no seio da União Europeia. Coordenação que se efectua através do Conselho de Coordenação Financeira[17], sendo as autarquias locais ouvidas antes da preparação do Programa de Estabilidade e Crescimento e da Lei do Orçamento do Estado, nomeadamente quanto à sua participação nos recursos públicos e à evolução do montante global da dívida total autárquica[18].

2.2. As principais manifestações da autonomia financeira local

Olhando agora para s principais manifestações em que a autonomia financeira se materializa, não obstante os mencionados preceitos da Constituição utilizarem a expressão algo imprecisa de "património e finanças próprias", o que eles pretendem revelar é que as autarquias locais dispõem de autonomia financeira adequada à sua configuração como administração territorial autónoma face ao Estado.

Ou seja, as autarquias locais devem dispor de receitas suficientes para a realização das tarefas correspondentes à prossecução das suas atribuições e competências. O que não implica uma *auto-suficiência económica*, entendida esta como o poder das autarquias decidir de todas as suas fontes de financiamento, nem que todas as suas receitas tenham de se configurar como receitas próprias das comunidades locais.

Com efeito, estas também podem alcançar a sua suficiência financeira à custa de transferências estaduais, mormente através da participação em receitas estaduais, conquanto que tais transferências obedeçam a critérios objectivos, estritamente definidos na lei e desde que não impliquem qualquer tipo de vinculação ou dependência face à administração estadual, nem constituam o suporte de intoleráveis desigualdades económicas e fiscais entre as autarquias. Uma ideia que anda associada, de resto, às teorias sobre a centralização/descentralização financeira do Estado, as quais, depois de terem sido em larga medida dominadas pelo chamado federalismo fiscal, objecto de franco entusiasmo até aos finais dos anos oitenta do século passado, tendem hoje, no quadro de uma inequívoca maior abertura, a consen-

---

[17] Conselho cuja composição consta do art. 12º, sendo integrado por seis representantes do Governo (designados pelos responsáveis pelas áreas das finanças e das autarquias locais), dois representantes da Associação Nacional de Municípios Portugueses e dois representantes da Associação Nacional de Freguesias.

[18] Sobre estes princípios v. Joaquim Freitas da Rocha, *Direito Financeiro Local (Finanças Locais)*, 2ª ed., Coimbra Editora, Coimbra, 2014, p. 31 e ss.

tir que a descentralização financeira possa materializar-se também ou até decisivamente através de um federalismo mais financeiro[19].

Muito embora, como é fácil de ver e largamente reconhecido, a autonomia financeira das comunidades locais será assegurada em termos mais adequados e eficazes se uma parte significativa das suas receitas se configurar como receitas próprias, devendo, por conseguinte, a lei atribuir às autarquias locais, no seu conjunto ou a cada uma das suas categorias (ou níveis) – sobretudo aos municípios –, receitas que tenham essa natureza, nomeadamente certos impostos cobrados nas respectivas circunscrições ou impostos locais. O que tem expressão cabal nos reproduzidos preceitos da Constituição e da Carta Europeia de Autonomia Local, bem como na rede de princípios fundamentais pelos quais se regem as finanças locais enumerados no art. 3º e concretizados nos artigos seguintes do RFAL.

E uma das manifestações da autonomia financeira das autarquias locais que, dada a sua natureza, podemos considerar estrutural, é a que se concretiza na *ideia de coerência* que implica que o regime financeiro dos municípios e freguesias seja coerente com o quadro de atribuições e competências que legalmente lhe está cometido, prevendo, designadamente, um adequado financiamento das atribuições e competências que venham a ser transferidas para as autarquias locais. O que encontra concretização, nomeadamente, na alínea *b)* do nº 1 do art. 25º e no art. 30º do RFAL relativo ao Fundo Social Municipal, uma vez que este fundo é suportado por uma específica transferência financeira do Orçamento do Estado consignada ao financiamento de despesas determinadas, relativas a atribuições e competências dos municípios associadas a funções sociais, nomeadamente educação, saúde ou ação social. Despesas que, depois, são concretizadas em termos relativamente pormenorizados nas diversas alíneas do nº 2 desse preceito.

Uma ideia de coerência cuja concretização encontra depois adequado respaldo nos já enunciados princípios fundamentais da *justa repartição dos recursos públicos* entre o Estado e as autarquias locais, da *coordenação entre finanças locais e finanças estaduais* e da *estabilidade orçamental* enquanto pressuposto da sustentabilidade financeira das autarquias locais, os quais comportam, por assim dizer, o quadro estrutural da sua autonomia financeira. Realidade autonómica cuja efectivação prática vai ser assegurada pelos

---

[19] Para uma ideia da evolução das teorias do federalismo fiscal e financeiro, v. o que dizemos *infra* no ponto III. 5.

meios operacionais disponibilizados pelas manifestações do princípio da autonomia financeira constante das diversas alíneas do art. 6º do RFAL, ou seja, através do reconhecimento e garantia de um conjunto de poderes relativos à obtenção das receitas, à realização das despesas e à administração financeira das autarquias locais[20].

Assim e no respeitante aos poderes relativos à obtenção das receitas, podemos falar, de um lado, em autonomia tributária, traduzida nos poderes tributários respeitem estes à criação dos tributos ou à sua liquidação e cobrança, e, de outro lado, na autonomia creditícia consubstanciada no poder das autarquias locais de acesso ao crédito. Poderes tributários em relação ao quais devemos assinalar que, muito embora se reportem à generalidade dos tributos, portanto não só aos impostos, mas também aos tributos de estrutura bilateral, às taxas e demais contribuições financeiras, tem um especial peso o poder relativo aos tributos unilaterais ou impostos, poderes de que falaremos mais desenvolvidamente no ponto que se segue.

Algumas palavras, porém, relativamente à autonomia creditícia e às demais manifestações da autonomia financeira local. Pois bem, a autonomia creditícia consubstancia um poder das autarquias locais em relação ao qual é de sublinhar que, dado o radical significado que comporta, ao constituir-se num efectivo poder tributário sobre o amanhã, isto é, num efectivo poder tributário sobre as gerações futuras, tem de ser levado a cabo dentro dos mais estritos limites legais, os quais não podem deixar de ter em devida conta o princípio da equidade intergeracional. O que implica que as deliberações sobre o recurso ao crédito tenham adequada justificação do ponto de vista das despesas a que tais receitas se destinam, ou seja, que tais deliberações espelhem um quadro de equilíbrio diacrónico minimamente aceitável entre despesas que cada geração delibera realizar e as receitas que cada geração tem efectivamente de suportar. Uma ideia que, como é óbvio, não obsta de todo ao recurso ao crédito, embora o limite porquanto a legitimidade deste encontra-se intimamente vinculada ao destinos das receitas assim obtidas.

É que, exercer um poder tributário sobre as gerações futuras, como é o que acaba por acontecer com o recurso ao crédito por parte da geração actual, só faz sentido se e na medida em que as despesas a suportar com essas receitas se repercutam nas gerações futuras, de modo a que se possa

---

[20] Que na tradição oitocentista era designada por administração fazendária, porquanto as finanças públicas correspondiam à Fazenda Pública.

afirmar que se verifica uma antecipação e não transferência de gastos relativos a essas gerações levada a cabo pela geração presente, no que mais não é do que um investimento no futuro que deve ser suportado por conta desse mesmo futuro, pois não faz sentido que a geração actual arque com tais gastos, uma vez que o que a responsabilidade, solidariedade ou equidade intergeracional implica é que os gastos de cada geração sejam suportados por essa mesma geração. Por isso, as despesas de que beneficiam apenas ou fundamentalmente os membros da geração actual devem ser cobertas receitas provenientes de impostos de hoje, pelo que a sua cobertura por empréstimos, mormente de longo prazo, representaria uma transferência inaceitável de encargos para as gerações futuras, que estas saldariam com impostos. Assim como, em contrapartida, os gastos do presente de que beneficiam as gerações futuras possam e devam ser satisfeitos com o recurso ao crédito cujo reembolso, por assim dizer, será assegurado por impostos a suportar por estas gerações[21].

No respeitante à autonomia referente às despesas, as autarquias locais dispõem, como consta da alínea e) do nº 2 do art. 6º do RFAL, do poder de ordenar e processar as despesas legalmente autorizadas. O que implica que as autarquias disponham de liberdade para estabelecer o destino das suas receitas e para realizar as suas despesas, afectando livremente as primeiras às segundas, obstando a que o legislador ou qualquer outro órgão do Estado ou das regiões autónomas interferira no destino a dar às receitas autárquicas, através, por exemplo, da imposição da consignação ou afectação destas a algumas despesas autárquicas ou à realização de determinadas despesas.

A este propósito é de assinalar que o problema dos poderes concernentes às despesas das autarquias locais se coloca verdadeiramente a dois níveis: ao nível do tipo de despesas a ordenar e a realizar e ao nível dos procedimentos a observar na ordenação e processamento das despesas autárquicas. No que respeita ao primeiro nível, que podemos considerar estrutural, trata-se de saber que tipo de despesas devem caber às autarquias locais e a cada um dos níveis destas, em que estamos perante as despesas que se tenham de considerar-se necessárias e adequadas às tarefas que a prossecução dos interesses locais exigem, o que se prende com a partilha entre as tarefas estaduais e as tarefas autárquicas cujo quadro consta da Constituição e cuja concretização se encontra nas leis que contêm o estatuto auto-

---

[21] José Andrés Rozas Valdés, «De la justicia tributaria a la justicia financiera», *Revista Empresa y Humanismo*, vol. XV, 2/2012, p. 112 e s.

nómico das autarquias locais[22]. Um problema que, é de assinalar e de sublinhar, mais não é do que a outra face das finanças autárquicas, ou seja, a face das receitas, pois parece óbvio que o nível das despesas não pode deixar de estar em consonância com o que possa ser proporcionado pelo correspondente nível das receitas[23].

Já o segundo nível, que podemos considerar o nível ordinário ou corrente, corresponde ao que consta do reproduzido preceito do RFAL e tem a ver com a observância do regime jurídico das despesas públicas locais, mais especificamente com os procedimentos de ordenação e processamento dessas despesas. Domínio em que se destaca o procedimento de realização das despesas o qual se desenvolve por diversas fases em que os poderes das autarquias locais se encontram sujeitos a numerosas regras resultantes não só do RFAL mas também do Regime da Administração Financeira Estado[24]. A que acresce ainda um conjunto de exigências e de constrangimentos, se bem que de natureza algo excepcional, como os que integram a chamada lei dos compromissos e pagamentos em atraso[25].

Finalmente, no respeitante à autonomia em sede da administração financeira local, temos dois importantes segmentos: o da autonomia de gestão do património da respectiva autarquia local bem como daquele que lhe seja afecto, que se rege fundamentalmente por normas de direito privado; e da autonomia em sede do planeamento financeiro e da contabilidade autárquica, que concretiza a autonomia orçamental e contabilística traduzida nos poderes de elaborar, aprovar e modificar as opções do plano, orça-

---

[22] O que obviamente tem a ver com a maior o menor descentralização administrativa do Estado reconhecida às autarquias locais.

[23] Pois, como é sobejamente conhecido, toda a disciplina enquadrada por exigentes princípios constitucionais relativa às receitas tributárias, com especial destaque para as receitas tributárias unilaterais ou impostos, embora formalmente instituída e desenhada para as receitas tributárias, sempre teve por objectivo a limitação das despesas – v. o nosso estudo «O princípio da legalidade fiscal e os actuais desafios da tributação», *Boletim da Faculdade de Direito de Coimbra – Volume Comemorativo dos 75 Anos*, 2002, p. 1082 e ss.

[24] Aprovado pelo Decreto-Lei nº 155/92, de 28 de Julho, entretanto alvo de diversas alterações, a última das quais a levada a cabo pelo Decreto-a Lei nº 85/2016, de 21 de Dezembro, que altera o Regime da Administração Financeira do Estado e o Sistema de Normalização Contabilística para as Administrações Públicas.

[25] A Lei nº 8/2012, de 21 de Fevereiro, a qual já foi, entretanto, objecto de diversas alterações posteriores. V., a este respeito, Joaquim Freitas da Rocha/Noel Gomes/Hugo Flores da Silva, *Lei dos Compromissos e dos Pagamentos em Atraso*, Coimbra Editora, 2012. Cf. também Joaquim Freitas da Rocha, *Direito Financeiro Local (Finanças Locais)*, cit., p. 147 e ss.

mentos e outros documentos previsionais, bem como elaborar e aprovar os correspondentes documentos de prestação de contas. Autonomia de gestão financeira que, como facilmente se compreende, encontra-se rodeada de toda uma série de exigências, desenvolvendo-se em procedimentos nem sempre simples[26].

Para encerrarmos esta referência às manifestações da autonomia financeira, importa assinalar ainda que todas e cada uma delas de per si procuram assegurar uma independência das autarquias locais face ao Estado[27] adequada à autonomia recortada na Constituição e concretizadas nas pertinentes leis. Daí que a cooperação técnica e financeira entre o Estado e as autarquias locais esteja rodeada de especiais cautelas, consubstanciadas nos termos estritos em que, excepcionalmente, pode haver lugar a auxílios financeiros por parte daquele às autarquias locais. Assim, por via de regra, os auxílios financeiros do Estado às autarquias locais estão proibidos, podendo os mesmos ser concedidos apenas quando se verifiquem as situações extraordinárias previstas no art. 22º do RFAL, entre as quais se conta a de calamidade pública para a qual deve ser, de resto, mobilizado o Fundo de Emergência Municipal.[28]

II. Os poderes tributários das autarquias locais

Passemos agora aos actuais poderes tributários das autarquias locais, os quais se reportam aos tributos. Estes podem ser definidos a partir de três elementos: o elemento objectivo, o elemento subjectivo e o elemento teleológico. Objectivamente o tributo corresponde a uma prestação de natureza obrigacional, pecuniária pois reporta-se a prestações concretizadas em dinheiro ou em algo equivalente, e coactiva, já que tem por fonte a lei, tratando-se assim de obrigações *ex lege*. Já do ponto de vista subjectivo trata-se de uma prestação com as características assinaladas exigida a favor de entidades que exercem funções públicas a detentores de capacidade contributiva ou a beneficiários ou fautores de específicos serviços públicos. Enfim, do ponto de vista teleo-

---

[26] V., sobre quanto vimos de dizer, Joaquim Freitas da Rocha, *Direito Financeiro Local (Finanças Locais)*, cit., p. 92 e ss.
[27] E naturalmente face às regiões autónomas, já que a descentralização administrativa face ao Estado não pode ser limitada e menos ainda anulada por um qualquer "centralismo regional". V. o nosso estudo «A autonomia local (Alguns aspectos gerais)», 1982/3, agora em *Estudos sobre as Autonomias Territoriais, Institucionais e Cívicas*, cit., p. 80 e ss.
[28] Que foi criado pelo Decreto-Lei nº 225/2009, de 14 de Setembro, diploma que tem por objecto a concessão de auxílios financeiros às autarquias locais.

lógico ou finalista os tributos são exigidos pelas mencionadas entidades para a realização das suas funções desde que estas não tenham carácter sancionatório[29].

Uma figura que, todavia, como é reconhecido, comporta uma distinção fundamental, estrutural mesmo, que importa convocar e que é a que separa os tributos de estrutura unilateral ou impostos dos tributos com estrutura bilateral, em que ainda se distinguem as taxas das contribuições financeiras a favor de entidades públicas. É que estes últimos, atenta a estrutura bilateral da relação jurídica em que assentam, tanto as taxas como as contribuições financeiras constituem tributos de natureza inequivocamente comutativa, podendo afirmar-se que têm por suporte uma legitimidade substantiva, material ou económica que se encontra intrinsecamente ligada à referida estrutura[30]. O que é totalmente diferente do que acontece com os impostos que têm por suporte uma legitimidade de natureza mais processual ou política bem patente no tradicional significado e alcance do princípio da legalidade fiscal que, de algum modo, se reconduz à conhecida expressão *no taxation without representation*.

Por outras palavras, as taxas e contribuições financeiras têm por base uma verdadeira causa, constituída pela prestação que suporta a exigência da taxa ou da contribuição financeira, que assim constitui a correspondente contraprestação. Causa que tem a sua concretização bem patente na fundamentação económico-financeira[31]. É que os tributos bilaterais, seja a bilateralidade individual, como nas taxas, seja a bilateralidade de natureza grupal, como nas contribuições financeiras, têm na base um efectivo fenómeno de troca de utilidades económicas que constitui a base da sua legitimidade.

Ideias que não valem para os impostos que são tributos sem causa, ou seja, sem uma causa substantiva, material ou económica como a dos tributos

---

[29] Quanto ao conceito de tributo, que é um conceito elaborado a partir do de imposto, o conceito sobre o qual a doutrina mais se tem debruçado, v. o nosso estudos «Algumas considerações sobre a figura dos tributos», nos *Estudos em Homenagem ao Professor Doutor Aníbal de Almeida*, Boletim da Faculdade de Direito, Coimbra Editora, 2012, p. 734 e s. V., para o conceito de taxa e de imposto, respectivamente, o nosso estudo «Sobre o regime jurídico das taxas», *Por um estado Fiscal Suportável. Estudos de Direito Fiscal*, Volume IV, Almedina, Coimbra, 2015, p. 286 e ss., e o nosso livro *Direito Fiscal*, 9ª ed., Almedina, Coimbra, 2016, p. 34 e ss.
[30] No quadro de uma estrita lógica de "dá cá toma lá" (*do ut des*).
[31] Que embora formalmente exigida apenas relativamente às taxas (das autarquias locais) no Regime Geral das Taxas das Autarquias Locais, obviamente, não pode deixar de valer igualmente para as contribuições financeiras

bilaterais. De facto, os impostos têm por base uma causa eminentemente política porquanto suportada na vontade popular manifestada na aprovação da correspondente lei pelo parlamento dentro dos limites traçados pela "constituição fiscal", em que sobressaem os princípios constitucionais da legalidade fiscal, da não retroactividade dos impostos, da protecção da confiança legítima e da igualdade fiscal aferida pela capacidade contributiva. Os impostos existem, pois, não porque sejam contraprestação a qualquer prestação estadual especificamente realizada ou a realizar a favor dos indivíduos ou de certos grupos, mas porque o Estado e demais titulares do poder tributário assim o deliberaram, elegendo como seus destinatários ou contribuintes os detentores de determinadas manifestações de capacidade contributiva, as quais, na sua versão clássica, se reconduzem à obtenção de um rendimento em sentido amplo, à aquisição ou titularidade de património ou capital e à utilização do rendimento ou do capital na aquisição de bens ou serviços[32].

Mas deixemos o conceito e estrutura dos tributos e fixemo-nos nos poderes de que as autarquias dispõem nessa sede. Poderes em relação aos quais é de distinguir entre os poderes relativos aos impostos e os poderes referentes aos tributos de estrutura bilateral, desde logo porque apenas os primeiros se confrontam com o exigente princípio da legalidade fiscal que, embora desenhado para a divisão horizontal de poderes Parlamento/Governo, não pode deixar de operar também em sede da divisão vertical Estado/autarquias locais[33].

De resto, quanto aos poderes concernentes aos tributos de estrutura bilateral, não se colocam, em princípio, os problemas de responsabilidade,

---

[32] Dizemos na versão clássica porque, em virtude das crescentes dificuldades em atingir essas manifestações no actual contexto de globalização económica, alguma doutrina vem defendendo, a partir da ideia de justiça orientada para as capacitações ou disponibilidades das pessoas, perfilhada por Amartya Sen (*A Ideia de Justiça*, Almedina, 2012, esp. p. 345 e ss.), uma perspectiva mais ampla para a tradicional base dos impostos. V. Franco Gallo, *L'Ugualianza Tributária*, Editoriale Scientifica, 2012, esp. p. 7 e ss., e «Nuove espressioni di capacitá contributiva», *Rassegna Tributaria*, 4/2015, p. 771 e ss.; e José Andrés Rozas Valdés, «De la justicia tributaria a la justicia financiera», *Revista Empresa y Humanismo*, vol. XV, 2/2012, p. 111 e ss

[33] Daí que as reservas de competência legislativa parlamentar constantes do art. 165º da Constituição não possam ser lidas em termos inteiramente idênticos nas relações Assembleia da República/Governo (forma de governo) e nas relações Estado/autarquias locais (forma de Estado), porquanto, no respeitante a estas, há outros preceitos constitucionais a ter em consideração como os do art. 6º e dos arts. 235º e seguintes da Constituição.

solidariedade ou equidade intergeracional com a mesma configuração e intensidade com que se apresentam aos poderes referentes aos impostos, porquanto não se vislumbra como os encargos com os serviços públicos financiados pelos primeiros possam ser considerados como transferíveis para as gerações futuras, ao contrário dos encargos com os serviços públicos financiados pelos segundos em relação aos quais é bem mais visível a possibilidade de os mesmos serem financiados com impostos de hoje, pela geração actual, e com impostos de amanhã, pelas gerações futuras, na medida em que aquela se socorre de empréstimos.

3. Os poderes autárquicos relativos aos impostos
Quanto aos poderes das autarquias locais relativos a figura dos impostos, é de assinalar que se trata de poderes algo naturais dos entes territoriais locais que a nossa Constituição sempre conteve e de poderes que se concretizam em dois diferentes segmentos: o da criação e disciplina dos elementos essenciais dos impostos, de um lado, e a administração ou gestão dos impostos, de outro lado. Uma palavra sobre cada um destes aspectos.

Assim e no concernente à admissão de ambos esses poderes, desde a aprovação da Constituição e não apenas após a Revisão Constitucional de 1997, que passou a prever expressamente tais poderes para os municípios ao aditar o n.º 4 ao art. 238º da Constituição, é de sublinhar a improcedência do argumento esgrimido para a sua recusa, o qual se baseou no princípio da legalidade fiscal enquanto reserva de lei parlamentar nos termos em que consta dos arts. 165º, n.º 1, alínea i), e 103º, n.º 2. É que apenas uma visão limitada e algo distorcida do sentido e alcance desse princípio constitucional, com amparo exclusivo no restrito quadro da divisão horizontal de poderes Parlamento/Governo, autorizava essa conclusão. Uma compreensão das coisas que, para além de significar um inaceitável retrocesso, tanto ao nível das normas constitucionais como da realidade constitucional, face à situação constitucional anterior[34], levou o Tribunal Constitucional, no seu acórdão 57/95, a fazer apelo a um costume constitucional para não concluir pela inconstitucionalidade do poder tributário dos municípios relativos à derrama municipal. Uma decisão, que embora seja louvável como abertura à admissão do costume como fonte de normas constitucionais, revela-se de todo inadequada no caso, porquanto a constitucionalidade da derrama tinha e tem pleno suporte na interpretação e

---

[34] Ou seja, à situação constitucional da II República.

aplicação minimamente harmonizadas, segundo uma ideia de concordância prática, dos princípios constitucionais da legalidade fiscal e da autonomia local[35].

Passando aos poderes tributários das autarquias locais relativos aos impostos, é importante saber de que poderes se trata. O que implica começar por convocar a distinção corrente entre as posições activas das relações fiscais, em que temos o poder tributário, a competência tributária, a capacidade tributária activa e a titularidade da receita fiscal.

A este respeito importa assinalar que, enquanto o poder tributário constitui o poder conferido constitucionalmente ao legislador para a criação ou instituição dos impostos e sua disciplina jurídica essencial, a competência tributária diz respeito à administração ou gestão dos impostos, ou seja, ao seu lançamento, liquidação e cobrança, e a capacidade tributária activa traduz a qualidade de sujeito activo da relação de crédito que a obrigação fiscal consubstancia. Já a titularidade da receita dos impostos, que consubstancia uma relação de direito financeiro situada a jusante da relação fiscal, ocorre naqueles casos em que, por imposição constitucional ou legal, as receitas proporcionadas por certos impostos se encontram subjectivamente consignadas a determinados entes públicos tenham estes ou não outras titularidades fiscais activas relativas a tais impostos[36].

Pois bem, as autarquias locais apenas dispõem de uma pequena parcela do poder tributário e da titularidade das receitas dos chamados impostos municipais, uma vez que a possibilidade de os municípios assumirem a competência tributária relativa à liquidação e cobrança dos impostos municipais, prevista nas leis das finanças locais (presentemente no nº 2 do art. 17º do RFAL[37]), não se tem verificado. E o que vimos de dizer vale apenas para os municípios, porquanto as freguesias dispõem somente da titularidade da receita do IMI sobre os prédios rústicos e de 1% da receita do IMI sobre os prédios urbanos (art. 23º, nº 1, alíneas *a*) e *b*), do RFAL). Por isso, vejamos as manifestações do poder tributário dos municípios, deixando de

---

[35] V. a tal propósito os nossos livros *O Dever Fundamental de Pagar Impostos*, cit., p. 371 e ss., e *Direito Fiscal*, cit., p. 188 e s.
[36] Para maiores desenvolvimentos, v. o nosso *Direito Fiscal*, cit., p. 241 e ss.
[37] Que dispõe: «As câmaras municipais podem deliberar proceder à cobrança dos impostos municipais, pelos seus próprios serviços ou pelos serviços da entidade intermunicipal que integram, desde que corresponder ao território da NUTS III, nos termos a definir por diploma próprio».

lado a titularidade das receitas do IMI e do Adicional ao IMI[38], do IMT e do IUC (com excepção da parte que é receita do Estado), uma vez que não é de um verdadeiro poder tributário que se trata, para além de não colocar qualquer problema de maior.

E o poder tributário dos municípios distribui-se por três tipos de manifestações: o poder de tributar, o poder de estabelecer benefícios fiscais e o poder de agravamento de impostos. Assim e quanto ao primeiro tipo de poder tributário, ele concretiza-se na fixação da taxa do IMI sobre prédios urbanos entre 0,3% e 0,45%, de um lado, e no poder de decidir lançar a derrama municipal sobre o IRC, de outro.

No segundo tipo temos os benefícios fiscais que os municípios podem conceder, pois segundo o disposto no nº 2 do art. 16º do RFAL, as assembleias municipais podem, por proposta da respectiva câmara municipal, através de deliberação fundamentada que inclua a estimativa da respectiva despesa fiscal, conceder isenções totais ou parciais, objectivas ou subjectivas, relativamente aos impostos e outros tributos próprios.

Entre as manifestações desse poder de beneficiação fiscal encontram-se as constantes dos nºs 6, 7 e 12 do art. 112º do Código do IMI, que estabelecem, respectivamente: a minoração até 30% da taxa do IMI para áreas territoriais correspondentes às freguesias ou zonas delimitadas de freguesias, que sejam objecto de reabilitação urbana ou para efeitos de combate à desertificação[39]; a redução da taxa do IMI até 20% a aplicar aos prédios urbanos arrendados, redução esta que é cumulável com aquela minoração; e a redução da taxa até 50% do IMI que vigorar no ano a que respeita o imposto a aplicar aos prédios classificados como de interesse público, de valor municipal ou património cultural, nos termos da respectiva legislação em vigor, desde que estes prédios não se encontrem abrangidos pela alínea *n)* do nº 1 do artigo 44º do Estatuto dos Benefícios Fiscais[40].

Uma importante manifestação do poder de beneficiação fiscal constitui também, a nosso ver, o poder dos municípios renunciarem, total ou parcialmente, a favor dos respectivos contribuintes, da participação a que têm direito de 5% do IRS dos sujeitos passivos com domicílio fiscal na respectiva circuns-

---

[38] Criado pela LOE/2016 e regulado pelos arts. 135-A a 135º-K do Código do IMI.
[39] Que, como consta do referido nº 6 do art. 112º do Código do IMI, pode ser, em vez de uma minoração, uma majoração até 30%.
[40] Preceito do EBF em que se isentam de IMI os prédios classificados como monumentos nacionais e os prédios individualmente classificados como de interesse público ou de interesse municipal, nos termos da legislação aplicável.

crição territorial, relativa aos rendimentos do ano imediatamente anterior. Na verdade estamos aqui perante um poder tributário dos municípios traduzido na possibilidade de estes reduzirem o IRS dos seus munícipes[41].

De uma beneficiação fiscal se pode falar ainda a respeito do art. 112º-A do Código do IMI, segundo o qual os municípios podem estabelecer uma dedução à colecta no montante de € 20, € 40 ou € 70 do IMI relativamente ao prédio ou parte de prédio urbano destinado a habitação própria e permanente do sujeito passivo ou do seu agregado familiar, e que seja efectivamente afecto a tal fim, consoante o número de dependentes seja de um, dois ou três ou mais.

Finalmente quanto ao poder tributário municipal de agravamento dos impostos, que têm um cariz eminentemente extrafiscal porquanto dirigido a moldar os comportamentos dos contribuintes de modo a desincentiva-los quando se revelem nocivos em termos económicos ou sociais. É o que se ocorre com as majorações da taxa do IMI a que se reportam os nºs 6, 8 e 9 do art. 112º do Código do IMI, em que temos, respectivamente: a majoração até 30% da taxa do IMI para áreas territoriais correspondentes às freguesias ou zonas delimitadas de freguesias, que sejam objecto de reabilitação urbana ou para efeitos de combate à desertificação; a majoração até 30% a taxa do IMI aplicável a prédios urbanos degradados, considerando-se como tais os que, face ao seu estado de conservação, não cumpram a sua função ou façam perigar a segurança de pessoas e bens; a majoração até ao dobro a taxa aplicável aos prédios rústicos com áreas florestais que se encontrem em situação de abandono, não podendo da aplicação desta resultar uma colecta de imposto inferior a € 20 por cada prédio.

4. Os poderes autárquicos relativos aos tributos de estrutura bilateral

Passando agora aos poderes tributários das autarquias locais relativos aos tributos de estrutura bilateral, importa assinalar relativamente a estes tributos, que as autarquias locais dispõem de todos os poderes tributários que referimos mais acima, ou seja, do poder tributário, da competência tributária,

---

[41] Sobre a constitucionalidade desta participação municipal no IRS, v. o acórdão nº 711//2006 do Tribunal Constitucional, o qual foi objecto de três notações na *Revista de Legislação e de Jurisprudência*: uma discordante de J. C. Vieira de Andrade, «Finanças locais e cidadania fiscal», ano 136, (2006/2007), p. 193 e ss.; e duas concordantes: uma de Manuel Lopes Porto, «Participação e responsabilização», ano 137 (2007/2008), p. 126 e ss., e outra nossa, «Soberania fiscal e "municipalização do IRS"», ano 137 (2007/8), p. 248 e ss. Quanto ao que dizemos no texto no respeitante à renúncia até 5% do IRS, v. também o nosso *Direito Fiscal*, cit., p. 54.

da capacidade tributária activa, e da titularidade da correspondente receita. O que bem se compreende porquanto estamos perante tributos de natureza comutativa, em que há um estrito sinalagma entre a prestação pública específica que consubstancia o correspondente facto tributário e a contraprestação que o tributo – taxa ou contribuição financeira – constitui.

Que os poderes das autarquias locais relativamente aos seus tributos bilaterais, sejam estes autárquicos por força da Constituição, como acontece com os relativos aos seus serviços (nº 3 do art. 238º da Constituição), sejam por força da lei, no respeitante aos demais, isto é, os poderes de os estabelecer, liquidar e cobrar, e de serem os credores dos correspondentes montantes, bem como o de afectar ou consignar as suas receitas à correspondente autarquia e ao serviço autárquico pelo qual o tributo é exigido, afigura-se como algo natural e incontornável. De facto, atenta a estrutura bilateral de tais tributos, seria de todo incompreensível que o financiamento dos serviços conaturais à prossecução dos interesses que a autonomia de tais comunidades consubstancia ou de outros serviços transferidos para as mesmas não envolvesse o reconhecimento dos correspondentes poderes tributários às autarquias locais.

Mas o que vimos de dizer vale e vale apenas para os tributos que sejam efectivos tributos bilaterais, isto é, que respeitem a lógica intrínseca de tributos comutativos, pois, na medida em que operem como tributos de estrutura unilateral ou impostos, apesar do nome que ostentem e do desenho normativo que o legislador ou as autarquias lhes confiram, deparar-nos--emos com um fenómeno que pode no limite significar uma subversão da repartição vertical de tarefas ou funções entre o Estado e as autarquias locais levada a cabo através da assunção por parte destas de um poder tributário em total contramão constitucional. O que, na prática, mais não significaria do que reconhecer às autarquias locais um amplo poder tributário dando a estas uma espécie de carta em branco para criarem e disciplinarem os elementos essenciais dos impostos desde que não designassem ou configurassem esses tributos como impostos.

Uma realidade de todo inaceitável mesmo que presentemente se venha reconhecendo que a manutenção de um nível de estadualidade social minimamente adequado ao tempo que vivemos, que é o do século XXI e não mais o do século XX, se confronta cada vez mais com a escassez de recursos proporcionado pelo tradicional Estado fiscal. O que tem originado toda uma série de tentativas de resposta a esse problema, as quais vão desde a orientada para o alargamento da capacidade contributiva a outras manifestações para além das suas manifestações clássicas, a que já aludimos, à reconsideração do papel e do peso dos tributos de estrutura bilateral no financiamento das tarefas ou funções públicas, no quadro de uma partilha aparentemente mais equilibrada entre os tributos unilaterais e os tributos bilaterais.

Uma visão das coisas que, todavia, no domínio das autarquias locais, ou seja, dos municípios pois são estas as autarquias que efectivamente contam, pode ter um outro sentido que não é nada lisonjeiro, qual seja o de puxar para a órbita pública, para a órbita municipal, tarefas que devem manter-se na sociedade civil ou na comunidade económica de mercado, passando o município a exercer essas tarefas suportadas financeiramente por pretensos tributos bilaterais num quadro do que, há alguns anos, designámos por "socialismo de município"[42]. Uma forma de socialismo que bem podemos considerar como uma clara manifestação do que no início dos anos trinta do século passado o primeiro justributarista Albert Hensel alcunhou de "socialismo a frio", na medida em que a apropriação pelo Estado da generalidade dos meios de produção não é alcançada pela via directa ou a quente da sua nacionalização ou estatização, mas pela via indirecta da tributação[43].

III. Melhorias dos recursos e poderes tributários das autarquias locais

Visto em síntese o quadro em que concretiza a autonomia financeira das autarquias locais, importa agora questionarmo-nos sobre que melhorias podem ser pensadas para os recursos financeiros e para os poderes tributários das autarquias locais. O que, a nosso ver, implica pelo menos uma referência ao problema da centralização/descentralização financeira do Estado, cuja teorização foi desde meados do século passado dominada pelas teorias ligadas à teoria económica do chamado federalismo fiscal. Teorias que, depois de, numa primeira geração que vai até ao fim dos anos oitenta, terem conhecido um relativo entusiasmo a favor da descentralização financeira, foram, numa segunda geração que começa nos anos noventa, mais comedidas quanto à descentralização financeira, em virtude sobretudo da convocação de um maior número de aspectos a considerar nos prós e contras da descentralização financeira.

---

[42] V. o nosso livro *A Autonomia Financeira das Autarquias Locais*, cit., p. 80.
[43] V. Albert Hensel, «Verfassugsrechtliche Bindung der Steuergesetzgebers. Besteuerung nach der Leistungsfähigkeit – Gleichheit vor dem Gesetz», in *Vierteljahresschrift für Steuer – und Finanzrecht*, 4 (1930), p. 482, e o nosso livro *O Dever Fundamental de Pagar Impostos*, cit., p. 194 e s.

Interessa, depois, interrogarmo-nos sobre que tarefas ou funções devem ser consideradas tarefas ou funções locais face às tarefas ou funções que devem permanecer no Estado, bem como saber se dentro daquelas cabe e em que medida a realização dos direitos económicos, sociais e culturais das respectivas populações. Um problema que, não estando obviamente desligado das teorias do federalismo fiscal, sobretudo das consideradas teorias da segunda geração, merece, todavia, uma consideração autónoma, um destaque que sublinhe a metodologia que deve ser seguida na abordagem da centralização/descentralização financeira, qual seja a de determinação das funções ou tarefas a financiar, o que tem a ver com o lado das despesas, antes da determinação dos correspondentes meios de financiamento, o que tem a ver com o lado das receitas.

Finalmente, assinalar a necessidade de uma determinada dimensão populacional minimamente adequada para cada tipo de autarquias locais e para cada autarquia, o que postula uma reorganização territorial que passa, a nosso ver, pela extinção e/ou agregação de autarquias de diminuta dimensão, pela revogação das disposições constitucionais relativas às regiões administrativas e pela criação de estruturas de articulação entre os municípios associados nas entidades intermunicipais e o Estado através das comissões de coordenação regional. Uma palavra sobre cada um dos aspectos que vimos de enunciar.

5. Os poderes tributários e a teoria do federalismo fiscal

Uma das vias de resposta para o prolema da centralização/descentralização financeira do Estado tem sido a baseada na ideia de descentralização financeira proporcionada pela teoria do federalismo fiscal desenvolvida com base na teoria económica. Um conjunto de teorias que, tendo tido por ponto de partida um artigo de Charles M. Tiebout, publicado em 1956[44], obteve assinalável êxito, acabando a compreensão da temática em causa por se desenvolver por duas gerações de teorias.

Uma primeira geração, designada por teorias normativas porquanto dominadas por conceitos e institutos desenvolvidos pela "economia do bem-estar", que vai até ao fim dos anos oitenta do século passado que e tem na base fundamentalmente uma ideia de eficiência macroeconómica, revelou-se relativamente favorável à descentralização fiscal no que toca à fun-

---

[44] Charles M. Tiebout, «A pure theorie of local expenditures», *Journal of Political Economy*, 64, 1956, p. 416-424.

ção de afectação de recursos no quadro das funções financeiras do Estado de Richard A. Musgrave[45]. Outra geração, a segunda, que se vem desenvolvendo desde os anos noventa do século passado, a qual, revelando-se mais sensível a argumentos da teoria económica desenvolvidos em larga medida posteriormente aos que serviram de suporte à primeira geração, veio apontar para um quadro de *trade-off* entre a eficiência da centralização e a eficiência da descentralização em que esta se apresenta em termos menos favoráveis[46].

Pois bem, a primeira geração, a partir da referida visão macro, veio considerar, no quadro das três funções económicas reportadas às finanças públicas por Richard A. Musgrave, que a descentralização fiscal embora não fosse adequada para as funções de estabilização económica e de distribuição de rendimentos, funções a reservar ao governo de nível nacional, era apropriada para a função de afectação de recursos permitindo que estes sejam afectados à satisfação dos bens públicos diferenciadamente. Pois, embora os bens públicos estejam igualmente disponíveis para os interessados, os seus benefícios podem ser espacialmente limitados. O que leva a que o governo de nível nacional deva cuidar da provisão dos bens públicos que beneficiem toda a população do país, enquanto os governos de nível local podem produzir os bens públicos para o correspondente corpo de eleitores.

Daí que essa geração de teorias do federalismo fiscal, para a função de afectação dos recursos públicos à provisão dos bens e serviços públicos e no quadro das ideias da escolha pública concebida à imagem da escolha privada, tenha desenvolvido argumentos bem conhecidos, como são: o da "votação com os pés" (Charles M. Tiebout) a permitir num dado quadro de mobilidade a escolha colectiva segundo um modelo de concorrência entre comunidades locais; o da regra da proximidade (George J. Stigler) assente nas ideias de que o governo age melhor quanto mais perto estiver do povo que representa e de que os membros eleitores da comunidade devem ter o direito de escolher o tipo e a quantidade de serviços públicos de que dese-

---

[45] Richard A. Musgrave, *A Theory of Public Finance – A Study in Public Economy*, Mc Graw Hill, 1959; e Richard A. Musgrave/Peggy Musgrave, *Public Finance in Theory and Practice*, Mc Graw Hill, 1973, obra esta objecto de diversas edições posteriores.

[46] V. quanto a estas gerações de teorias, Nazaré da Costa Cabral, *A Teoria do Federalismo Financeiro*, 2ª ed., Almedina, Coimbra, 2015, p. 39 e ss. V., também para uma síntese, Neringa Slavinskaite, «Fiscal descentralisation and economic theory», *Revista de Ciências Empresariais e Jurídicas*, 26, 2015, p. 109-128.

jam usufruir; o do teorema da descentralização (Walace E. Oates) assente na correspondência (equivalência) na provisão dos bens públicos entre a comunidade que determina a provisão e o grupo de pessoas que usufrui dos correspondentes bens; o da teoria dos bens dos clubes (James M. Buchanan) que, sendo bens mistos, se caracterizam por serem bens de consumo colectivo, de adesão voluntária, susceptíveis de exclusão com base num preço e expostos a rivalidade no consumo a partir de certa densidade de utilização; e o da equivalência financeira (Mancur Olson) a impor a uma dada coincidência de cada circunscrição territorial política com a correspondente área a beneficiar[47].

Já a segunda geração de teorias do federalismo fiscal, que tem por base uma visão mais completa da eficiência económica, sobretudo tendo em conta a eficiência microeconómica, veio confrontar a ideia de descentralização financeira assente no chamado federalismo fiscal, com outras ideias. Com base na ideia de que a concorrência político-eleitoral está longe de se comportar como a concorrência económica de mercado[48], sublinha-se que a *public choice*, ou seja, o "mercado político" se depara com fenómenos que não podem ser olvidados, como o da teoria da agência, da assimetria informativa e dos custos de transacção[49]. Daí que novos temas tenham cercado a teorização do federalismo fiscal, como: o real fenómeno da captura de rendas (*rent seeking*); do clientelismo político (*pork barrel politics*) e da limitação orçamental *soft* a que o mesmo conduz; do risco moral e da sua relação com a estabilização macroeconómica; o enquadramento jurídico-legal e institucional das transferências intergovernamentais, etc.[50].

Como facilmente se compreenderá, num tal quadro bem mais complexo de teorização do federalismo fiscal, a descentralização financeira do Estado

---

[47] Para um resumo destes argumentos mais desenvolvido, v. Nazaré da Costa Cabral, *A Teoria do Federalismo Financeiro*, cit., p. 45 e ss., e «O primeiro passo do federalismo financeiro: determinação de funções. Análise de soluções a propósito ds recentes alterações na legislação autárquica portuguesa», *Boletim de Ciências Económicas*, Vol, LVII, 2014, p. 833-871.

[48] A qual, por seu turno e em geral, está longe ou mesmo muito longe da que, como concorrência perfeita ou quase perfeita, tem servido de guião ao funcionamento da dita economia de mercado nos EUA, na União Europeia e demais países de economia de mercado.

[49] O que, em abono da verdade, apenas veio reforçar o que em larga medida já resultava do teorema da impossibilidade ou paradoxo de Kenneth Arrow, segundo o qual a regra da maioria é irredutível à eficiência e essa irredutibilidade é tanto maior quanto maior for a complexidade dos problemas e a variedade das soluções.

[50] Para maiores desenvolvimentos, v. Nazaré da Costa Cabral, *A Teoria do Federalismo Financeiro*, cit., p. 45 e ss. e 110 e ss.

já não colhe o mesmo entusiasmo que despertou nas teorias da primeira geração. O que, é de sublinhar, a nosso ver, se fica a dever também, se não decididamente, à realidade das economias do modelo ocidental do segundo pós-guerra que era completamente diversa da que actualmente suporta as economias.

Na verdade, até aos finais dos anos oitenta do século passado, ou seja até ao fim do século XX político e jurídico[51], o crescimento económico constante e relativamente elevado que se verificou permitiu um Estado moldado por políticos decisores benevolentes cuja existência era pensada e cuja actuação era orientada para a maximização do bem-estar das suas comunidades, permitindo-se ser magnânimos e abertos a um federalismo financeiro propiciador de ganhos de autonomia. Mas isso deixou efectivamente de se verificar com a entrada do século XXI, em que a *performance* económica dos países em consideração deixou de ser a que era.

Tendo em conta a evolução do entendimento do federalismo fiscal espelhado na alusão às duas gerações de teorias que vimos de fazer, impõe-se interrogarmo-nos agora sobre o quadro teórico, mormente em termos da metodologia a adoptar que sirva de suporte a uma adequada descentralização financeira e, bem assim, sobre que reformas o financiamento das autarquias locais deve experimentar para que se verifique uma adequada correspondência nas comunidades locais que as ancoram entre as despesas com a produção ou provisão dos bens públicos pelos quais venham a ser responsáveis e os correspondentes recursos financeiros.

6. Quadro para uma adequada descentralização financeira

Pois bem, para desenhar um quadro que suporte uma adequada descentralização financeira, impõe-se dar os passos certos para o efeito. E tendo em conta a ideia de que a definição das funções e das correspondentes despesas precede o financiamento, seguindo este aquelas e não o contrário, o primeiro passo a dar é o da determinação das funções que devem caber às comunidades territoriais e das despesas para as prosseguir. Só depois de determinar que bens públicos as comunidades territoriais devem prover e as correspondentes despesas estaremos em condições de definir os recursos necessários e adequados à realização dessas funções, sendo justamente a este título que há que nos interrogar sobre que recursos a mobilizar, sejam estes recursos próprios das comunidades locais ou recursos a transferir do Estado. Aspectos estes a que

---

[51] Cujo término podemos considerar o ano de 1989, ano da queda do Muro de Berlim e da implosão da União Soviética.

não vamos fazer senão uma mera alusão, preocupados apenas em sinalizar alguns dos muitos problema que cada um dos passos referidos coloca.

Assim e no respeitante ao primeiro passo, importa assinalar que, na determinação das funções e correspondentes despesas locais, se revela insuficiente a sua consideração exclusiva a partir da ideia de eficiência microeconómica, tendo por base o princípio do benefício, sendo de convocar também e em complemento dessa perspectiva a da eficiência financeira que obste a resultados de verdadeira ineficiência fiscal. Com efeito, os argumentos decorrentes daquela perspectiva a favor da descentralização fiscal, que em princípio conduziria à provisão eficiente dos serviços públicos locais, defrontam-se com importantes obstáculos que aconselham uma provisão central de tais serviços ou bens colectivos ou à criação de mecanismos de compensação financeira para os níveis locais, designadamente através de subvenções.

Algumas vicissitudes conhecidas vão nesse sentido, como são: as *externalidades espaciais*, que se verificam quando os benefícios ou os custos dos serviços públicos extravasam a respectiva circunscrição, propagando-se pelos residentes das circunscrições territoriais vizinhas; as *economias de escala* que leva a que, na óptica do custo-benefício, a provisão de certos serviços públicos deva ser assegurada a um nível superior ao do nível local, como acontece com a realização de infra-estruturas com custo inicial fixo muito elevado, como é o caso dos transportes colectivos, do abastecimento de água e tratamento dos resíduos; os *custos administrativos e de cumprimento* que, por via de regra, serão mais elevados numa administração tributária descentralizada do que os de uma administração centralizada, envolvendo esta em geral custos mais baixos para a provisão dos serviços ou bens colectivos locais[52].

Perante tais limitações não admira que a ideia de eficiência microeconómica tenha vindo a ser confrontada e completada com a ideia de eficiência financeira de modo a obstar ou a atenuar efectivos resultados de ineficiência fiscal. Pois é preciso ter em consideração a diversidade de benefícios fiscais líquidos proporcionados pela descentralização às comunidades locais, ou seja, os benefícios imputados aos serviços e bens colectivos locais menos o correspondente esforço fiscal. Benefícios fiscais líquidos que são resultado da capacidade fiscal de cada uma das comunidades que naturalmente não é igual nas diferentes circunscrições, possibilitando a uma circunscrição rica um elevado grau de provisão de serviços e bens colectivos com níveis de tri-

---

[52] Para maiores desenvolvimentos, v. Nazaré da Costa Cabral, *A Teoria do Federalismo Financeiro*, cit., p. 56 e ss.

butação relativamente baixos. Daí que a não consideração desta factualidade possa conduzir a efeitos perversos, como o de ocasionar uma desigualdade de tratamento entre os cidadãos em função da circunscrição territorial em que residem, uma vez que, não obstante disporem de idênticos níveis de rendimento, encontram-se perante diferentes benefícios fiscais líquidos.

De outro lado e em complemento do que vimos de dizer, olhando fundamentalmente para um outro vector da realidade em analise, há que ter presente que a instituição de uma política de descentralização financeira não deixará de se confrontar com a necessidade de preservar o funcionamento do mercado interno comum que assume uma relevância especial em qualquer país. De facto, não são apenas os benefícios que são susceptíveis de propagação para as circunscrições territoriais vizinhas, pois que também as despesas podem originar uma reafectação dos factores de produção entre as circunscrições, possibilitando o aparecimento de externalidades financeiras negativas horizontais suportadas em políticas de concorrência destrutiva que levam os governos locais a tentar captar negócios aos sus vizinhos em proveito próprio[53].

Passando agora ao segundo passo na metodologia que deve ser seguida no recorte de uma adequada configuração para a descentralização financeira, ou seja, à determinação das receitas que hão-de assegurar o grau de descentralização que decorre da definição das funções a desempenhar e das correspondentes despesas a realizar por parte das comunidades locais, vamos fazer, também a este respeito, uma ou outra referência muito geral. O que se liga especificamente ao problema da descentralização fiscal e passa por aludir às vantagens e desvantagens, de um lado, e às formas que pode assumir, de outro lado, uma tal descentralização, para assim avaliar da efectiva relevância que as receitas fiscais das comunidades locais podem assumir na provisão dos correspondentes serviços e bens colectivos.

Relativamente às vantagens e desvantagens da descentralização fiscal é de começar por referir que a argumentação a favor descentralização das despesas é mais forte do que a relativa à descentralização das receitas, porquanto enquanto aquela tende para uma provisão eficiente de serviços e bens colectivos, esta pode conduzir, como já referimos, a desigualdades e ineficiências no funcionamento da economia global de um país. A que acresce o facto de a transferência de receitas do Estado para as comunida-

---

[53] Para maiores desenvolvimentos, cf. Nazaré da Costa Cabral, *A Teoria do Federalismo Financeiro*, cit., p. 57 e ss.

des locais poder ter um impacto positivo na prossecução de importantes objectivos nacionais, superando assim as referidas desigualdades e ineficiências.

Sendo as coisas em geral como acabamos de ver, aludamos agora, centrando a nossa atenção nas receitas tributárias, às vantagens e desvantagens que a descentralização fiscal comporta e, bem assim, como os impostos e os demais tributos podem ser o suporte dessa descentralização. Assim e em sede das vantagens e desvantagens da descentralização fiscal, são, por via de regra, apontadas como vantagens o facto de a atribuição de poderes tributários às comunidades locais permitir uma maior ligação entre as decisões de despesa e as decisões de receita, proporcionando, desde que assegurados adequados suportes fiscais e instituído um apropriado sistema de transferência do Estado, um controlo orçamental mais forte, e ajudando a planear a provisão dos serviços e bens colectivos dada a maior maleabilidade e certeza na obtenção de receitas oferecida pela partilha das bases de incidência tributária.

Mas estas vantagens são em larga medida postas em causa pelas desvantagens que mais que descompensam as vantagens. Entre essas desvantagens, que se juntam assim às que vimos serem apontadas à descentralização das funções e das correspondentes despesas, são de referir as perdas em termos de harmonização fiscal no espaço nacional e a que se prende com a fragilidade da efectiva ligação entre as despesas e as receitas. No respeitante à primeira, a perda em causa será tanto mais significativa quanto maiores forem os poderes tributários reconhecidos às autarquias locais, designadamente em matéria de desenho da estrutura de taxas e do estabelecimento de um sistema de isenções e outros benefícios fiscais.

Por seu lado, no se refere à fragilidade da ponte entre o lado das despesas e o lado das receitas, ela revela-se sobretudo na debilidade da responsabilização e do rigor da gestão das comunidades locais, inviabilizando assim uma efectiva *accountability* e gerando uma certa esquizofrenia nas relações financeiras dessas comunidades com o Estado, traduzida na verificação simultânea de uma grande independência nas decisões respeitantes às despesas e de numa elevada dependência no referente às decisões sobre as receitas. Um fenómeno cujo combate ou limitação legitimaria a atribuição de maiores poderes tributários às comunidades locais, não fossem as desvantagens que apontámos a uma ampla atribuição de poderes tributários.

O que tem conduzido à defesa de que esses poderes não podem deixar de ser relativamente limitados, excluindo deles os respeitantes quer aos impostos mais importantes dos sistemas fiscais quer aos impostos com cariz redistributivo. Com efeito, dizendo respeito os primeiros, pela sua importância para o correspondente sistema fiscal, ao todo nacional, e tendo os segundos a ver com a função financeira de redistribuição, que, como vimos, deve caber ao Estado, compreende-se que tais impostos sejam preferencialmente da responsabilidade dos poderes tributários do Estado. Por conseguinte, disponíveis para os poderes tributários das comunidades locais ficam assim os impostos que tenham uma base de incidência de mobilidade reduzida, como os relativos aos bens imóveis, prédios e terrenos, e sobretudo, como facilmente se deduz do que a tal respeito fomos dizendo, os tributos com efectiva estrutura bilateral, na medida em que estes constituam contraprestação de específicas prestações relativas a serviços ou bens colectivos realizadas por essas comunidades.

7. Um olhar sobre as nossas autarquias locais

Para terminar estas considerações sobre que melhorias em sede dos recursos financeiros e poderes tributários das autarquias locais, passemos um olhar rápido sobre as nossas actuais comunidades locais, perguntando-nos: que autarquias locais? Pergunta que nos permite, insistindo no que desde há bastante tempo vimos afirmando, algumas notas muito rápidas para aludir, de um lado, à necessidade de uma reorganização das autarquias locais, extinguindo e redimensionando freguesias e municípios, e, de outro, à efectiva inutilidade superveniente da instituição das regiões administrativas. Por fim uma alusão ao fenómeno relativamente recente que tem a ver com as decisões relativas às despesas a realizar pelas autarquias locais, os chamados orçamentos participativos e, bem assim, à sua real valia. Uma palavra, então, sobre um destes aspectos.

No respeitante à reorganização das autarquias locais, extinguindo e redimensionando freguesias e municípios, como dissemos há mais de dez anos, somos de opinião que a freguesia, embora formalmente constitua uma autarquia independente da formada pelo município em que se integra, materialmente, porém, não passa de uma estrutura de desconcentração personalizada do respectivo município[54]. O que é evidente no respeitante às freguesias localizadas na sede da autarquia municipal, sobretudo quando se trata de cidades ou centros urbanos importantes. Pois, relativamente a essas

---

[54] O que nem surpreende se se tiver em conta a origem exclusivamente religiosa e rural das freguesias. – cf. Marcello Caetano, *Estudos de História da Administração Pública Portuguesa*, organizada por D. Freitas do Amaral, Coimbra Editora, Coimbra, 1994, p. 335 e ss.

freguesias, não se vislumbram quaisquer interesses locais específicos e diferentes dos do município.

Daí que, a nosso ver, uma verdadeira reorganização desse nível autárquico deva passar, entre outras coisas, pela extinção das freguesias urbanas, que passariam a ser suportes de desconcentração personalizada do respectivo município, e por dimensionar as freguesias rurais, reforçando as suas atribuições e competências, através de transferências das dos municípios, de modo a disporem de uma capacidade minimamente adequada ao que devem ser verdadeiras autarquias locais, que, obviamente não podem ser uma espécie de instituições de solidariedade social na forma de autarquias territoriais como acabam por ser as freguesias. O que, obviamente, não significa que estas tarefas ou funções públicas de realização dos direitos económicos, sociais e culturais fundamentais das populações não devam caber também às comunidades locais, mas tão só assinalar que essa realidade não corresponde minimamente ao desenho e significado constitucionais que as autarquias locais comportam enquanto estruturas de organização vertical do poder comunitário e suportes de todo um nível deste poder (*Allzuständigkeit*), consubstanciando assim uma subversão do que as autarquias locais são enquanto "poder local".[55].

Depois e no respeitante aos municípios, é visível que uma parte significativa destas autarquias locais deixou de ter dimensão, sobretudo em termos de habitantes, minimamente adequada às atribuições e competências que lhes cabem. Por isso, impõe-se pensar em como reorganizar os municípios, uma vez que dos actuais 308, mais de 30 têm menos de 5.000 habitantes e mais de 100 têm menos de 10.000 habitantes. O que exigirá que se extingam alguns deles, juntando os territórios e populações de modo a disporem de dimensão. Embora devamos assinalar, a este respeito, que não tendo sido levada por diante a reforma de reorganização autárquica constante do Programa de Assistência Económica e Financeira decorrente do Memorando de Entendimento subscrito por Portugal em 2011, no quadro do resgate internacional de que fomos objecto, não vemos como a mesma seja possível fora da apertada vigilância da Troika de 2011 a 2014[56].

---

[55] V. o nosso livro *A Autonomia Financeira das Autarquias Locais*, cit., p.22 e ss., e «Autonomias e formas de estado», texto em vias de publicação nos *Estudos em Homenagem ao Prof. Doutor Manuel da Costa Andrade*, ponto III.

[56] Pois apenas foi reduzido o número de freguesias através da sua agregação, tendo passado de 4.260 para 3.092 – v. a Lei nº 22/2012, de 30 de Maio, e a Lei nº 11-A/2013, de 28 de Janeiro. Uma medida que, tendo em conta as concretas agregações de freguesias, foi mais

Por seu turno, no concernente às regiões administrativas, repetindo o que vimos dizendo, nomeadamente ainda recentemente a propósito da necessidade e viabilidade de uma revisão constitucional, em que nos pronunciámos pela eliminação dessas autarquias da Constituição, a qual se justifica porque ela corresponde à vontade popular expressa no referendo que rejeitou a regionalização realizado em de 8 de Novembro de 1998. Eliminação que deveria ter ocorrido em alguma das revisões constitucionais posteriores. Uma situação que tudo leva a crer se manterá por muito tempo, pois, de um lado, não vemos como eliminar as regiões administrativas do texto constitucional e, de outro, como criá-las no estrito respeito pelos termos constitucionais[57].

É certo que a Lei das Grandes Opções do Plano (GOP) para o período de 2016-2019[58], no seu ponto 14, com o título «Descentralização, base da reforma do Estado», encontramos várias propostas, que vieram a ser objecto de concretização na Proposta de lei-quadro da descentralização. Todavia, a linha geral parece ir no sentido do aumento da máquina do Estado e seus desdobramentos, não havendo sinais orientados para a diminuição ou alívio das estruturas que suportam os aparelhos administrativos em causa. Designadamente, invoca-se o princípio da subsidiariedade que deve ser assumido como orientador da decisão sobre o nível mais adequado para o exercício de atribuições e competências (nacional, regional ou local), devendo o Governo promover a transferência de competências para os níveis mais adequados, muito embora, depois, não encontremos expressão no sentido de a referida transferência não redundar em aumento de estruturas e gastos financeiros, ou referência à ideia de um equilíbrio eficiente entre as forças contrapostas que suportam as ideias de descentralização e de centralização, como se imporia[59].

É óbvio que não está em causa a necessidade efectiva de organizações administrativas territoriais cujo raio de acção deve corresponder às NUTS II. O que, a nosso ver, não exige a instituição das regiões administrativas previstas na Constituição, podendo as mesmas serem concretizadas, em

---

para satisfazer formalmente as exigências da Troika do que uma efectiva reorganização territorial a nível das freguesias.
[57] Para maiores desenvolvimentos, v. o nosso estudo «Uma futura revisão constitucional?», *Revista de Legislação e de Jurisprudência*, ano 145, 2015/16, p. 311 e ss.
[58] Lei nº 7-B/2016, de 31 de Março.
[59] V. José Carlos Vieira de Andrade, *Lições de Direito Administrativo*, 4ªed., Imprensa da Universidade de Coimbra, 2015, p. 108 e s.

sede de descentralização administrativa, mediante organizações ou estruturas administrativas territoriais em que se opere uma adequada e eficiente articulação entre a administração autárquica, constituída pelos municípios reunidos nas entidades intermunicipais, correspondentes agora às NUTS III, e a administração desconcentrada do Estado formada pelas Comissões de Coordenação e Desenvolvimento Regional. De facto, a dimensão territorial e populacional do nosso país, de um lado, e a carácter unitário do nosso Estado, de outro, aconselham este tipo de solução. E matérias como as referidas na proposta de lei-quadro da descentralização em discussão presentemente na Assembleia da República[60], em que se destacam os cuidados de saúde primários, o ensino básico e secundário, a formação profissional, a acção social, a protecção civil, o policiamento e a justiça de proximidade, a promoção turística, podem com vantagens transitar da esfera do Estado para as autarquias e organizações de âmbito regional.

Todavia, mesmo uma reforma do Estado concretizada nessa descentralização administrativa, não pode deixar de ser concretizada através de medidas em que a soma das novas estruturas com as antigas conduza a um resultado negativo, a uma efectiva diminuição que contribua para o problema actual da sustentabilidade financeira do Estado. Não temos, todavia, a certeza de que a descentralização presentemente em discussão e que, em princípio, irá ser adoptada, tenha por base uma preocupação séria no sentido de as novas estruturas organizacionais terem inteira correspondência na diminuição das estruturas anteriores de molde a que do confronto de umas com as outras resulte, ao menos, uma soma de resultado zero.

Finalmente, uma palavra sobre o fenómeno relativamente recente directamente ligado às decisões das autarquias locais relativas às despesas, muito embora, como é fácil de intuir, com alcance mais profundo. Mais especificamente, queremos referir-nos à participação dos membros das comunidades autárquicas nas finanças através dos chamados orçamentos participativos em que os cidadãos são chamados a pronunciarem-se, designadamente, sobre o destino a dar a determinadas verbas a orçamentar, colaborando na selecção das despesas a eleger, como ocorre entre nós[61]. Um instituto que tem despertado grande entusiasmo em geral, sendo sobretudo visível junto

---

[60] V. a Proposta de Lei nº 62/XIII, em que, todavia, se remete para decretos-lei sectoriais as matérias a transferir especificamente para as autarquias locais, especialmente para os municípios, bem como para as entidades intermunicipais.

[61] Muito embora o tipo de participação seja relativamente variado, podendo o seu acento tónico ser colocado nos meios a utilizar, nos fins a prosseguir ou mesmo nos resultados a

dos políticos, com claro destaque para os políticos locais, o qual, todavia, já se estendeu ao orçamento nacional com aconteceu na fase de preparação do orçamento do Estado para o ano de 2017[62].

Pois bem, o que dizer sobre este instrumento de participação directa dos cidadãos nas decisões financeiras das correspondentes comunidades territoriais? É óbvio que este instituto participativo comporta evidentes benefícios. O que, todavia, não nos deve impedir de reconhecer as limitações e riscos que o mesmo também comporta. Uma referência telegráfica a este respeito.

Do lado dos benefícios, são apontados aos orçamentos participativos, entre outros, alguns a que faz todo o sentido aludir. Desde logo, é uma manifestação da ideia de democracia participativa com que a nossa Constituição tempera a democracia representativa que se encontra concretizada no reconhecimento constitucional de direitos de participação da mais diversa índole aos interessados[63]. De facto, os programas do orçamento participativo a implementar pelos governos, permitem aos cidadãos singularmente considerados ou enquanto integrantes em organizações não-governamentais ou organizações da sociedade civil desempenharem um papel activo e directo relativamente à forma como devem ser gastos os recursos públicos. Participação essa que, embora por via de regra seja levada a cabo na fase de preparação e aprovação do orçamento, também pode ter lugar na fase da execução orçamental, quando se esteja perante um modelo orçamental assente em programas em que os correspondentes gestores gozam

---

alcançar – v., sobre esta temática, Nazaré da Costa Cabral, *A Teoria do Federalismo Financeiro*, cit., p. 279 e ss.

[62] De referir que o fenómeno dos orçamentos participativos teve uma relativa implementação no Brasil, país que, com o orçamento participativo desenvolvido na cidade de Porto Alegre no Estado do Rio Grande do Sul, em 1989, foi pioneiro neste tipo de instrumentos de participação dos cidadãos na gestão financeira pública.

[63] Como os de participação na elaboração de legislação, na definição de certas políticas concretas ou na intervenção em certos procedimentos. Como específicas manifestações constitucionais da *democracia participativa*, podemos indicar: de um lado, os arts. 2º e 109º, em que se prescreve, respectivamente, como um dos objectivos da República Portuguesa o aprofundamento da democracia participativa e a participação directa dos cidadãos na vida política como condição e instrumento fundamental de consolidação do sistema democrático; de outro, os arts. 9º, al. *c*), 56º, nº 2, als. *a*), *b*) e *e*), 60º, nº 3, 77º, 98º e 267º, nº 1, em que a participação se apresenta como tarefa fundamental do Estado ou concretiza específicos direitos de participação de determinados grupos ou categorias de cidadãos. V. o nosso livro *O Dever Fundamental de Pagar Impostos*, cit., p. 330.

de ampla discricionariedade propícia à acção de *lobbying* dos cidadãos, ou até na fase de auditoria e avaliação de *performance* centrada na satisfação dos cidadãos e na interacção destes com a actuação dos serviços públicos.

Quanto às limitações apontam-se a prevalência pela realização de obras públicas ou de projectos direccionados para o curto e médio prazo, perdendo-se uma visão de gestão das autarquias mais abrangente e de longo prazo. De outro lado, há a natural possibilidade de a gestão autárquica se inclinar demasiado para assuntos e políticas públicas estritamente locais, em desconsideração do caracter nacional ou mesmo global dos problemas assim discutidos e tratados. Enfim, corre-se o risco de os projectos a aprovar serem fundamentalmente os que os autarcas, designadamente o presidente da respectiva autarquia, pretendem, constituindo assim a participação da sociedade civil um suporte para, em circuito mais ou menos fechado, os políticos locais realizarem os seus projectos de carácter eleitoralista traduzidos inclusive em obras de manifesta ostentação ou de regime[64].

---

[64] Para mais desenvolvimentos, v. Nazaré da Costa Cabral, *A Teoria do Federalismo Financeiro*, cit., p. 284 e ss.

Considerações sobre o Regime Fiscal da Reorganização Empresarial

Sumário: **I. Os princípios jurídico-constitucionais da reorganização empresarial:** 1. A liberdade de gestão fiscal; 2. O princípio da neutralidade fiscal; 3. Os limites à liberdade de gestão fiscal; **II. O regime fiscal das fusões, cisões, entrada de activos e permuta de partes sociais:** 1. O regime de neutralidade das fusões, cisões, entrada de activos e permuta de partes sociais; 2. A cláusula especial anti-abuso do nº 10 do art.73º do Código do IRC

Como resulta do título, vamos dizer alguma coisa, naturalmente em traços muito gerais, sobre o regime fiscal da reorganização das empresas. Para o que começaremos por enquadrar esta temática, dizendo, desde já, que utilizamos a expressão reorganização em sentido geral e bastante amplo, pois abarca toda uma realidade bastante heterogénea em que se integra, designadamente, a reorganização organizacional, a reorganização mercadológica, a reorganização financeira, a reorganização informática e a reorganização estratégica das empresas. Aspectos da multifacetada reorganização empresarial que, no actual ambiente de acelerada globalização económica, frequentemente se desenvolvem num efectivo quadro de internacionalização das empresas.

Muito embora, do ponto de vista do que aqui interessa, que é o da realidade empresarial, enquanto objecto de normas de tributação, mais especificamente de normas relativa à tributação do rendimento das sociedades, seja um pouco indiferente a específica configuração que a reorganização das empresas assuma, já que as considerações que vamos fazer têm por objecto a reorganização empresarial traduzida nas fusões, cisões, entradas de activos e permuta de partes sociais. Uma realidade que, como será fácil de intuir, se reporta aos grupos de sociedades que não podem deixar de ter um regime fiscal largamente moldado pelo princípio da neutralidade económica exigida pelo estabelecimento e funcionamento do mercado interno que, como é sabido, constitui a maior realização da União Europeia. Até porque esta, não obstante a indiscutível evolução que conheceu desde a sua criação como comunidades europeias, continua a ser fundamentalmente um mercado, polarizada que está em torno do que, durante muito tempo, foi, de resto, designado por Mercado Comum.

Por conseguinte, é do regime fiscal de neutralidade das operações empresariais constituídas pelas fusões, cisões, entradas de activos e permuta de partes sociais que vamos falar. Antes, porém, importa referir o quadro paramétrico dos princípios jurídico-constitucionais que constituem o suporte da tributação dos rendimentos das empresas e são, portanto, a base do mencionado regime de neutralidade. Algumas palavras a tal respeito.

I. Os princípios jurídico-constitucionais da tributação das empresas

Quanto aos princípios jurídico-constitucionais específicos relativos à tributação das empresas, costumamos falar no princípio da unicidade do IRS empresarial, no princípio da tributação das empresas pelo seu rendimento real, no princípio da liberdade de gestão fiscal, no princípio da neutralidade fiscal e no princípio da beneficiação fiscal das cooperativas[1]. A este respeito podemos dizer que os dois primeiros e o quinto desses princípios se encontram especificamente previstos, respectivamente, no nº 1 do art. 104º, no nº 2 do art. 104º e no nº 2 do art. 85º da Constituição Portuguesa[2]. Quanto aos demais – o princípio da liberdade de gestão fiscal e o princípio da neutralidade fiscal – que são aqueles que, *ratione materiae*, nos interessam aqui, pois são eles que estão na base do regime de neutralidade fiscal das fusões, cisões, entradas de activos e permuta de partes sociais, importa referir que decorrem das liberdades fundamentais de iniciativa económica e de empresa com expressão em diversos preceitos da Constituição.

E para começar importa assinalar que verdadeiramente estamos perante um mesmo princípio embora comportando duas faces, como as duas faces da mesma moeda. De facto, a liberdade de gestão fiscal e a neutralidade fiscal são as duas perspectivas da referida liberdade empresarial: enquanto a

---

[1] Pois não faz grande sentido falar dos princípios jurídico-constitucionais gerais do direito fiscal que naturalmente também valem para a tributação das empresas – v. a nossa *Introdução ao Direito Fiscal das Empresas*, 2ª ed. Almedina, Coimbra, 2015, p. 35 e ss.
[2] V. sobre eles, o que dizemos na *Introdução ao Direito Fiscal das Empresas*, cit. p. 37 a 50 e 75 a 81.

liberdade de gestão fiscal é a perspectiva dos sujeitos activos dessa liberdade – os contribuintes, que no caso são as empresas – a neutralidade fiscal, por seu lado, é a referida liberdade na perspectiva dos correspondentes sujeitos passivos – o Estado e demais entidades detentoras do poder tributário. Mas vejamos cada um destes segmentos de per si.

1. A liberdade de gestão fiscal
Antes de mais a liberdade de gestão fiscal e a correspondente neutralidade fiscal do Estado prende-se com a existência e funcionamento do Estado fiscal, o qual, perspectivado a partir da comunidade organizada em que se concretiza, nos revela um Estado suportado em termos financeiros basicamente por tributos unilaterais ou impostos, e visto a partir dos destinatários que o suportam, se concretiza no princípio da livre disponibilidade económica dos indivíduos e suas organizações mormente empresariais. Em sentido lato, este princípio exige que se permita com a maior amplitude possível a livre decisão dos indivíduos em todos os domínios da vida, admitindo-se a limitação dessa liberdade de decisão apenas quando do seu exercício sem entraves resultem danos para a colectividade ou quando o Estado tenha de tomar precauções para preservar essa mesma liberdade. Isto requer, antes de mais, uma economia de mercado e a consequente ideia de subsidiariedade da acção económica e social do Estado e demais entes públicos[3].

O que tem como consequência, em sede do sistema económico-social (global), que o suporte financeiro daquele(s) não decorra da sua actuação económica positivamente assumida como agente(s) económico(s), mas do seu poder tributário ou impositivo, e, em sede do (sub)sistema fiscal, o reconhecimento da livre conformação fiscal por parte dos indivíduos e empresas, que assim podem planificar a sua actividade económica sem preocupações com as necessidades financeiras da comunidade estadual, actuando de molde a obter os melhores resultados económicos em consequência do seu planeamento fiscal (tax planning).

Ideias que, arrancando do princípio do Estado fiscal e da correspondente actuação do Estado própria da economia de mercado tal como esta se encontra recortada na "constituição económica", têm expressão específica em diversos preceitos da Constituição Portuguesa, entre os quais se

---

[3] V. o nosso livro *O Dever Fundamental de Pagar Impostos. Contributo para a Compreensão Constitucional do Estado Fiscal Contemporâneo*, Almedina, Coimbra, 1998, p. 191 e ss. Sobre o princípio da subsidiariedade em causa, v. por todos, Margarida Salema d'Oliveira Martins, *O Princípio da Subsidiariedade em Perspectiva Jurídico-Política*, Coimbra Editora, 2003.

destacam os relativos direitos económicos que consagram a livre iniciativa económica privada (nº 1 do art. 61º), o direito de propriedade privada (nº 1 do art. 62º), a liberdade de iniciativa e de organização empresarial (al. *c*) do art. 80º e art. s 86º e 87º). Um recorte da constituição económica que, não podemos esquecer, se integra hoje no direito, originário e derivado, da União Europeia a que pertencemos como Estado membro. Pois, como temos vindo a dizer, assistiu-se a uma transferência da nossa "constituição económica", como de resto da dos outros Estados Membros da União Europeia, para o nível europeu, tendo o Estado português ficado impedido, designadamente, de por si dar cumprimento ao princípio da subordinação do poder económico ao poder político democrático constante da alínea *a*) do artigo 80º da Constituição Portuguesa[4].

Nesta conformidade tanto os indivíduos como as empresas podem, designadamente, verter a sua acção económica em actos jurídicos e actos não jurídicos de acordo com a sua autonomia privada, guiando-se mesmo por critérios de elisão ou evitação dos impostos ou de aforro fiscal (*tax avoidance*), desde que, por uma tal via, não se violem as leis fiscais, incorrendo em fraude fiscal (*tax fraud*), nem se abuse da (liberdade de) configuração jurídica dos factos tributários, provocando evasão fiscal ou fuga aos impostos através de puras manobras ou disfarces jurídicos da realidade económica (*tax evasion*).

O que, no respeitante aos agentes económicos, às empresas, a quem cabe tomar a generalidade das decisões que concretizam o funcionamento do sistema económico, implica reconhecer que o comportamento fiscal do Estado não se pode constituir num risco inaceitável para as decisões empresariais, as quais são sempre tomadas tendo em conta a rendibilidade líquida esperada dos activos mobilizados no exercício da actividade económica, ou seja, tendo em consideração o retorno económico esperado dos projectos de investimento realizados.

Uma ideia que não assenta apenas no princípio do Estado fiscal, mas também nas diversas concretizações desse princípio nas liberdades de iniciativa económica e de empresa, contempladas nos arts. 61º, 80º, al. *c*), e 86º da Constituição. Liberdades que se materializam em numerosos vectores, nomeadamente: 1) na preparação e constituição da empresa: constituição

---

[4] V. o nosso estudo «Reflexões sobre a constituição económica, financeira e fiscal portuguesa», agora em *Por um Estado Fiscal Suportável – Estudos de Direito Fiscal*, vol. IV, Almedina, Coimbra, 2015, p. 157 e ss. (160 e s.); e «Uma futura revisão Constitucional?», *Revista de Legislação e de Jurisprudência*, ano 145, 2015/16, p. 306 e ss. (308 e ss.).

ex novo, por transformação de outra empresa individual ou societária, por fusão de sociedades ou cisão de sociedades; 2) na escolha da forma e organização da empresa: empresa individual ou empresa societária, sociedade anónima ou sociedade por quotas, sociedade transparente, grupo de sociedades; agrupamento complementar de empresas, agrupamento europeu de interesse económico, constituição de uma sociedade participada ou estabelecimento estável, etc.; 3) na escolha do local da sede e do exercício da actividade da empresa, das empresas ou sociedades filhas e estabelecimentos estáveis (no Continente, nas regiões autónomas, em município fiscalmente mais atractivo, etc.); 4) a sua estruturação e articulação apenas nacional ou também internacional; 5) na escolha do financiamento: autofinanciamento (através da não distribuição de resultados levado a cabo mediante investimento directo ou distribuição de acções gratuitas aos accionistas, de dotações para amortizações, de variações nas provisões, etc.); heterofinanciamento concretizado através de capitais alheios (crédito bancário, crédito junto dos fornecedores, locação financeira, emissão de obrigações, etc.) ou de capitais próprios (aumento do capital, prestações suplementares, prestações acessórias, capital de risco, *business angels*, etc.), recurso a suprimentos, etc.; 6) na política de gestão dos défices; 7) na política de depreciações e amortizações; 8) no levantamento de dinheiro da empresa por parte do empresário (distribuição de lucros, adiantamentos por conta de lucros, dividendos antecipados, levantamento de suprimentos, restituição de prestações acessórias ou suplementares, aquisição de acções ou quotas próprias), etc., etc.

Refira-se que, relativamente ao financiamento das empresas, fundamentalmente na variante de recurso a captais alheios, desempenha, hoje em dia, um papel da maior importância o capital de risco, ou seja, o sector do *private equity* nas diversas modalidades que este assume, em que sobressai, designadamente, o *leveraged buy-out* (LBO). Importância que tem expressão muito clara no regime fiscal de que beneficia essa via de financiamento, a qual se concretiza entre nós em diversos benefícios fiscais, entre os quais sobressaem: a dedução total e sem condições no IRC, eliminando assim sem restrições a dupla tributação económica, do rendimento incluído no lucro tributável já objecto de tributação (art. 51º, nº 6, alínea *b*), e art. 86º-A, nº 1, alínea *d*), do Código do IRC); a dedução à colecta nas Sociedades de Capital de Risco (SCR) até à sua concorrência, de uma importância correspondente ao limite da soma das colectas de Imposto sobre o Rendimento das Pessoas Colectivas dos cinco exercícios anteriores ao que respeita o benefício (art.

32º-A, nºs 3 e 4 do Estatuto dos Benefícios Fiscais (EBF); a dedução até 15% do colecta em IRS, de um montante de 20% do valor investido pelos sócios das sociedades por quotas unipessoais Investidores de Capital de Risco (ICR) e os investidores informais em certas sociedades veículo de investimento em empresas e certos investidores informais em capital de risco a título individual (art. 32º-A, nº 5, do EBF); a isenção do Imposto de Selo (art. 7º, nº 1, alínea *g*) do Código do IS); etc.

Um outro tratamento fiscal favorável ao recurso a capitais alheios é o concretizado no Regime Especial de Tributação dos Rendimentos de Valores Mobiliários Representativos de Dívida, aprovado pelo Decreto-Lei nº 193/2005, de 7 de Novembro, o qual, tendo sido objecto de alterações posteriores, consta agora do art. 40º-A do EBF, aditado pela LOE/2016, em cujo nº 1 se prescreve que beneficiam de isenção de IRS e de IRC os rendimentos dos valores mobiliários representativos de dívida pública e não pública emitida por entidades não residentes, que sejam considerados obtidos em território português nos termos dos Códigos do IRS e do IRC, quando venham a ser pagos pelo Estado Português enquanto garante de obrigações assumidas por sociedades das quais é accionista em conjunto com outros Estados membros da União Europeia.

Liberdade de gestão fiscal que, é de assinalar, deve abarcar também a liberdade para incorrer nos menores gastos possíveis em sede da prestação de serviços levada a cabo pelas empresas enquanto suportes do sistema de "administração privada" dos impostos, em regra designados por *custos de cumprimento*, contrapostos aos chamados *custos de administração* reportados aos custos da *gestão pública* dos impostos, que são, todavia, de considerar custos de administração em sentido amplo[5]. Uma realidade que devia implicar, a nosso ver, serem as empresas chamadas a desempenhar um papel mais activo em sede do recorte da disciplina jurídica da administração ou gestão dos impostos. Pois, como é sabido, a disciplina jurídica da liquidação e cobrança dos impostos já não tem por destinatário, ou por destinatário principal, como era tradicional no modelo clássico de administração pública dos impostos, a administração fiscal, mas antes as empresas em geral.

Por isso, sendo assim, não se compreende minimamente que sobre as empresas impendam as mais complexas e onerosas tarefas de administra-

---

[5] V. para os custos de cumprimento, Cidália Lopes, *Quanto Custa Pagar Impostos em Portugal. Os Custos de Cumprimento da Tributação do Rendimento*, Almedina, Coimbra, 2008.

ção da generalidade dos impostos, próprios e alheios, às quais são afectos de resto dispendiosos meios humanos, materiais e financeiros, e que, ao mesmo tempo, não tenham uma palavra, e uma palavra importante a dizer sobre a instituição e a disciplina jurídica de um tal sistema, mormente para que este seja gerido em termos mais eficientes. Daí que, constituindo as empresas o suporte do actual sistema de liquidação e cobrança da maioria dos impostos, não faz o menor sentido que elas não tenham uma intervenção e uma intervenção decisiva no desenho ou recorte legal e regulamentar do correspondente sistema. Uma visão das coisas face à qual, devemos sublinhar, não se levantam, a nosso ver, quaisquer objecções, designadamente as tradicionalmente decorrentes das exigências do princípio da legalidade fiscal. Pois um tal princípio, para além de requerer, como referimos, uma outra compreensão neste novo quadro de "gestão privada" dos impostos, não é, em rigor, convocado para modelar a liquidação e cobrança dos impostos, salvo se estes momentos da gestão tributária ainda se reportarem à incidência tributária em sentido amplo, o que, por via de regra, não se verificará[6].

Custos de cumprimento e de administração relativamente aos quais há quem, em nítido paralelismo com a ideia de capacidade contributiva, se socorra da ideia de *capacidade colaborativa* que constituiria o parâmetro jurídico-constitucional das múltiplas onerações em que se concretizam actualmente as obrigações tributárias acessórias[7]. O que, a nosso ver, não parece ser o mais adequado.

Desde logo, o princípio da capacidade contributiva enfrenta problemas difíceis que passam, de um lado, pela sua limitada operacionalidade como critério de medida do montante de diversos impostos dos actuais sistemas fiscais, e, de outro lado, pela proposta do seu alargamento a manifestações diversas das tradicionais concretizadas no rendimento, no património e no consumo. Para o que se faz apelo às ideias de capacitação e disponibilidade, desenvolvidas designadamente por Amartya Sen e Martha Nussbaum, como o faz Franco Gallo que convoca como novas manifestações da capacidade contributiva as capacitações ou disponibilidades de que as pessoas beneficiam traduzidas na educação, no acesso aos serviços de saúde, na longe-

---

[6] V. a este respeito, no nosso *Direito Fiscal*, 10ª ed., Almedina, Coimbra, 2017, p. 337 e ss.
[7] Para o recurso à capacidade colaborativa para testar a legitimidade das obrigações tributárias acessórias, v. Leandro Paulsen, *Capacidade Colaborativa. Princípio de Direito Tributário para as Obrigações Acessórias*, Livraria do Advogado, Porto Alegre, 2014.

vidade, na integridade física, na qualidade ambiental e no nível de vida[8]. O que convoca não só o que, em dinheiro, se obtém no presente (rendimento), o que se obteve no passado (património ou capital) e o que se gasta no presente com o que se obtém ou obteve (consumo), mas igualmente as capacitações ou potencialidades adquiridas e consolidadas reveladas pelos níveis de realização dos direitos sociais proporcionados pelas clássicas manifestações da capacidade contributiva, ou seja, por uma espécie de capacidade contributiva indirecta ou de segundo grau.

Depois, no respeitante as onerações traduzidas nas múltiplas e variadas obrigações tributárias acessórias, é preciso ter em conta que não estão em causa os limites ao *an* e ao *quantum* das imposições fiscais, que têm como parâmetro da sua validade jurídica a chamada "constituição fiscal", antes estamos perante limitações ou restrições às liberdades e direitos fundamentais dos contribuintes e de mais sujeitos tributários passivos que convocam naturalmente a "constituição jusfundamental", mais especificamente o regime dos limites ou restrições aos direitos, liberdades e garantias fundamentais[9].

2. O princípio da neutralidade fiscal

Mas a liberdade de gestão fiscal das empresas vista pelo lado dos seus sujeitos passivos, o Estado e demais entes públicos detentores de poder tributário, concretiza-se na observância do princípio da neutralidade fiscal, que tem uma importante expressão no art. 81º, al. *e*), da Constituição Portuguesa em que se dispõe: «[i]ncumbe prioritariamente ao Estado no âmbito económico e social: assegurar o funcionamento eficiente dos mercados, de modo a garantir a equilibrada concorrência entre as empresas, a contrariar as formas de organização monopolistas e a reprimir os abusos de posição dominante e outras práticas lesivas do interesse geral».

Uma neutralidade que, como é óbvio, não se confunde com a velha neutralidade absoluta, a velha neutralidade fiscal das finanças liberais do século XIX, com base na qual estava excluída toda e qualquer atribuição de objec-

---

[8] Relativamente à proposta de alargamento das manifestações da capacidade contributiva, v. Franco Gallo, «Nuove espressioni di capacità contributiva», *Rassegna Tributaria*, 4/2015, p. 771 e ss., em continuação de textos anteriores, como *L'Ugualianza Tributaria*, Editoriale Scientifica, 2012, esp. p. 7 e ss., bem como por José Andrés Rozas Valdés, «De la justicia tributaria a la justicis financeira», *Revista Empresa y Humanismo*, vol. XV, 2/2012, p. 111 e ss.

[9] V. neste sentido, v. Maria Esther Sánchez López, *Los Deberes de Información Tributaria desde la Perspectiva Constitucional*, Madrid 2001.

tivos ou finalidades extrafiscais aos impostos. Pois, no quadro das finanças funcionais que se foram impondo um pouco por toda a parte no decurso do século XX e que perduram não obstante as actuais investidas do neoliberalismo económico e das múltiplas tentativas de desmantelamento do Estado social, não é mais possível repor essa neutralidade oitocentista. Daí que, por exemplo, a extrafiscalidade constitua um fenómeno com o qual o mundo dos impostos passou a conviver, podendo o Estado, no quadro dos seus poderes de intervenção económica e social, utilizar a via fiscal para penalizar, beneficiar ou incentivar comportamentos económicos e sociais, conquanto que essas intervenções não ponham em causa o funcionamento do mercado, materializando-se em distorções à equilibrada concorrência entre as empresas.

A este respeito, não podemos deixar de assinalar que tanto o reconhecimento como o desenvolvimento deste princípio se ficou a dever em larga medida ao direito comunitário, no qual a ideia de neutralidade é apontada por muitos como a «principal norma de tributação», a qual é, todavia, difícil de precisar dado o seu carácter necessariamente relativo. O que evidentemente não admira dado os objectivos que têm presidido e continuam a presidir ao direito comunitário, isto é, os objectivos de construção de um mercado económico integrado, cujo suporte, como é sabido, tem de assentar na defesa de uma equilibrada concorrência entre as empresas, ou seja, na salvaguarda e defesa de uma «ordem económica concorrencial». Ordem económica concorrencial que não pode, naturalmente, deixar de pôr à prova também a fiscalidade, exigindo a correspondente neutralidade fiscal de modo a que as empresas, sejam quais forem as formas que escolham e as opções que tomem, conquanto que assentes numa base de racionalidade económica própria, paguem idêntico imposto.

É claro que o princípio da neutralidade fiscal tem expressão em muitos domínios do direito comunitário, entre os quais avulta precisamente o domínio do direito da concorrência entre as empresas. Domínio em que desempenham importante função as normas do Tratado sobre o Funcionamento da União Europeia que integram disposições fiscais, entendidas estas num certo sentido amplo, de modo que nelas se inserem não apenas as «disposições fiscais» constantes dos art. s 110º a 113º, mas também e sobretudo as normas que se reportam aos auxílios de Estado cuja disciplina consta dos arts. 107º a 109º, na medida em que se reportam aos benefícios fiscais, a auxílios de Estado atribuídos por via fiscal, os quais têm, de resto, dado origem a numerosa jurisprudência do Tribunal de Justiça da União Europeia.

Neutralidade que, como bem se compreende, começou a sua afirmação no domínio da tributação do consumo. Uma tributação que, ao materializar-se em impostos integrantes dos preços dos bens e serviços, mais visivelmente podia afectar a realização do mercado único. O que conduziu, como é sabido, não só à imposição comunitária aos Estados de uma tributação geral do consumo assente num imposto tipo Imposto sobre o Valor Acrescentado, como à instituição para este imposto de um regime comunitário comum a todos os Estados membros – o sistema comum do IVA. Um sistema cuja palavra-chave reside no direito à dedução assegurado aos sujeitos passivos deste imposto através do chamado "método subtractivo indirecto" que garante uma total neutralidade económica e fiscal da tributação o consumo[10].

Um princípio que tem, de resto, numerosas concretizações legais no nosso ordenamento jurídico-fiscal, seja em sede geral, seja em sede dos impostos sobre o rendimento, seja no domínio da tributação do património, seja mesmo em sede do IVA, dizendo respeito quer às empresas singulares, quer às empresas societárias. Todavia, é em sede da tributação do rendimento empresarial que essa exigência de neutralidade é mais visível e *ratione materiae* aqui tem maior justificação[11].

Entre muitas outras manifestações podemos apontar as seguintes: 1) não apuramento de qualquer resultado fiscal na constituição de empresas singulares (art. 10º, nº 3, al. b), do Código do IRS); 2) não apuramento de qualquer resultado fiscal na constituição de empresas societárias a partir de empresas singulares desde que observadas certas condições (art. 38º do Código do IRS e art. 68º do Código do IRC); 3) não apuramento de mais-valias na substituição de títulos representativos do capital social em caso de permuta de partes sociais (art. 10º, nºs 8 e 9, do Código do IRS); 4) continuidade do reporte de prejuízos no caso de morte do empresário (art. 37º do Código do IRS); 5) não apuramento de qualquer resultado fiscal no caso de entrega de um bem objecto de locação financeira ao locador seguida de relocação desse mesmo bem ao locatário (art. 25º do Código do IRC); 6) não consideração como mais-valias ou menos-valias dos resultados obtidos em consequência da entrega pelo locatário ao locador dos bens objecto de

---

[10] V. a este respeito, o nosso *Direito Fiscal*, cit., p 575 e s., e Suzana Tavares da Silva/Marta Costa Santos, *IVA. Notas sobre o IVA nas Operações Internas*, Instituto Jurídico/FDUC, 2014, p. 14 e ss.

[11] Quanto a algumas manifestações mais específicas da neutralidade em sede da tributação do património e do consumo, v. o a nossa *Introdução ao Direito Fiscal das Empresas*, cit., p. 63 e s.

locação (art. 46º, nº 6, al. *a*), do Código do IRC); 7) transmissibilidade dos prejuízos no caso de transformação de sociedades (art. 72º do Código do IRC); 8) transmissibilidade dos prejuízos no caso de fusão, cisão, entrada de activos, e transferência de estabelecimentos estáveis situados em território português de sociedades residentes em Estados membros da União Europeia (art. 75º do Código do IRC); 9) dedução dos prejuízos anteriores à dissolução das sociedades em liquidação, desde que esta não ultrapasse dois anos (art. 79º, nº 4, do Código do IRC); 10) não apuramento de qualquer resultado fiscal junto da sociedade relativamente ao património para ela transmitido por empresa individual (art. 86º do Código do IRC); 11) a transparência fiscal de certas sociedades e dos agrupamentos complementares de empresas e dos agrupamentos europeus de interesse económico (art. 6º do Código do IRC); 12) o regime especial de tributação dos grupos de sociedades (arts. 69º e segs. do Código do IRC); 13) a dedução aos lucros imputados aos sócios de sociedades residentes em países ou territórios com regime fiscal claramente mais favorável dos lucros que lhes sejam efectivamente distribuídos (art. 66º, nº 5, do Código do IRC); etc.

Manifestações de carácter mais geral do princípio da neutralidade, respeitante à opção no financiamento das empresas, entre o recurso a capitais próprios e capitais alheios, encontramo-las agora, de um lado, na limitação da dedutibilidade de gastos de financiamento constante do art. 67º do Código do IRC[12] e no tratamento fiscal concretizado na remuneração convencional do capital social constante do art. 41º-A do EBF, de um lado, e na dedução dos lucros retidos e reinvestidos constante dos art. 27º a 34º do Código Fiscal do Investimento (CFI).

---

[12] Preceito que anteriormente continha uma disposição especial de luta contra a evasão e fraude fiscais subordinada à epígrafe subcapitalização, de que a Administração Tributária podia lançar mão quando o endividamento de uma sociedade se revelasse excessivo face a outras sociedades com as quais aquela tivesse relações especiais, caso em que os juros correspondentes ao excesso não seriam dedutíveis na determinação do correspondente lucro tributável. Tendo em conta o seu actual objecto, o art. 67º apresenta-se deslocado no Código do IRC, pois ele devia integrar agora a Subsecção I (Regras gerais) da Secção II (Pessoas colectivas que exerçam, a título principal, actividade comercial, industrial ou agrícola) do Capítulo III (Determinação da matéria colectável) desse Código, mais especificamente o seu art. 23º-A (Encargos não dedutíveis para efeitos fiscais). Preceito este que foi introduzido na reforma do IRC de 2014 para delimitar negativamente o conceito de gastos fiscais cuja definição positiva constante do art.. 23º passou a ser insuficiente com o abandono nessa mesma reforma da anterior nota da indispensabilidade dos custos (para a obtenção dos rendimentos sujeitos a imposto ou para a manutenção da fonte produtora).

Segundo o disposto no art. 67º do Código do IRC, os gastos de financiamento líquidos concorrem para a determinação do lucro tributável até ao maior dos seguintes limites: a) €1 000 000; ou b) 30% do resultado antes de depreciações, amortizações, gastos de financiamento líquidos e impostos, muito embora o montante não deduzido possa ser reportado a um dos cinco exercícios seguintes.

Por seu lado, nos termos do art. 41º-A do EBF, na determinação do lucro tributável das sociedades comerciais ou civis sob forma comercial, cooperativas, empresas públicas, e demais pessoas colectivas de direito público ou privado com sede ou direcção efectiva em território português, pode ser deduzida uma importância correspondente à remuneração convencional do capital social, calculada mediante a aplicação, limitada a cada exercício, da taxa de 7% ao montante das entradas realizadas até € 2.000.000, por entregas em dinheiro ou através da conversão de suprimentos ou de empréstimos de sócios, no âmbito da constituição de sociedade ou do aumento do capital social. Uma remuneração do capital que, atenta a actual baixa da taxa de juros praticada no mercado, constitui uma importante medida de incentivo ao financiamento das empresas com recurso a capitais próprios.

Enfim, segundo o disposto nos arts. 28º e 29º do CFI, os sujeitos passivos de IRC que exerçam, a título principal, uma actividade de natureza comercial, industrial ou agrícola, sejam micro, pequenas e médias empresas, disponham de contabilidade regularmente organizada, o seu lucro tributável não seja determinado por métodos indirectos e tenham a situação fiscal e contributiva regularizada, podem deduzir à colecta do IRC, nos períodos de tributação que se iniciem em ou após 1 de Janeiro de 2014, até 10% dos lucros retidos que sejam reinvestidos em aplicações relevantes nos termos do artigo 30º, no prazo de dois anos contado a partir do final do período de tributação a que correspondam os lucros retidos.

Todo um conjunto de soluções que concretizam um tratamento fiscal mais neutro do que aquele que, no quadro anterior, acabou por constituir mais um factor de excessivo endividamento e consequente descapitalização das empresas, o que não deixou de estar na base da crise que se desencadeou na segunda metade da primeira década deste século e que, em alguma medida, ainda perdura. De facto, enquanto os gastos de financiamento com recurso a capital alheio eram tidos em conta, sendo os juros objecto da correspondente dedução na determinação do lucro tributável, o financiamento com o recurso a capital próprio não conhecia qualquer tratamento como o que temos na remuneração convencional do capital.

Instrumentos que hoje se encontram contemplados nas medidas do Plano de Acção BEPS da OCDE[13], integrando mais concretamente a acção nº 4 orientada para a limitação da erosão da base tributável mediante o estabelecimento de limites à dedução de juros e outros pagamentos financeiros. Uma medida assumida também pela União Europeia, pois consta da Directiva Antielisão Fiscal – Directiva (UE) 2016/1164, do Conselho, de 12 de Julho –, figurando aí, de resto, como a primeira das cinco medidas contempladas nessa directiva[14].

3. Os limites à liberdade de gestão fiscal

Mas a liberdade de gestão fiscal, como todos os direitos, liberdades e garantias fundamentais, comporta limites, não podendo ser consideradas manifestações dela as que constituam abusos da configuração jurídica dos factos tributários, provocando evasão fiscal ou fuga aos impostos através de puras manobras ou disfarces jurídicos da realidade económica. Limites que vêm sendo tratados sob o tema das cláusulas de combate às práticas de evasão e fraude fiscais, as quais frequentemente são designadas por cláusulas anti-abuso, muito embora a maioria das chamadas cláusulas especiais anti-abuso raramente se reportem a situações de efectivo abuso, constituindo antes situações que, pelo risco de evasão fiscal em abstracto que comportam, são objecto de normas antielisão.

Como aconteceu noutros países, também entre nós, em virtude sobretudo da crescente internacionalização das relações tributárias das empresas, o legislador foi sendo forçado a introduzir no ordenamento jurídico fiscal diversas cláusulas de combate à evasão e fraude fiscal. O que o levou, a partir dos anos noventa do século passado, a estabelecer específicas disposições de prevenção e repressão de situações e actuações de maior risco para a evasão fiscal. Foi assim que várias cláusulas desse tipo tiveram guarida no Código do IRC, como são, entre outras: 1) a que permite à Administração Fiscal requalificar as operações com instrumentos financeiros de cobertura de risco quando a substância destas defira da forma, momento, fonte ou natureza dos correspondentes pagamentos e recebimentos (art.

---

[13] *Base Erosion and Profit Shifting Action Plan.* V., quanto a essas medidas, Gustavo Lopes Courinha, «BEPS e o sistema fiscal português: uma primeira incursão», *Cadernos de Justiça Tributária*, 4, Abril Junho de 2014, p. 11 e ss., e a obra de João Sérgio Ribeiro (Coord.), *International Taxation:.New Chalanges*, Uinversity of Minho, 2017.

[14] Relativamente a essa Directiva, v., por todos, Ana Paula Dourado, *Governação Fiscal Global*, Almedina, Coimbra, 2017, p. 101 e ss., e João Sérgio Ribeiro, *Direito Fiscal da União Europeia*, Almedina, Coimbra, 2018, p. 231 e ss.

49º, nº 10); 2) a que permite à mesma Administração não aceitar os preços declarados nas transacções entre sociedades com uma direcção comum em especial se uma delas for não residente (art. 63º); 3) a que estabelece um ónus da prova especial para pagamentos a empresas situadas em países ou territórios sujeitos a um regime fiscal privilegiado (art. 23º-A, nºs 1, alínea r) e 7); 4) a que imputa aos sócios residentes em território português os lucros obtidos por sociedades sediadas em países ou territórios sujeitos a um regime fiscal privilegiado (art. 66º); 5) e a que exclui a aplicação do regime de neutralidade fiscal de que podem beneficiar as fusões e cisões de empresas quando as sociedades participantes nessas operações tenham como um dos objectivos principais a evasão fiscal e não a reestruturação ou racionalização empresarial (art. 73º, nº 10)[15].

Todavia, tendo em conta que a luta contra as múltiplas formas, que a evasão e fraude fiscais começaram a apresentar, dificilmente poderia ser levada a cabo com êxito pelo legislador através de uma casuística previsão de diversificadas cláusulas especiais, num autêntico jogo do gato e do rato, o legislador português acabou por introduziu em 1999 uma cláusula geral anti-abuso. Cláusula essa que, depois de algumas vicissitudes[16], consta agora do nº 2 do art. 38º da Lei Geral tributária, em que se dispõe: «são ineficazes no âmbito tributário os actos ou negócios jurídicos essencial ou principalmente dirigidos, por meios artificiosos ou fraudulentos e com abuso das formas jurídicas, à redução, eliminação ou diferimento temporal de impostos que seriam devidos em resultado de factos, actos ou negócios jurídicos de idêntico fim económico, ou à obtenção de vantagens fiscais que não seriam alcançadas, total ou parcialmente, sem utilização desses meios, efectuando-se então a tributação de acordo com as normas aplicáveis na sua ausência e não se produzindo as vantagens fiscais referidas».

A este respeito é de assinalar que os limites ao planeamento fiscal, enquanto limites às diversas manifestações da liberdade de gestão fiscal das empresas, foram tradicionalmente delimitados, em termos gerais e flexíveis, quer pela doutrina e jurisprudência do *business purpose* anglo-americana[17],

---

[15] Sendo justamente esta cláusula especial anti-abuso de que cuidamos na segunda parte destas considerações.

[16] Depois da Lei nº 30-G/2000, de 29 de Dezembro, que contém a chamada reforma fiscal de 2000. Para maiores desenvolvimentos, v. a nossa *Introdução ao Direito Fiscal das Empresas*, cit. p. 67 e ss.

[17] Que nos EUA tem comportado diversas outras manifestações através das quais a doutrina e jurisprudência norte-americanas vêm lidando com as situações de abuso do plane-

quer pela doutrina e jurisprudência do *acte anormal de gestion* francesa[18]. Todavia, parece-nos estar a estabelecer-se, entre nós, um entendimento algo equivalente ao de uma proibição do planeamento fiscal, ou seja, ao de uma quase eliminação da liberdade de gestão fiscal das empresas.

Uma ideia que tem por base não só a maneira como o legislador vem concretizando esses limites à liberdade das empresas, mas sobretudo ao fraco escrutínio que dos mesmos o Tribunal Constitucional vem fazendo. O que, de algum modo, não deixou de ser reforçado pelas exigências de comunicação, informação e esclarecimento à Administração Fiscal dos esquemas de planeamento fiscal abusivo ou agressivo, estabelecidas no Decreto-Lei nº 29/2008, de 25 de Fevereiro[19]. Um quadro de actuação que parece suportar uma transformação algo radical, passando do plano dos limites ou restrições a uma liberdade fundamental para o plano próximo da eliminação prática desse direito, esquecendo assim, por completo, o problema nuclear da teoria dos direitos fundamentais que é justamente o dos limites aos limites dos direitos e liberdades.

Uma visão das coisas que não pode colher a nossa adesão. Pois se o princípio da tipicidade em que tradicionalmente se materializa o princípio da legalidade fiscal não pode actualmente deixar de comportar importante abertura, sofrendo as limitações decorrentes da interferência de outros princípios constitucionais, entre os quais o princípio da praticabilidade das soluções jurídicas tem particular relevo, não é menos certo que tais limitações devem elas próprias ter limites, valendo a tipicidade fechada sempre que a interferência desses outros princípios não imponha a mencionada abertura[20]. De facto, entre uma tipicidade tendencialmente fechada (como

---

amento fiscal, tais como a *Sham Doctrine*, a *Transaction Doctrine*, a *Substance-over-Form Doctrine*, a *Step-Transaction Doctrine*, a *Economic Substance Doctrine*, etc.

[18] Que, de resto, comporta outras expressões – v. a nossa *Introdução ao Direito Fiscal das Empresas*, cit., p. 74 e ss.

[19] A distinção entre planeamento fiscal abusivo e planeamento fiscal agressivo não é nada fácil, embora para nós o decisivo resida no facto de, enquanto o planeamento abusivo se foca na actuação do contribuinte ou sujeito passivo (que abusa), no planeamento fiscal agressivo o foco está nas consequências da actuação do contribuinte ou sujeito passivo em termos de perda de receita fiscal por parte do sujeito activo. Para um entendimento do planeamento fiscal agressivo como um problema essencialmente de *tax morality*, v. Marta Caldas, *O Conceito de Planeamento Fiscal Agressivo: Novos Limites ao Planeamento Fiscal?*, Almedina, Coimbra, 2015.

[20] V. o nosso *Direito Fiscal*, cit., p. 141 e ss.

a defendida por Alberto Xavier[21]) e uma tipicidade tendencialmente aberta (defendida sobretudo por Ana Paula Dourado[22]), impõe-se, a nosso ver, atenuar a rigidez do princípio e admitir abertura para harmonizar, segundo uma ideia de concordância prática, as exigências do princípio da legalidade fiscal concretizadas na ideia de tipicidade com as do princípio da praticabilidade das soluções legais[23].

Nessa conformidade compreende-se muito bem que o planeamento fiscal, como expressão da liberdade de gestão fiscal das empresas, não possa deixar de ter limites que obstem à sua utilização abusiva. Mas é óbvio que estes não podem ir ao ponto de praticamente eliminar a referida liberdade, pois esses limites encontram-se também eles limitados, como o vem sublinhando com inteira justeza o Tribunal de Justiça da União Europeia, a respeito do princípio transversal às diversas matérias do direito comunitário da interdição do abuso de direito[24].

II. O regime fiscal das fusões, cisões, entrada de activos e permuta de partes sociais

Vejamos agora o regime fiscal de um dos segmentos mais importante de reorganização empresarial – o regime fiscal das fusões, cisões, entrada de activos e permuta de partes sociais. Um regime que, tendo o seu suporte normativo no direito da União Europeia, mais não é do que a transposição para o direito nacional do regime contido na abreviadamente designada "Directiva Fusões e Aquisições" – a actual Directiva nº 2009/133/CEE[25].

---

[21] Cf. as obras *Conceito e Natureza do Acto Tributário*, Almedina, Coimbra, 1972, p. 263 e ss., e *Manual de Direito Fiscal*, Lisboa, 1974, p. 109 e ss.

[22] V. a obra *O Princípio da Legalidade Fiscal. Tipicidade, Conceitos Jurídicos Indeterminados e Margem de Livre Apreciação*, Almedina, Coimbra, 2007, esp. p 367 e ss., e o estudo «Separation of powers in tax law», *Estudos em Homenagem ao Prof. Doutor Sérvulo Correia*, FDUL, Coimbra Editora, 2010, p. 115 e ss.

[23] V. o nosso livro *O Dever Fundamental de Pagar Impostos. Contributo para a Compreensão Constitucional do Estado Fiscal Contemporâneo*, cit., p. 373 e ss.. V. também Fábio Pallaretti Calcini, *Princípio da Legalidade. Reserva de Lei e Densidade Normativa*, Lumen Juris, Rio de Janeiro, 2016

[24] V., por todos, os nºs 68 e73 do Acórdão *Halifax* (Caso C – 255/02, de 21.02.2006). Cf. J. L. Saldanha Sanches, «As duas constituições – nos dez anos da cláusula geral anti-abuso», em Francisco Sousa da Câmara/J. L. Saldanha Sanches/João Taborda Gama (Coord.), *Reestruturação de Empresas e Limites do Planeamento Fiscal*, Coimbra Editora, Coimbra, 2009, p. 39 e ss. (67 e ss.). V. também Pietro Boria, *Diritto Tributario Europeo*, Giuffrè, Milano, 2010, p. 257 e ss.

[25] Que revogou a Directiva nº 1990/434/CE, que criou esse regime.

Constante dos art. s 73º a 78º do Código do IRC, o regime fiscal especial aplicável às fusões, cisões, entradas de activos e permutas de partes sociais de sociedades residentes não se limita às reorganizações empresariais transfronteiriças, aplicando-se igualmente às operações internas. O que sendo verdade, em geral, portanto relativamente a todo o mencionado regime fiscal, é especialmente visível no que respeita à cláusula especial anti-abuso que consta do nº 10 do art. 73º do Código do IRC, como vamos ver mais adiante. Mas comecemos por descrever, ainda que sumariamente, esse regime fiscal, para, depois, dizermos alguma coisa sobre a referida cláusula anti-abuso e, sobretudo, sobre o conceito de "razões económicas válidas", que suporta a aplicação da mesma.

1. O regime de neutralidade fiscal das fusões, cisões, entradas de activos e permuta de partes socias

O regime especial das fusões, cisões, entradas de activos e permuta de partes socias, contemplado nos art. s 73º a 78º do Código do IRC, começa no art. 73º em que, de um lado, define o que deve entender-se por fusão, cisão, entrada de activos e permuta de partes sociais (nºs 1 a 5) e, de outro, delimita o âmbito de aplicação do regime, estabelecendo que entidades devem intervir nessas operações para caírem nesse âmbito (nºs 7 a 10)[26]. Apenas duas pequenas notas a este respeito.

Uma, para dizer que a fusão integra, agora expressa e inequivocamente nos termos da al. *e)* do nº 1 desse preceito, a chamada fusão inversa (*reverse merge*), o que foi objecto de discussão à face da redacção anterior à que resultou da reforma do IRC de 2014. De facto, no quadro normativo anterior a esta reforma, a Administração Tributária perfilhou o entendimento de considerar a fusão inversa como uma operação de reorganização empresarial que configurava automaticamente um esquema de evasão fiscal a que devia aplicar-se a cláusula especial anti-abuso constante do nº 10 do (agora)

---

[26] Dispondo o nº 6 desse artigo que a aplicação do regime em causa, na parte respeitante às fusões e cisões de sociedades de diferentes Estados membros da União Europeia, o termo «sociedade» tem o significado que resulta do anexo à Directiva nº 2009/133/CE. Sobre a neutralidade fiscal relativamente às fusões, cisões, entradas de activos e permuta de partes sociais, v. João Magalhães Ramalho, *O Regime de Neutralidade Fiscal nas Operações de Fusão, Cisão, Entrada de Activos e Permuta de Partes Sociais (Comentários ao Código do IRC)*, Coimbra Editora, Coimbra, 2015; Filipe Lobo Silva, *As Operações de Reestruturação Empresarial como Instrumento de Planeamento Fiscal*, Almedina, Coimbra, 2016; e Maria Júlia Ildefonso Mendonça, *Entrada de Activos e Permuta de Partes Sociais no Regime de Neutralidade Fiscal – Uma Análise Comparativa*, Almedina, Coimbra, 2016.

art. 73º do Código do IRC[27]. Um entendimento que, todavia, não era o reflectido na jurisprudência do TJUE[28].

Outra para dar conta do referido âmbito subjectivo do regime que é definido pela positiva nos nºs 7 e 9 e pela negativa nos nºs 8 e 10 do mencionado artigo. Assim, de um lado, aplica-se às operações de fusão e cisão de sociedades e de entrada de activos, em que intervenham: a) sociedades com sede ou direcção efectiva em território português sujeitas e não isentas de IRC; b) sociedade ou sociedades de outros Estados membros da União Europeia, desde que todas as sociedades se encontrem nas condições estabelecidas no artigo 3º da Directiva nº 2009/133/CEE. De outro lado, é aplicável, com as necessárias adaptações, às fusões e cisões de sujeitos passivos do IRC residentes em território português que não sejam sociedades e aos respectivos membros, bem como às entradas de activos e permutas de partes sociais em que intervenha pessoa colectiva que não seja sociedade.

Por seu turno, não se aplica o regime em causa sempre que, por virtude das operações referidas no nº 7 desse art. 73º[29], sejam transmitidos navios ou aeronaves, ou bens móveis afectos à sua exploração, para uma entidade de navegação marítima ou aérea internacional não residente em território português (nº 8), bem com quando as operações de fusão, cisão, entrada de activos e permuta de partes sociais não tenham na base razões económicas válidas (nº 10). Duas excepções ao regime de neutralidade fiscal com fundamentos bem diversos, pois enquanto a primeira se conjuga com a tributação em IRC das entidades de navegação marítima e aérea não residentes, cujos rendimentos provenientes da exploração de navios ou aeronaves se encontram isentos, desde que isenção recíproca e equivalente seja concedida às empresas residentes da mesma natureza e essa reciprocidade seja reco-

---

[27] Que corresponde ao art. 67º na versão anterior do Código do IRC, que foi objecto de republicação pelo Decreto-Lei nº159/2009, de 13 de Julho.

[28] V. para a jurisprudência do TJUE os casos *Leur Bloem* (Proc. C-28/95), *Aro Tubi Trafilerie* (Proc. C-46/04), *Foggia – Sociedade Gestora de Participações Sociais SA* (Proc. C-126/10) e *Pelati* (Proc. C-603/10). Sobre a fusão inversa, v., sobretudo, J. L. Saldanha Sanches, «Fusão inversa e neutralidade (da Administração) fiscal», *Fiscalidade*, nº 34, Abril – Junho, 2008, p 7 e ss.

[29] Em que se dispõe: "O regime especial estatuído na presente subsecção aplica-se às operações de fusão e cisão de sociedades e de entrada de activos ..., em que intervenham: a) Sociedades com sede ou direcção efectiva em território português sujeitas e não isentas de IRC; b) Sociedade ou sociedades de outros Estados membros da União Europeia, desde que todas as sociedades se encontrem nas condições estabelecidas no artigo 3º da Directiva nº 2009/133/CE Conselho, de 19 de Outubro".

nhecida pelo competente membro do Governo, como consta do art. 13º do Código do IRC[30], a segunda reporta-se a situações de reorganização empresarial que não podem beneficiar do regime fiscal de neutralidade por as mesmas constituírem um abuso da liberdade empresarial, configurando deste modo uma cláusula especial anti-abuso de que vamos falar de seguida.

Especificamente quanto ao regime, consta ele essencialmente dos arts. 74º, 75º. 75º-A e 76º-A do Código do IRC, traduzindo-se em essas operações não darem lugar a qualquer tributação em IRC, desde que cumpram determinados requisitos.

Assim, na determinação do lucro tributável das sociedades fundidas ou cindidas ou da sociedade contribuidora, no caso de entrada de activos, não é considerado qualquer resultado derivado da transferência dos elementos patrimoniais em consequência da fusão, cisão ou entrada de activos, nem são considerados como rendimentos os ajustamentos em inventários e as perdas por imparidade e outras correcções de valor que respeitem a créditos, inventários e, bem assim, as provisões relativas a obrigações e encargos objecto de transferência, aceites para efeitos fiscais, com excepção dos que respeitem a estabelecimentos estáveis situados fora do território português quando estes sejam objecto de transferência para entidades não residentes, desde que se trate das situações enumeradas nas diversas alíneas do nº 1 do referido art. 74º.

Importantes requisitos são os contemplados nos nºs 3 e 4 desse art. 74º. No primeiro preceito estabelece-se que a aplicação do regime determina que a sociedade beneficiária mantenha, para efeitos fiscais, os elementos patrimoniais objecto de transferência pelos mesmos valores que tinham nas sociedades fundidas, cindidas ou na sociedade contribuidora antes da realização das operações, considerando-se que tais valores são os que resultam da aplicação das disposições do Código do IRC ou de reavaliações efectuadas ao abrigo de legislação de carácter fiscal.

Por seu turno no segundo, determina-se o que deve ter-se em conta na determinação do lucro tributável da sociedade beneficiária e da sociedade contribuidora. Relativamente à sociedade beneficiária, deve ter-se em conta que: a) o apuramento dos resultados respeitantes aos elementos patrimo-

---

[30] Solução legal que está inteiramente em linha com a contemplada no art. 8º do Modelo de Convenção Fiscal sobre o Rendimento e o Património da OCDE, em cujo nº 1 se estabelece: "Os lucros provenientes da exploração de navios ou aeronaves no tráfego internacional só podem ser tributados no Estado contratante em que estiver situada a direcção efectiva da empresa".

niais transferidos é feito como se não tivesse havido fusão, cisão ou entrada de activos; b) as depreciações ou amortizações sobre os elementos do activo fixo tangível, do activo intangível e das propriedades de investimento contabilizadas ao custo histórico transferidos são efectuadas de acordo com o regime que vinha sendo seguido nas sociedades fundidas, cindidas ou na sociedade contribuidora; c) os ajustamentos em inventários, as perdas por imparidade e as provisões que foram transferidos têm, para efeitos fiscais, o regime que lhes era aplicável nas sociedades fundidas, cindidas ou na sociedade contribuidora.

Por seu turno, na determinação do lucro tributável da sociedade contribuidora as mais-valias ou menos-valias realizadas respeitantes às partes de capital social recebidas em contrapartida da entrada de activos são calculadas considerando como valor de aquisição destas partes de capital o valor líquido contabilístico aceite para efeitos fiscais que os elementos do activo e do passivo transferidos tinham nessa sociedade antes da realização da operação.

Importa referir que não concorre para a formação do lucro tributável da sociedade beneficiária a mais-valia ou menos-valia eventualmente resultante da anulação de partes do capital, em consequência da fusão ou cisão, por ela detidas nas sociedades fundidas ou cindidas, bem como para a formação do lucro tributável da sociedade fundida a mais-valia ou menos--valia eventualmente resultante da anulação de partes do capital detidas por esta na sociedade beneficiária, em consequência da fusão ou da atribuição aos sócios da sociedade fundida das partes sociais da sociedade beneficiária.

Do regime fiscal de neutralidade das operações em causa faz parte também a transmissibilidade dos prejuízos fiscais. Segundo o nº 1 do art. 75º, os prejuízos fiscais das sociedades fundidas podem ser deduzidos dos lucros tributáveis da nova sociedade ou da sociedade incorporante, nos termos e condições estabelecidos no artigo 52º e até ao fim do 5º período de tributação referido no nº 1 deste artigo, contado do período de tributação a que os mesmos se reportam. Um regime que, segundo o nº 2 desse art. 75º, vale igualmente, com as necessárias adaptações, para a cisão em que se verifique a extinção da sociedade cindida, para a fusão, cisão ou entrada de activos, em que é transferido para uma sociedade residente em território português um estabelecimento estável nele situado de uma sociedade residente num Estado membro da União Europeia, e para a transferência de estabelecimentos estáveis situados em território português de sociedades residentes em Estados membros da União Europeia[31].

O art. 75º-A estabelece a acomodação ao regime de neutralidade fiscal dos benefícios fiscais bem como da dedutibilidade dos gastos de financiamento limitados pelo disposto no art. 67º. Assim, segundo o disposto no nº 1 desse artigo, os benefícios fiscais das sociedades fundidas são transmitidos para a sociedade beneficiária, desde que nesta se verifiquem os respectivos pressupostos e seja aplicado o regime especial de neutralidade. Por seu turno, nos termos do nº 2 desse preceito, os gastos de financiamento líquidos das sociedades fundidas por estas não deduzidos, bem como a parte não utilizada do limite a que se refere o nº 3 do artigo 67º, podem ser considerados na determinação do lucro tributável da sociedade beneficiária numa operação de fusão a que seja aplicado o regime especial estabelecido no artigo 74º, até ao termo do prazo de que dispunham as sociedades fundidas, de acordo com o disposto nos nºs 2 e 3 do referido artigo 67º.

É de referir ainda que sempre que nestas operações haja lugar à atribuição aos sócios das sociedades envolvidas quantias ou importâncias em dinheiro, que nos termos do nºs 1 e 5 do art. 73º não podem exceder 10% do correspondente valor nominal, ou, na falta de valor nominal, do valor contabilístico equivalente ao nominal das participações que lhes forem atribuídas, tais quantias estão excluídas do regime de neutralidade fiscal, sendo as mesmas objecto de tributação junto dos sócios, como consta do nº 2 do art. 76 e do nº 3 do art. 77º.

2. A cláusula especial anti-abuso do nº 10 do art.73º do Código do IRC

Segundo o disposto no nº 10 do art. 73º do Código do IRC, o regime especial de neutralidade "não se aplica, total ou parcialmente, quando se conclua que as operações abrangidas pelo mesmo tiveram como principal objectivo ou como um dos principais objectivos a evasão fiscal, o que pode considerar-se

---

[31] Um aspecto do regime da neutralidade fiscal que faz todo o sentido, porquanto é uma forma de assegurar uma tributação das empresas baseada em efectivas manifestações da capacidade contributiva, a qual, entre nós constitucionalmente assegurada, de resto, pelo princípio da tributação das empresas pelo seu rendimento real. É que, estando a tributação em IRC suportada em períodos tributários anuais, desfasados portanto dos períodos ou ciclos económicos bem mais longos das empresas, verifica-se uma violação daqueles princípios em termos diacrónicos ao não considerar os prejuízos fiscais no correspondente período tributário através de um imposto negativo. Pelo que o reporte de prejuízos mais não é, no fundo, do que um imposto negativo deferido, embora sujeito à condição da obtenção de lucros tributáveis futuros.

verificado, nomeadamente, nos casos em que as sociedades intervenientes não tenham a totalidade dos seus rendimentos sujeitos ao mesmo regime de tributação em IRC ou quando as operações não tenham sido realizadas por razões económicas válidas, tais como a reestruturação ou a racionalização das actividades das sociedades que nelas participam, procedendo-se então, se for caso disso, às correspondentes liquidações adicionais de imposto".

O que implica, naturalmente, esclarecer o sentido e alcance do conceito de "razões económicas válidas". Pois bem, a este respeito, devemos começar por assinalar que se trata de um conceito importado do direito europeu, pois, como já referimos, o regime da neutralidade fiscal previsto na nossa legislação interna, nos preceitos mencionados do Código do IRC, tem por base o regime comum estabelecido na "Directiva Fusões e Aquisições", o qual assegura a neutralidade fiscal às operações realizadas entre sociedades estabelecidas em diferentes Estados Membros da União Europeia.

De facto, a alínea *a)* do nº 1 do art. 15º dessa Directiva prescreve que os Estados-Membros podem recusar aplicar ou retirar o regime de neutralidade "se for evidente que uma das operações" "tem como principal objectivo, ou como um dos principais objectivos, a fraude ou evasão fiscais" ou "o facto de a operação não ser executada por razões comerciais válidas como a reestruturação ou racionalização das actividades das sociedades que participam na operação pode constituir uma presunção de que a operação tem como principal objectivo ou como um dos principais objectivos a fraude ou evasão fiscais"[32]. Disposição que revela a consagração do teste da finalidade principal (*principal purpose test*), a qual tem, de resto, outras expressões no direito fiscal europeu como a constante do nº 2 do art. 1º da Directiva Sociedades Mãe na redacção da Directiva 2015/121/UE, do Conselho, em que se estabelece que "[o]s Estados-Membros não concedem os benefícios da presente directiva a uma montagem ou série de montagens que, tendo sido posta em prática com a finalidade principal ou uma das finalidades principais de obter uma vantagem fiscal que fruste o objecto ou a finalidade da presente directiva, não seja genuína tendo em conta todos os factos e circunstâncias relevantes". O que, todavia parece combinar o teste da *artificialidade*, em que se tem apoiado a jurisprudência do TJUE, com o da *finalidade principal*.

---

[32] Como consta do preceito reproduzido no texto, a versão portuguesa da Directiva Fusões e Aquisições utiliza actualmente a expressão "razões comerciais válidas" e não a expressão "razões económicas válidas", que constava da sua primeira versão – a Directiva 90/434/CEE. Todavia, como constitui prática geral, nós utilizaremos sempre esta última expressão.

Pois bem, tudo leva a crer que o conceito de "razões económicas válidas" da Directiva Fusões e Aquisições foi adoptado pelo legislador nacional, quando fez a transposição da Directiva concretizada no n.º 10 do agora art. 73.º do Código do IRC[33], cuja aplicação não se limita às reorganizações empresariais transfronteiriças, aplicando-se igualmente às operações internas[34]. O que decorre, de um lado, por se tratar de um conceito com origem e aplicação europeias, que como tal foi recebido na ordem jurídica interna e, de outro lado, pelo facto de não dispor o ordenamento nacional de um conceito próprio ou autónomo de razões económicas válidas que possa ser aplicado a operações meramente internas.

Em relação a este segundo especto podemos, de resto, invocar a orientação constante do disposto no n.º 2 do art. 11.º da LGT, em que prescreve que: "[s]empre que, nas normas fiscais, se empreguem termos próprios de outros ramos de direito, devem os mesmos ser interpretados no mesmo sentido daquele que aí têm salvo se outro decorrer directamente da lei"[35]. Uma ideia partilhada também pela nossa jurisprudência porquanto como se escreveu num acórdão do CAAD, "é actualmente acto claro que a partir do momento em que a nossa lei adopta os conceitos da Directiva das Fusões, n.º 90/434/CEE, para as fusões internas (...), esses conceitos passam a ser conceitos de Direito Europeu e têm de ser interpretados uniformemente, para as situações internas e transfronteiriças, cabendo a última palavra ao Tribunal de Justiça"[36].

Uma argumentação que, de resto, quadra bem com a doutrina do TJUE do efeito indirecto do direito a União Europeia, a qual, não obstante algumas inconsistências da sua jurisprudência reveladas justamente no domínio do direito fiscal, se tem vindo a afirmar. Doutrina que vai no sentido da aplicação do direito da UE não só às situações comunitárias (efeito directo) como também a situações puramente internas (efeito indirecto), conquanto que, em relação a estas, haja um inequívoco vínculo da norma

---

[33] Que corresponde ao art. 67.º na versão anterior do Código do IRC, que foi objecto de republicação pelo Decreto-Lei n.º159/2009, de 13 de Julho.
[34] V. sobre este conceito, J. L. Saldanha Sanches, *Os Limites do Planeamento Fiscal: Substância e Forma no Direito Fiscal Português, Comunitário e Internacional*, Coimbra Editora, 2006, p. 195 e s., 223 e s., 346 e s., 383 e s., 443 e s.; Ana Gabriela Rocha, *Conceitos de Direito Europeu em Matéria Societária e Fiscal*, Almedina, Coimbra, 2014, p. 167 e ss.; Ana Paula Dourado, *Direito Fiscal*, 2ª ed., Almedina, Coimbra, 2018, p. 257 e ss., e *Governação Fiscal Global*, Almedina, Coimbra, 2017, p. 101 e ss.
[35] V., a este respeito, o nosso *Direito Fiscal*, cit., p. 103 e s.
[36] Decisão arbitral proferida no Processo n.º 14/2011-T, de 4 de Janeiro de 2013.

nacional com o ordenamento da UE, resulte este de uma remissão directa ou incondicional do direito nacional ou da vontade deste no sentido de uma solução uniforme para todo o tipo de situações por ele reguladas (comunitárias e internas)[37].

Por quanto vimos de dizer, impõe-se à nossa Administração Tributária e aos tribunais nacionais, na aplicação da referida cláusula especial anti-abuso, ter em devida conta o conceito de "razões económicas válidas" com o sentido que lhe vem sendo atribuído no direito europeu. E neste, muito embora o conceito de "razões económicas válidas" constitua um conceito com um razoável grau de indeterminabilidade, o que tem originado uma interpretação não inteiramente uniforme e consolidada[38], o certo é que ele tem vindo a ser delimitado pela jurisprudência do TJUE. Ora, independentemente de um entendimento menos exigente, como o revelado pela jurisprudência mais antiga, ou mais exigente, como o que encontramos no caso *Foggia*, o TJUE sempre tem exigido que, para que haja lugar a uma excepção à neutralidade e para considerar que uma operação de reorganização empresarial não tem por base razões económicas válidas, essa operação tenha como único ou principal objectivo a evasão ou fraude fiscais. No que, a seu modo, não deixa de estar em inteira consonância com a própria letra do reproduzido art. 15º da Directiva Fusões e Aquisições.

O que significa que a cláusula especial anti-abuso em causa deve ser aplicada com o sentido e alcance acabado de mencionar, decorrente do direito europeu, e não segundo um entendimento nacional eventualmente menos exigente. Todavia devemos acrescentar que ainda que fosse de rejei-

---

[37] V. a respeito, Adolfo Martín Jiménez, «Situaciones tribuarias internas y Derecho da la UE: nuevas perspectivas sobre la jurisprudencia del TJUE», *Civitas Revista Española de Derecho Financiero*, nº 63, 2014, p. 43 – 90.

[38] O que tem expressão no confronto da doutrina que emana dos casos já referidos *Leur-Bloem* (Proc. C-28/95, de 17 de Julho de 1997) e *Foggia* (Proc. C-126/10, de 10 de Novembro de 2011), uma vez que neste último o TJUE é bem mais favorável à aceitação da não verificação de razões económicas válidas. Embora versando sobre aspectos que em rigor se não prendem com o conceito de razões económicas válidas, v., também, o caso *Zwijnenburg* (Proc. C-352/08, de 20 de Maio de 2010) e o igualmente referido caso *Pelati* (Proc. C-603/10, de 18 de Outubro de 2012), em que o primeiro, cuidando do âmbito da Directiva, excluiu da aplicação do princípio da neutralidade e suas excepções uma operação de fusão de empresas, com o intuito de evitar o pagamento do imposto sobre as transmissões de direitos, e o segundo concluiu que a exigência de um prazo para solicitar a concessão de benefícios fiscais decorrentes de uma operação de cisão não era desconforme com o disposto na Directiva.

tar o estrito entendimento europeu para a cláusula especial anti-abuso constante do nº 10 do art. 73º do Código do IRC, atenta a sua estrutura e o modo de aplicação, que são de todo idênticos ao da cláusula geral anti-abuso, que, como é sabido, foi construída com base sobretudo nas teorias da fraude à lei e do abuso das formas jurídicas, sempre teria de ser aplicada seguindo com rigor os passos que a conhecida analítica da aplicação da cláusula geral implica, os quais foram objecto de análise por parte de Gustavo Courinha[39]. Pois a cláusula especial anti-abuso em consideração, como assinala J. L. Saldanha Sanches, "tem um modo de aplicação que contém todos os problemas e todas as virtualidades de aplicação da cláusula geral anti-abuso (recurso à averiguação da intenção do contribuinte, distinção entre operações com uma finalidade económica e mera finalidade fiscal)"[40].

Assim, na aplicação desta cláusula especial devemos analisar sucessivamente a forma ou meio, a vantagem fiscal ou resultado e a motivação da reorganização empresarial concretizada nas fusões, cisões, entradas de activos e permuta de participações sociais. No respeitante à forma ou meio das operações, importa averiguar se as fusões, cisões, entradas de activos e permuta de participações sociais constituem vias de actuação empresarial minimamente adequadas à reorganização empresarial ou se, pelo contrário, se configuram como actos adequados apenas a manobras que não suportam outra explicação que não seja a explicação fiscal. Nesta sede é importante apurar se as operações empresariais de reorganização são minimamente adequadas do ponto de vista microeconómico, dirigidas à melhoria da gestão das sociedades envolvidas através do aumento da eficiência, como do ponto de vista macroeconómico, orientadas para o aumento do potencial competitivo das sociedades ou seus estabelecimentos mediante uma estratégia de crescimento assente em tomar posição em mercados-alvo nacionais ou estrangeiros.

---

[39] Portanto em bases de natureza mais objectiva do que aquela que seria a seguida caso se optasse pela teoria do abuso do direito. V. a tal respeito, Gustavo Lopes Courinha, *A Cláusula Geral Anti-Abuso no Direito Tributário. Contributos para a sua Compreensão*, Reimpressão da Edição de Maio de 2004, Almedina, Coimbra, 2009, p. 163 e ss. Não referimos os outros elementos da cláusula – a sua consagração normativa e a sanção a desencadear – porque constam do preceito legal em consideração. V. também Marcelo Costenaro Cavali, *As Cláusulas Gerais Antielisivas. Reflexões acerca da sua Conformidade Constitucional em Portugal e no Brasil*, Almedina, Coimbra, 2006.

[40] *Os Limites do Planeamento Fiscal: Substância e Forma no Direito Fiscal Português, Comunitário e Internacional*, cit., p. 200.

Depois, interessa averiguar se se produziu uma vantagem ou resultado fiscal que resulte das operações de fusão, cisão, entrada de activos ou permuta de partes sociais, e se essa vantagem ou resultado fiscal objectivamente considerado se revela exclusivo ou principal e se o mesmo não tem explicação na racionalidade económica das operações. Designadamente não nos parece que possa desencadear-se a aplicação da cláusula anti-abuso, considerando como tendo ocorrido uma vantagem ou um resultado fiscal exclusivo ou principal das operações de reestruturação, olhando para estas a partir, por exemplo, do fracasso económico das mesmas.

Pois é de todo inaceitável que, através de juízos formulados *a posteriori* e levados a cabo pelos operadores concretos do ordenamento jurídico-fiscal – a administração tributária e os tribunais –, se questionem as operações empresariais, invadindo assim o mérito ou bondade das opções económicas que as suportaram. O que traduz uma efectiva substituição por esses operadores jurídicos dos órgãos de gestão das empresas – os administradores ou gerentes – que são os órgãos em princípio indicados, do ponto de vista das *leges artis* da gestão económica empresarial, para ajuizarem do mérito ou bondade das operações de reorganização empresarial que levam a cabo[41].

Finalmente, quanto à motivação ou elemento intelectual do abuso, é importante analisar se a reorganização empresarial concretizada na fusão, cisão, entrada de activos ou permuta de partes sociais tiveram por única ou principal motivação a evasão ou fraude fiscal ou se o aforro fiscal que permitem, de algum modo, não quadra com esse objectivo. Pois, como é óbvio, a desconsideração fiscal da actuação das empresas e sua configuração jurídica, com base no argumento de que não teve por suporte um "*business purpose*" ou "razões económicas válidas" ou a sua actuação não corresponde a um "acto normal de gestão", carece de adequada demonstração caso a caso. O que tem a ver com uma outra exigência nesta sede, com o ónus da prova do abuso, pois cabe à administração tributária provar que houve *abuso* por parte das empresas e não a estas provar que desenvolveram a sua actividade de reorganização empresarial dentro do quadro do *uso* das faculdades que integram o conteúdo da sua liberdade empresarial.

---

[41] Invasão do mérito que, é de assinalar, se verificou, de algum modo, com o já referido conceito de "indispensabilidade" dos custos (para a obtenção dos rendimentos sujeitos a imposto ou para a manutenção da fonte produtora) constante da anterior versão do art. 23º do Código do IRC, cuja aplicação foi, todavia, moderada pela jurisprudência do STA – v., para este tratamento jurisprudencial, António Moura Portugal, *A Dedutibilidade dos Custos na Jurisprudência Fiscal Portuguesa*, Coimbra Editora, Coimbra, 2004.

Ideia esta que está em linha, de resto, tanto com as regras gerais como com as regras de direito tributário de repartição do ónus da prova. Pois, segundo o art. 342º no Código Civil, cabe àquele que invocar um direito fazer a prova dos factos constitutivos do direito alegado e àquele contra quem a invocação é feita a prova dos factos impeditivos, modificativos ou extintivos do direito invocado. O que tem expressão no art. 74º da LGT, segundo o qual o ónus da prova dos factos constitutivos dos direitos da administração tributária ou dos contribuintes recai sobre quem os invoque.

Uma solução que encontramos amplamente concretizada na doutrina, como por exemplo no direito administrativo, em que J. C. Vieira de Andrade, aplicando os critérios indicados do Código Civil, especifica que há-de caber, em princípio, à administração o ónus da prova da verificação dos pressupostos legais (vinculativos) da sua actuação, designadamente se agressiva (positiva e desfavorável); em contrapartida, caberá ao administrado apresentar prova bastante da ilegitimidade do acto, quando se mostrem verificados esses pressupostos[42]. Até porque a inexistência do facto tributário, pressuposto de facto ou facto gerador do imposto conduz, em nosso entender, à inexistência do correspondente acto tributário, não podendo um tal acto dispor de um regime menos gravoso do que o previsto para a nulidade, sendo esta, de resto, a invalidade prevista nº 1 do art. 133º do anterior CPA, ao considerar como actos administrativos nulos por natureza aqueles actos a que faltasse qualquer dos seus elementos essenciais[43].

Uma orientação que, tendo em conta o carácter por via de regra mais vinculado do acto tributário face ao que é exigido para o acto administrativo[44], conduzirá a uma maior incidência do ónus da prova sobre a Administração Tributária no que respeita à verificação da efectiva ocorrência do facto tributário, pressuposto de facto ou facto gerador do imposto[45]. O que

---

[42] J. C. Vieira de Andrade, *A Justiça Administrativa*, 16ª ed., Almedina, Coimbra, 2017, p. 465 e ss.

[43] O que nos leva a discordar da jurisprudência constante da nossa jurisdição administrativa, que qualifica a invalidade do acto tributário baseado em facto tributário ou facto gerador do imposto inexistente de acto meramente anulável.

[44] Não obstante, como referimos, a abertura permitida presentemente pelo princípio da legalidade fiscal, constituindo justamente a aplicação das cláusulas anti-abuso um dos domínios onde essa abertura acaba por ser mais visível.

[45] É que o acto de liquidação de um imposto, cujo facto tributário, pressuposto de facto ou facto gerador não tenha ocorrido ofende o conteúdo essencial do direito fundamental a não pagar impostos, consagrado no nº 3 do art. 103º da Constituição, para além de configurar a efectiva criação de obrigações pecuniárias não previstas na lei, justamente dois dos funda-

mais não é do que uma das expressões da natural maior robustez da armadura jurídico-constitucional suporte da actuação da Administração Tributária face à que suporta a Administração em geral, característica que esteve na base da especialização experimentada pelo direito fiscal face ao direito administrativo.

Uma atribuição do ónus da prova à administração tributária que se compreende ainda a partir de uma outra perspectiva. É que, concretizando-se a aplicação da mencionada cláusula anti-abuso nos referidos juízos que acabam por definir ou redefinir os factos tributários imputados à actuação dos contribuintes, num momento em que os factos tributários efectivamente praticados já não podem ser objecto de correcção pelos contribuintes, há o enorme risco de a Administração Tributária, em vez de interpretar e aplicar a lei, acabar por se colocar na posição do legislador, designadamente em termos de procurar maximizar a obtenção de receitas fiscais, uma política fiscal que, obviamente, de todo não lhe compete. Uma actuação e uma atitude da Administração Tributária que tem a agravante de isto acontecer em um momento temporal em que há certeza de total êxito na cobrança das receitas dos impostos em causa. Coisa que, por certo, não sucederia se as empresas antecipadamente pudessem ter contado com essa eventualidade, prevenindo e evitando, por conseguinte, as operações empresariais susceptíveis de virem a ser objecto da mencionada requalificação pela Autoridade Tributária e Aduaneira.

---

mentos da nulidade dos actos da administração elencados no nº 2 do art. 161º do Código do Procedimento Administrativo. Um regime aplicável em sede do direito fiscal em virtude de este não conhecer qualquer regime específico para as invalidades dos actos tributários. V., a este propósito, o nosso *Direito Fiscal*, cit., p. 138 e s. e 314 e ss.

Notas a Respeito das Leis Interpretativas e Impostos Retroactivos*

SUMÁRIO: I. Leis interpretativas e leis inovadoras nas leis do OE: 1. As leis interpretativas; 2. As leis inovadoras; 3. As leis interpretativas no direito fiscal; II. Impostos retroactivos: 1. O âmbito da proibição da retroactividade dos impostos; 2. O conceito relevante de retroactividade dos impostos; 3. A redução do princípio da não retroactividade dos impostos ao princípio da protecção da confiança legítima

O texto que se segue tem por base a circunstância de, nos tempos mais recentes, o legislador fiscal, não só aproveitar as leis do Orçamento do Estado para proceder a significativas alterações na legislação fiscal, mormente nos códigos operacionais dos diversos impostos, como vem sendo prática, mais ou menos generalizada – uma má prática diga-se –, dos mais de quarenta anos da vigência da actual constituição[1], como também, para além disso, com a intenção de

---

* Texto publicado na *Revista de Legislação e de Jurisprudência*, Ano 147, 2017/18.

[1] Uma prática que se é discutível em relação às matérias fiscais, ela choca sobretudo relativamente a matérias não fiscais que nada têm a ver com o orçamento do Estado. Trata-se, todavia, dos bem conhecidos *cavaliers budgétaires* que, desde há muito tempo, o Tribunal Constitucional considerou não estarem em geral constitucionalmente interditos – v., por todos, os acórdãos 461/87, 358/92, 141/2002 e 246/2002. Uma solução que não deixa de estar ligada à natureza da Lei do Orçamento do Estado – v., a tal respeito, J. J. GOMES CANOTILHO, «A lei do orçamento na teoria da lei», *Estudos em Homenagem ao Prof. Doutor J. J. Teixeira Ribeiro*, II, 1979, p. 543 e ss.; J. M. CARDOSO DA COSTA, «Sobre as autorizações legislativas da lei do orçamento», *Estudos em Homenagem ao Prof. Doutor J. J. Teixeira Ribeiro*, III, 1983, p. 407 e ss; ANTÓNIO LOBO XAVIER, *O Orçamento como Lei. Contributo para a Compreensão de Algumas Especificidades do Direito Orçamental Português*, separata do BCE, XXXIII (1990) – XXXVI (1993); ANTONIO BRAZ TEIXEIRA, «Conceito e natureza jurí-

recuperar receitas, de pretender aplicar essas alterações a factos tributários de todo esgotados no passado. Com esse desiderato vem atribuindo expressamente natureza interpretativa a muitas das normas legais que contêm essas alterações, procurando, assim, através de uma pretensa interpretação autêntica, fintar a proibição dos impostos retroactivos constante da Constituição, a qual, como é sabido, foi introduzida na revisão de que esta foi objecto no ano de 1997.

Um comportamento do legislador fiscal que, diga-se de passagem, não sendo inteiramente novo, porquanto infelizmente já tem alguma tradição na nossa democracia, alcançou verdadeiro paroxismo na LOE/2016, onde nos deparamos com dezenas de alterações fiscais a que o legislador orçamental, actuando exclusivamente *ex vi potestatis*, atribuiu expressamente natureza interpretativa[2]. O que, não sendo nada lisonjeiro para a realização da ideia do Estado de Direito, nos suscita as observações que vamos fazer, as quais têm a ver com a seguinte pergunta: não estará o legislador orçamental, na prática, a tentar tornear a aplicação do princípio da não retroactividade dos impostos, anulando assim totalmente a inovação da mencionada revisão constitucional?

Uma pergunta, em que verdadeiramente nos deparamos com duas manifestações: uma, a traduzida na atribuição expressa pelo legislador de natureza interpretativa a alterações legais que agravam retroactivamente a situação fiscal dos contribuintes; outra, a que se vem sendo concretizada pelo Tribunal Constitucional através da construção de um conceito tão restrito de retroactividade dos impostos, que nos leva a questionar a utilidade da introdução desse princípio na Constituição[3]. São, pois, estes dois

---

dica do orçamento», *XXX Aniversário do Centro de Estudos Fiscais*, 1993; MATILDE LAVOURAS, «Natureza jurídica do orçamento – breves reflexões», *BCE*, XLV, 2002, p. 419 e ss.; e TIAGO DUARTE, *A Lei por detrás do Orçamento. A Questão Constitucional da Lei do Orçamento*, Almedina, 2006.

[2] Natureza interpretativa conferida nos arts. 131º, alínea k), 135º, 140º, alínea d), 154º e 163ºda LOE/2016. Sobre o problema v. RICARDO SEABRA MOURA/HUGO PINHEIRO FERREIRA, «(Ir)retroatividade fiscal e leis interpretativas – problemática e reflexões», *Cadernos de Justiça Tributária*, 15, Janeiro-Março 2017, p. 22 e ss.

[3] Uma actuação que, deve ser sublinhado, se inscreve num quadro de obtenção de receitas fiscais a todo o custo quase sem olhar a meios, em que não só se pretende tributar o passado através das ditas leis interpretativas, como também tributar o futuro de que é exemplo a tributação autónoma especial de 14% sobre o valor da reserva de reavaliação prevista no Decreto-Lei nº 6/2016, de 3 de Novembro, embora esta última seja um regime optativo, pois trata-se de uma tributação a pagar em partes iguais nos anos de 2016, 2017 e 2018 que

os núcleos problemáticos de que vamos cuidar nas linhas que se seguem, começando por dilucidar o que são verdadeiras leis interpretativas, a implicar a sua distinção e confronto com as leis inovadoras, para, a seguir, tratarmos do sentido e alcance do conceito de retroactividade subjacente à proibição constitucional de impostos retroactivos e como a aplicação deste princípio, em nossa opinião, tem sido, em larga medida, driblada pelo Tribunal Constitucional. Vejamos então.

I. Leis interpretativas e leis inovadoras nas leis do OE

Pois bem, para a resposta à questão do primeiro núcleo problemático mencionado, importa começar por saber o que são leis interpretativas, para, depois, as distinguirmos das leis que não têm qualquer carácter interpretativo, sendo, por conseguinte, leis inteiramente inovadoras, e, finalmente, proceder ao confronto das primeiras com as segunda, a fim de, por esta via, revelarmos quão anómalo se nos afigura a prática das assim chamadas leis interpretativas que encontramos nas leis do orçamento, sobretudo na LOE/2016. Ou seja, por outras palavras, proceder a distinção entre a interpretação legislativa, legal ou autêntica e a inovação legislativa, uma vez que as alterações legislativas a que nos estamos a referir têm sido expressamente assumidas pelo legislador nas leis do Orçamento do Estado como meras interpretações legais. Comecemos então pelas leis interpretativas.

1. As leis interpretativas

Como ensina a generalidade dos autores que se debruçam sobre estas matérias, as leis interpretativas não são leis materiais, porquanto não contêm uma disciplina jurídica própria, seja esta uma disciplina inteiramente nova ou recuperada total ou parcialmente do passado, pois limitam-se a estabelecer ou fixar o sentido e alcance de leis anteriores, estas, sim, as leis materiais. O que explica, de resto, que muitos autores, e dos mais notáveis, que tratam

---

será mais do que restituída em 2018 e anos seguintes através do especial regime fiscal das depreciações e amortizações. O que, além do mais, não passa de uma forma de "compor" as contas públicas contabilizando receitas de exercícios anteriores e de exercícios seguintes, se bem que estas constituam maiores despesas futuras, a juntar assim à conhecida "composição" contabilística traduzida na sobreavaliação das tabelas de retenção na fonte do IRS, que originam os milhares de milhões de euros de reembolsos no exercício seguinte. Uma prática que vai contra a exigência da União Europeia de elaborar e apresentar contas na perspectiva da contabilidade nacional e não na perspectiva da contabilidade pública.

da interpretação jurídica se não refiram sequer a essa interpretação, ao que supomos por não se tratar de uma verdadeira interpretação jurídica[4]. E os que a tratam ou a ela se referem, fazem-no fundamentalmente para sublinhar a diferença radical que essa interpretação comporta face à interpretação jurídica de que efectivamente cuidam.

Todavia aqui, porque é este justamente o tema, não podemos passar ao lado, impondo-se, pois, dar conta do sentido e alcance da chamada interpretação autêntica, interpretação legislativa ou interpretação legal. E neste quadro, podemos dizer que estamos perante um tipo ou uma forma de interpretação jurídica, que se encontra ao lado e se contrapõe à interpretação científica (doutrinal ou jurisprudencial). Trata-se assim de uma distinção que tem por base o critério do autor que leva a cabo a interpretação, do intérprete portanto. Enquanto a interpretação científica é a levada a cabo pelos juristas ou pelos juízes, a interpretação autêntica pode ser entendida em sentido mais amplo ou em sentido mais estrito. Assim, em sentido amplo, é a que é realizada pelo próprio autor do acto objecto de interpretação constitua este uma norma, um acto administrativo ou um negócio jurídico. Já em sentido estrito ou por antonomásia, a interpretação autêntica é a interpretação da lei desenvolvida pelo próprio legislador, sendo justamente esta a que temos aqui em vista[5]. Uma distinção que, com bem se compreende, implica que façamos aqui algumas considerações com mais desenvolvimento.

Pois bem, a interpretação autêntica, como interpretação muito peculiar que é tem características ou peculiaridades que importa referenciar. Desde logo, trata-se de uma *interpretação normativa*, sendo assim uma norma cujo objectivo expresso ou implícito é a interpretação de uma outra norma que

---

[4] V., por exemplo, os nossos mestres A. CASTANHEIRA NEVES, *Metodologia Jurídica. Problemas Fundamentais*, vol. 1 da série STVDIA IVRIDICA do Boletim da FDC, Coimbra Editora, 1993, p. 83 e ss., e FERNANDO JOSÉ BRONZE, *Lições de Introdução ao Direito*, 2ª ed., Coimbra Editora, Coimbra, 2006, p. 875 e ss.

[5] V. sobre esta temática em geral e por todos, a monografia de GIORGIO RONCAGLI, *L'Interpretazione Autentica*, Giuffrè, Milano, 1954, bem como ENRICO PARESCE, «Interpretazione (filosofia)», *Enciclopedia del Diritto*, XXI, 1972, p. 152 e ss. (232 e s.); AFONSO RODRIGUES QUEIRÓ, *Lições de Direito Administrativo*, vol. I, polic., Coimbra, 1976/77, p. 523 e s., e 551 e ss.; J. BAPTISTA MACHADO, *Introdução ao Direito e ao Discurso Legitimador*, Almedina, Coimbra, 1983, p. 176 e s., e 245 e ss.; JOSÉ DE OLIVEIRA ASCENSÃO, *O Direito. Introdução e Teoria Geral*, 2ª ed., Fundação Calouste Gulbenkian, 1980, p. 197 e s., 347 e s., e 439 e ss. Para o seu tratamento específico no direito fiscal v. a importante obra de GIUSEPPE MELIS, *L'Interpretazione nel Diritto Tributrio*, CEDAM, Padova, 2003, esp. p. 455 a 515.

lhe seja anterior, sendo, por conseguinte, uma norma posterior e hierarquicamente não inferior à norma que é objecto de interpretação. Decorrente destas suas características, está um dos aspectos mais salientes da interpretação autêntica, o qual se traduz no facto de esta interpretação ter necessariamente uma *eficácia retroactiva* quanto ao sentido que, correspondendo a um dos sentidos que cientificamente a norma interpretada já comportava, é agora imposto para valer como o único sentido dessa norma para toda a sua vigência, isto é, não só para o futuro como também para o período já decorrido desde a sua entrada em vigor[6].

Podemos dizer que, em certo sentido, a interpretação autêntica acaba por não ser uma verdadeira interpretação. E isto num duplo sentido. De um lado, na medida em que seja uma verdadeira interpretação autêntica, porque esta não tem por função descobrir um sentido para a lei interpretanda, mas antes escolher um dos sentidos descobertos pelos actores científicos da interpretação para essa lei. De outro lado, na medida em que extravase essa função, então porque não é mais uma norma interpretativa, mas antes uma norma inovadora, que terá sido adoptada por essa via sub-reptícia, designadamente pelas implicações de natureza política que a sua adopção como norma inovadora poderia envolver[7].

Daí que também a retroactividade implicada na lei que procede a uma interpretação autêntica, não se apresente como uma verdadeira retroactividade ou uma retroactividade substantiva, configurando-se antes como uma retroactividade imprópria ou formal, como decorre, de resto, da letra do disposto no art. 13º do Código Civil, ao prescrever que as normas legais interpretativas se integram nas leis interpretadas[8]. De facto, trata-se de uma lei que não tem qualquer autonomia face à lei que interpreta. Por conseguinte, se e na medida em que estejamos perante uma verdadeira lei interpretativa, esta não produz *efeitos sobre o passado*, não impondo por conseguinte uma solução que a lei interpretada não comportava, antes desen-

---

[6] Como consta, aliás, do preâmbulo da Novela 143: «[q]*uam interpretationem non in futuris tantummodo casibus verum praeteritis etiam valere sancimus, tamquam si nostra lex ab initio cum interpretatione tali a nobis promulgata fuisset*», que colhemos em FRANCESCO FERRARA, *Interpretação e Aplicação das Leis*, 3ª ed., Arménio Amado – Editor Sucessor, Coimbra, 1978, p. 132.

[7] V. neste sentido, FRANCESCO FERRARA, *Interpretação e Aplicação das Leis*, cit., p. 131 e ss., e, sobretudo, GIUSEPPE MELIS, *L'Interpretazione nel Diritto Tributario*, cit., p. 472 e s.

[8] Ficando salvos, porém, os efeitos já produzidos pelo cumprimento da obrigação, por sentença passada em julgado, por transacção, ainda que não homologada, ou por actos de análoga natureza.

cadeia *efeitos no passado*, impondo uma interpretação que a lei interpretada já compreendia, fixando um sentido que nela estava pelo menos latente. Daí que a propósito da chamada "retroactividade" das leis interpretativas, que materializam a interpretação autêntica, com toda a propriedade se possa falar de "falsa retroactividade" ou de mera "retrotracção"[9].

Uma retroactividade que, não obstante ser imprópria ou formal, tem como consequência que a interpretação autêntica não possa ser definida, como por vezes acontece, como correspondendo sempre à interpretação levada a cabo pelo autor da norma que é objecto de interpretação. É que um entendimento tão amplo desse conceito acaba por integrar nele interpretações que, por serem emanadas por órgãos com poder normativo que não se encontram habilitados a editar normas com a referida eficácia, como acontece, por exemplo, com os regulamentos.

É que os titulares do poder administrativo não podem proceder à interpretação autêntica dos regulamentos, na medida em que, a admitir-se, estar-se-ia a permitir aos órgãos administrativos vincular os tribunais a uma eventual interpretação divergente da decorrente dos cânones metodologicamente correctos que devem ter-se por critérios legais da interpretação jurisdicional. É que as entidades ou órgãos administrativos encontram-se subordinados à lei como a esta se encontram subordinados os tribunais[10], não podendo as normas jurídicas editadas por tais entidades ou órgãos vincular os tribunais. Daí que a interpretação autêntica caiba apenas à soberania do Estado-legislador e não ao Estado-administrador nem às autarquias locais, dado a normação destas, como é sabido, não poder deixar de assumir outra a forma que não seja a de regulamentos[11].

O que não quer dizer que os órgãos administrativos não possam interpretar os seus próprios regulamentos, fixando entre os sentidos comportáveis, segundo a teoria da interpretação jurídica, um deles. Significa, isso sim,

---

[9] V. a este respeito, J. BAPTISTA MACHADO, *Introdução ao Direito e ao Discurso Legitimador*, cit., p. 247, e, embora reportando-se à eficácia do acto administrativo, ROGÉRIO EHRHARDT SOARES, *Direito Administrativo*, Lições ao Curso Complementar de Ciências Jurídico-Políticas da Faculdade de Direito de Coimbra, 1977/78, polic., p. 180.

[10] Na medida em que operem como tribunais ordinários e não como tribunais constitucionais que, num sistema de *judicial review of legislation* como o nosso, todos acabam por ser.

[11] Muito embora, quando se trate de regulamentos cujo objecto se situe na zona da autonomia autárquica, ou seja, diga respeito aos "interesses próprios das respectivas populações", estejamos perante verdadeiras leis na forma de regulamentos – v. o nosso estudo «A autonomia local (alguns aspectos gerais)», agora em *Estudos sobre Autonomias Territoriais, Institucionais e Cívicas*, Almedina, Coimbra, 2010, p. 88 e ss.

que não pode ser atribuída eficácia retroactiva a essa interpretação, aplicando-se a mesma apenas para o futuro. Por isso mesmo, compreende-se que a interpretação legislativa ou interpretação legal constitua a verdadeira interpretação autêntica[12].

2. As leis inovadoras

Diversamente se passam as coisas com as normas legais inovadoras, com as normas que não se destinam a fixar o sentido de uma norma anterior, mas a adoptar uma solução diferente da constante de uma norma anterior. Pois, enquanto as normas legais interpretativas se integram nas leis interpretadas, continuando estas a valer na ordem jurídica[13], as normas legais inovadoras são normas que se sucedem integralmente no tempo, valendo apenas para o futuro, a menos que se lhe atribuam verdadeiros efeitos retroactivos se e na medida em que tais efeitos lhes possam ser conferidos sem afrontamento de normas ou princípios constitucionais.

Uma situação em que temos verdadeiramente duas realidades a que é de todo o interesse fazer alusão: a das normas que são efectivamente inovadoras, assumidas ou não como tal pelo seu autor, face aos sentidos comportáveis em normas anteriores que eventualmente modifiquem; e a das normas interpretativas de normas anteriores, mas cujos efeitos apenas podem produzir-se relativamente ao futuro, seja porque nelas não há qualquer intenção de se aplicarem a factos ou situações passados, seja porque as mesmas não podem ter eficácia retroactiva como vimos acontecer com as normas regulamentares.

De facto em ambas estas situações temos uma norma, a anterior, que se aplica ao período temporal que vai da sua edição à sua revogação por uma norma nova ou por uma norma que fixe *urbi et orbi* um dos sentidos que tal norma comportava; e outra norma, a posterior, que rege os factos ou situações em causa a partir da sua edição como norma revogatória ou como norma interpretativa aplicável apenas para o futuro. Se bem que no caso da norma interpretativa a norma que continua a vigorar é a norma interpretada, pois é sempre um sentido desta o aplicável, o sentido eleito pela norma interpretativa, revogando esta apenas os demais sentidos compor-

---

[12] V. neste sentido e por todos, AFONSO RODRIGUES QUEIRÓ, *Lições de Direito Administrativo*, vol. I, cit., p. 551 e ss.
[13] Embora com uma alteração no seu título, pois enquanto o primeiro título era apenas a lei interpretada, depois passou a ser lei interpretada mais a lei interpretativa – v. JOSÉ DE OLIVEIRA ASCENSÃO, *O Direito. Introdução e Teoria Geral*, cit., p. 440.

tados naquela. Na verdade, excepcionando o afastamento destes sentidos, que é um afastamento que tem efeitos rectroactivos e com os limites que referimos, fica tudo rigorosamente na mesma.

Importante nesta sede é sublinhar que tanto as leis inovadoras como as leis interpretativas têm em comum o facto de serem leis, isto é, constituírem manifestações do poder legislativo traduzido no exercício da função legislativa. A diferença está apenas no facto de num caso estarmos perante um poder legislativo pleno e no outro face a um poder legislativo limitado e, a seu modo, anómalo, porquanto nas leis interpretativas não se cria ou estabelece uma disciplina jurídica nova, antes se esclarece, não pela via normal do intérprete e aplicador do direito, possuidor portanto da técnica proporcionada pelas *leges artis* inerentes à realização concreta do direito, mas pela via da autoridade do poder legislativo. Na expressão leis interpretativas o que parece estar a mais é a palavra interpretativas, já que não é de interpretação que verdadeiramente se trata, mas da imposição legislativa de um sentido que, todavia, foi detectado e suportado por quem tecnicamente se encontra habilitado a proceder à interpretação das normas jurídicas[14].

Por outras palavras, o que o legislador efectivamente faz nas leis interpretativas é resolver um conflito interpretativo que tenha surgido e se mantenha relativo ao sentido e alcance de normas jurídicas entre os membros da comunidade aberta dos intérpretes – a doutrina, a jurisprudência, a administração e até o próprio legislador. Este naturalmente apenas se e na medida em que proceda como qualquer intérprete, e não como legislador, procurando apurar o sentido de normas de que careça para exercer o seu próprio poder legislativo, aprovando e editando novas normas cujas soluções de algum modo dependam da determinação do referido sentido. Verdadeiramente nas leis interpretativas o legislador acaba por substituir, ampliando correspondentemente o âmbito dos seus poderes, os tribunais, sobretudo os tribunais supremos que têm a última palavra em cada ordem jurisdicional, pois são estes os órgãos competentes para resolver os eventuais conflitos que se verifiquem em sede da interpretação jurídica.

O que, em rigor, nos revela uma estrita solução política para uma eminente questão jurídica que, por isso mesmo, deve ser admitida em termos bastante excepcionais, porquanto, como será fácil de ver, pode resvalar para um intolerável abuso do poder do Estado prepetrado pelo legislador,

---

[14] V. J. J. GOMES CANOTILHO, *Direito Constitucional e Teria da Constituição*, 7ª ed., Almedina, Coimbra, 2003, p. 1230 e s.

o qual pode, de resto, apresentar diversas configurações. Pois, para além do abuso do Estado concretizado na pretensão em resolver pela via político--legislativa problemas reservados a quem domina e é senhor das *leges artis* da interpretação e aplicação das normas jurídicas, o legislador abusa do seu poder, de um lado, face ao poder judicial, afectando o princípio da separação de poderes, ou na terminologia do art. 111º da Constituição o princípio da separação e interdependência de poderes, neste caso entre o poder legislativo e o poder judicial, e, de outro lado, face ao próprio poder legislativo num quadro de verdadeiro abuso contra si próprio, ao desrespeitar as exigências pelas quais se deve pautar a actuação do legislador decorrente de um *due process of law* legislativo reportado quer a cada lei quer à sequência e ligação das leis entre si, no caso entre a lei interpretanda e a lei interpretativa.

Tendo presente quanto vimos de dizer, atrever-me-ia a afirmar que as leis interpretativas apenas poderão considerar-se constitucionalmente legítimas quando a existência e manutenção das controvérsias interpretativas que constituem a razão invocada para a sua aprovação, de algum modo, sejam resultado da própria acção do legislador. Pelo que as leis interpretativas poderiam ser consideradas como uma forma de o legislador, de algum modo, emendar a mão não só para o futuro, como acontece com as normas revogatórias, mas igualmente para o passado. Tudo se passaria como se o legislador não tivesse exercido o seu poder legislativo de uma forma completa ou em termos inteiramente regulares, constituindo a lei interpretativa como que uma continuação do exercício desse poder e uma forma de complementar a manifestação da vontade legislativa expressa na lei interpretanda.

3. As leis interpretativas no direito fiscal

Tendo em conta o que vimos de dizer e passando ao domínio do direito fiscal, podemos afirmar que o legislador fiscal não está impedido de proceder à interpretação legislativa ou autêntica das leis fiscais, conquanto que se trate de uma verdadeira interpretação autêntica no sentido que precisámos. O que implica que estejamos perante uma situação em que se apresentem preenchidos os dois seguintes requisitos: que a solução da lei anterior se revele controvertida ou pelo menos incerta de modo a que comporte mais de um sentido; e que a solução definida pela lei nova se situe dentro dos quadros da controvérsia ou das incertezas referidas e se apresente como uma das interpretações a que o intérprete ou o julgador pudessem chegar dentro dos limites normalmente impostos à interpretação e aplicação das normas jurídicas. Pois se o intérprete ou o julgador, em face da lei antiga, não podiam considerar-se autorizados a adoptar a solução que a lei nova veio consagrar, então esta não pode deixar de ter-se por inovadora[15].

Todavia, já não se encontra o legislador fiscal habilitado a editar normas legais inovadoras em domínios em que esteja constitucionalmente vedada a possibilidade de editar normas com eficácia retroactiva, sendo de todo irrelevante que o faça com base no argumento ou a pretexto de que se limita a fazer uma interpretação autêntica de leis anteriores, atribuindo-lhe expressamente natureza interpretativa. É o que acontece com as normas legais que tenham por objecto a instituição ou o agravamento da posição fiscal dos contribuintes, na medida em que se encontrem ao abrigo do princípio constitucional da não retroactividade dos impostos, nos termos em que este princípio consta do n.º 3 do art. 103.º da Constituição, em que se encontra prescrito que «[n]inguém pode ser obrigado a pagar impostos que...tenham natureza retroactiva...»[16].

Sendo de acrescentar que, mesmo quando estejamos perante uma lei verdadeiramente interpretativa, em que efectivamente nos deparamos, como vimos, com uma falsa retroactividade ou uma retroactividade meramente formal, ainda assim essa lei não se encontra inteiramente a salvo de inconstitucionalidade. Seguramente que ela não será inconstitucional por violação do princípio constitucional da não retroactividade que vigore no pertinente domínio jurídico, mas pode vir a ser considerada inconstitucional por violação do princípio da segurança jurídica no seu segmento de protecção da confiança legítima, desde que a solução plasmada na lei interpretativa não passe com total êxito os diversos testes em que se desdobra a actual metódica da aplicação desse princípio constitucional[17]. Testes esses

---

[15] Nestes termos v. J. BAPTISTA MACHADO, *Introdução ao Direito e ao Discurso Legitimador*, cit., p. 247.

[16] Um preceito que, sendo tradicionalmente uma expressão do direito de resistência passiva, configura efectivamente o dever fundamental de pagar impostos, que é o suporte do Estado Fiscal, muito embora formulado pela negativa, porquanto o que estabelece é o "direito de não pagar impostos", prescrevendo assim o que o legislador fiscal não pode fazer face aos potenciais contribuintes.

[17] Que consistem em: 1) que o Estado, mormente o legislador tenha encetado comportamentos capazes de gerar nos privados expectativas de continuidade; 2) que tais expectativas sejam legítimas, justificadas e fundadas em boas razões; 3) que os privados tenham feito planos de vida tendo em conta a perspectiva de continuidade da actuação estadual; 4) que

que, à partida, não é inteiramente seguro que pudessem ter-se por ultrapassados com incondicional êxito em tais situações.

De resto porque as coisas são assim, é que a admissão da interpretação autêntica em domínios como o dos impostos, em se encontra constitucionalmente interdita a emissão de normas retroactivas (como acontece entre nós depois da revisão constitucional de 1997)[18], ou em que a retroactividade se encontra especialmente limitada por força da particular incidência do princípio da segurança jurídica no segmento da protecção da confiança legitima (caso dos EUA e da a generalidade dos países da Europa Ocidental), esteja sujeita a um conjunto muito exigente de requisitos.

Requisitos que podem ser mesmo objecto de formulação legal especialmente vinculante, como acontece em Itália, em que segundo o disposto no nº 2 do art. 1º do Estatuto do Contribuinte Italiano[19], o recurso a normas interpretativas em matéria tributária apenas é admitido em casos excepcionais, mediante lei ordinária (excluindo assim a utilização de decretos-lei e decretos legislativos) e qualificando expressamente de interpretação autêntica tais disposições[20]. Requisitos estes que, tendo em conta a natureza não só de meta-norma, mas sobretudo a especial força normativa vinculante, baseada de resto em diversas disposições constitucionais, conferida ao referido Estatuto, se impõem ao próprio legislador italiano em termos que se aproximam muito dos termos constitucionais[21],

O que significa que o legislador pode proceder à interpretação autêntica, mas mais nada. Designadamente não poder fazer interpretação jurídica *tout court*, nem editar normação inovadora servindo-se formalmente da interpretação autêntica. Pois, admitir que o legislador possa interpretar as

---

não haja razões de interesse público que justifiquem, em ponderação, a não continuidade do comportamento que gerou a situação de expectativa.

[18] V. a tal respeito para a situação anterior a 1997, o nosso livro *O Dever Fundamental de Pagar Impostos. Contributo para a Compreensão Constitucional do Estado Fiscal Contemporâneo*, Almedina, Coimbra, 1998, p. 396 e ss. e 466 e ss.

[19] Aprovado pela Lei nº 212/2000, de 27 de Julho.

[20] Em italiano: «L'adozione di norme interpretative in materia tributaria puo' essere disposta soltanto in casi eccezionali e con legge ordinaria, qualificando come tali le disposizioni di interpretazione autentica».

[21] Pelo disposto no nº 1 do art. 1º, em que se prescreve: «Le disposizioni della presente legge, in attuazione degli articoli 3, 23, 53 e 97 della Costituzione, costituiscono principi generali dell'ordinamento tributario e possono essere derogate o modificate solo espressamente e mai da leggi speciali». V. desenvolvidamente GIUSEPPE MELIS, *L'Interpretazione nel Diritto Tributario*, cit., p. 507 e ss.

normas que ele cria, no sentido de estabelecer um sentido para as mesmas que não se reconduza a um daqueles que possa ser obtido pelos actores a quem *ratione artis* cabe interpretar e aplicar as normas jurídicas, para além de quanto se possa dizer a tal respeito, tem o significado de um abuso do poder do Estado e do legislador nas configurações a que já aludimos.

Na verdade, para além de um verdadeiro abuso do poder do Estado, levado a cabo pelo legislador e traduzido na intromissão estadual na esfera eminentemente técnica dos mencionados actores, temos, de um lado, um específico abuso do poder legislativo face ao poder judicial, na medida em que este vê o domínio em que lhe cabe ditar a última palavra – o relativo à fixação do sentido e alcance das leis – ser em parte usurpado pelo legislador, e, de outro lado, uma efectiva subversão da função legislativa ao ditar uma solução constitucionalmente inadmissível através de uma lei que aparente e formalmente não pretende ser uma verdadeira lei, ou seja, uma manifestação do poder legislativo, antes uma solução para um inexistente conflito de interpretações de uma lei anterior[22]. Pois, em relação a estes abusos do legislador, aquilo com que nos deparmos é a total subversão do *due processo of law* legislativo, em que o legislador acaba por adoptar uma medida de oneração fiscal através de uma actuação em dois passos (*two-step scheme*), em que, embora cada um dos passos de per si se apresente relativamente inócuo, a sua sequência e articulação conduzem a a um resultado final alheio à ideia de Estado de Direito[23].

Na verdade, a um primeiro passo, em que é aprovada uma norma de incidência fiscal sem equivocidade efectiva quanto ao seu real alcance no respeitante ao não agravamento de uma dada situação dos contribuintes (a lei interpretada), se segue relativamente programado um segundo passo, em que, a pretexto de esclarecer a referida equivocidade inexistente da primeira lei, dispõe a segunda que, afinal de contas, nada se inova, limitando-se esta a fixar o sentido e alcance que já constava da lei anterior (lei interpetativa). Em suma, o agravamento da situação dos contribuintes acaba sendo como que uma espécie de obra do Espírito Santo, porquanto nem a primeira lei nem a segunda lei assumem essa paternidade: a primeira, porque efectivamente não teve essa intenção; e a segunda, justamente porque

---

[22] Cf. GIUSEPPE MELIS, *L'Interpretazione nel Diritto Tributario*, cit., p. 507 e ss.
[23] Um comportamento do legislador fiscal que, bem vistas as coisas, não anda assim tão longe do esquema conhecido pela expressão *step by step tax avoidance* de que as empresas se socorrem para abusivamente fugirem aos impostos a que se encontram sujeitas.

nada vem dizer de novo, porquanto se limita a fixar um dos sentidos pretensamente já contido na primeira.

Por conseguinte, como é fácil de verificar, não é, de todo, com verdadeiras interpretações autênticas que nos deparamos nas situações em referência, nas situações a que se reportam os arts. 131º, alínea *k)*, 135º, 140º, alínea *d)*, 154º e 163º da LOE/2016, sendo certo que de todos estes preceitos aquele que mais interpretações autênticas procurou estabelecer foi o referido art. 135º, em que se dispõe: «[a] redacção dada pela presente lei ao nº 6 do artigo 51º, ao nº 15 do artigo 83º, ao nº 1 do artigo 84º, aos nºs 20 e 21 do artigo 88º e ao nº 8 do artigo 117º do Código do IRC tem natureza interpretativa». O que de resto, já foi reconhecido pelo próprio Tribunal Constitucional, no seu acórdão 267/2017, que julgou inconstitucional o artigo 135º da LOE/2016, na medida em que, por efeito do caráter meramente interpretativo que atribui à 2ª parte do nº 21 do art. 88º do Código do IRC, determina que ao montante global resultante das tributações autónomas liquidadas num dado ano em sede de IRC, não podem ser deduzidos os valores pagos a título de pagamento especial por conta nos anos fiscais anteriores a 2016.

Justamente porque essas normas fiscais se apresentam inequivocamente como normas inovadoras, consubstanciando as mesmas o exercício em pleno da função legislativa, na medida em que estabeleçam um agravamento da situação dos contribuintes relativamente ao montante dos impostos a ser-lhes exigido, não podem aplicar-se, sob pena de violação do princípio da não retroactividade dos impostos, senão a factos futuros. Consequência esta que não se verificará apenas relativamente às normas em causa que se reportem a elementos dos impostos que não caiam sob a alçada da proibição da retroactividade dos impostos[24], ou digam respeito a alterações que melhorem a situação dos contribuintes ou de outros sujeitos passivos. O que, olhando analiticamente para o universo das interpretações autênticas contidas da LOE/2016, não acontece, pois a maioria destas normas interpretativas reporta-se a alterações de matérias fiscais que caiem na

---

[24] A menos que caiam sobre a alçada de outra proibição constitucional de retroactividade, como será o caso de configurarem restrições aos direitos, liberdades e garantias fundamentais, que estão sob a proibição de retroactividade do nº 3 do art. 18º da Constituição. O que, todavia, será muito difícil de se verificar, dada circunstância de o contacto dos direitos, liberdades e garantias fundamentais com os impostos assentar em o dever fundamental de pagar estes, conquanto que legalmente configurado no respeito da constituição, operar como limite imanente daqueles. V., a este respeito, o nosso livro *O Dever Fundamental de Pagar Impostos*, cit., p. 25 e ss., 77 e s., e 551 e ss.

alçada da proibição constitucional de impostos retroactivos. De facto constituem verdadeiras excepções as que não integram essas matérias, como é o caso do art. 140º que atribui natureza interpretativa às alterações ao art. 106º do Código do IRC relativas ao pagamento especial por conta que não só não tem a ver com tais elementos, como as alterações vão no sentido de tornar menos oneroso esse pagamento especial[25].

II. Impostos retroactivos

Segundo o disposto no nº 3 do art. 103º da Constituição, «[n]inguém pode ser obrigado a pagar impostos que não hajam sido criados nos termos da Constituição, que tenham natureza retroactiva ou cuja liquidação e cobrança se não façam nos termos da lei». Um preceito cuja redacção actual, é de sublinhar, resulta da Revisão Constitucional de 1997, que acrescentou a expressão «tenham natureza retroactiva».

1. O âmbito da proibição da retroactividade dos impostos

Desde logo, é de assinalar que este preceito constitucional, que contém, desde a referida Revisão Constitucional, a proibição da retroactividade dos impostos, ao dispor como o faz, enquadra uma tal proibição no recorte do dever fundamental de pagar impostos, que apresenta uma configuração assente numa formulação negativa. Pois encontra-se efectivamente moldado como a outra face desse dever fundamental, ou seja, como se de um direito fundamental a não pagar impostos, que não sejam os criados com a observância dos requisitos constitucionais aí mencionados, se tratasse[26].

O que significa que o poder do legislador relativamente a quaisquer concretizações legais que venha a fazer desse dever fundamental, criando e disciplinando os impostos ao mais alto nível, começa e começa apenas onde termina o círculo de protecção jusfundamental que esse preceito constitucional inequivocamente delimita e concretiza. Ou seja, o poder tributário do Estado ou de quaisquer outros entes territoriais que para tal se encon-

---

[25] O mesmo, de algum modo, se verifica também no caso norma interpretativa contida na alínea k) do art. 131º, embora porque este preceito contenha uma autorização legislativa para alterar diversos artigos do Código do IRS, limitando-se autorizar o Governo a atribuir natureza interpretativa às alterações a efectuar ao nº 2 do art. 31º e ao nº 6 do art. 78º e à alínea a) do nº 1 do art. 101º. Sendo que, nesta última situação, apenas os decretos-lei editados ao abrigo desta autorização legislativa se arriscam a ser considerados inconstitucionais.

[26] Uma formulação que, deve-se acrescentar, com outras palavras e sem a referência obviamente aos impostos retroactivos, constava já do nº 3 do art. 27º da Constituição de 1911 e do nº 16 do art. 8º da Constituição de 1933.

trem constitucionalmente habilitados inexiste no que respeita a tributos unilaterais ou impostos que sejam verdadeiramente retroactivos.

Pelo que não se aplica relativamente a tributos que tenham estrutura bilateral, como são os que integram a figura das taxas, que são tributos bilaterais de natureza individual, e as contribuições financeiras a favor de entidades públicas, que integram os tributos bilaterais de natureza grupal[27]. O que revela quão importante é para a delimitação do âmbito de aplicação do princípio constitucional da não retroactividade em causa saber se estamos ou não perante verdadeiros impostos, ainda que estes eventualmente se escondam atrás de designações próprias de tributos bilaterais – de taxas ou de contribuições financeiras, portanto. É que estes tributos, atenta a estrutura bilateral da relação jurídica em que assentam, constituem tributos de natureza inequivocamente comutativa, podendo afirmar-se que têm por suporte uma legitimidade substantiva, material ou económica que se encontra intrinsecamente ligada à referida estrutura[28].

O que é totalmente diferente do que acontece nos impostos que têm por suporte uma legitimidade de natureza política e processual patente no tradicional significado e alcance do princípio da legalidade fiscal concretizado numa *reserva material de lei*, geralmente referido com base na dogmática alemã por princípio da tipicidade (*Tatbestandsmässigkeit*), a exigir que a lei contenha a disciplina tão completa quanto possível da matéria reservada, a qual, nos termos do nº 2 do art. 103º da Constituição, integra, relativamente a cada imposto, a incidência, a taxa, os benefícios fiscais e as garantias dos contribuintes. Um princípio que, muito embora presentemente enfrente as exigências do princípio da praticabilidade das soluções legais decorrentes do crescente quadro de complexidade dos factos tributários, a implicar uma atenuação da ideia de tipicidade no sentido da sua abertura[29], continua, em certo sentido, a reconduzir-se à conhecida expressão *no taxation without representation*[30].

---

[27] V. o nosso *Direito Fiscal*, 10ª ed., Almedina, Coimbra, 2017, p. 42 e ss.

[28] No quadro de uma estrita lógica de "dá cá toma lá" (*do ut des*).

[29] Pois o princípio da legalidade fiscal tende a ser objecto de alguma moderação, no sentido de uma síntese entre uma legalidade estrita ancorada numa ideia de tipicidade fechada, como foi o seu entendimento na segunda metade do século passado (Alberto Xavier), e a actual antítese àquela compreensão no sentido de uma legalidade bem mais aberta e flexível (Ana Paula Dourado). Para a referida síntese, v. Fábio Pallaretti Calcini, *Princípio da Legalidade. Reserva de Lei e Densidade Normativa*, Lumen Juris, Rio de Janeiro, 2016, e o nosso *Direito Fiscal*, cit., p. 146 e ss.

[30] V. o nosso livro *O Dever Fundamental de Pagar Impostos*, cit., p. 321 e ss.

Por outras palavras as taxas e contribuições financeiras têm por base uma verdadeira causa constituída pela prestação que suporta a exigência dos tributos bilaterais, assentando assim estes num efectivo fenómeno de troca de utilidades económicas que constitui a real base da sua legitimidade. Causa essa que tem a sua concretização bem patente na exigência da sua fundamentação económico-financeira, como expressão específica no Regime Geral das Taxas das Autarquias Locais[31]. Pois, muito embora essa fundamentação seja expressamente exigida apenas para às taxas das autarquias locais, obviamente que a mesma não pode deixar de valer igualmente para a generalidade dos tributos de estrutura bilateral – para todas as taxas, sejam estas ou não das autarquias locais, e para todas as contribuições financeiras a favor de entidades públicas[32].

Um princípio constitucional que também não se aplicará, estamos em crer, aos próprios impostos, quando estes constituam verdadeiros impostos extrafiscais, os quais, porque procuram moldar o comportamento económico ou social dos seus destinatários, obstando ou limitando a verificação dos correspondentes factos tributários ou factos geradores, não podem ter por base nem critério de medida a correspondente capacidade contributiva. Por conseguinte, a eventual retroactividade, de que possam enfermar tais impostos, poderá convocar alguma das outras específicas proibições constitucionais de retroactividade, seja a relativa ao direito penal, seja a respeitante às restrições aos direitos liberdades e garantias fundamentais, que constam, respectivamente, dos nºs 1, 3 e 4 do art. 29º, e do nº 3 do art. 18º da Constituição. Ou, se isso não se verificar, permitir invocar a aplicação do princípio da segurança jurídica na sua concretização de princípio da protecção da confiança legítima, caso em que, ao contrário do que ocorre quando seja aplicável o princípio da não retroactividade que dá prevalência *urbi et orbi* ao interesse do contribuinte, haverá lugar a uma real ponderação dos interesses em confronto – o interesse do contribuinte em não ver aplicada a norma "retroactiva", e o interesse do Estado e de outras entidades públi-

---

[31] Em cujo nº 2 do seu art. 8º se dispõe: "O regulamento que crie taxas municipais ou taxas das freguesias contém obrigatoriamente, sob pena de nulidade: ...c) A fundamentação económico-financeira relativa ao valor das taxas, designadamente os custos directos e indirectos, os encargos financeiros, amortizações e futuros investimentos realizados ou a realizar pela autarquia local».
[32] V. o nosso estudo «Recursos financeiros e poderes tributários das autarquias locais: que melhorias?», *Revista de Legislação e de Jurisprudência*, ano 146, 2016/17, p. 386 e ss.

cas com poder tributário em obter (mais) receitas e ver, assim, aplicada essa norma.

Enfim, o princípio da não retroactividade dos impostos não é aplicável senão relativamente às normas que afectem negativamente a posição dos contribuintes quanto à obrigação de imposto, ou seja, que criem impostos novos ou, de algum modo, aumentem o montante dos impostos a pagar, designadamente através da ampliação da base de incidência, em qualquer das suas componentes subjectivas ou objectivas, do aumento das taxas ou da diminuição das deduções à matéria tributável ou das deduções à colecta. Não se aplica, por conseguinte, às normas que visem favorecer os contribuintes, como, por exemplo, as que aumentem ou ampliem com efeitos retroactivos benefícios fiscais, ou seja, não se aplica à chamada retroactividade *in mitius*, sendo a correcção jurídico-constitucional desta a testar através do princípio da segurança jurídica na sua concretização de princípio da protecção da confiança legítima, ponderando os interesses em disputa: o interesse do contribuinte em não ver aplicada essa norma retroactiva, e o interesse do Estado e de outras entidades públicas com poder tributário em obter receitas relativas a factos tributários passados.

2. O conceito relevante de retroactividade dos impostos

Mas, se antes nos preocupámos com a delimitação negativa do âmbito de aplicação do princípio da não retroactividade dos impostos, importa agora delimitar o seu âmbito positivo. O que implica indagar do conceito de retroactividade que está subjacente a um tal princípio constitucional. Um conceito que foi objecto de grande lavor jurisprudencial do Tribunal Constitucional que, todavia, não colhe a nossa adesão.

De facto, o Tribunal Constitucional na sua jurisprudência, que tem já alguns anos, com assento sobretudo nos Acs. 128/2009, 399/2010, 523/2010, 524/2010 e 310/2012, revelando ao menos aparentemente um claro intuito de limitar o sentido e alcance de uma tal proibição e argumentando para esse efeito com a análise dos trabalhos preparatórios que suportaram a Revisão Constitucional de 1997, vem restringir a proibição constitucional de impostos retroactivos ao que designa por retroactividade autêntica ou de 1º grau, para o que, com base numa especial analítica, vem procedendo a uma distinção tripartida da retroactividade dos impostos, reconduzindo esta a três situações ou a três graus de gravidade, a saber:

a) a retroactividade autêntica ou de 1º grau, que se verifica nos casos em que o facto tributário que uma lei nova pretende regular já produziu todos os seus efeitos ao abrigo da lei antiga;

b) a retroactividade inautêntica ou de 2º grau, que tem lugar nas situações em que o facto tributário ocorreu ao abrigo da lei antiga, mas os seus efeitos, designadamente os respeitantes à liquidação e pagamento, ainda não se encontram totalmente esgotados;

c) a retrospectividade ou retroactividade de 3º grau, que acontece nos casos em que o facto tributário que a lei nova pretende regular na sua totalidade não ocorreu completamente ao abrigo da lei antiga, continuando-se a formar durante a vigência da lei nova.

Uma visão do princípio da retroactividade dos impostos que temos por descabida, porquanto parece assentar numa ideia de verdadeira reserva mental quanto à introdução de um tal princípio na Constituição. Pois, como dissemos noutro local, o que releva para efeitos de estarmos perante um imposto retroactivo ou não é apenas o facto tributário ou facto gerador em todas as suas vertentes ou dimensões subjectiva e objectiva (em que temos, ainda, os elementos quantitativos, espaciais e temporais)[33].

Na verdade, é o facto tributário que consubstancia o momento constitucional do imposto integrante da relação de direito constitucional entre o poder de tributar do Estado e o dever fundamental de pagar impostos dos contribuintes, e não a liquidação e cobrança do imposto, pois estas operações, enquanto momento administrativo do imposto integrante da relação de direito administrativo entre a administração tributária e os contribuintes enquanto administrados, relevam apenas da administração ou gestão dos impostos, que presentemente é, em geral, da incumbência dos próprios particulares, mais especificamente das empresas[34].

Se a manifestação da capacidade contributiva, em que o facto tributário se suporta, que é sempre uma manifestação inequívoca do contribuinte, se encontra esgotada aquando da entrada em vigor da lei nova, a pretensão

---

[33] Segundo uma analítica que encontramos desenvolvida nos textos pioneiros e verdadeiramente clássicos de SAINZ DE BUJANDA, «Concepto del hecho imponible», e «Naturaleza del hecho imponible», em *Hacienda y Derecho*, vol. IV, 1966, p. 259 e ss. e 567 e ss., respectivamente.

[34] No quadro do que vimos designando por "privatização da administração ou gestão dos impostos". Quanto ao que dizemos no texto, v. o nosso *Direito Fiscal*, cit., p. 229 e ss. e 327 e ss.

desta actuar sobre essa manifestação é retroactiva, porque inelutavelmente vai remexer no passado dos contribuintes que estes já não têm qualquer hipótese de alterar ou levar em linha de conta. De resto, considerar a liquidação e cobrança do imposto, que são inequivocamente actos da responsabilidade da Administração Tributária, como elementos cuja consolidação se tem por imprescindível para a construção do conceito de retroactividade autêntica relevante para desencadear a aplicação do princípio da não retroactividade dos impostos, conduz, na prática, à quase irrelevância da alteração constitucional concretizada na consagração de um tal princípio.

Desde logo, cabe perguntar, como já o fizemos, se perante um conceito tão restrito de retroactividade própria ou autêntica, se não se está, de algum modo, a tentar repor a situação anterior à consagração constitucional da proibição de impostos retroactivos, pois parece-nos que, por essa via, se chegará tendencialmente a resultados em tudo idênticos ao que o Tribunal Constitucional alcançava através da ponderação baseada no princípio da protecção da confiança legítima[35]. Na verdade, com um tal conceito de retroactividade, tenderão a ser considerados inconstitucionais, por específica violação do princípio da não retroactividade dos impostos, apenas os impostos, sejam instantâneos ou de obrigação única, sejam duradouros ou de obrigação periódica, em não só o facto tributário mas também o acto tributário se tenham exaurido.

Um resultado a que não vemos como não chegaria o Tribunal Constitucional através da ponderação baseada no princípio da protecção da confiança legítima. O que legitima a pergunta: qual o verdadeiro alcance da tão celebrada alteração da Constituição em 1997 traduzida na consagração do princípio da não retroactividade dos impostos? Na verdade, tem-se a sensação de que o que se pretendeu dar com uma mão, com a consagração do

---

[35] Uma solução que, para quem, como nós, se opôs àquela proibição constitucional, era a que devia ser. Mas, uma vez estabelecida na Constituição, então há que a respeitar e não proceder como se ela, afinal, não existisse – v. os nossos livros *Direito Fiscal*, cit., p 148 e s., e *O Dever Fundamental de Pagar Impostos*, cit., p. 394 e ss. Sobre a solução constitucional, v. também as interrogações de J. M. CARDOSO DA COSTA, «O enquadramento constitucional do direito dos impostos em Portugal: a jurisprudência do Tribunal Constitucional», *Perspectivas Constitucionais. Nos 20 Anos da Constituição de 1976*, vol. II, Coimbra, 1997, p. 397 e ss. Sobre a segurança jurídica, v. ANTÓNIO MARCOS, *O Direito dos Contribuintes à Segurança Jurídica*, Universidade Fernando Pessoa, Porto, 1997, esp. p. 421 e ss.; HELENO TAVEIRA TORRES, *Direito Constitucional e Segurança Jurídica*, São Paulo, 2011; UMBERTO ÁVILA, *Segurança Jurídica*, São Paulo, 2011; e MARIA DE FÁTIMA RIBEIRO/JONATHAN BARROS VITA (Org.), *Segurança Jurídica. Novos Paradigmas das Relações Empresariais e Económicas*, A&C, 2014.

princípio constitucional, acabou sendo retirado com a outra, com a construção de um conceito de retroactividade tão restritivo que, em rigor, quase não tem utilidade prática autónoma.

Depois, um tal conceito de retroactividade autêntica, ao integrar a prática do próprio acto tributário, leva a que a verificação ou não da retroactividade acabe, de algum modo, por ficar dependente da actuação da própria Administração Tributária na medida em que esta actue ou não, designadamente tomando ou não iniciativas que venham suportar a suspensão do prazo da caducidade, nos termos em que esta se encontra prevista no art. 45º da Lei Geral Tributária, ampliando assim artificialmente o arco temporal em que a exigência do imposto de algum modo permaneceria temporalmente aberta.

Ora, não nos parece minimamente aceitável que a construção de um conceito de retroactividade dos impostos, para efeitos de aplicação do segmento normativo constitucional em referência, não tenha por suporte um conceito constitucionalmente adequado. Designadamente um conceito que obviamente não pode fazer tábua rasa do apertado quadro constitucional de concretização pelo legislador do dever fundamental de pagar impostos, nos termos em que este dever se encontra negativamente recortado, como referimos, no nº 3 do art. 103º da Constituição.

Efectivamente, para nós, o princípio constitucional da não retroactividade dos impostos, não pode deixar de se apresentar como um princípio iminentemente dirigido à tutela dos contribuintes, à semelhança, de resto, do que acontece com as outras duas específicas proibições constitucionais de retroactividade, em que, tanto no domínio penal (nºs 1, 3 e 4 do art. 29º) como no das restrições aos direitos liberdades e garantias fundamentais (nº 3 do art. 18º), se trata da protecção dos destinatários das normas penais e das normas restritivas de direitos fundamentais, respectivamente. Uma feição eminentemente subjectiva do princípio constitucional em análise que tem a sua base bem patente, de resto, na delimitação negativa do seu âmbito que abordámos mais acima.

É que a autonomização do princípio da não retroactividade dos impostos na Revisão Constitucional de 1997, face ao princípio da segurança jurídica na sua concretização de princípio da protecção da confiança legítima, mais não pretendeu do que retirar da esfera de decisão dos juízes constitucionais a ponderação em que a aplicação deste princípio se materializa, sendo assim automaticamente inconstitucionais, independentemente de qualquer ponderação dos interesses em presença, as leis que estabeleçam impostos verdadeiramente retroactivos. Por conseguinte, a nosso ver, o conceito de retroactividade só faz sentido e tem verdadeira utilidade se for interpretado como reportando-se inteira e exclusivamente ao facto tributário, facto gerador ou pressuposto de facto do imposto, que é justamente da responsabilidade dos contribuintes e a cuja tutela aquele conceito efectivamente se reporta.

Naturalmente que não está em causa que o princípio da não retroactividade também sirva a certeza a e segurança da ordem jurídica e das relações que esta disciplina, em que se incluem os próprios sujeitos activos das relações tributárias, no caso o poder tributário do Estado para criar e disciplinar os impostos. Mas é óbvio que não é este o aspecto decisivo.

3. A redução do princípio da não retroactividade dos impostos ao princípio da protecção da confiança legítima

Por quanto vimos de dizer, um conceito de retroactividade dos impostos tão restrito quanto o defendido e aplicado pelo Tribunal Constitucional se, por um lado, limita o sentido e alcance desse princípio constitucional, por outro, amplia o próprio poder desta alta instância judicial em termos de, em certo sentido, continuar a fazer o que vinha fazendo antes da revisão constitucional de 1997 relativamente à validade constitucional das leis que consagrem, ampliem ou agravem retroactivamente impostos. O que, por conseguinte, mais não é do que a recuperação de um poder que a Constituição, afinal de contas, apenas aparentemente lhe havia tirado.

É certo que se poderia argumentar a este propósito com o facto de o Tribunal Constitucional, enquanto órgão jurisdicional supremo em matéria constitucional face aos demais tribunais, incluindo inclusive os próprios supremos tribunais, ser titular, em larga medida, da competência da sua competência (*Kompetenz-Kompetenz*). Muito embora, deva ser devidamente assinalado, utilizando esta expressão com um sentido amplo e inusual de modo a abarcar, não apenas a relação do Tribunal Constitucional com os outros órgãos jurisdicionais, com os restantes tribunais, como vai pressuposto e por via de regra acontece[36], mas também na sua relação com

---

[36] V. sobre a competência da competência, MIGUEL GALVÃO TELES, «A competência da competência do Tribunal Constitucional», em *Legitimidade e Legitimação da Justiça Constitucional*, 10º Aniversário do Tribunal Constitucional, Coimbra Editora, 1995, p. 105 e ss.; e ANTÓNIO SAMPAIO CARAMELO, «A competência da competência e a autonomia do tribunal arbitral», *Revista da Ordem dos Advogados*, ano 73, 1-Jan.-Mar. 2013, p. 291 e ss.

os demais órgãos de soberania, designadamente, com o legislador, como é o caso da problemática aqui em consideração[37].

Todavia, mesmo supondo que ainda é minimamente compreensível falar de competência da competência para uma situação como esta, não sendo assim alheia ao Tribunal Constitucional a possibilidade de ampliar ou de restringir o seu campo de acção face ao dos demais órgãos de soberania ou órgãos do Estado, ainda assim uma tal argumentação apenas seria admissível se a mesma ocorresse naqueles domínios em que essa actuação não se revele *contra constitutionem*, isto é, seja quando muito *prater legem* ou, eventualmente mesmo, *praeter constitutionem*.

Ora, aquilo a que temos vindo a assistir é, na verdade, a uma actuação do Tribunal Constitucional que passa ao lado da alteração constitucional operada pela revisão constitucional de 1997, traduzida na proibição de impostos retroactivos. Ou seja, a uma actuação que faz tábua rasa do respeito pela constituição a que também o Tribunal Constitucional deve obediência. Ora, onde temos um inequívoco *diktat* da Constituição, como acontece com a proibição de impostos retroactivos, não há espaço para os tribunais procederem a quaisquer ponderações, com aquelas em que assenta a aplicação do princípio da protecção da confiança legítima. De facto as ponderações que haveria a fazer foram efectivamente realizadas *una tantum* pelo poder constituinte derivado em 1997.

Muito embora, sendo certo que não há qualquer instância superior ao Tribunal Constitucional, jurisdicional ou de outra natureza, a que se possa recorrer para dirimir o conflito entre o que a Constituição estabelece e o que Tribunal Constitucional julga ou declara inconstitucional ou não inconstitucional, naturalmente que a solução adoptada pelo Tribunal Constitucional acabará inelutavelmente por prevalecer. Uma realidade que obviamente conduz a que a Constituição, ao fim e ao resto, acabe por ser o que os juízes constitucionais dizem que ela é[38]. Uma ideia que, mesmo

---

[37] Como, de resto, pode ser reportada às relações de natureza vertical dos Estados federais. Pois como nos informa Miguel Galvão Teles, no texto citado «A competência da competência do Tribunal Constitucional», p. 105 e ss., a expressão competência da competência surgiu, no terceiro quartel do século XIX, para referir o poder dos estados federados e do Estado Federal com base num preceito constante da Constituição de 1867 da Confederação Germânica do Norte (*Norddeutshe Bund*), o qual haveria de transitar para a Constituição Imperial de 1871.

[38] Na bem conhecida frase do *Chief of Justice* Charles Evans Hughes: «We are under a Constitution, but the Constitution is what the judges say it is, and the judiciary is the safeguard of our liberty and of our property under the Constitution». Isto numa visão da

passando por cima das reservas que obviamente suscita, apenas se compreenderá para matérias relativamente às quais o poder constituinte, originário ou derivado, não tenha assumido uma posição clara e relativamente fechada, mormente de rejeição, como ocorre no domínio em análise relativamente ao princípio da não retroactividade dos impostos. Pois é indiscutível que a revisão constitucional de 1997 teve por objectivo afastar a solução anteriormente vigente entre nós e na generalidade dos países que constitucionalmente nos são mais próximos[39], em que o problema da retroactividade dos impostos não estava contemplada com uma solução específica traduzida na proibição directa de tais impostos, antes comportava uma solução no quadro mais amplo do respeito pelo princípio da segurança jurídica no segmento ou subprincípio da protecção da confiança legítima.

É certo que o Tribunal Constitucional não proclama nem afirma a manutenção ou o regresso a uma tal solução. Todavia, como facilmente se intui, não interessa o que o Tribunal Constitucional diz ou afirma a tal respeito, mas sim o que efectivamente julga ou declara inconstitucional ou não inconstitucional. E, deste ponto de vista, os resultados práticos a que o desenvolvimento da sua jurisprudência vem chegando não nos deixam margem para dúvidas quanto à manutenção ou reposição na prática da situação anterior à alteração constitucional da 4ª Revisão Constitucional.

O que nos leva a concluir no sentido de a actuação do Tribunal Constitucional remete para uma de duas explicações: ou comporta uma mutação constitucional de todo inaceitável ou reduz a norma constitucional em causa a uma realidade normativa puramente nominal. Explicações que, todavia, não quadram minimamente com um Estado de Direito. Pois se vamos pela mutação constitucional, trata-se de uma mutação implícita, em que os órgãos encarregados de aplicar e assegurar o respeito pelas normas constitucionais, em vez de as cumprirem e fazerem cumprir, a pretexto de as estarem interpretar e aplicar, alteram inteiramente o seu efectivo conteúdo[40]. Uma actuação que, de um lado, não tem nada a ver com a natural e permanente necessidade de adequação da constituição à realidade consti-

---

constituição que a reconduz basicamente à tutela dos direitos fundamentais liofilizados na *liberty and property clause*.

[39] Para uma alusão às soluções em causa, v. o nosso livro, *O Dever Fundamental de Pagar Impostos*, cit., p. 397 e s.

[40] V. CARLOS BLANCO DE MORAIS, «As mutações constitucionais implícitas e os seus limites jurídicos: autópsia de um acórdão controverso», *JURISMAT*, nº 3, 2013, p. 55 e ss.; e J. J. GOMES CANOTILHO, *Direito Constitucional e Teria da Constituição*, cit. p. 1228 e s.

tucional que encaixa ainda na realização do correspondente programa normativo e, de outro, porque se desenvolve totalmente à margem das normas constitucionais pelas quais se regem as revisões constitucionais, as quais, obviamente, não podem ser revisões tácitas[41].

Por seu turno, também não é minimamente aceitável num Estado de Direito, como é indiscutivelmente o actual Estado Português, a redução da norma em causa a uma norma constitucional puramente nominal, a uma norma que não passou nem passa do papel[42], acabando por ter o mesmo destino que foi reservado a grande parte das normas da Constituição de 1933. O que conduziu, como é sabido, a que a generalidade da doutrina tivesse considerado a Constituição da II República como uma constituição em termos normativos puramente nominal[43].

Pois é da maior importância sublinhar que, para além de tudo quanto se possa dizer contra a mencionada actuação do Tribunal Constitucional, este, não obstante ser o indiscutível guardião supremo da Constituição, não é, de modo algum, o seu *senhor* mas antes o seu mais competente e qualificado *servo*. Postura esta que, a nosso ver, não está reflectida na maneira como o Tribunal Constitucional vem interpretando e aplicando o princípio constitucional da não retroactividade dos impostos, inutilizando na prática o sentido e alcance da introdução deste princípio na Constituição.

Em conclusão, o princípio da não retroactividade dos impostos, introduzido na Constituição em 1997, vem sendo praticamente sabotado pelo legislador com falsas leis interpretativas e verdadeiras leis retroactivas e, em larga medida, também pelo Tribunal Constitucional. De facto este, perante a mencionada actuação do legislador, mais não tem feito do que passar ao lado das efectivas exigências do princípio, interpretando-o e aplicando--o com base num conceito tão restrito de retroactividade que conduz, na prática, a resultados que não andarão longe dos que seriam alcançados sem a sua específica consagração constitucional. O que, para além de tornar quase inútil a introdução do princípio na Constituição, constitui um enten-

---

[41] J. J. GOMES CANOTILHO, *Direito Constitucional e Teria da Constituição*, cit., p. 169 e s.

[42] Lembrando a célebre concepção sociológica de constituição perfilhada por FERDINAND LASSALLE, revelada na conferência que proferiu na Associação dos Contribuintes de Berlim em 16 de Abril de 1862, subordinada ao título «Über Verfassungswesen», em que se exprimiu em termos de considerar a constituição uma "folha de papel".

[43] V., a este respeito, o nosso livro *A Autonomia Financeira das Autarquias Locais*, Almedina, Coimbra, 2007, p. 10 e s.

dimento que, evidentemente, não constitui um bom serviço ao Estado de Direito.

E aqui estão as razões pelas quais discordamos da linha jurisprudencial que o Tribunal Constitucional, com raras excepções[44], tem vindo a seguir e, bem assim, a linha da jurisprudência arbitral adoptada em diversos acórdãos do CAAD, entre os quais podemos mencionar o recente Acórdão de 28 de Março de 2017, tirado no Processo nº 302/2016-T, se bem que com um voto de vencido cujo sentido naturalmente acompanhamos[45].

---

[44] Como a que configura o Acórdão nº 172/2000.
[45] Acórdão assinado pelos Juízes-Árbitros José Manuel Cardoso da Costa, João Taborda da Gama e João Menezes Leitão, sendo o voto de vencido subscrito por João Taborda da Gama.

A Respeito do Adicional ao Imposto Municipal sobre Imóveis*

Sumário: 1. Da tributação do rendimento predial até à reforma da tributação do rendimento em 1988; 2. A tributação relativa aos imóveis na reforma da tributação do rendimento de 1988; 3. A situação decorrente da reforma da tributação do património de 2003; 4. O adicional ao Imposto Municipal sobre Imóveis; 5. Reflexão breve sobre a actual tributação do património.

As considerações que nos propomos fazer são mesmo, como consta do título, a respeito do adicional ao Imposto Municipal sobre Imóveis. Ou seja, vamos falar muito pouco deste novo imposto, cuidando antes da tributação que tem tido por base a realidade constituída pelos bens imóveis, ou, segundo uma outra designação, que era de resto a mais tradicional e se mantém em sede do recorte da incidência dos impostos em causa, a realidade constituída pelos prédios.

Tendo presente este quadro, vamos começar por traçar a evolução que essa tributação teve desde a "décima militar" até ao actual IMI, para, depois, dizermos alguma coisa sobre a presente tributação do rendimento predial, por um lado, e do património imobiliário, por outro, para, por fim, descrevermos o adicional ao IMI e, bem assim, fazermos algumas reflexões sobre a evolução a que assistimos no sentido da pessoalização da tributação dos imóveis. Vejamos então cada um dos aspectos que acabam de ser referenciados.

---

* Texto elaborado a partir da nossa participação na Formação Contínua/Temas de Direito Tributário, do CEJ, a 26 de Janeiro de 2018, publicado nos *Cadernos de Justiça Tributária*, nº 19, Janeiro-Março de 2018.

1. Da tributação do rendimento predial até à reforma da tributação do rendimento em 1988

Podemos dizer que a tributação dos bens imóveis, que temos hoje, remonta efectivamente a 1641, com a criação da "décima militar". Um imposto geral sobre o rendimento que, embora de natureza extraordinária, porquanto criado com o objectivo de custear as despesas com a Guerra da Restauração[1], se foi mantendo muito para além do fim do conflito em 1668[2]. Mas que tem características que fazem dessa contribuição uma tributação algo inovadora para a época, designadamente por incidir tendencialmente sobre os rendimentos e sobre a generalidade dos cidadãos, ao contrário do que era e continuará a ser tradicional até ao triunfo das revoluções liberais nos séculos XVIII e XIX, em que, com base na estrutura estamental da sociedade então dominante, se excluía da incidência dos impostos as classes do clero e da nobreza[3]. Significa isto, permitindo-me aqui uma questionável extrapolação, que no domínio dos impostos como noutros domínios, designadamente no da defesa da soberania popular, certamente mais por necessidade de ordem prática do que por adesão aos ideários que haveriam de triunfar bastante mais tarde, Portugal acabou por se revelar precoce e assumir um certo pioneirismo[4].

---

[1] Portanto seguindo a lógica da época, em que o Estado, do ponto de vista do seu suporte financeiro, se apresentava como um Estado de cariz basicamente patrimonial, no qual os impostos, em geral designados por contribuições, tinham, pelo menos em teoria, a natureza de impostos não permanentes. V. a tal respeito, o nosso livro *O Dever Fundamental de Pagar Impostos. Contributo para a Compreensão Constitucional do Estado Fiscal Contemporâneo*, Almedina, Coimbra, 1998, p. 191 e ss. Sobre o sentido e alcance da evolução do Estado patrimonial para o Estado fiscal, v. Ricardo Lobo Torres, *A Idéia de Liberdade no Estado Patrimonial e no Estado Fiscal*, Renovar, Rio de Janeiro, 1991.

[2] Com a assinatura do Tratado de Paz de Lisboa, em 13 de Fevereiro de 1668, que pôs termo à Guerra da Restauração.

[3] Pois entendia-se, na representação mental própria da Idade Média, que cada classe estamental contribuía para a comunidade nacional de maneira diferente: os *oratores* (clero) contribuíam com as orações; os *bellatores* (nobreza) contribuíam assegurando a defesa e protecção militar; e os *laboratores* (os trabalhadores – o povo) contribuíam com diversas prestações de natureza pessoal, em espécie ou em dinheiro. V. também o nosso *Direito Fiscal*, 10ª ed., Almedina, Coimbra, 2017, p. 441 e ss.

[4] Sobre os impostos na época, v. Frei Pantaleão Rodrigues Pacheco, *Tractatus de Justa Eexactione Tributi*, 1650, na tradução de Moisés Bensabat Amzalak, *Tratado da Justa Exacção dos Tributos*, em *Economia e Finanças*, Anais do Instituto Superior de Ciências Económicas e Financeiras, tomo segundo, volume XXV, 1957, p. 429 e ss. V. também o nosso texto «Considerações sobre o ensino e a evolução do direito fiscal nos últimos cem anos», em *Por um Estado Fiscal Suportável – Estudos de Direito Fiscal*, vol. IV, Almedina, Coimbra, 2015, p. 187 e ss. (201 e ss.).

De facto, a décima militar incidia, à taxa de 10%, sobre as diversas parcelas ou cédulas do rendimento, ou seja: a parcela dos rendimentos prediais (décima predial), a parcela dos rendimentos de empréstimos de capitais (décima de juros) e a parcela dos rendimentos proporcionados pelas actividades comerciais, industriais ou profissionais (décima de maneio). Substituídas em 1845 pelas contribuições[5], tendo-se instituído a contribuição de maneio, a contribuição pessoal e a contribuição predial, e criado em 1860 a contribuição industrial em substituição das duas primeiras, podemos dizer as décimas se vão manter até à reforma dos anos sessenta do século passado[6]. Se bem que, mesmo nas actuais categorias de rendimento do IRS, não deixa de ser visível alguma correspondência com as parcelas ou cédulas das décimas.

Interessa-nos aqui, todavia, a décima predial, depois designada por contribuição predial, que foi de todas as décimas aquela que mais fiel se manteve ao figurino inicial, não sendo, por isso, estranho que até à mencionada reforma dos anos sessenta do século passado fosse conhecida simplesmente pela designação de "décima". Pois bem, desde 1641 até à reforma fiscal de 1988/89, a tributação relativa aos imóveis tinha por objecto o rendimento dos prédios tanto rústicos como urbanos, muito embora a partir da mencionada reforma fiscal dos anos sessenta, ao lado da contribuição predial se tenha criado, em 1963, o imposto sobre a indústria agrícola.

Pelo que, a partir dessa reforma, a tributação do rendimento dos imóveis assentava em dois impostos: a contribuição predial e o então criado imposto sobre a indústria agrícola[7]. A contribuição predial tinha a seguinte configuração[8]: a contribuição predial rústica, que incidia sobre a renda fundiária, sendo esta definida como o valor atribuível à utilização produtiva da terra e respectivos melhoramentos, não integrado este o lucro da exploração, pois os lucros das explorações agrícolas, silvícolas ou pecuárias estavam exclu-

---

[5] Designação adoptada no quadro da filosofia liberal que via no indivíduo um cidadão livre e titular exclusivo dos seus direitos, que pagava prestações ao Estado não porque este tivesse o poder de lhas impor, mas antes porque ele, como cidadão, tinha a obrigação de as realizar.
[6] V. Vitor António Duarte Faveiro, *Noções Fundamentais de Direito Fiscal Português*: II Volume: *Estrutura Jurídica do Sistema Fiscal Português, Impostos sobre o Rendimento*, Coimbra Editora, 1986, p. 16 e ss.
[7] Que foi integrado no Código da Contribuição Predial, passando este a designar-se Código da Contribuição Predial e Imposto sobre a Indústria Agrícola.
[8] Que vem, sem grandes alterações, do Código da Contribuição Predial de 1913, com expressamente se reconhece no relatório do Código da Contribuição Predial de 1963.

ídos da contribuição predial[9]; e a contribuição predial urbana que incidia sobre o rendimento dos prédios urbanos, sendo este, quando os prédios estivessem arrendados, o valor da respectiva renda expressa em moeda corrente, e, quando não estivessem arrendados, a equivalente utilidade que deles obtivesse ou tivesse a possibilidade de obter quem pudesse usar ou fruir dos prédios. Pelo que a contribuição predial urbana tinha por base o rendimento real relativamente aos prédios arrendados e um rendimento normal – o rendimento imputado ao correspondente prédio – no respeitante aos prédios não arrendados.

Já o imposto sobre a indústria agrícola incidia sobre os lucros das explorações agrícolas, silvícolas ou pecuárias, desde que estes não caíssem na incidência da contribuição industrial. Trata-se de um imposto que, muito embora fosse tido por necessário já na reforma fiscal de 1929, em virtude de diversas vicissitudes, não veio a ter aplicação prática. De facto, criado em 1963, foi suspenso em 1965. Tendo sido modificado e reposto em vigor em 31 de Dezembro de 1975, foi, de novo, suspenso em Maio de 1976. Autorizado pela LOE/1979 a repô-lo em vigor, o Governo não utilizou a autorização legislativa, e reposto, mais uma vez, em vigor pela LOE/1981, foi o mesmo suspenso para esse ano e anos seguintes[10].

De resto, as dificuldades reveladas pela tributação dos rendimentos da actividade agrícola, que vão para além da renda fundiária, traduzindo-se portanto em lucro das explorações agrícolas, silvícolas ou pecuárias, sobretudo quando não são de montante significativamente elevado, dada a sua indiscutível ligação à subsistência do agricultor e sua família, teve como expressão o estabelecimento de um regime transitório para a aplicação progressiva à totalidade dos rendimentos do regime da inicialmente categoria D e, depois da reforma da tributação do rendimento de 2000, da categoria B do IRS, nos termos do art. 4º do Decreto-Lei nº 442-A/1988, de 30 de Novembro, diploma que aprovou o Código do IRS. Regime que acabou por se manter, nunca se tendo aplicado à totalidade dos rendimentos agrícolas o regime constante do Código do IRS.

O que levou a que, em consequência disso, tenha sido adoptada uma solução permanente, que por isso mesmo transitou para o Código do IRS, constante do nº 4 do art. 3º, segundo o qual "[s]ão excluídos de tributação

---

[9] V. o art. 2º e seu § único, do Código da Contribuição Predial e Imposto sobre a Indústria Agrícola.
[10] Cf. Vitor António Duarte Faveiro, *Noções Fundamentais de Direito Fiscal Português*: II Volume: *Estrutura Jurídica do Sistema Fiscal Português, Impostos sobre o Rendimento*, cit., p. 441.

os rendimentos resultantes de actividades agrícolas, silvícolas e pecuárias, quando o valor dos proveitos ou das receitas, isoladamente, ou em cumulação com o valor dos rendimentos ilíquidos sujeitos, ainda que isentos, desta ou doutras categorias que devam ser ou tenham sido englobados, não exceda por agregado familiar quatro vezes e meia o valor anual do IAS"[11]. Significa isto que os rendimentos dos agricultores até € 27.020,70[12] se encontram excluídos de tributação em IRS.

2. A tributação relativa aos imóveis na reforma da tributação do rendimento de 1988

Com a reforma fiscal da tributação do rendimento de 1988, pôs-se termo ao tradicional sistema de tributação parcelar ou cedular instituindo uma tributação única sobre o rendimento com a criação do imposto sobre o rendimento das pessoas singulares (IRS) e o imposto sobre o rendimento das pessoas colectivas (IRC). No respeitante à tributação antes constante da contribuição predial[13], foi a mesma desdobrada em duas, em que temos, de um lado, a tributação dos rendimentos prediais no IRS (categoria F)[14] ou no IRC relativamente a rendimentos prediais das pessoas colectivas e, de outro lado, a tributação dos prédios enquanto património na então criada Contribuição Autárquica.

Pelo que os prédios passaram a ser objecto de um imposto sobre o rendimento – o IRS ou IRC – que incide apenas sobre os prédios arrendados, não tendo lugar, como vimos acontecer na contribuição predial, a tributação dos rendimentos imputados aos prédios urbanos ou rústicos não arrendados. O que parece ter sido uma opção de fundo do legislador de excluir da

---

[11] Na redacção da LOE/2012 (Lei nº 64-B/2011, de 30 de Dezembro), pois antes, nos termos da lei que introduziu este preceito, a LOE/2002 (Lei nº109-B/2001, de 27/12), o limite para essa exclusão tributária era igual a "cinco vezes o valor anual do salário mínimo nacional mais elevado". Solução que, de acordo com o disposto nº 6 do art. 30º dessa Lei nº109--B/2001, teve efeitos retroactivos a 1 de Janeiro de 2001.

[12] Pois (€ 428, 90 x 14) x 4,5 = € 27.020,70.

[13] E do Imposto Complementar, uma vez que os rendimentos, depois da reforma dos anos sessenta, eram objecto de uma tributação parcelar ou cedular de natureza real, a que acrescia uma tributação complementar de natureza pessoal – v. o nosso *Direito Fiscal*, cit., p. 446 e s.

[14] Que, nos termos da alínea *e)* do nº 1 do art. 72º do Código do IRS (aditada pela Lei nº 82-E/2014, de 31 de Dezembro), passaram ser objecto de uma tributação separada dos restantes rendimentos, sujeitos assim a uma taxa especial de 28%, a menos que os contribuintes optem pelo seu englobamento conforme previsto o nº 8 desse artigo 72º.

tributação os rendimentos imputados, muito embora essa opção não tenha sido levada até às últimas consequências, porquanto há a tributação, a título de remunerações acessórias na categoria A do IRS, nos termos do número 4) da alínea b) do nº 3 do art. 2º do Código do IRS, dos rendimentos imputados à utilização por parte do trabalhador da casa de habitação fornecida pela entidade patronal. Uma excepção à exclusão da tributação dos rendimentos imputados que não deixa, a seu modo, de surpreender porquanto a mesma se reporta à casa de habitação e a uma casa de habitação dos trabalhadores, o que de imediato convoca relevantes direitos fundamentais, como são o direito à habitação e o direito ao trabalho com formulação bem clara e incisiva, respectivamente, no art. 65º e no art. 58º da Constituição[15].

De outro lado, os prédios passaram a ser objecto do novo imposto chamado Contribuição Autárquica que vigorou até à criação do IMI, em 2003, e que mais não era do que a contribuição predial com um novo nome, se bem que este nada nos diga quanto à sua natureza de imposto sobre o património[16], porquanto o valor patrimonial que passou a ser a base do novo imposto mais não era do que a renda fundiária da contribuição predial capitalizada. Pois, nos termos do nº 1 do art. 6º e do nº 1 do art. 7º do Decreto-Lei nº 442-C/1988, de 30 de Novembro, que aprovou o Código da Contribuição Autárquica, o valor tributável dos prédios urbanos, era o resultante da capitalização do rendimento colectável através da aplicação do factor 15, e o valor tributável dos prédios rústicos era a resultante da capitalização do rendimento colectável através da aplicação do factor 20[17].

Refira-se que na vigência da contribuição autárquica se manteve e agravou o sistema extremamente injusto que vinha da contribuição predial, em virtude da enorme desactualização das matrizes prediais que ficaram a aguardar a aprovação do Código das Avaliações que não veio a ser apro-

---

[15] V. a este respeito, J. J. Teixeira Ribeiro, *A Reforma Fiscal,* Coimbra Editora, Coimbra, 1989, p. 216 e ss., bem como as considerações que fazemos no nosso livro *O Dever Fundamental de Pagar Impostos. Contributo para a Compreensão Constitucional do Estado Fiscal Contemporâneo*, cit., p. 514 e ss.

[16] Em se tem em conta exclusivamente o destino das receitas que passaram a ser recitas de titularidade municipal.

[17] Refira-se que este valor tributável dos prédios urbanos seria aplicável enquanto este não fosse determinado de acordo com as regras do Código das Avaliações. Por outro lado, procedeu-se a uma actualização imediata do rendimento colectável dos prédios urbanos em 4% e dos prédios rústicos em 2%.

vado[18]. O que se verificava sobretudo relativamente aos prédios urbanos, pois essa falta de actualização, num contexto de elevada inflação como foi a que ocorreu nos anos setenta, oitenta e mesmo noventa do século passado, conduziu a uma diferença abissal entre o valor dos prédios antigos e o valor dos prédios novos. A que acrescia o facto de a fixação do valor dos prédios novos assentar praticamente em critérios desconhecidos e, por conseguinte, subjectivos e arbitrários, que conduzia não raro a que fracções de prédios efectivamente iguais tivessem valores tributários completamente diferentes[19].

3. A situação decorrente da reforma da tributação do património de 2003

Face a esta situação de todo insustentável, decorrente da não aprovação do Código de Avaliações, era urgente proceder a uma reforma da tributação do património, como se reconheceu na Resolução do Conselho de Ministros nº 119/97, de 14 de Julho. Para o problema foram apresentadas duas vias de solução: uma, mais moderada propunha apenas modificações, basicamente no respeitante à determinação do valor dos prédios; outra, mais radical, propunha a instituição de um imposto tendencialmente geral sobre o património imobiliário e mobiliário detido.

Pela primeira via foram as propostas da Comissão para o Desenvolvimento da Reforma Fiscal (Comissão Silva Lopes) e o Relatório da Universidade Técnica de Lisboa (Relatório Sidónio Pardal). A Comissão Silva Lopes fez recomendações sobretudo em matéria de determinação do valor dos bens, tendo proposto, *inter alia*, a aprovação dum código de avaliações, em que se definissem os pressupostos de aplicação dos critérios de avaliação a ponderar entre, nomeadamente, os do preço de venda, do custo de construção e do rendimento capitalizado. Por seu turno, o Relatório Sidónio Pardal centrou-se no problema do valor dos prédios, tendo construído um conceito – o do valor territorial dos prédios –, com base no qual deviam

---

[18] Refira-se que o Governo chegou a obter uma autorização legislativa para aprovar o Código das Avaliações, contida na al. *b*) do art. 50º da Lei nº 2/92, de 9 de Março (LOE/1992), autorização que veio, todavia, a ser declarada inconstitucional com força obrigatória geral pelo acórdão nº 358/92 do Tribunal Constitucional, por a referida autorização legislativa não conter suficiente determinação do seu sentido – v. o nosso estudo «Jurisprudência do Tribunal Constitucional em matéria fiscal», *Por um Estado Fiscal Suportável – Estudos de Direito Fiscal*, vol. I, Almedina, Coimbra, 2005, p. 454 e ss.

[19] V. o nosso estudo «As bases constitucionais da reforma da tributação do património», em *Por um Estado Fiscal Suportável – Estudos de Direito Fiscal*, vol. I, cit., p. 241 e ss.

ser avaliados todos os prédios, com exclusão de qualquer outro valor, como o valor real ou o valor de mercado.

Pela segunda via de reforma alinhou a Comissão de Reforma da Tributação do Património (Comissão Medina Carreira). No quadro de uma reforma global da tributação do património, a referida Comissão propôs no seu Projecto de Reforma da Tributação do Património, a eliminação dos três impostos existentes (contribuição autárquica, imposto municipal de sisa e imposto sobre as sucessões e doações) e a criação de um imposto geral sobre o património, um imposto: 1) anual, 2) incidente sobre o património detido (excluindo portanto a tributação da sua transmissão), 3) tanto sobre o património imóvel como móvel, 4) com taxa proporcional[20].

Foi, porém, uma solução integrada na primeira das vias mencionadas a que veio a ser adoptada – a reforma da tributação do património efectuada pelo Decreto-Lei nº 287/2003, de 12 de Novembro, diploma que aprovou os novos Códigos do Imposto Municipal sobre Imóveis e do Imposto Municipal sobre as Transmissões Onerosas de Imóveis e procedeu a alterações de diversa legislação tributária conexa com a mesma reforma[21]. Nestas destaca-se, entre todas, a eliminação do imposto sobre as sucessões e doações com a consequente tributação num novo imposto de selo[22] das transmissões a título gratuito a favor das pessoas singulares e em IRC os incrementos patrimoniais decorrentes das transmissões a título gratuito a favor das pessoas colectivas.

Todavia, foi a criação de um novo sistema de determinação do valor patrimonial dos imóveis, mais precisamente dos prédios urbanos[23], e a sua aplicação em princípio a todos os impostos em que o mesmo fosse relevante, o aspecto efectivamente essencial da reforma da tributação do património de 2003. De facto, foi a criação da categoria "valor patrimonial tribu-

---

[20] V. o nosso *Direito Fiscal*, cit., p. 178 e 467 e ss., e Comissão de Reforma da Tributação do Património, *Projecto de Reforma da Tributação do Património*, cadernos de CTF, Lisboa, 1999.

[21] V. Carlos Rodrigues/António Oliveira/Nuno Miranda, *A Tributação do Património. Código do IMI, Código do IMT e Código do IS Anotados*, 2ª ed., Vida Económica, 2008; José Maria Fernandes Pires, *Lições de Impostos sobre o Património e do Selo*, 3ª ed., Almedina, Coimbra, 2015; e António Santos Rocha/Eduardo José Martins Brás, *Tributação do Património. IMI – IMT – Imposto do Selo (Anotados e Comentados)*, 2ª. ed., Almedina, Coimbra, 2018.

[22] Pois acresce ao tradicional imposto de selo sobre os actos, contratos, documentos, títulos, papéis, etc. V. o nosso *Direito Fiscal*, cit., p. 610 e s.

[23] Pois o valor dos prédios rústicos continuou a ter por base a *renda fundiária* como na contribuição autárquica, já que, segundo o disposto no art. 17º do Código do IMI, o valor patrimonial dos prédios rústicos é igual ao produto do seu rendimento fundiário pelo factor 20.

tário", assente em elementos de base essencialmente objectiva, que veio pôr termo à grave injustiça que ocorria na contribuição autárquica relativa aos prédios urbanos, como referimos.

Assim, o valor patrimonial tributário dos *prédios urbanos* para habitação, comércio, indústria e serviços resulta, segundo o disposto no art. 38º do CIMI, da seguinte expressão: $Vt = Vc \times A \times Ca \times Cl \times Cq \times Cv$, em que: Vt – valor patrimonial tributário; Vc – valor base dos prédios edificados; A – área bruta de construção mais a área excedente à área de implantação; Ca – coeficiente de afectação; Cl – coeficiente de localização; Cq – coeficiente de qualidade e conforto; Cv – coeficiente de vetustez. Um sistema que não obstante alguns ajustamentos se tem mantido[24].

De assinalar, a este respeito, a reavaliação de todos os prédios urbanos que ainda não haviam sido reavaliados à luz do valor patrimonial tributário apurado em conformidade com a fórmula que acabámos de enunciar, que teve lugar nos anos de 2012 e 2013, em consequência dos compromissos assumidos pelo Estado Português no Programa de Assistência Económica e Financeira, concretizado no Memorando de Entendimento sobre as Condicionalidades da Política Económica assinado com a Troika (CE, BCE e FMI), em 17 de Maio de 2011. O que se traduziu num significativo aumento do IMI, que não teria ocorrido caso a reavaliação desses prédios se fizesse segundo o que então se encontrava estabelecido no Código do IMI, a qual seria progressivamente levada a cabo aquando da primeira transmissão verificada após a vigência da reforma da tributação do património[25].

Para além das características próprias desse imposto sobre o património imobiliário, como são o seu carácter municipal[26] e periódico, é de fazer alusão a algumas manifestações de pessoalização que tem vindo a assumir relativamente a certos imóveis bem como dar conta de expressões da sua mobilização extrafiscal. Entre as primeiras, podemos apontar as referentes aos

---

[24] Para maiores desenvolvimentos, v. o nosso *Direito Fiscal*, cit., p. 601 e ss.
[25] Cf. o nosso estudo «Justiça fiscal, estabilidade financeira e as recentes alterações do sistema fiscal português, em *Por um Estado Fiscal Suportável – Estudos de Direito Fiscal*, vol. IV, Almedina, Coimbra, 2015, p. 232 e s.
[26] Para o sentido desta característica, que se reporta à titularidade municipal da correspondente receita e a pequenas parcelas do poder tributário (respeitantes à fixação da taxa, a benefícios fiscais com objectivos extrafiscais ou de pessoalização e, bem assim, a majorações por razões extrafiscais), v. o nosso *Direito Fiscal*, cit., p. 74 e ss. e 245 e s. e, a seguir, no texto.

prédios urbanos destinados à habitação própria e não própria bem como as deduções à colecta por dependentes.

Assim, nos termos do art. 46º do Estatuto dos Benefícios Fiscais, estão isentos de IMI por três anos os prédios urbanos cujo valor patrimonial tributário não exceda € 125.000 e se trate de prédios ou parte de prédios urbanos habitacionais construídos, ampliados, melhorados ou adquiridos a título oneroso, destinados à habitação própria e permanente do sujeito passivo ou do seu agregado familiar, cujo rendimento colectável, para efeitos de IRS, no ano anterior, não seja superior a € 153.300, e que sejam efectivamente afectos a tal fim, no prazo de seis meses após a aquisição ou a conclusão da construção, da ampliação ou dos melhoramentos. Uma isenção que vale também para os prédios ou parte de prédios construídos de novo, ampliados, melhorados ou adquiridos a título oneroso, quando se trate da primeira transmissão, na parte destinada a arrendamento para habitação.

Por seu turno, nos termos do art. 112º-A do Código do IMI, os municípios podem fixar uma dedução à colecta do imposto municipal sobre imóveis para vigorar no ano a que respeita o imposto, a aplicar ao prédio ou parte de prédio urbano destinado a habitação própria e permanente do sujeito passivo ou do seu agregado familiar, de € 20, € 40 ou € 70, consoante haja um dependente, dois dependentes ou três ou mais dependentes a cargo.

Em sede das manifestações de *extrafiscalidade* do IMI, podemos referir o desagravamento relativo a certos imóveis e o agravamento do imposto relativamente a outros imóveis. Entre os primeiros, encontramos: a redução da taxa de 50% ou de 25% como benefício de natureza ambiental relativo a prédio com elevada eficiência energética, nos termos do art. 44º-A e 44º-B do EBF; a isenção por três anos dos prédios submetidos a operações de reabilitação urbana, nos termos dos arts. 45º e 46º do EBF; a minoração, a deliberar pela respectiva assembleia municipal, da taxa até 20%, 30% ou 50%, respectivamente, para os prédios objecto de operações de reabilitação, de arrendamento ou de classificação como prédios de interesse público, de valor municipal ou património cultural, conforme o disposto nos nºs, 6, 7 e 12 do art. 112º do Código do IMI; etc.

Nos segundos, temos a majoração a deliberar pela correspondente assembleia municipal, até 30% da taxa aplicável a prédios urbanos degradados, considerando-se como tais os que, face ao seu estado de conservação, não cumpram satisfatoriamente a sua função ou façam perigar a segurança de pessoas e bens, ou até ao dobro a taxa aplicável aos prédios rústicos com áreas florestais que se encontrem em situação de abandono, não podendo da aplicação desta majoração resultar uma colecta de imposto inferior a € 20 por cada prédio abrangido, conforme o dispostos nos nºs 8 e 9 do art. 112º do Código do IMI. Penalizações fiscais estas que, como é fácil de ver, se prendem com o não cumprimento dos deveres por parte dos seus proprietários.

E eis aqui uma imagem, por certo limitada, embora espero que não distorcida, da situação actual da tributação dos bens imóveis em sede do IMI, em que é visível uma crescente evolução no sentido de alguma abertura, de um lado, a manifestações de pessoalização, e, de outro lado, à sua utilização com intuitos extrafiscais nos domínios da protecção ambiental e da reabilitação urbana[27]. Evolução que, como veremos mais adiante, no actual quadro de constrangimentos do poder tributário do Estado, tudo leva a crer que terá vindo para ficar[28].

4. O adicional ao Imposto Municipal sobre Imóveis

E assim chegamos ao adicional ao IMI, verdadeiramente o tema desta nossa conversa. Todavia, porque sobre o mesmo ainda não há muito a dizer, atenta a sua relativa novidade, e dada a necessidade de compreender este novo imposto sobre o património no quadro mais amplo da tributação do património, sobretudo da tributação estática sobre os bens imóveis, compreende-se, a nosso ver, todo o desenvolvimento a que procedemos antes.

E quanto ao adicional ao IMI, é de começar por assinalar que este novo imposto estático sobre os prédios urbanos mais não é do que uma das muitas manifestações do que podemos designar por "fiscalidade da crise", concretizada na criação pelo legislador de diversos tributos com natureza extraordinária. Na verdade, por força do pedido de resgate financeiro feito pelo XVIII Governo e dos consequentes compromissos assumidos por Por-

---

[27] O que também é visível na tributação dinâmica do património, seja no IMT, em que temos uma tributação com carácter progressivo relativamente aos prédios destinados à habitação nos termos do art. 17º do Código do IMT, seja no Imposto de Selo sobre as transmissões gratuitas a favor das pessoas singulares, em que há uma isenção nas transmissões a favor do cônjuge ou unido de facto, descendentes e ascendentes, conforme o disposto na alínea e) do art. 6º do Código do Imposto de Selo. Muito embora seja de acrescentar que esta isenção é, em alguma medida, a continuação e desenvolvimento do anterior tratamento pessoal próprio do Imposto sobre Sucessões e Doações que foi eliminado pela Reforma da Tributação do Património.

[28] V. as considerações que fazemos *infra*, ponto 5.

tugal no referido Programa de Assistência Económica e Financeira, cuja execução haveria de ficar a cargo do XIX Governo, tomando e implementando este um conjunto de medidas de austeridade, em que, para além de diversos e significativos cortes nas despesas públicas[29], houve a imperiosa necessidade de aumentar as receitas fiscais, agravando a generalidade dos impostos e criando diversos novos tributos com variados nomes, de resto.

Agravamentos e novos tributos que foram apresentados como tendo eminente carácter extraordinário, o que no respeitante a alguns dos tributos em causa constava (e ainda consta) do próprio nome, os quais seriam, por conseguinte, objecto de eliminação logo que a situação que esteve na base do pedido de resgate financeiro cessasse. O que, todavia, como é sabido por experiência própria da generalidade dos contribuintes, não ocorreu, tendo-se mantido praticamente todos esses agravamentos e novos tributos[30]. Estamos naturalmente a referir-nos ao conhecido por "aumento brutal de impostos" que se traduziu, no respeitante às pessoas singulares, no aumento muito significativo da generalidade das taxas do IRS e da criação, designadamente, de uma sobretaxa[31], e, quanto às pessoas colectivas, da instituição do que vimos designando por "IRC paralelo"[32].

---

[29] Que o actual Governo – o XXI Governo – viria a reverter, se bem que mais na narrativa do que na realidade, porquanto a maioria dos cortes ainda se mantêm, seja como tais, seja sobretudo através da degradação, por falta de financiamento adequado, dos serviços públicos como é visível nos da saúde e da educação.

[30] Um fenómeno bem conhecido e que é concretização, em larga medida, das já clássicas lei de Adolfo Wagner, relativa às dificuldades que enfrentam as políticas de diminuição das despesas públicas, e lei de Ceril Northcote Parkinson, respeitante aos reais obstáculos a reformas que conduzam à diminuição das estruturas administrativas. Cf. o nosso estudo «Justiça fiscal, estabilidade financeira e as recentes alterações do sistema fiscal português», em *Por um Estado Fiscal Suportável – Estudos de Direito Fiscal*, vol. IV, cit., p. 224 e ss.

[31] Que vigorou até ao fim do ano de 2017, embora durante este ano tenha sido reduzida progressivamente em função dos escalões de rendimento, tendo os de menor rendimento tido uma redução quase total e os de maiores rendimentos uma redução quase inexistente. O que significa, bem vistas as coisas, que a referida sobretaxa apenas foi eliminada a partir do ano de 2018.

[32] Que é constituído por um conjunto de tributações avulsas que se distribuem por três círculos concêntricos: o mais pequeno que integra as assim designadas "taxas de tributação autónomas", que mais não são do que tributações autónomas sobre certas despesas (art. 88º do Código do IRC e art. 73º do Código do IRS); o círculo intermédio que é composto pelas sobretaxas de IRC, como são a derrama municipal e a derrama estadual; e o círculo maior que é constituído pelas tributações de natureza sectorial como são a Contribuição sobre o Sector Bancário, a Contribuição Extraordinária sobre o Sector Energético, a Taxa de Segurança Alimentar Mais e a Contribuição Extraordinária sobre a Indústria Farmacêutica – v.

Mas centremo-nos no adicional ao IMI, aludindo às suas principais características[33]. E para começar importa referir que este adicional foi criado pela LOE/2017[34] em substituição de um IMI especial criado pelo Decreto-Lei nº 55-A/2012, de 29 de Outubro, e objecto de alterações pela LOE/2014, que foi integrado no Imposto de Selo (verba 28 da Tabela Geral do Imposto de Selo)[35], o qual incidia à taxa de 1% sobre os prédios urbanos cujo valor patrimonial tributário fosse igual ou superior a € 1.000.000. Um imposto que deu origem a diversa litigância e em relação ao qual chegámos a interrogarmo-nos sobre a sua constitucionalidade[36].

Depois importa assinalar que, do ponto de vista da técnica tributária, não estamos, em rigor, perante um verdadeiro adicional ao IMI, uma vez que não incide sobre a colecta deste, mas antes face a um adicionamento, porquanto incide sobre o valor patrimonial tributário do IMI, o qual é, todavia, objecto de uma importante dedução no respeitante às pessoas singulares.

Vejamos, então, mais em pormenor o recorte legal deste novo imposto[37]. Pois bem, nos termos do Capítulo XV (art. s 135º-A a 135º-K) do Código do IMI (acrescentado pela LOE/2017), são sujeitos passivos do adicional ao IMI, nos termos do art. 135º-A, as pessoas singulares ou colectivas que sejam proprietários, usufrutuários ou superficiários de prédios urbanos situados no território português, sendo equiparados a pessoas colectivas quaisquer estruturas ou centros de interesses colectivos sem personalidade jurídica que figurem nas matrizes como sujeitos passivos do imposto municipal sobre imóveis, bem como a herança indivisa representada pelo cabeça de casal. Não são, porém, sujeitos passivos do adicional ao IMI as empresas municipais.

Do ponto de vista objectivo, segundo o disposto no art. 135º-B, o adicional ao IMI incide sobre a soma dos valores patrimoniais tributários dos prédios urbanos situados em território português de que o sujeito passivo seja titular. Excluem-se, porém, os prédios urbanos classificados como «comer-

---

o nosso estudo «Justiça fiscal, estabilidade financeira e as recentes alterações do sistema fiscal português, em *Por um Estado Fiscal Suportável – Estudos de Direito Fiscal*, vol. IV, cit., p. 236 a 242.

[33] V. sobre o mesmo, José Maria Fernandes Pires, *O Adicional ao IMI e a Tributação Pessoal do Património*, Almedina, Coimbra, 2017.

[34] Lei nº 42/2016, de 28 de Dezembro.

[35] Que designámos por IMI sobre prédios com valor superior a 1.000.000 de euros, em *Direito Fiscal*, 9ª ed., Almedina, Coimbra, 2016, p. 583.

[36] V. o nosso *Direito Fiscal*, 9ª ed., cit., p. 583.

[37] Seguindo o que dissemos no nosso *Direito Fiscal*, 10ª. ed., cit., p. 605 e ss.

ciais, industriais ou para serviços» e «outros» nos termos das alíneas b) e d) do nº 1 do artigo 6º do Código do IMI.

Nos termos dos art. 135º-C e 135º-D, o valor tributável corresponde à soma dos valores patrimoniais tributários, reportados a 1 de Janeiro do ano a que respeita o adicional ao IMI, dos prédios que constam das matrizes prediais na titularidade do sujeito passivo, não contando para esse efeito o valor dos prédios que no ano anterior tenham estado isentos ou não sujeitos a tributação em IMI. A esse valor tributável são deduzidas as seguintes importâncias: a) € 600 000, quando o sujeito passivo é uma pessoa singular; e b) € 600 000, quando o sujeito passivo é uma herança indivisa. Quando os sujeitos passivos estejam casados ou em união de facto para efeitos do artigo 14º do Código do IRS podem optar pela tributação conjunta deste adicional, somando-se então os valores patrimoniais tributários dos prédios na sua titularidade e multiplicando-se por dois o valor da referida dedução.

Relativamente à taxa, segundo o art. 135º-F, ao valor tributável e após aplicação das deduções referidas é aplicada a taxa de 0,4% às pessoas colectivas, e de 0,7% às pessoas singulares e heranças indivisas. Ao valor tributável, determinado nos termos do nº 1 do artigo 135º-C, superior a € 1 000 000, ou a € 2 000 000 quando seja exercida a opção pela tributação conjunta, é aplicada a taxa marginal de 1%, quando o sujeito passivo seja uma pessoa singular. Quando se trate de prédios detidos por pessoas colectivas afectos a uso pessoal dos titulares do respectivo capital, dos membros dos órgãos sociais ou de quaisquer órgãos de administração, direcção, gerência ou fiscalização ou dos respectivos cônjuges, ascendentes e descendentes, fica sujeito à taxa de 0,7%, sendo sujeito à taxa marginal de 1% para a parcela do valor que exceda € 1 000 000. Sempre que os prédios sejam propriedade de entidades sujeitas a um regime fiscal mais favorável, a que se refere o nº 1 do artigo 63º-D da Lei Geral Tributária, a taxa é de 7,5%.

Finalmente quanto à liquidação e pagamento, segundo o disposto nos arts. 135º-G e 135º-H, o adicional ao IMI é liquidado anualmente, pela AT, com base nos valores patrimoniais tributários dos prédios e em relação aos sujeitos passivos que constem das matrizes em 1 de Janeiro do ano a que respeita, havendo lugar a uma única liquidação quando seja exercida a opção pela tributação conjunta. A liquidação do adicional ao IMI é efectuada no mês de Junho e o seu pagamento no mês de Setembro do ano a que o imposto respeita.

Descritos sumariamente os momentos da dinâmica do adicional ao IMI, verificamos que se trata de uma espécie de "imposto geral sobre a fortuna imobiliária urbana", com uma taxa progressiva relativamente às pessoas singulares em função do valor patrimonial tributário (com a taxa 0 até € 600.000, a taxa de 0,7% de + de € 600.000 a € 1.000.000, e a taxa 1% para + de € 1.000.000). E um imposto que revela, alguma autonomia face ao IMI, relativamente ao qual se apresenta como adicional. O que tem expressão, desde logo, no facto de ser um imposto estadual (e não um imposto municipal) e um imposto com a receita consignada, uma vez que, nos termos do nº 2 do art. 1º do Código do IMI, o adicional ao IMI, deduzido dos encargos de cobrança e da previsão de deduções à colecta de IRS e de IRC, constitui receita do Fundo de Estabilização Financeira da Segurança Social.

A que acresce a circunstância de a qualidade de sujeito passivo, embora determinada em conformidade com os critérios estabelecidos no Código do IMI, tem por referência 1 de Janeiro do ano a que o adicional respeita, e não 31 de Dezembro, como acontece no IMI[38]. Também o seu pagamento, como vimos, dever ser feito integralmente no mês de Setembro, diferentemente do que acontece no IMI[39].

5. Reflexão breve sobre a actual tributação do património

Tendo em conta os desenvolvimentos a que procedemos, cabe perguntar agora: que pensar do actual sistema português de tributação do património? Pergunta a que vamos tentar responder com uma breve reflexão sobre a realidade jurídico-fiscal que descrevemos. Reflexão que, importa sublinhar, se limitará fundamentalmente à tributação estática do património, constante do IMI e do adicional ao IMI, deixando portanto de fora a tributação dinâmica do mesmo, que tem o seu suporte no IMT e no IS sobre as transmissões gratuitas.

Embora como essas tributações não constituem compartimentos estanques, naturalmente que as soluções adoptadas em sede da tributação estática não são alheias às que comporta a tributação dinâmica. O que, de resto, teve expressão aquando da discussão que sustentou a criação do adicional

---

[38] Confronte-se o disposto no nº 1 do art. 8º com o disposto no nº 3 do art. 135º-A do Código do IMI.
[39] Em que, segundo o art. 120º do Código do IMI, é pago em Abril, quando o seu montante é igual ou inferior a € 250; em duas prestações, em Abril e Novembro, quando o seu montante é superior a € 250 e igual ou inferior a € 500; e em três prestações, em Abril, Julho e Novembro, quando o seu montante é superior a € 500.

ao IMI na LOE/2017, em que chegou a haver vozes a pronunciarem-se no sentido de uma restauração do imposto sobre sucessões e doações, e, por certo, a consideração em conjunto de ambas as tributações não deixará de ser importante suporte para ajuizar da legitimidade jurídico-constitucional do adicional ao IMI, como vamos ver.

E a mais importantes das perguntas que pode fazer-se a este respeito é seguramente a de saber se o adicional ao IMI, em si mesmo, não será inconstitucional. Uma pergunta cuja resposta convoca naturalmente os específicos preceitos constitucionais, como são o nº 1 do art. 103º e o nº 3 do art. 104º da Constituição, para além de não poder deixar de ter em consideração que essa mesma pergunta foi feita em relação ao anterior IMI especial sobre prédios com valor superior a € 1.000.000, constante da verba 28 da Tabela Geral do Imposto de Selo, tendo a mesma tido resposta negativa do Tribunal Constitucional.

Pois bem, começando por uma referência ao mencionado IMI especial (verba 28 da Tabela Geral do Imposto de Selo), importa sublinhar que a incidência deste veio a ser contestada pelos contribuintes, não só pela incidência em si mesma, mas também pela interpretação que dela fez a AT, designadamente quanto ao conceito de prédio. O que levou a numerosas impugnações de liquidações desse Imposto de Selo junto sobretudo do Centro de Arbitragem Administrativa, não admirando que algumas das decisões desses processos tenham sido objecto de recurso para o Tribunal Constitucional. Todavia, este Tribunal, nos seus acórdãos 590/2015, 620/2015, 247/2016 e 568/2016, julgou não inconstitucional esse Imposto de Selo quando incidente sobre prédios urbanos habitacionais em propriedade total. Mais, julgou não inconstitucional esse imposto mesmo quando, como sucedeu nas situações objecto dos acórdãos 590/2015 e 620/2015, se tratava de prédios compostos por partes susceptíveis de utilização independente e consideradas separadamente na inscrição matricial.

E é bem provável que idêntico juízo venha a merecer o adicional ao IMI, ao menos em si mesmo, por parte do Tribunal Constitucional se e quando este vier ser solicitado a pronunciar-se. O que, por certo, não deixará de ocorrer. Na verdade, no sentido da não inconstitucionalidade deste novel imposto periódico sobre os prédios urbanos podem invocar-se diversos argumentos, a saber: as directrizes constitucionais, a inexistência entre nós de um imposto geral sobre o património ou fortuna e a limitada tributação em sede das transmissões gratuitas dos bens, a não tributação dos rendimentos imputados aos imóveis não arrendados e as crescentes dificuldades do sistema fiscal em tributar o rendimento pessoal em termos de o mobilizar para uma adequada redistribuição de rendimentos e da riqueza[40]. Uma palavra muito rápida sobre cada um destes argumentos.

Desde logo, as directrizes constitucionais não obstam a que a tributação do património possa comportar alguma margem de pessoalização. Neste sentido, vai o disposto no n.º 1 do art. 103º e o disposto no n.º 3 do art. 104º da Constituição, prescrevendo o primeiro que "[o] sistema fiscal visa a satisfação das necessidades financeiras do Estado e outras entidades públicas e uma repartição justa dos rendimentos e da riqueza", e o segundo que "[a] tributação do património deve contribuir para a igualdade entre os cidadãos".

Na verdade, um sistema fiscal, que tenha por objectivo também uma repartição justa dos rendimentos e da riqueza e uma tributação do património que contribua para a igualdade entre os cidadãos, não pode dispensar em absoluto o contributo que para essa repartição justa e essa igualdade dos cidadãos pode proporcionar a tributação do património. Pelo que o legislador não está, em princípio, impedido de recortar a tributação do património em termos de com ela obter uma mais justa repartição dos rendimentos e da riqueza e, assim, diminuir as desigualdades entre os cidadãos decorrentes da distribuição primária proporcionada pela remuneração dos factores de produção resultante do natural funcionamento da economia de mercado.

Importa, todavia, que o faça com as cautelas necessárias de molde a não provocar desigualdades maiores do que as que visa corrigir ou, de algum modo, agravar as existentes. Pois não podemos esquecer que, por razões que se prendem com a praticabilidade das soluções legais, a tributação do património em referência apenas atinge o património imobiliário – caso do IMI – ou apenas os prédios urbanos – caso do adicional ao IMI. Pelo que não existindo nem parecendo viável a instituição entre nós de um imposto geral sobre o património[41], como o Imposto Geral sobre o Património

---

[40] Mesmo tendo em conta as relativamente limitadas potencialidades redistributivas não só dos impostos mas das diversas componentes das finanças públicas. V. a tal respeito, embora tendo em conta o que se passava em Portugal nos finais da década de setenta do século passado, o nosso recentemente publicado artigo «As finanças públicas e a redistribuição dos rendimentos», *Boletim de Ciências Económicas*, volume LX, 2017, p. 59-94.

[41] Daí, como referimos, a rejeição da proposta de reforma da tributação do património defendida por Medina Carreia.

em Espanha[42] e o Imposto de Solidariedade sobre a Fortuna em França[43], e escapando assim à tributação muito património que é atingido num imposto desse tipo[44], recomenda que a tributação restrita aos imóveis, ou melhor aos prédios urbanos, como é o caso, seja feita com alguma moderação, pois não podemos olvidar que sempre acabará por ser um instrumento de redistribuição limitado. Com efeito, se redistribuir é tirar aos que têm mais ou muito (ricos) para dar aos que têm menos ou pouco (pobres)[45], a tributação do património apenas dos bens imóveis revela-nos uma redistribuição limitada logo à partida, porquanto através dela apenas se pode tirar aos ricos em bens imóveis que não são todos os ricos nem certamente os mais ricos.

Num tal quadro, interrogamo-nos sobre se e na medida em que um elevado montante do imposto, que leve o sujeito passivo à liquidação do seu património ou parte dele para fazer face ao seu pagamento, não configurará um imposto de natureza confiscatória e, por conseguinte, um imposto que enferma de inconstitucionalidade. Uma pergunta que não é afastada pelo facto de a nossa Constituição não conhecer, como a Constituição Espanhola (art. 31º, nº 1) ou a Constituição Brasileira (art. 145º, inciso IV), a proibi-

---

[42] Imposto que foi tecnicamente suprimido pela Lei nº 8/2008, não tendo o mesmo sido cobrado nos anos de 2008, 2009 e 2010. Todavia, no contexto da crise financeira, foi restabelecido pelo Decreto-lei nº 13/2011, tendo vindo a ser renovado em cada Lei do Orçamento. Como se trata de um imposto cedido às comunidades autónomas, estas dispõem de alguma liberdade tanto para o cobrar como para o moldar, se bem que, por via de regra, incida sobre o valor patrimonial superior a € 700.000, com uma isenção para o valor da habitação habitual até € 300.000. Quanto à taxa, é uma taxa progressiva que vai de 0,2% a 2,5%.

[43] V. sobre este, por todos, Martin Collet, *Droit Fiscal*, 5ª ed., puf, 2015, p. 293 e ss. Trata-se de um imposto que incide sobre o valor patrimonial superior a € 1.300.000 a uma taxa progressiva que vai de 0,5% a 1,5%.

[44] Embora seja de assinalar que esses impostos, não só não proporcionam receitas muito significativas, como são objecto de contestação por parte de algumas forças políticas e de importante parte da doutrina nesses países. De resto, trata-se de um imposto existente em poucos países.

[45] Muito embora esta segunda fase da redistribuição já não opere através da cobrança de impostos, mas mediante a realização de despesas públicas que se revelem adequadas às correspondentes políticas públicas. Cf. o nosso artigo «As finanças públicas e a redistribuição dos rendimentos», *ob. e loc. cit.s*, p. 81 e ss.

ção de impostos que tenham natureza confiscatória, porquanto, a nosso ver, uma tal proibição resulta do próprio princípio da capacidade contributiva[46].

Depois, é de mencionar a inexistência de um imposto geral sobre o património ou fortuna e a limitada tributação em sede das transmissões gratuitas dos bens, em que a pessoalização é a regra. Relativamente ao primeiro aspecto, não precisamos aqui de acrescentar mais nada ao que referimos mais acima.

Já quanto à limitada tributação das transmissões gratuitas, é de assinalar que ela se concretiza no facto de, com a eliminação do imposto sobre as sucessões e doações, a tributação sobre essas transmissões gratuitas ter ficado limitada no imposto de selo (sobre as transmissões gratuitas) e neste imposto se prever uma ampla isenção subjectiva, pois encontram-se isentas as transmissões gratuitas a favor do cônjuge ou unido de facto, descendentes e ascendentes. Uma ideia que não é posta em causa pelo facto de as transmissões gratuitas a favor das pessoas colectivas estarem sujeitas ao IRC e, por conseguinte, a uma taxa de 21%, enquanto incrementos patrimoniais que não comportam quaisquer deduções. É que uma tal incidência abarcará por certo um universo predial tendencialmente limitado.

Também o facto de os rendimentos imputados aos prédios não arrendados estarem excluídos da tributação, desde a reforma da tributação do rendimento de 1988[47], pode servir, de algum modo, como justificação para ensaiar uma tributação pessoalizada do património imobiliário, sobretudo urbano, de modo através desta se compensar a falta daquela. O que para quem como nós, com base no recorte constitucional do imposto sobre o rendimento pessoal constante do nº 1 do art. 104º da Constituição, nos pronunciámos pela tributação em princípio dos rendimentos imputados[48], não deixa de fazer bastante sentido.

Enfim, igualmente as crescentes dificuldades do sistema fiscal em tributar o rendimento pessoal em termos de o mobilizar para uma adequada redistribuição de rendimentos e riqueza, dão suporte para encontrar outras vias de realização desta. De facto, o disposto no nº 1 do art. 104º da Constituição, em que se estabelece que "[o] o imposto sobre o rendimento pes-

---

[46] V. sobre o problema, o nosso livro *O Dever Fundamental de Pagar Impostos. Contributo para a Compreensão Constitucional do Estado Fiscal Contemporâneo*, cit., p. 220, 237 e s, 454, 555, 565.

[47] Com a excepção referida mais acima dos rendimentos imputados à utilização de casa de habitação fornecida pela entidade patronal ao trabalhador.

[48] V. o nosso livro *O Dever Fundamental de Pagar Impostos. Contributo para a Compreensão Constitucional do Estado Fiscal Contemporâneo*, cit., p. 513 e s., 518, 581 e 604.

soal visa a diminuição das desigualdades e será único e progressivo, tendo em conta as necessidades e os rendimentos do agregado familiar", não pode mais ser cabalmente cumprido. É que, em consequência do fenómeno da globalização e da internacionalização das relações tributárias mais importantes, a soberania fiscal do Estado Português encontra-se actualmente limitada, podendo ser exercida plenamente apenas relativamente a rendimentos de elementos de produção de bens e serviços avessos à deslocalização, como são os rendimentos do trabalho com excepção do trabalho muito qualificado, os rendimentos empresariais e profissionais das micro, pequenas e médias empresas e os rendimentos dos imóveis. Por conseguinte, apenas estes podem ser objectos plenos da modelação legal implicada no recorte constitucional do imposto sobre o rendimento pessoal. Daí que, desde há algum tempo, venhamos defendendo a eliminação do art. 104º da Constituição[49].

Naturalmente que de quanto vimos de dizer não se pode deduzir qualquer conclusão no sentido de que o adicional ao IMI não possa suscitar problemas jurídicos. Até porque foi o que, desde logo, sucedeu. O que teve não tanto a ver com a constitucionalidade ou inconstitucionalidade do adicional ao IMI, mas sobretudo com aspectos mais respeitantes à sua liquidação e cobrança, aspectos em relação aos quais o legislador e a Administração Tributária nem sempre cuidam da melhor forma.

Na verdade, os problemas que a instituição desse imposto suscitou foram relativos à obrigação declarativa criada pelo legislador para a tributação conjunta dos cônjuges ou unidos de facto. Pois segundo o disposto nos nºs 1 e 4 do art. 135º-D do Código do IMI, os sujeitos passivos casados ou em união de facto podem optar pela tributação conjunta deste adicional, somando-se os valores patrimoniais tributários dos prédios na sua titularidade e elevando par € 1.200.000 o valor da dedução, sendo essa opção realizada através de declaração feita no Portal das Finanças entre 1 de Abril a 31 de Maio.

Pelo que estamos perante uma nova declaração, diversa da relevante em sede do IRS, a fazer segundo modelo próprio[50] cujo prazo para a sua apresentação os destinatários, em geral, deixaram passar, por não se terem dado

---

[49] Cf. os nossos estudos «Ainda fará sentido o artigo 104º da Constituição?», em *Por um Estado Fiscal Suportável – Estudos de Direito Fiscal*, vol. IV, cit., p. 135 e ss., e «Uma futura revisão constitucional?», *Revista de Legislação e de Jurisprudência*, ano 145º, 2015/16, p. 306 e ss.
[50] Publicado pela Portaria nº 90-A/2017, de 1 de Março.

conta da exigência desta nova declaração de tributação conjunta. Algo que até se compreende, pois não se revela inteiramente descabido pensar que uma tal declaração seria dispensável para quem tivesse procedido à relevante em sede do IRS. Daí que muitos contribuintes casados ou unidos de facto não se terem apercebido dessa obrigação declarativa, acreditando que a tributação conjunta seria aplicável por a propriedade do imóvel ser conjunta, atento o regime de bens aplicável ou a escolha da tributação conjunta para efeitos de IRS[51].

Situação que, perante a agitação que provocou na opinião pública, levou a Administração Tributária a tentar corrigir a situação através do Ofício Circulado nº 40115/2017, de 31 de Agosto, divulgado no Portal das Finanças, o qual veio, todavia, a resolver apenas parte do problema decorrente da tributação conjunta do adicional ao IMI, pois tratou apenas dos casos de mero averbamento e de rectificação, na matriz predial, de que o imóvel é comum a ambos os cônjuges ou unidos de facto[52]. Felizmente que, com o aditamento feito pela LOE/2018 do nº 6 ao art. 135º-D do Código do IMI, a opção pela tributação conjunta deixou de se configurar como anual, passando a ser permanente, dado a mesma ser válida até ao exercício da respectiva renúncia.

Uma realidade que, é de assinalar, nos revela um tipo de actuação e de articulação do legislador fiscal e da Administração Tributária que não pode deixar de nos interpelar vivamente no sentido de nos perguntarmos sobre o estado de saúde e de realização efectiva do Estado de Direito nos tempos que correm, num domínio tão sensível e decisivo para os cidadãos como é o domínio dos impostos. De facto, não se compreende minimamente que, depois de o Estado[53] ter transformado os contribuintes em liquidadores e

---

[51] O que teve como por consequência, ultrapassado o prazo para a apresentação da opção – 31 de Maio –, o Portal das Finanças ter impedido a apresentação da declaração, uma medida de todo desproporcionada, mormente tendo em conta a regra geral relativa à apresentação fora de prazo das declarações tributárias com sujeição à correspondente coima. Pelo que, ultrapassado o prazo de apresentação da declaração, deveria ter sido garantida aos contribuintes, na aplicação disponível no Portal das Finanças, a declaração fora de prazo, com a cominação da aplicação da correspondente coima.

[52] Sobre este e outros aspectos polémicos respeitantes à declaração em causa, podem ver-se as Informações Fiscais nº 15/17, 18/17 e 21/17, publicadas por Rogério Fernandes Ferreira & Associados, Sociedade de Advogados, RL.

[53] Com base no dever de colaboração dos contribuintes que encontramos, designadamente, no nº 1 do art. 39º da Lei Geral Tributária.

cobradores da generalidade dos impostos, sejam estes próprios ou alheios[54], ainda os sobrecarregue com obrigações, sobretudo declarativas, relativamente a factos ou situações de que a Administração Tributária já tem conhecimento ou dos quais pode obter esse conhecimento sem onerar ou importunar os cidadãos.

Com efeito, mesmo que se aceite, o que é muito discutível, que às funções de liquidação e cobrança dos impostos se acrescente a de fiscalização do cumprimento das obrigações fiscais da generalidade dos contribuintes, o que é de todo intolerável por afectação da própria dignidade da pessoa humana é que se exija aos cidadãos o cumprimento de obrigações totalmente inúteis do ponto de vista do seu resultado prático[55]. Com a agravante de o cumprimento de tais obrigações se revelar incomensuravelmente muito mais oneroso para os pequenos contribuintes do que para os grandes, sobretudo quando estes têm atrás de si adequadas estruturas empresarias.

Ora, não nos podemos esquecer de que a realização e a concretização da Ideia de Direito, inerente a qualquer Estado de Direito, como é inequivocamente o nosso, cabe a todos e a cada um dos órgãos do Estado, actuem estes separadamente ou no quadro de uma qualquer articulação seja esta adequada ou desadequada e esteja esta presente ou ausente. Por conseguinte, pelo facto de, no domínio dos impostos, o seu primeiro destinatário ser sem sombra de dúvida o legislador fiscal, em virtude sobretudo do peso decisivo que nele tem o princípio da legalidade fiscal, isso não coloca a Administração Tributária fora do perímetro dos *servos* do Direito nem na posição de uma qualquer menor vinculação aos princípios jurídico-constitucionais. O que sobreleva se tivermos em conta a evolução daquele princípio que, por razões fundamentalmente de praticabilidade, passou de uma tipicidade tendencialmente fechada para uma tipicidade tendencialmente aberta[56].

Até porque quem está subordinado ao Direito é o Estado, sendo relativamente indiferente para o efectivo respeito do princípio do Estado de Direito os órgãos ou poderes em que o Estado se estrutura, horizontal ou

---

[54] Fenómeno que vimos designando por "privatização" da administração dos impostos – v. o nosso *Direito Fiscal*, cit., p. 337 e ss.
[55] Isto se e na medida em que se não trate de verdadeiras armadilhas montadas aos contribuintes para estes pagarem mais impostos, totalmente à margem do respeito pelos mais elementares princípios jurídico-constitucionais.
[56] Evolução visível na doutrina, em que à posição de Alberto Xavier a favor da tipicidade fechada, se seguiu a nossa defesa, assim como depois a de Ana Paula Dourado, de uma tipicidade mais aberta.

verticalmente, e, bem assim, o específico órgão ou poder que leva a cabo a actuação do Estado e desrespeita ou põe em causa os direitos dos contribuintes. Direitos que, é de sublinhar, a Constituição tem na mais elevada consideração, ao ponto de recortar o dever fundamental de pagar impostos através da enunciação de um direito de não pagar impostos, pois, nos termos do nº 3 do art. 103º da Constituição "[n]inguém pode ser obrigado a pagar impostos que não hajam sido criados nos termos da Constituição, que tenham natureza retroactiva ou cuja liquidação e cobrança se não façam nos termos da lei"[57].

Ora, não nos parece minimamente aceitável que, face a uma "constituição fiscal" que se revela tão amiga dos contribuintes, como a nossa, venha a corresponder, depois, uma legislação fiscal e, sobretudo, uma actuação da Administração Tributária orientadas na prática em parte significativa num sentido totalmente oposto. Uma realidade que, não obstante as diferenças que comporta, é visível um pouco por toda a parte, como dela nos dá conta diversa literatura relativa ao direito dos impostos, em que encontramos expressões bem fortes a tal respeito, como são as de "extorsão fiscal", "tirania fiscal", "massacre fiscal", "labirinto fiscal", etc.[58]. Expressões que, na medida em que não sejam essencialmente pura narrativa desfasada da realidade, nos suscitam o seguinte desabafo: pobre Estado de Direito nestes conturbados tempos do estado a que chegámos....

---

[57] Que constitui uma expressão do direito de resistência passiva, o qual constava já do nº 3 do art. 27º da Constituição de 1911 e do nº 16 do art. 8º da Constituição de 1933, no que podemos considerar uma verdadeira tradição republicana (que tem, de resto, outras expressões como a da designação de órgãos de soberania dos órgãos constitucionais superiores do Estado e a do contro difuso da constitucionalidade das leis) – v. o nosso *Direito Fiscal*, cit., p. 138 e s.

[58] V., a título ilustrativo, as obras de Robert Mathieu, *Le Raquet fiscal*, Albin Michel, Paris, 1990; Robert Mathieu, *Dans le labyrinthe fiscal*, Albin Michel, Paris, 2010; Marion Laporte, *Le Massacre fiscal*, le Moment, Paris, 2014; Pascal Salin, *La Tyranie fiscale*, Odile Jacob, Paris, 2014. Cf. também Philippe Nemo, *Philosophie de l'Impôt*, Puf, Paris, 2017.

ÍNDICE

NOTA PRÉVIA	5

AS FINANÇAS PÚBLICAS E A REDISTRIBUIÇÃO DOS RENDIMENTOS — 7

Introdução: delimitação do objecto de estudo		7
1.	Do abstencionismo ao intervencionismo do Estado na vida económica	9
2.	O ideário igualitarista e a redistribuição dos rendimentos	12
3.	A concepção clássica da redistribuição	14
4.	O sistema fiscal e a redistribuição dos rendimentos nominais	16
5.	Os empréstimos e a redistribuição dos rendimentos	20
6.	A criação de moeda e a redistribuição dos rendimentos reais	21
7.	A política de despesas como instrumento de redistribuição	22
8.	A eficácia das medidas redistributivas	26
9.	A redistribuição dos rendimentos, a igualdade fiscal e o crescimento económico	28

O IMPOSTO SOBRE A ARQUEAÇÃO LÍQUIDA DOS NAVIOS NO QUADRO DO DIREITO DA UNIÃO EUROPEIA — 31

1.	Introdução	31
1.1.	O objeto de estudo, o nome do imposto e a vocação internacional do transporte marítimo	32
1.2.	A importância do transporte marítimo para o comércio internacional	35
2.	O imposto sobre a arqueação no âmbito da UE e do EEE	38
2.1.	O imposto sobre a arqueação até 1997	38
2.2.	O quadro do imposto sobre a arqueação após as orientações sobre auxílios aos transportes marítimos de 2004	41

2.2.1. Âmbito de aplicação das Orientações	42
2.2.2. Condições relativas às entidades beneficiárias	42
2.2.3. Condições relativas às atividades apoiadas pelos poderes públicos	44
2.2.4. Condições relativas às medidas de delimitação	47
2.3. O método de avaliação dos regimes de imposto sobre a arqueação	47
3. O imposto sobre a arqueação líquida: contributo para a sua caraterização	48
4. Alusão à tributação das empresas de transporte marítimo em Portugal	49
5. Em conclusão	52

O IMPOSTO SOBRE AS TRANSACÇÕES FINANCEIRAS

O IMPOSTO SOBRE AS TRANSACÇÕES FINANCEIRAS	55
I. Introdução	55
1. Origem e razão de ser da tributação das transacções financeiras	57
2. De Keynes a Tobin	59
2.1. A ideia de Keynes	60
2.2. A proposta de James Tobin	63
II. As soluções mais recentes	67
3. O imposto francês sobre as transacções financeiras	67
4. A Proposta da União da Europeia	70
4.1. A proposta de directiva de 2011	71
4.2. O recurso ao mecanismo da cooperação reforçada	74
4.3. A actual proposta de directiva	76
III. O ITF no quadro da regulação da União Europeia	79
5. A regulação bancária	79
6. A harmonia com outras directivas	81
IV. Alusão a outros tributos sobre o sector financeiro	82
7. A contribuição sobre o sector bancário	82
8. A autorização legislativa do artigo 239º da LOE/2014	83
V. Algumas considerações finais	86
Bibliografia citada	88

ESTABILIDADE FINANCEIRA E O TRATADO ORÇAMENTAL

ESTABILIDADE FINANCEIRA E O TRATADO ORÇAMENTAL	91
I. A estabilidade financeira no séc. XXI	92
1. O século XX político e jurídico	93
3. Repensar o papel do Estado na economia	97
4. Compreender a sustentabilidade	101

4.1. A sustentabilidade estadual	101
4.2. A sustentabilidade fiscal do Estado	105
II. O Tratado Orçamental:	111
1. Da necessidade do tratado e seu procedimento	111
2. O conteúdo e o significado do Tratado Orçamental	113
III. Algumas considerações finais	116

A IMPUGNAÇÃO UNITÁRIA DO ACTO TRIBUTÁRIO

A IMPUGNAÇÃO UNITÁRIA DO ACTO TRIBUTÁRIO	121
I. As relações em que a relação tributária se desdobra	122
II. A diversidade dos actos tributários	126
1. A diversidade dos actos tributários em sentido amplo	126
2. O protagonismo do acto tributário em sentido estrito	129
III. Os actos relativos a benefícios fiscais e a impugnação unitária	131
1. O parâmetro constitucional dos benefícios fiscais	132
2. O procedimento de reconhecimento e extinção dos benefícios fiscais	134
3. A impugnação unitária do acto tributário e os actos relativos aos benefícios fiscais	135
3.1. A impugnação unitária dos actos tributários e suas excepções	136
3.2. O carácter autónomo dos actos relativos aos benefícios fiscais	137
3.3. Conclusão sobre a impugnação dos actos relativos a benefícios fiscais	141

A TRIBUTAÇÃO DA EXPLORAÇÃO PETROLÍFERA EM PORTUGAL	145
I. Introdução	145
II. A sequência dos regimes de tributação	150
1. A inicial tributação segundo o regime geral	150
2. A passagem para a tributação segundo um regime especial	153
3. O regresso à tributação segundo o regime geral	155
III. O regime actual	157
1. O Decreto-Lei nº 109/94	157
a) Imposto sobre a Produção de Petróleo	161
b) Renda de Superfície	162
c) Taxas	163
2. O regime previsto no Código do IRC	163
3. A articulação com as normas contabilísticas e de relato financeiro	166
IV. Alusão ao regime de tributação da fase *downstream*	168
V. Em conclusão	170

O REGIME FISCAL DAS PEQUENAS E MÉDIAS EMPRESAS — 173
I. A diversidade de empresas com reflexo no direito fiscal — 174
1. A base jurídica e o universo das PME — 174
2. Alusão às empresas transnacionais e sua separação das demais empresas — 176
II. Aspectos do regime fiscal das PME — 178
3. A consideração das PME em sede do IRS empresarial e do IRC — 178
4. A consideração das PME em sede do IVA — 182
5. As PME e os benefícios fiscais — 184
5.1. Os benefícios fiscais em sentido estrito e os incentivos fiscais — 184
5.2. Referência a alguns incentivos fiscais destinados às PME — 188
III. Por uma abordagem fiscal mais consequente e simples das PME — 194
6. Sentido actual de um específico tratamento fiscal das PME — 194
7. A consideração fiscal unitária do fenómeno financeiro das empresas — 197

UMA FUTURA REVISÃO CONSTITUCIONAL? — 201
I. Sentido e necessidade das revisões constitucionais — 203
1. Sentido das revisões constitucionais — 203
2. Necessidade das revisões constitucionais — 204
3. Específicas necessidades de revisão da Constituição Portuguesa — 205
3.1. A transferência da "constituição economia" para o nível europeu — 206
3.2. A previsão de um estado de emergência económico-financeira — 208
3.3. A eliminação de disposições constitucionais — 210
    3.3.1. A eliminação das disposições relativas às regiões administrativas — 210
    3.3.2. A eliminação do art. 104º da Constituição — 213
II. A oportunidade e viabilidade de uma revisão constitucional — 214
4. A oportunidade de uma revisão constitucional — 214
5. A viabilidade de uma revisão constitucional — 215

AUTONOMIAS E FORMA DO ESTADO — 219
I. A constituição como estatuto jurídico-político de autonomias — 220
II. As autonomias territoriais no Estado unitário português — 224
1. Sentido do princípio do Estado unitário — 225
2. A autonomia dos arquipélagos dos Açores e da Madeira — 229
3. O princípio da subsidiariedade — 232
4. O princípio da autonomia das autarquias locais — 234
5. O princípio da descentralização democrática da administração pública — 235
III. Em conclusão — 236

RECURSOS FINANCEIROS E PODERES TRIBUTÁRIOS DAS AUTARQUIAS LOCAIS: QUE MELHORIAS? 243

I. Os recursos financeiros das autarquias locais 243
1. O princípio da autonomia das autarquias locais 244
2. A autonomia financeira das autarquias locais 247
2.1. O quadro normativo da autonomia financeira local 247
2.2. As principais manifestações da autonomia financeira local 252
II. Os poderes tributários das autarquias locais 257
3. Os poderes autárquicos relativos aos impostos 260
4. Os poderes autárquicos relativos aos tributos de estrutura bilateral 263
III. Melhorias dos recursos e poderes tributários das autarquias locais 265
5. Os poderes tributários e a teoria do federalismo fiscal 266
6. Quadro para uma adequada descentralização financeira 269
7. Um olhar sobre as nossas autarquias locais 273

CONSIDERAÇÕES SOBRE O REGIME FISCAL DA REORGANIZAÇÃO EMPRESARIAL 279

I. Os princípios jurídico-constitucionais da tributação das empresas 280
1. A liberdade de gestão fiscal 281
2. O princípio da neutralidade fiscal 286
3. Os limites à liberdade de gestão fiscal 291
II. O regime fiscal das fusões, cisões, entrada de activos e permuta de partes sociais 294
1. O regime de neutralidade fiscal das fusões, cisões, entradas de activos e permuta de partes socias 295
2. A cláusula especial anti-abuso do nº 10 do art.73º do Código do IRC 299

NOTAS A RESPEITO DAS LEIS INTERPRETATIVAS E IMPOSTOS RETROACTIVOS 307

I. Leis interpretativas e leis inovadoras nas leis do OE 309
1. As leis interpretativas 309
2. As leis inovadoras 313
3. As leis interpretativas no direito fiscal 315
II. Impostos retroactivos 320
1. O âmbito da proibição da retroactividade dos impostos 320
2. O conceito relevante de retroactividade dos impostos 323
3. A redução do princípio da não retroactividade dos impostos ao princípio da protecção da confiança legítima 327

A RESPEITO DO ADICIONAL AO IMPOSTO MUNICIPAL SOBRE IMÓVEIS — 333
1. Da tributação do rendimento predial até à reforma da tributação do rendimento em 1988 — 334
2. A tributação relativa aos imóveis na reforma da tributação do rendimento de 1988 — 337
3. A situação decorrente da reforma da tributação do património de 2003 — 339
4. O adicional ao Imposto Municipal sobre Imóveis — 343
5. Reflexão breve sobre a actual tributação do património — 347

ÍNDICE — 357